Le Français

PAR LA «MÉTHODE NATURE»

2

RÉDIGÉ PAR L'AUTEUR DE
«L'ANGLAIS PAR LA MÉTHODE NATURE»
ARTHUR M. JENSEN

*Approuvé et préfacé par
les professeurs de français ci-dessous:*

M. THEODOR ELWERT Université de Mayence	M. EMILIO PERUZZI Université de Washington
M. PAUL FALK Université d'Upsal	M. HOLGER STEN Université de Copenhague
M. BENGT HASSELROT Université d'Upsal	M. HANS SØRENSEN Université de Copenhague
M. MARIO PEI Université de Columbia	M. VEIKKO VÄÄNÄNEN Université d'Helsingfors
M. CARLO PELLEGRINI Université de Florence	M. A. H. VAN DER WEEL Université d'Amsterdam

THE NATURE METHOD INSTITUTES

AMSTERDAM · BRUXELLES · COPENHAGUE
HELSINGFORS · LONDRES · MILAN · MUNICH
OSLO · PARIS · STOCKHOLM · VIENNE · ZURICH

L'HOMME AU COUTEAU

Quand Amélie est sortie, Monsieur Doumier est venu
kã -tameli ɛ sɔrti, məsjø dumje ɛ vny

s'asseoir devant les deux Parisiens et leur a dit:
saswa:r dəvã le dø parizjɛ̃ e lœr a di:

« Maintenant, Messieurs, je veux que vous me disiez
«mɛ̃tnã, mesjø, ʒə vø k vu m dizje

(que) je dise
(que) tu dises
(que) nous disions
(que) vous disiez

comment mon pauvre fils est mort, et tout ce qu'il a
kɔmã mɔ̃ po:vrə fis ɛ mɔ:r, e tu s kil a

fait avant de mourir. » « Pourquoi voulez-vous que nous
fɛ avã d muri:r.» «purkwa vule vu kə nu

vous disions comment il est mort, Monsieur Doumier?
vu dizjɔ̃ kɔmã il ɛ mɔ:r, məsjø dumje?

Henri est mort d'une maladie d'Afrique. C'est une
ãri ɛ mɔ:r dyn maladi dafrik. sɛ -tyn

malade
maladie

Un malade a une maladie.

histoire très triste. Mais le nom de sa maladie ne
istwa:r trɛ trist. mɛ l nɔ̃ d sa maladi nə

vous dirait rien, puisque c'est une maladie entière-
vu dirɛ rjɛ̃, pɥisk sɛ -tyn maladi ãtjɛr-

ment inconnue en France. Aujourd'hui, on meurt
mã -tɛ̃kɔny ã frã:s. oʒurdɥi, ɔ̃ mœ:r

inconnu = que l'on ne connaît pas

rarement de cette maladie, car les médecins la
rarmã d sɛt maladi, kar le medsɛ̃ la

mourir
est mort
meurt

guérissent presque toujours, mais en dix-neuf cent
geris presk tuʒu:r, mɛ ã diznœf sã

cela n'est pas possible ɔ: on ne peut pas faire cela

quarante-trois (1943), cela n'était pas encore possible.»
karãttrwa, sla netɛ pa -zãkɔ:r pɔsibl.»

heureux
heureusement

Je suis **heureux.** Cette maladie est **heureusement** inconnue.

« Combien de temps a-t-il été malade? » « Heureusement
«kɔ̃bjɛ̃ d tã a-til ete malad?» «œrøzmã

pour lui, il est mort en deux semaines.» « Deux
pur lɥi, il ɛ mɔ:r ã dø smɛn.» «dø

semaines? Mais c'est long, deux semaines! » « Non,
smɛn? mɛ sɛ lɔ̃, dø smɛn!» «nɔ̃,

Monsieur Doumier, vous savez bien qu'il y a des
məsjø dumje, vu save bjɛ̃ kil ja de

parfois = quelquefois

maladies que l'on a des mois, parfois des années avant
maladi kə lɔ̃ -na de mwa, parfwa de -zane avã

de mourir. » « Oui, c'est vrai... Mais maintenant, je
d muri:r.» «wi, sɛ vrɛ... mɛ mɛ̃tnã, ʒə

veux que vous me disiez tout ce qu'il a fait entre
vø k vu m dizje tu s kil a fɛ ã:trə

1940 et 1943. »
diznœf sã karã:t e diznœf sã karãttrwa.»

« Bien, M. Doumier, et puisque vous voulez que nous
«bjɛ̃, məsjø dumje, e pɥisk vu vule k nu

vous disions tout ce que nous savons, je vais vous
vu dizjɔ̃ tu s kə nu savɔ̃, ʒə vɛ vu

connaître
a connu
connaît

raconter d'abord comment j'ai connu votre fils. C'était
rakɔ̃te dabɔ:r kɔmã ʒe kɔny vɔtrə fis. setɛ

en 1941, et c'était une très belle journée
-tã diznœf sã karã:t e œ̃, e setɛ -tyn trɛ bɛl ʒurne

il y a de nombreux cafés = il y a beaucoup de cafés

du mois de mai. J'étais assis dans un des nombreux
dy mwa d mɛ. ʒetɛ -zasi dã -zœ̃ de nɔ̃brø

cafés de la ville de Casablanca avec mon ami André.
kafe d la vil də kazablãka avɛk mɔ̃ -nami ãdre.

Il était trois heures de l'après-midi; nous avions fait
il etɛ trwa -zœ:r də laprɛmidi; nu -zavjɔ̃ fɛ

fait ɔ: mangé

un très bon déjeuner, nous avions bu une tasse de
œ̃ trɛ bɔ̃ deʒœne, nu -zavjɔ̃ by yn ta:s də

café noir et fumé deux ou trois cigarettes. Nous
kafe nwa:r e fyme dø -zu trwa sigarɛt. nu

café noir ɔ: café sans lait

regardions les gens et les autos qui passaient dans la
rgardjɔ̃ le ʒã e le -zoto ki pasɛ dã la

rue. Nous ne disions rien ou presque rien.
ry. nu n dizjɔ̃ rjɛ̃ u prɛskə rjɛ̃.

A cette heure, il n'y avait que très peu de personnes
a sɛt œ:r, il njavɛ kə trɛ pø d pɛrsɔn

dans le café. Une de ces personnes était un jeune
dã l kafe. yn də se pɛrsɔn etɛ -tœ̃ ʒœn

Français d'environ vingt ans. Il était assis à cinq
frãsɛ dãvirɔ̃ vɛ̃ -tã. il etɛ -tasi a sɛ̃

mètres de notre table et fumait de nombreuses ciga-
mɛtrə də nɔtrə tabl e fymɛ d nɔ̃brø:zə siga-

un kilomètre = 1000 mètres

rettes presque noires, en regardant, comme nous, les
rɛt prɛsk nwa:r, ã rgardã, kɔm nu, le

gens passer dans la rue. Il semblait être très nerveux,
ʒã pase dã la ry. il sãblɛ ɛ:trə trɛ nɛrvø,

regarder les gens passer = regarder les gens qui passaient

car il fumait une cigarette après l'autre. Il se levait
kar il fymɛ yn sigarɛt aprɛ lo:tr. il sə lvɛ

souvent et allait vers la porte. Parfois, il s'arrêtait
suvã e alɛ vɛr la pɔrt. parfwa, il sarɛtɛ

revenait = venait encore une fois

avant d'y arriver et revenait à sa table, mais d'autres
avã di arive e rəvənɛ a sa tabl, mɛ do:trə

fois, il allait jusqu'à la porte, regardait à droite et à
fwa, il alɛ ʒyska la pɔrt, rəgardɛ a drwat e a

de plus en plus = plus et plus

gauche dans la rue, puis revenait à sa table, de plus
go:ʃ dã la ry, pɥi rəvnɛ a sa tabl, də ply

en plus nerveux. Nous nous sommes dit: « Il attend
-zã ply nɛrvø. nu nu sɔm di: «il atã

c'est clair ɔ: on le comprend bien

quelqu'un, c'est clair, mais qui est-ce qu'il attend? »
kɛlkœ̃, sɛ klɛ:r, mɛ ki ɛs kil atã?»

il attend
il a attendu

Nous n'avons pas attendu la réponse pendant long-
nu navɔ̃ pa atãdy la repɔ̃:s pãdã lɔ̃-

réponse ←→ question

à cet instant même = à ce même instant

temps, elle est venue à cet instant même. Un homme
tã, ɛl ɛ vny a sɛt ɛ̃stã mɛ:m. œ̃ -nɔm

sans s'arrêter ɔ: il ne s'est pas arrêté

est entré dans le café, est allé sans s'arrêter et sans
ɛ -tãtre dã l kafe, ɛ -tale sã sarɛte e sã

regarder aucune des autres personnes jusqu'à la table
rgarde okyn de -zo:trə pɛrsɔn ʒyska la tablə

du jeune homme, s'est assis sans saluer et a commencé
dy ʒœn ɔm, sɛ -tasi sã salɥe e a kɔmãse

à parler à voix basse. Le jeune homme lui répondait
a parle a vwa ba:s. lə ʒœn ɔm lɥi repɔ̃dɛ

également à voix basse, et pas un mot de ce qu'ils
egalmã a vwa ba:s, e pa -zœ̃ mo d sə kil

disaient ne venait jusqu'à notre table. Ils ont parlé
dizɛ nə vnɛ ʒyska nɔtrə tabl. il -zɔ̃ parle

comme cela ɔ: à voix basse

durant = pendant

comme cela durant un peu plus de dix minutes.
kɔm sla dyrã -tœ̃ pø ply də di minyt.

A trois heures et quart, nous nous sommes levés et
a trwa -zœ:r e ka:r, nu nu sɔm ləve e

nous sommes allés vers la porte pour quitter le café.
nu sɔm -zale vɛr la pɔrt pur kite l kafe.

A cet instant même, l'homme qui était venu un peu
a sɛt ɛ̃stɑ̃ mɛ:m, lɔm ki etɛ vny œ̃ pø

avant a dit quelque chose à très haute voix, puis, sou-
avɑ̃ a di kɛlkə ʃo:z a trɛ o:t vwa, pɥi, su-

soudain = dans le même instant

dain, il s'est levé. Le jeune homme s'est levé égale-
dɛ̃, il sɛ lve. lə ʒœn ɔm sɛ lve egal-

un bond

ment, et nous avons vu alors que l'autre tenait un
mɑ̃, e nu -zavɔ̃ vy alɔ:r kə lo:trə tənɛ œ̃

long couteau à la main. Nous nous sommes dit tous
lɔ̃ kuto a la mɛ̃. nu nu sɔm di tu

les deux: «Ça n'ira pas comme cela!» Puis nous
le dø: «sa nira pa kɔm sla!» pɥi nu

avons fait un bond de deux mètres, et un instant plus
-zavɔ̃ fɛ œ̃ bɔ̃ də dø mɛtr, e œ̃ -nɛ̃stɑ̃ ply

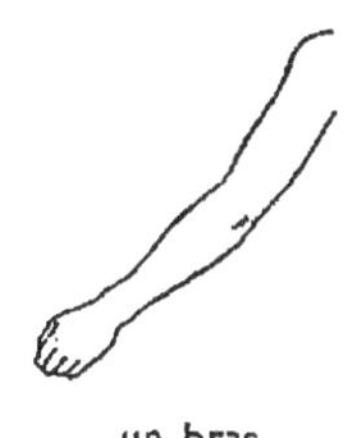
un bras

tard, l'homme était à terre à côté de la table. Son
ta:r, lɔm etɛ -ta tɛ:r a kote d la tabl. sɔ̃

couteau était à dix mètres de là, je tenais son bras
kuto etɛ -ta di mɛtrə də la, ʒə tənɛ sɔ̃ bra

droit, André le tenait par son bras gauche, le jeune
drwa, ɑ̃dre l tənɛ par sɔ̃ bra go:ʃ, lə ʒœn

le ɔ: l'homme

homme était assis sur lui. D'autres hommes sont
ɔm etɛ -tasi syr lɥi. do:trə -zɔm sɔ̃

prendre
a pris
prend

arrivés, ils ont pris l'homme au couteau par les deux
-tarive, il -zɔ̃ pri lɔm o kuto par le dø

l'homme au couteau = l'homme avec le couteau

un bras
deux bras

bras et sont sortis avec lui, et nous sommes restés
bra e sɔ̃ sɔrti avɛk lɥi, e nu sɔm rɛste

dans le café avec le jeune Français. Qui était cet
dɑ̃ l kafe avɛk lə ʒœn frɑ̃sɛ. ki etɛ sɛt

homme? Je ne le sais pas. Henri ne nous l'a jamais
ɔm? ʒə n lə se pa. ɑ̃ri nə nu la ʒamɛ

raconté, et nous ne le lui avons pas demandé. Mais
rakɔ̃te, e nu n lə lɥi avɔ̃ pa dmɑ̃de. mɛ

je reviens à mon histoire.
ʒə rəvjɛ̃ a mɔ̃ -nistwa:r.

« Messieurs, » nous a dit Henri, « sans vous, je crois
«mesjø,» nu -za di ɑ̃ri, «sɑ̃ vu, ʒə krwa

que je serais mort. Vous êtes Français? » «Oui, tous
k ʒə srɛ mɔ:r. vu -zɛt frɑ̃sɛ?» «wi, tu

les deux. Je suis Jean-Paul Martial, et voici mon ami,
le dø. ʒə sɥi ʒɑ̃ pɔl marsjal, e vwasi mɔ̃ -nami,

M. André Comaux. Nous demeurons tous les deux
məsjø ɑ̃dre kɔmo. nu dmœrɔ̃ tu le dø

à Casablanca, en ce moment, mais nous sommes de
a kazablɑ̃ka, ɑ̃ s mɔmɑ̃, mɛ nu sɔm də

Paris. » « Moi, je ne suis pas de Paris, je suis de . . .,
pari.» «mwa, ʒə n sɥi pa d pari, ʒə sɥi də...,

d'une autre ville, une petite ville. Je m'appelle Henri
dyn o:trə vil, yn pətit vil. ʒə mapɛl ɑ̃ri

Dupont. » (C'est plus tard seulement qu'il nous a dit
dypɔ̃.» [sɛ ply ta:r sœlmɑ̃ kil nu -za di

son vrai nom.) « Si vous avez le temps, » a-t-il con-
sɔ̃ vrɛ nɔ̃.] «si vu -zave l tɑ̃,» a -til kɔ̃-

tinué, « j'aimerais que vous preniez quelque chose
tinɥe, «ʒɛmrɛ k vu prənje kɛlkə ʃo:z

avec moi. » «Volontiers. Et je crois que vous avez
avɛk mwa.» «vɔlɔ̃tje. e ʒə krwa k vu -zave

volontiers = avec plaisir

vous-même besoin de quelque chose après cette affaire.
vumɛ:m bəzwɛ̃ d kɛlkə ʃo:z aprɛ sɛt afɛ:r.

Voulez-vous que nous prenions trois verres de whisky? »
vule vu k nu prənjɔ̃ trwa vɛ:r də wiski?»

«Volontiers, Messieurs, » nous a dit le jeune homme,
«vɔlɔ̃tje, mesjø,» nu -za di l ʒœn ɔm,

« mais puisque c'est moi qui veux que vous preniez
«mɛ pɥisk sɛ mwa ki vø k vu prənje

un verre, permettez-moi d'appeler le garçon. »
œ̃ vɛ:r, pɛrmɛte mwa daple l garsɔ̃.»

Nous sommes restés ensemble deux heures. Nous
nu sɔm rɛste ɑ̃sɑ̃:blə dø -zœ:r. nu

ensemble = l'un avec l'autre ou les autres

avons bu encore quelques verres et fumé de nom-
-zavɔ̃ by ɑ̃kɔ:r kɛlk vɛ:r e fyme d nɔ̃-

breuses cigarettes. Henri qui, avant l'arrivée de
brø:zə sigarɛt. ɑ̃ri ki, avɑ̃ larive d

arrivé
une arrivée

« l'homme au couteau » semblait être de plus en plus
«lɔm o kuto» sɑ̃blɛ ɛ:trə də ply -zɑ̃ ply

L'homme n'était pas **arrivé**. C'était avant l'**arrivée** de l'homme.

nerveux, était maintenant très calme. Il parlait beau-
nɛrvø, etɛ mɛ̃tnɑ̃ trɛ kalm. il parlɛ bo-

calme ←→ nerveux

coup et à haute voix, mais il ne parlait ni de sa famille,
ku e a o:t vwa, mɛ il nə parlɛ ni d sa fami:j,

à **haute** voix
à voix **basse**

ni de ce qu'il faisait avant de venir en Afrique. Il
ni d sə kil fəzɛ avɑ̃ d vənir ɑ̃ -nafrik. il

nous parlait des gens qu'il avait connus au Maroc,
nu parlɛ de ʒɑ̃ kil avɛ kɔny o marɔk,

à Casablanca et dans d'autres villes de ce pays très
a kazablɑ̃ka e dɑ̃ do:trɔ vil də sə pɛji trɛ

il est différent de = il n'est pas comme

différent de la France. Parfois il s'arrêtait et nous
diferɑ̃ d la frɑ̃:s. parfwa il sarɛtɛ e nu

posait une question, et alors, c'était presque toujours
pozɛ yn kɛstjɔ̃, e alɔ:r, setɛ prɛsk tuʒu:r

André qui lui répondait. Il a parlé durant ces deux
ɑ̃dre ki lɥi repɔ̃dɛ. il a parle dyrɑ̃ se dø

heures presque sans s'arrêter, et après ces deux heures,
-zœ:r prɛsk sɑ̃ sarɛte, e aprɛ se dø -zœ:r,

c'était comme si nous l'avions connu durant de nombreuses années.
setɛ kɔm si nu lavjɔ̃ kɔny dyrɑ̃ d nɔ̃-brø:z -zane.

Puis, soudain, Henri s'est levé et nous a dit: « Il est
pɥi, sudɛ̃, ɑ̃ri sɛ lve e nu -za di: «il ɛ

tard, Messieurs, je vous demande pardon, je vais vous
ta:r, mesjø, ʒə vu dmɑ̃:d pardɔ̃, ʒə vɛ vu

quitter, mais je veux que vous veniez dîner chez moi
kite, mɛ ʒə vø k vu vənje dine ʃe mwa

un de ces jours. Je demeure seul dans une petite rue
œ̃ d se ʒu:r. ʒə dəmœ:r sœl dɑ̃ -zyn pətit ry

très calme, c'est parfois même un peu triste, et je
trɛ kalm, sɛ parfwa mɛ:m œ̃ pø trist, e ʒə

suis toujours très heureux quand quelqu'un vient me
sɥi tuʒu:r trɛ -zœrø kɑ̃ kɛlkœ̃ vjɛ̃ m

voir le soir. J'aimerais beaucoup que vous veniez
vwa:r lə swa:r. ʒɛmrɛ boku kə vu vənje

tous les deux.» C'est encore André qui lui a répondu:
tu le dø.» sɛ -tãkɔ:r ãdre ki lɥi a repɔ̃dy:

« Nous serons très heureux de venir, Monsieur Dupont,
«nu srɔ̃ trɛ -zœrø d vəni:r, məsjø dypɔ̃

mais si vous voulez que nous venions chez vous, je
mɛ si vu vule k nu vənjɔ̃ ʃe vu, ʒə

veux, moi, que vous veniez passer une soirée avec nous,
vø, mwa, kə vu vənje pase yn sware avɛk nu,

dans la maison de mon oncle. J'ai une très jolie cou-
dã la mɛzɔ̃ d mɔ̃ -nɔ̃:kl. ʒe yn trɛ ʒɔli ku-

sine de votre âge qui sera heureuse de vous connaître.»
zin də vɔtr a:ʒ ki sra œrø:z də vu kɔnɛ:tr.»

« Je ne sais si elle sera heureuse, mais je viendrai
«ʒə n se si ɛl səra œrø:z, mɛ ʒ vjɛ̃dre

volontiers. Et maintenant, Messieurs, au revoir. Vien-
vɔlɔ̃tje. e mɛ̃tnã, mesjø, o rvwa:r. vjɛ̃-

drez-vous ce soir?» «Il nous est impossible de venir
dre vu sə swa:r?» «il nu -zɛ -tɛ̃pɔsiblə də vni:r

ce soir, car nous attendons nous-mêmes quelques
sə swa:r, kar nu -zatãdɔ̃ numɛ:m kɛlk

personnes, mais demain soir, cela nous sera possible.»
pɛrsɔn, mɛ dmɛ̃ swa:r, sla nu sra pɔsibl.»

« Très bien, je vous attendrai.»
«trɛ bjɛ̃, ʒə vu -zatãdre.»

« Et voilà, cher Monsieur Doumier,» a dit Jean-Paul
«e vwala, ʃɛ:r məsjø dumje,» a di ʒã pɔl

---

soirée = soir

passer une soirée avec nous ɔ: être avec nous pendant une soirée

Il est heureux.
Elle est heureuse.
Ils sont heureux.
Elles sont heureuses.

impossible ←→ possible

j'attends
tu attends
il attend
nous attendons
vous attendez
ils attendent

il attend
il attendra

voilà comment ɔ: vous voyez comment

Martial, « comment nous avons connu votre fils Henri. »
marsjal, «kɔmɑ̃ nu -zavɔ̃ kɔny vɔtrə fis ɑ̃ri.»

« Racontez-moi votre première soirée chez lui, » lui a
«rakɔ̃te mwa vɔtrə prəmjɛ:r sware ʃe lɥi,» lɥi a

demandé le vieux Doumier, en posant sa main sur le
dmɑ̃de l vjø dumje, ɑ̃ pozɑ̃ sa mɛ̃ syr lə

bras du jeune homme. « Racontez-moi comment était
bra dy ʒœn ɔm. «rakɔ̃te mwa kɔmɑ̃ etɛ

sa maison, de quoi vous avez parlé, combien de temps
sa mɛzɔ̃, də kwa vu -zave parlɛ, kɔ̃bjɛ̃ d tɑ̃

vous êtes restés ensemble. Je veux que vous me disiez
vu -zɛt rɛste ɑ̃sɑ̃:bl. ʒə vø k vu m dizje

cela m'intéresse ɔ: je veux bien le savoir

tout, parce que, vous le savez bien, tout intéresse un
tu, pars kə, vu l save bjɛ̃, tu -tɛ̃terɛs œ̃

père, les grandes choses comme les plus petites. Depuis
pɛ:r, le grɑ̃:d ʃo:z kɔm le ply ptit. dəpɥi

qu'Henri est parti et jusqu'à ces jours-ci, j'ai bien des
kɑ̃ri ɛ parti e ʒyska se ʒu:r si, ʒe bjɛ̃ de

j'ai passé la nuit à penser = j'ai pensé pendant toute la nuit

fois passé toute la nuit à penser à ce que m'avait écrit
fwa pase tut la nɥi a pɑ̃se a s kə mavɛ -tekri

une idée = une pensée

Henri, pour avoir une idée de ce qu'il faisait et pour
ɑ̃ri, pur avwa:r yn ide d sə kil fəzɛ e pur

il vit
il vivait

savoir comment il vivait. »
savwa:r kɔmɑ̃ il vivɛ.»

seul
seule
seule-ment

« Je vous comprends très bien, cher Monsieur Doumier, »
«ʒə vu kɔ̃prɑ̃ trɛ bjɛ̃, ʃɛ:r məsjø dumje,»

heureux
heureuse
heureuse-ment

lui a répondu Martial, « mais je peux heureusement
lɥi a repɔ̃dy marsjal, «mɛ ʒ pø œrøzmɑ̃

vous raconter presque tout ce qu'Henri a fait depuis
vu rakɔ̃te prɛsk tu s kɑ̃ri a fɛ dəpɥi

le jour où nous nous sommes rencontrés, puisque depuis
l ʒu:r u nu nu sɔm rɑ̃kɔ̃tre, pɥisk dəpɥi

nous nous rencontrons ɔ: l'un de nous rencontre l'autre

cet après-midi, nous nous sommes vus presque chaque
sɛt aprɛmidi, nu nu sɔm vy prɛsk ʃak

jour.
ʒu:r.

Quand nous sommes venus chez lui, le premier soir,
kɑ̃ nu sɔm vəny ʃe lɥi, lə prəmje swa:r,

il était déjà huit heures et demie. Un peu tard pour
il etɛ deʒa ɥi -tœ:r e dmi. œ̃ pø ta:r pur

dîner, mais il nous avait été impossible de venir avant.
dine, mɛ il nu -zavɛ -tete ɛ̃pɔsiblə də vni:r avɑ̃.

Il n'y avait personne dans la rue où il demeurait,
il njavɛ pɛrsɔn dɑ̃ la ry u il dəmœrɛ,

sauf un petit homme noir qui parlait à voix basse à
sof œ̃ pti -tɔm nwa:r ki parlɛ a vwa ba:s a

son chat. Quand nous avons passé devant eux, le
sɔ̃ ʃa. kɑ̃ nu -zavɔ̃ pase dvɑ̃ ø, lə

chat a fait soudain un grand bond et a disparu dans
ʃa a fɛ sudɛ̃ œ̃ grɑ̃ bɔ̃ e a dispary dɑ̃

il a disparu ɔ: soudain, il n'était plus là

la nuit. Alors le petit homme, après avoir regardé
la nɥi. alɔ:r lə pti -tɔm, aprɛ -zavwa:r rəgarde

disparaître	connaître
a disparu	a connu
disparaît	connaît

où allait son chat, nous a dit quelque chose en une
u alɛ sɔ̃ ʃa, nu -za di kɛlkə ʃo:z ɑ̃ -nyn

langue inconnue — on parle beaucoup de langues à
lɑ̃:g ɛ̃kɔny – ɔ̃ parl boku d lɑ̃:g a

Casablanca — puis a disparu, lui aussi. Nous n'avons
kazablãka - pɥi a dispary, lɥi osi. nu navɔ̃

personne d'autre = aucune autre personne

rencontré personne d'autre, et je crois que nous
rãkɔ̃tre pɛrsɔn do:tr, e ʒə krwa k nu

il serait triste ɔ: cela serait triste

nous sommes dit tous les deux qu'il serait très triste
nu sɔm di tu le dø kil sərɛ trɛ trist

vivre
il vit

de vivre tout seul dans cette rue. Mais après notre
də vi:vrə tu sœl dã sɛt ry. mɛ aprɛ nɔtr

arrivée chez Henri, ces idées noires ont disparu.
arive ʃe ãri, se -zide nwa:r ɔ̃ dispary.

ouvrir
a ouvert
ouvre

C'est Henri lui-même qui nous a ouvert la porte. Il
sɛ -tãri lɥimɛ:m ki nu -za uvɛ:r la pɔrt. il

y avait derrière lui une petite fille noire, mais elle a
javɛ dɛrjɛ:r lɥi yn pətit fi:j nwa:r, mɛ ɛl a

disparu dans une des chambres quand elle a vu les
dispary dã -zyn de ʃã:brə kã -tɛl a vy le

deux hommes blancs. « C'est Fatima, ma petite amie, »
dø -zɔm blã. «sɛ fatima, ma ptit ami,»

nous a dit Henri. « C'est la fille de ma bonne. Elle
nu -za di ãri. «sɛ la fi:j də ma bɔn. ɛl

est un peu nerveuse quand elle voit de nouvelles
ɛ -tœ̃ pø nɛrvø:z kã -tɛl vwa də nuvɛl

personnes, mais je suis sûr qu'elle reviendra dans
pɛrsɔn, mɛ ʒə sɥi sy:r kɛl rəvjɛ̃dra dã

quelques minutes. »
kɛlk minyt.»

Puis, quand nous sommes entrés, il nous a demandé:
pɥi, kã nu sɔm -zãtre, il nu -za dmãde:

«Voulez-vous que nous prenions quelque chose avant
«vule vu k nu prənjɔ̃ kɛlkə ʃo:z avɑ̃

de dîner?» Et sans attendre notre réponse, il nous
də dine?» e sɑ̃ -zatɑ̃:drə nɔtrə repɔ̃:s, il nu

a versé deux verres de vin et nous les a donnés en
-za vɛrse dø vɛ:r də vɛ̃ e nu le -za dɔne ɑ̃

disant: «Toute l'Afrique est dans ce vin, Messieurs,
dizɑ̃: «tut lafrik ɛ dɑ̃ s vɛ̃, mesjø,

il est impossible de ne pas penser à ce beau pays
il ɛ -tɛ̃pɔsiblə də n pa pɑ̃se a s bo peji

quand on le boit.» Il avait raison: depuis cette
kɑ̃ -tɔ̃ l bwa.» il avɛ rɛzɔ̃: dəpɥi sɛt

soirée, chaque fois que l'un de nous boit ce vin, il
sware, ʃak fwa k lœ̃ d nu bwa s vɛ̃, il

pense aux belles soirées calmes de ce pays entièrement
pɑ̃:s o bɛl sware kalm də sə peji ɑ̃tjɛrmɑ̃

différent de tous les autres, et que l'on aime de plus
diferɑ̃ d tu le -zo:tr, e kə lɔ̃ -nɛ:m də ply

en plus. Je n'ai jamais bu de meilleur vin.
-zɑ̃ ply. ʒə ne ʒamɛ by d mɛjœ:r vɛ̃.

Depuis que nous nous sommes vus ce soir-là,
dəpɥi k nu nu sɔm vy sə swa:r la,

Henri et nous, nous avons bu de nombreux verres
ɑ̃ri e nu, nu -zavɔ̃ by d nɔ̃brø vɛ:r

de ce vin. Nous en avons bu chaque fois que
də sə vɛ̃. nu -zɑ̃ -navɔ̃ by ʃak fwa k

nous avons été ensemble. Ah, nous avons passé
nu -zavɔ̃ -zete ɑ̃sɑ̃:bl. a, nu -zavɔ̃ pase

attendre
a attendu
attend

il a raison ɔ: ce qu'il dit est juste

grand
plus grand
le plus grand

bon
meilleur
le meilleur

beaucoup d'heures heureuses chez votre fils à Casablan-
boku dœ:r œrø:zə ʃe vɔtrə fis a kazablɑ̃-

depuis ɔ: depuis ce soir-là

ca! Après le dîner — et je n'ai jamais depuis fait
ka! aprɛ l dine – e ʒə ne ʒamɛ dəpɥi fɛ

nous avons passé quelque temps à parler ɔ: nous avons parlé pendant quelque temps

un meilleur dîner en Afrique — nous avons passé
œ̃ mɛjœ:r dine ɑ̃ -nafrik – nu -zavɔ̃ pase

quelque temps à parler et à fumer. De quoi avons-
kɛlk tɑ̃ a parle e a fyme. də kwa avɔ̃

nous parlé? De mille choses différentes. Il ne m'est
nu parle? də mil ʃo:z diferɑ̃:t. il nə mɛ

pas possible aujourd'hui de vous dire tout ce que
pa pɔsibl oʒurdɥi d vu di:r tu s kə

nous nous sommes dit. Nous avons parlé de notre
nu nu sɔm di. nu -zavɔ̃ parle d nɔtrə

cher pays, des voyages que nous avions faits, de cette
ʃɛ:r peji, de vwaja:ʒ kə nu -zavjɔ̃ fɛ, də sɛt

Afrique que nous aimions tous les trois. Nous nous
afrik kə nu -zɛmjɔ̃ tu le trwa. nu nu

sommes demandé s'il serait un jour possible de rentrer
sɔm dəmɑ̃de sil sərɛ -tœ̃ ʒu:r pɔsiblə də rɑ̃trə

en France. Puis, Henri nous a montré quelques beaux
ɑ̃ frɑ̃:s. pɥi, ɑ̃ri nu -za mɔ̃tre kɛlk bo

livres qu'il avait.
li:vrə kil avɛ.

Un peu plus tard, la petite Fatima est entrée. Je
œ̃ pø ply ta:r, la ptit fatima ɛ -tɑ̃tre. ʒə

crois que je ne vous ai pas dit qu'elle avait alors
krwa kə ʒə n vu -ze pa di kɛl avɛ -talɔ:r

douze ans et qu'elle était comme une petite sœur
du:z ã e kɛl etɛ kɔm yn pətit sœ:r

pour Henri. Elle était encore un peu nerveuse, mais
pur ãri. ɛl etɛ -tãkɔ:r œ̃ pø nɛrvø:z, mɛ

Henri lui a pris la main et lui a dit: « Alors, Fatima,
ãri lɥi a pri la mɛ̃ e lɥi a di: «alɔ:r, fatima,

veux-tu rester quelques minutes avec nous? » « Qui
vø ty rɛste kɛlk minyt avɛk nu?» «ki

sont ces deux hommes?» a demandé la petite. « Ah,
sɔ̃ se dø -zɔm?» a dmãde la ptit. «a,

tu veux qu'ils te disent leurs noms? Mais nous allons
ty vø kil tə di:z lœr nɔ̃? mɛ nu -zalɔ̃

leur demander cela: Messieurs, Fatima veut que vous
lœr dəmãde sla: mesjø, fatima vø k vu

lui disiez vos noms. » « Moi, je suis André. » « Et moi,
lɥi dizje vo nɔ̃.» «mwa, ʒə sɥi ãdre.» «e mwa,

je suis Jean-Paul. » « Et maintenant, Fatima, » lui dit
ʒə sɥi ʒã pɔl.» «e mɛ̃tnã, fatima,» lɥi di

Henri, « veux-tu qu'ils te prennent la main pour faire
ãri, «vø ty kil tə prɛn la mɛ̃ pur fɛ:r

une petite promenade dans le jardin? Non? Il est
yn pətit prɔmnad dã l ʒardɛ̃? nɔ̃? il ɛ

vrai que tu es trop grande pour cela. Mais tu veux
vrɛ k ty ɛ trɔ grã:d pur sla. mɛ ty vø

bien venir avec nous, n'est-ce pas? »
bjɛ̃ vni:r avɛk nu, nɛs pa?»

Fatima a dit oui, et nous avons fait une jolie petite
fatima a di wi, e nu -zavɔ̃ fɛ yn ʒɔli ptit

il lui a pris la main ɔ: il a pris sa main

dire
(que) je dise
(que) tu dises
(qu') il dise
(que) nous **disions**
(que) vous **disiez**
(qu') ils **disent**

prendre
(que) je prenne
(que) tu prennes
(qu') il prenne
(que) nous **prenions**
(que) vous **preniez**
(qu') ils **prennent**

promenade dans le jardin qu'Henri avait derrière sa
prɔmnad dɑ̃ l ʒardɛ̃ kɑ̃ri avɛ dɛrjɛ:r sa

maison. Fatima ne nous regardait plus nerveusement,
mɛzɔ̃. fatima nɔ nu rgardɛ ply nɛrvøzmɑ̃,

comme un petit animal. Nous avons tous les quatre
kɔm œ̃ pti -tanimal. nu -zavɔ̃ tu le katrə

passé un très beau moment.
pase œ̃ trɛ bo mɔmɑ̃.

Fatima ne vivait que pour Henri, il était tout pour
fatima n vivɛ k pur ɑ̃ri, il etɛ tu pur

elle. Quand il lui a demandé après notre promenade:
ɛl. kɑ̃ -til lɥi a dmɑ̃de aprɛ nɔtrɔ prɔmnad:

venir
(que) je vienne
(que) tu viennes
(qu') il vienne
(que) nous venions
(que) vous veniez
(qu') ils viennent

«Veux-tu qu'ils viennent une autre fois?» elle a
«vø ty kil vjɛn yn o:trɔ fwa?» ɛl a

ouvert ses grands yeux noirs, l'a regardé et a ré-
uvɛ:r se grɑ̃ -zjø nwa:r, la rgarde e a re-

pondu: «Si tu veux. Fatima veut tout ce que veut
pɔ̃dy: «si ty vø. fatima vø tu s kə vø

Henri. Si tu veux qu'ils viennent, Fatima le veut
ɑ̃ri. si ty vø kil vjɛn, fatima l vø

aussi.» «Nous sommes très heureux, Fatima. Si tu
osi.» «nu sɔm trɛ -zœrø, fatima. si ty

veux vraiment que nous venions, nous reviendrons très
vø vrɛmɑ̃ k nu vənjɔ̃, nu rəvjɛ̃drɔ̃ trɛ

volontiers,» a dit André en souriant. Fatima nous a
vɔlɔ̃tje,» a di ɑ̃dre ɑ̃ surjɑ̃. fatima nu -za

regardés un instant, puis d'un bond, elle a disparu.
rgarde œ̃ -nɛ̃stɑ̃, pɥi, dœ̃ bɔ̃, ɛl a dispary.

« Il y a des soirs, » a dit Henri, quand elle est sortie,
«il ja de swa:r,» a di ãri, kã -tɛl ɛ sɔrti,

« où sans elle, cette maison serait très triste. J'ai
«u sã -zɛl, sɛt mɛzɔ̃ srɛ trɛ trist. ʒe

bien fait de prendre chez moi la mère avec cette petite.
bjɛ̃ fɛ də prã:drə ʃe mwa la mɛ:r avɛk sɛt pətit.

Avant, je n'avais que le whisky, et ce n'est pas bien
avã, ʒə navɛ k lə wiski, e s nɛ pa bjɛ̃

de boire pour passer le temps. Mais depuis le jour
də bwa:r pur pase l tã. mɛ dəpɥi l ʒu:r

où nous nous sommes rencontrés, comme elle dit —
u nu nu sɔm rãkɔ̃tre, kɔm ɛl di –

parce qu'elle veut être ma femme, vous savez, quand
pars kɛl vø -tɛ:trə ma fam, vu save, kã

elle sera assez grande — le whisky ne m'intéresse
-tɛl səra ase grã:d – lə wiski n mɛ̃terɛs

plus. »
ply.»

Pendant que nous parlions, nous sommes rentrés dans
pãdã k nu parljɔ̃, nu sɔm rãtre dã

la maison, où nous avons encore passé quelque temps
la mɛzɔ̃, u nu -zavɔ̃ ãkɔ:r pase kɛlk tã

à parler des nombreuses choses qui intéressaient
a parle de nɔ̃brø:zə ʃo:z ki ɛ̃terɛsɛ

alors les Français d'Afrique — et ceux de France
alɔ:r le frãsɛ dafrik e sø d frã:s

également, c'est clair. Il était très tard quand nous
egalmã, sɛ klɛ:r. il etɛ trɛ ta:r kã nu

nous sommes levés pour quitter Henri. «Vous ne
nu sɔm ləve pur kite ɑ̃ri. «vu n

voulez pas que nous prenions un dernier verre de vin
vule pa kə nu prənjɔ̃ œ̃ dɛrnje vɛːr də vɛ̃

ou une dernière tasse de café, Messieurs?» nous a
u yn dɛrnjɛːr taːs də kafe, mesjø?» nu -za

demandé votre fils, mais nous lui avons dit merci et
dmɑ̃de vɔtrə fis, mɛ nu lɥi avɔ̃ di mɛrsi e

il est sorti avec nous pour faire une petite prome-
il ɛ sɔrti avɛk nu pur fɛːr yn pətit prɔm-

nade.
nad.

« Quand Fatima sera votre femme, » a commencé André,
«kɑ̃ fatima sra vɔtrə fam,» a kɔmɑ̃se ɑ̃dre,

mais Henri l'a arrêté en souriant: « A quoi pensez-vous,
mɛ ɑ̃ri la arɛte ɑ̃ surjɑ̃: «a kwa pɑ̃se vu,

mon cher Comaux? Fatima ne sera jamais ma femme! »
mɔ̃ ʃɛːr kɔmo? fatima n səra ʒamɛ ma fam!»

« C'est ce que vous dites, vous, mais je crois que
«sɛ s kə vu dit, vu, mɛ ʒə krwa k

Fatima, elle, va vous attendre jusqu'à sa mort. Vous
fatima, ɛl, va vu -zatɑ̃ːdrə ʒyska sa mɔːr. vu

savez bien qu'en Afrique, une petite fille de douze
save bjɛ̃ kɑ̃ -nafrik, yn pətit fiːj də duːz

ans est déjà presque une femme.» Henri n'a rien dit
ɑ̃ ɛ deʒa prɛsk yn fam.» ɑ̃ri na rjɛ̃ di

d'abord. Puis: « Si vous avez raison, » nous a-t-il dit,
dabɔːr. pɥi: «si vu -zave rɛzɔ̃,» nu -za -til di,

« il est clair que ce que je fais n'est pas bien. Mais
«il ɛ klɛ:r kə s kə ʒ fɛ nɛ pa bjɛ̃. mɛ

elle oublierait peut-être tout cela, si elle ne vivait
ɛl ublirɛ pœtɛ:trə tu sla, si ɛl nə vivɛ

plus dans la même maison que moi. »
ply dɑ̃ la mɛ:m mɛzɔ̃ k mwa.»

C'est moi qui ai répondu: « Non, je ne crois pas, mais
sɛ mwa ki e repɔ̃dy: «nɔ̃, ʒə n krwa pa, mɛ

je crois que tout cela ne fait rien. Si cela vous intéresse
ʒə krwa k tu sla n fɛ rjɛ̃. si sla vu -zɛ̃terɛs

de savoir ce que je pense de cette affaire, voilà: moi,
də savwa:r sə k ʒə pɑ̃:s də sɛt afɛ:r, vwala: mwa,

j'attendrais encore deux ou trois ans, puis je trouverais
ʒatɑ̃drɛ ɑ̃kɔ:r dø -zu trwa -zɑ̃, pɥi ʒə truvrɛ

un mari pour Fatima, et tout serait oublié en très peu
œ̃ mari pur fatima, e tu srɛ -ublie ɑ̃ trɛ pø

de temps. Fatima est très jolie et elle vous aime
d tɑ̃. fatima ɛ trɛ ʒɔli e ɛl vu -zɛ:m

beaucoup, mais je crois qu'elle n'est pas très différente
boku, mɛ ʒə krwa kɛl nɛ pa trɛ diferɑ̃:t

des autres fillettes de son âge. Elle aussi oubliera le
de -zo:trə fijɛt də sɔ̃ -na:ʒ. ɛl osi ublira l

premier homme qu'elle a aimé quand elle aura un
prəmjɛ -rɔm kɛl a ɛme kɑ̃ -tɛl ɔra œ̃

mari et de nombreux enfants. A douze ans, on parle
mari e d nɔ̃brø -zɑ̃fɑ̃. a du:z ɑ̃, ɔ̃ parl

facilement d'attendre jusqu'à sa mort, mais on ne le
fasilmɑ̃ datɑ̃:drə ʒyska sa mɔ:r, mɛ ɔ̃ n lə

fait jamais.» «Vous avez peut-être raison,» a dit Henri.
fɛ ʒamɛ.» «vu -zave pœtɛ:trə rɛzɔ̃,» a di ɑ̃ri.

Puis nous nous sommes dit au revoir et nous nous
pɥi nu nu sɔm di o rvwa:r e nu nu

sommes quittés.»
sɔm kite.»

A cet instant même, la vieille Amélie est entrée et
a sɛt ɛ̃stɑ̃ mɛ:m, la vjɛ:j ameli ɛ -tɑ̃tre e

a dit: «On dîne dans un quart d'heure.» «Merci,
a di: «ɔ̃ din dɑ̃ -zœ̃ ka:r dœ:r.» «mɛrsi,

Amélie,» lui a dit M. Doumier. Et Martial a dit:
ameli,» lɥi a di məsjø dumje. e marsjal a di:

«Pendant que nous dînerons, je vous raconterai com-
«pɑ̃dɑ̃ k nu dinrɔ̃, ʒə vu rakɔ̃tre kɔ-

ment Henri et sa jeune femme, la cousine d'André, se
mɑ̃ ɑ̃ri e sa ʒœn fam, la kuzin dɑ̃dre, sə

sont connus.» «Non, M. Martial,» a dit André, «puis-
sɔ̃ kɔny.» «nɔ̃, məsjø marsjal,» a di ɑ̃dre, «pɥis-

que Marie-Anne est ma cousine, c'est moi qui raconterai
kə mari a:n ɛ ma kuzin, sɛ mwa ki rakɔ̃tre

comment ils se sont connus.» «Vous avez raison, André,
kɔmɑ̃ il sə sɔ̃ kɔny.» «vu -zave rɛzɔ̃, ɑ̃dre,

car je n'étais pas avec eux quand ils se sont rencontrés
kar ʒə netɛ pa avɛk ø kɑ̃ -til sə sɔ̃ rɑ̃kɔ̃tre

la première fois. J'étais dans la maison.» Un quart
la prəmjɛ:r fwa. ʒetɛ dɑ̃ la mɛzɔ̃.» œ̃ ka:r

d'heure plus tard, les quatre hommes étaient à table.
dœ:r ply ta:r, le katr ɔm etɛ -ta tabl.

EXERCICE A.

Quand M. Doumier demande à ses nouveaux amis de lui raconter comment Henri est mort, ils lui disent que c'est une histoire très —. M. Doumier veut savoir de — son fils est mort. Mais il ne connaît pas le nom de la — d'Henri, parce qu'elle est heureusement — en France. Henri a été malade pendant deux semaines seulement, et il y a des maladies que l'on a des mois et — même des années.

M. Martial raconte au vieux Doumier comment il a — son fils. Il dit qu'il l'a vu la première fois dans un des — cafés de Casablanca. M. Martial et son ami avaient — de nombreuses cigarettes. Ils — les gens qui passaient dans la rue, et ne parlaient presque pas. Henri était assis à quelques mètres des deux amis: il semblait être très —, car il fumait beaucoup de cigarettes. Il se levait souvent pour aller à la porte, mais il n'allait pas toujours —'à la porte.

L'homme qui s'est assis à la table d'Henri Doumier a commencé à parler à — basse. Les deux hommes ont parlé — un peu moins d'un quart d'heure. Puis, l'homme a dit quelques mots à très — voix. Et —, il s'est levé: il tenait un couteau à la main. Quand les deux autres Français ont vu cela, ils ont fait un — de deux mètres. Un instant plus tard, l'homme — couteau était à terre à côté de la table.

MOTS:

une arrivée
un bond
un bras
du café
une idée
une maladie
un mètre
la raison
une réponse
une soirée
le subjonctif
une voix
le whisky
calme

clair
différent
heureuse
impossible
inconnu
meilleur
nerveux
nerveuse
nombreux
nombreuse(s)
possible
triste
attendre
j'attendrai
il a attendu
il a connu
dîner
(que) nous disions
(que) vous disiez
(qu') ils disent
il a disparu
il intéresse
il meurt
mourir
il a ouvert
passer (dans la rue)
passer (une soirée)
il a pris
(que) nous prenions
(que) vous preniez
(qu') ils prennent
il répondait
il revenait
il reviendra
je tenais
il tenait

Les deux hommes ont demandé à Henri: «Voulez-vous prendre un verre de — avec nous?» «—,» a-t-il répondu. Les trois hommes sont restés — pendant trois heures. Henri n'était plus nerveux, il était très —. Ils ont parlé de beaucoup de choses différentes en — de nombreuses cigarettes. Avant — quitter le jeune Doumier, André lui a dit: «Venez passer une — à la maison de mon oncle. Ma jolie cousine sera très — de vous voir.»

Le vieux M. Doumier veut que les deux hommes lui disent tout, parce que tout — un père. Et M. Doumier a souvent — toute la nuit à penser aux lettres d'Henri, pour avoir une — de ce que son fils faisait et de comment il —.

EXERCICE B.

Que faisaient les deux Français dans le café? ... Pourquoi le vieux Doumier passait-il les nuits à penser à ce qu'avait écrit son fils? ... Pourquoi Martial et Comaux ne sont-ils pas venus chez Henri avant huit heures et demie? ... Qu'a fait le petit homme noir qu'ils ont rencontré dans la rue où demeurait Henri, quand ils ont passé devant lui? ... Que dit Martial en parlant du vin qu'Henri leur a donné le premier soir? ... Comment les trois hommes ont-ils passé le temps après le dîner? ... Qu'ont fait les trois hommes et Fatima après que la fillette est entrée dans la chambre? ... De quoi les trois hommes ont-ils parlé, le soir chez Henri Doumier? ...

EXERCICE C.

nous nous sommes vus (rencontrés, quittés, connus)
ils se sont vus (rencontrés, quittés, connus)

« Après le jour où nous nous sommes —, votre fils et nous, » dit Martial à M. Doumier, « nous nous sommes — presque tous les jours. » « Le premier soir où Henri a été chez nous, nous nous sommes — très tard, » dit-il également. Comaux raconte comment Henri Doumier et sa cousine se sont —. Martial était dans la maison quand les deux jeunes gens se sont — la première fois. Henri et ses deux nouveaux amis se sont — en parlant de Fatima. Après ce premier soir, ils se sont souvent —.

que nous disions (prenions, venions)
que vous disiez (preniez, veniez)
qu'ils disent (prennent, viennent)

« Je veux que vous me — ce qu'a fait mon fils, » dit le vieux Doumier. «Voulez-vous que nous — chez vous demain soir? » demande Martial à Henri. « J'aimerais que vous — un verre de whisky, » dit Henri aux deux amis. La petite Fatima veut que les deux nouveaux arrivés lui — leurs noms. Elle ne veut pas qu'ils — sa main. «Veux-tu que ces messieurs — demain également? » demande Henri à la petite. « Elle veut que nous lui — nos noms, » dit Comaux à Henri en parlant de Fatima. «Voulez-vous que nous — un verre de vin avant de partir? » demande Henri à M. Martial. Et plus tard il lui dit: « Je veux que vous — me voir une autre fois. »

(que) nous venions
(que) vous veniez
(qu') ils viennent
il vivait
vivre
vouloir
durant
ensemble
facilement
heureusement
nerveusement
parfois
sans
soudain
volontiers
à cet instant même
ne ... personne d'autre
cela nous sera possible
de plus en plus
de quoi
j'ai bien fait
il a raison
il nous est impossible
il vient me voir
l'homme au couteau
nous nous sommes rencontrés
nous nous sommes dit
pas un ... ne ...
dix-neuf cent quarante-trois
Fatima
Maroc

RÉSUMÉ

Dans les derniers chapitres vous avez rencontré de nouvelles formes des verbes « dire », « venir » et « prendre »:

(que) je dise	(que) je vienne
(que) tu dises	(que) tu viennes
(qu') il dise	(qu') il vienne
(que) nous disions	(que) nous venions
(que) vous disiez	(que) vous veniez
(qu') ils disent	(qu') ils viennent

(que) je prenne
(que) tu prennes
(qu') il prenne
(que) nous prenions
(que) vous preniez
(qu') ils prennent

On appelle ces formes le *subjonctif* [*sybʒɔ̃ktif*] des verbes « dire », « venir » et « prendre ».

Voici trois phrases:

« Je *veux que* vous me *disiez* comment mon fils est mort. » « J'*aimerais que* tu *viennes* à Villebourg. » « Marie-Anne *veut que* tu la *prennes* chez toi, Arthur. » Nous voyons que dans ces trois phrases, les verbes « dire », « venir » et « prendre » sont au subjonctif. Pourquoi y a-t-il, dans ces trois phrases, le subjonctif et pas le présent que nous connaissons: « dites », « viens » et « prends »? C'est parce que, dans ces trois phrases, les formes des verbes « dire », « venir » et « prendre » viennent après « je veux que », « tu veux que », « il veut que », etc. (formes du verbe *vouloir* [*vulwa:r*] + que) ou après le *conditionnel* du verbe *aimer* + que: « j'aimerais que », « tu aimerais que », etc. Et le verbe qui, dans une phrase, vient après le verbe *vouloir* + *que* ou après le *conditionnel* du verbe *aimer* + *que* est toujours au subjonctif.

vouloir
il veut

+ = plus [*plys*]

EXERCICE

(Le présent et le subjonctif des verbes « dire », « venir » et « prendre ».)

« Pourquoi ne p—-vous pas encore du café, M. Martial? Je veux que vous en p— encore une tasse. » « J'aimerais que vous me d— comment vous avez connu mon fils, » dit Doumier. Il veut également que les deux amis lui d— comment Henri a connu sa femme. « Puisque vous voulez que je vous d— tout, je vais commencer! »

« Si le père d'Henri nous p—, je serai très heureuse! » a dit Marie-Anne. Elle aimerait beaucoup qu'il les p—, elle et les deux enfants. Et Doumier aimerait, lui, qu'elle v— à Villebourg. Si elle v—, il ne sera plus seul dans sa grande maison.

«Vous nous quittez, M. Fournier? J'aimerais que vous v— avec nous, » dit Doumier. « Merci, M. Doumier, » répond Fournier, « si vous voulez que je v—, je viendrai une autre fois. » « Toi, Jérôme, » dit Doumier à Passavant, « je veux que tu v— avec nous. » « Ah, j'aimerais que ma fille me d___ un jour qu'elle v___ à Villebourg, » dit Doumier, « mais je serai très heureux aussi si elle me d___ de venir à Paris. »

Le verbe dire

dire	
a dit	**disait**
dit	**dira**

« Peux-tu nous ___ où demeure M. Doumier? » a demandé Martial à Pierre. Pierre lui ___ ___ que M. Doumier était leur voisin. M. Doumier ___ à Amélie qu'elle peut s'en aller dans sa cuisine. Plus tard, il lui ___ d'apporter le café, quand lui et ses nouveaux amis seront dans le salon. Il sait que s'il ne lui ___ pas d'aller à la cuisine, elle resterait derrière la porte, pour écouter.

je dis	**nous disons**
tu dis	**vous dites**
il dit	**ils disent**

« Maintenant, je serai heureux si vous me ___ tout ce que vous savez de mon fils, » ___ M. Doumier. « Tu ___ tout? Je crois que c'est trop, » ___ Passavant. Alors, les deux amis leur ___ comment ils ont connu Henri. « Mais si nous vous ___ tout, nous n'aurons pas fini avant la semaine prochaine, » ___ Martial. Et un peu plus tard, il demande: « Est-ce que ce que je vous ___ vous intéresse? » « Oh, oui! » lui répond M. Doumier.

AU JARDIN DES BOURDIER

Quand tout le monde s'est assis à sa place à table,
kɑ̃ tu l mɔ̃:d sɛ -tasi a sa plas, a tabl,

André commence à raconter.
ɑ̃dre kɔmɑ̃:s a rakɔ̃te.

« Comme il nous l'avait promis, Henri est venu un
«kɔm il nu lavɛ prɔmi, ɑ̃ri ɛ vny œ̃

soir dîner chez mon oncle et ma tante. Quand il est
swa:r dine ʃe mɔ̃ -nɔ̃:kl e ma tɑ̃:t. kɑ̃ -til ɛ

arrivé, il n'y avait dans la maison que mon oncle et
-tarive, il njavɛ dɑ̃ la mɛzɔ̃ kə mɔ̃ -nɔ̃:kl e

M. Martial. J'étais dans le jardin avec ma cousine.
məsjø marsjal. ʒetɛ dɑ̃ l ʒardɛ̃ avɛk ma kuzin.

Ma tante était en ville et nous ne l'attendions que
ma tɑ̃:t etɛ -tɑ̃ vil e nu n latɑ̃djɔ̃ kə

pour l'heure du dîner, à huit heures environ. Quand
pur lœ:r dy dine, a ɥi -tœ:r ɑ̃virɔ̃. kɑ̃

Henri est venu, mon oncle m'a appelé et je suis rentré
-tɑ̃ri ɛ vny, mɔ̃ -nɔ̃:klə ma aple e ʒə sɥi rɑ̃tre

dans la maison pour le saluer. Mais comme Marie-
dɑ̃ la mɛzɔ̃ pur lə salɥe. mɛ kɔm mari

Anne était restée dans le jardin, après avoir parlé
a:n etɛ rɛste dɑ̃ l ʒardɛ̃, aprɛ -zavwa:r parle

avec le jeune homme pendant un court instant je lui
avɛk lə ʒœn ɔm pɑ̃dɑ̃ -tœ̃ ku:r ɛ̃stɑ̃ ʒə lɥi

tout le monde = toutes les personnes

attendre
a attendu
attend
attendait
attendra

comme ɔ: parce que

après avoir parlé ɔ: après que j'ai parlé

court ←→ long

ai dit d'aller dans le jardin, lui aussi, et j'ai crié à
e di dale dã l ʒardɛ̃, lɥi osi, e ʒe krie a

crier = dire à très haute voix

Marie-Anne par la fenêtre: «Cousine! Voilà Henri
mari a:n par la fnɛ:tr: «kuzin! vwala ãri

dont ɔ: de qui

Dupont, dont je t'ai parlé. Je lui ai dit que tu étais
dypɔ̃, dɔ̃ ʒ te parle. ʒə lɥi e di kə ty etɛ

la plus jolie fille de Casablanca!» Et je lui ai dit
la ply ʒɔli fi:j də kazablãka!» e ʒə lɥi e di

son plus joli sourire ɔ: le plus joli sourire de Marie-Anne

de lui montrer son plus joli sourire!
də lɥi mɔ̃tre sɔ̃ ply ʒɔli suri:r!

Marie-Anne est devenue toute rouge et a ouvert la
mari a:n ɛ dəvny tut ru:ʒ e a uvɛ:r la

bouche pour me répondre, mais n'a rien dit, car déjà,
buʃ pur mə repɔ̃:dr, mɛ na rjɛ̃ di, kar deʒa,

Henri était devant elle. Comme c'était une très
ãri etɛ dvã -tɛl. kɔm setɛ -tyn trɛ

belle soirée, je suis resté à la fenêtre. Mon oncle et
bɛl sware, ʒə sɥi rɛste a la fnɛ:tr. mɔ̃ -nɔ̃:kl e

M. Martial parlaient de choses qui, pour moi,
məsjø marsjal parlɛ d ʃo:z ki, pur mwa,

n'avait aucun intérêt pour moi ɔ: ne m'intéressait pas

n'avaient aucun intérêt. J'ai vu que les deux jeunes
navɛ okœ̃ -nɛ̃terɛ. ʒe vy k le dø ʒœn

nous nous donnons
vous vous donnez
ils se donnent

gens se sont donné la main — en se présentant, je
ʒã sə sɔ̃ dɔne la mɛ̃ — ã sə prezãtã, ʒə

pense. Marie-Anne a souri, encore un peu rouge
pã:s. mari a:n a suri, ãkɔ:r œ̃ pø ru:ʒ

après ce que je lui avais dit. Puis, les deux nouveaux
aprɛ s kə ʒə lɥi avɛ di. pɥi, le dø nuvo

amis sont allés jusqu'à la grille du jardin et sont
-zami sɔ̃ -tale ʒyska la gri:j dy ʒardɛ̃ e sɔ̃

revenus. Je n'entendais pas ce qu'ils se disaient, car
rəvny. ʒə nɑ̃tɑ̃dɛ pa s kil sə dizɛ, kar

ils parlaient très bas. Comme je ne voulais pas les
il parlɛ trɛ ba. kɔm ʒə n vulɛ pa le

déranger, je ne suis pas, moi, descendu dans le
derɑ̃ʒe, ʒə n sɥi pa, mwa, desɑ̃dy dɑ̃ l

jardin. Quand deux personnes veulent parler ensemble,
ʒardɛ̃. kɑ̃ dø pɛrsɔn vœl parle ɑ̃sɑ̃:bl,

une troisième personne dérange souvent. Mais c'est
yn trwazjɛm pɛrsɔn derɑ̃:ʒ suvɑ̃. mɛ sɛ

Marie-Anne elle-même qui, en arrivant devant la
mari a:n ɛlmɛ:m ki, ɑ̃ -narivɑ̃ dvɑ̃ la

maison, m'a crié: « André, viens avec nous, le jardin
mɛzɔ̃, ma krie: «ɑ̃dre, vjɛ̃ avɛk nu, lə ʒardɛ̃

est très beau, ce soir, tu sais? » Je me suis demandé
ɛ trɛ bo, sə swa:r, ty sɛ?» ʒə m sɥi dmɑ̃de

pourquoi elle disait cela, car le jardin ne me semblait
purkwa ɛl dizɛ sla, kar lə ʒardɛ̃ n mə sɑ̃blɛ

pas plus beau que les autres soirs. Mais quand j'y
pa ply bo k le -zo:trə swa:r. mɛ kɑ̃ ʒi

suis descendu, j'ai vu une autre chose que je n'avais
sɥi desɑ̃dy, ʒe vy yn o:trə ʃo:z kə ʒə navɛ

pu voir de la fenêtre, parce qu'il était déjà assez
py vwa:r də la fnɛ:tr, pars kil etɛ deʒa ase

tard, et on ne voyait plus très bien. J'ai vu que ma
ta:r, e ɔ̃ n vwajɛ ply trɛ bjɛ̃. ʒe vy k ma

entendre	**attendre**
a entendu	**a attendu**
entend	**attend**
entendait	**attendait**
entendra	**attendra**

nous nous disons
vous vous dites
ils se disent

il peut
il a pu

il voit
il voyait

elle était devenue plus belle que jamais ɔ: elle n'avait jamais été plus belle

cousine, qui avait toujours été très jolie, était en ces
kuzin, ki avɛ tuʒu:r ete trɛ ʒɔli, etɛ -tɑ̃ se

dix minutes devenue plus belle que jamais. Elle nous
di minyt dəvny ply bɛl kə ʒamɛ. ɛl nu

fais!
faisons!
faites!

a pris tous les deux par le bras, et nous a dit: « Faisons
-za pri tu le dø par lə bra, e nu -za di: «fəzɔ̃

une petite promenade autour du jardin avant de
yn pətit prɔmnad otu:r dy ʒardɛ̃ avɑ̃ də

autour du jardin ɔ: dans le jardin

dîner! »
dine!»

Soudain, dans un arbre, un oiseau a commencé à chanter.
sudɛ̃, dɑ̃ -zœ̃ -narbr, œ̃ -nwazo a kɔmɑ̃se a ʃɑ̃te.

un oiseau

Un autre oiseau lui a répondu, puis un troisième.
œ̃ -no:tr wazo lɥi a repɔ̃dy, pɥi œ̃ trwazjɛm.

Marie-Anne, qui aimait beaucoup le chant des oiseaux,
mari a:n, ki ɛmɛ boku l ʃɑ̃ de -zwazo,

s'est arrêtée pour mieux entendre. « Ecoutez! Quel
sɛ -tarɛte pur mjø -zɑ̃tɑ̃:dr. «ekute! kɛl

un oiseau
deux oiseaux

joli chant d'amour! » « Oui ... » lui a répondu Henri,
ʒɔli ʃɑ̃ damu:r!» «wi...» lɥi a repɔ̃dy ɑ̃ri,

bon	bien
meilleur	mieux
le meilleur	le mieux

mais moi, je lui ai demandé avec un sourire qu'elle
mɛ mwa, ʒə lɥi e dmɑ̃de avɛk œ̃ suri:r kɛl

n'a heureusement pas vu: « Un chant d'amour? Qui
na œrøzmɑ̃ pa vy: «œ̃ ʃɑ̃ damu:r? ki

te dit que c'est un chant d'amour, ma petite cousine? »
t di kə sɛ -tœ̃ ʃɑ̃ damu:r, ma ptit kuzin?»

de nouveau = encore une fois

Je suis sûr qu'elle est devenue de nouveau toute rouge
ʒə sɥi sy:r kɛl ɛ dəvny də nuvo tut ru:ʒ

en me répondant: « Mais je ne sais pas, André, ce
ã m repɔ̃dã: «mɛ ʒə n se pa, ãdre, s

n'est peut-être pas vrai. » « Je suis sûr que vous avez
nɛ pœtɛ:trə pa vrɛ.» «ʒə sɥi sy:r kə vu -zave

raison, Mlle Marie-Anne! » a dit alors Henri,
rɛzɔ̃, madmwazɛl mari a:n!» a di alɔ:r ãri,

« et si vous écoutez mieux, M. Comaux, vous enten-
«e si vu -zekute mjø, məsjø kɔmo, vu -zãtã-

drez vous aussi de quoi chantent ces oiseaux. » « Oh!
dre vu osi də kwa ʃã:t se -zwazo.» «o!

là là! Si vous êtes deux contre un, » leur ai-je dit,
la la! si vu -zɛt dø kɔ̃:tr œ̃,» lœr ɛ:ʒ di,

« je ne dirai plus rien! » Et nous avons continué notre
«ʒə n dire ply rjɛ̃!» e nu -zavɔ̃ kɔ̃tinɥe nɔtrə

petite promenade, sans rien dire pendant quelques
pətit prɔmnad, sã rjɛ̃ di:r pãdã kɛlk

minutes.
minyt.

Marie-Anne nous tenait toujours par le bras, et rien
mari a:n nu tnɛ tuʒu:r par lə bra, e rjɛ̃

ne semblait changé. Mais j'ai compris pourquoi ma
n sãblɛ ʃãʒe. mɛ ʒe kɔ̃pri purkwa ma

cousine m'avait dit que le jardin était si beau, ce
kuzin mavɛ di kə l ʒardɛ̃ etɛ si bo, sə

soir-là. J'ai compris que si le jardin lui semblait
swa:r la. ʒe kɔ̃pri kə si l ʒardɛ̃ lɥi sãblɛ

différent, c'est qu'il était changé par quelque chose de
diferã, sɛ kil etɛ ʃãʒe par kɛlkə ʃo:z də

---

répondre	**attendre**
a répondu	**a attendu**
répond	**attend**
répondait	**attendait**
répondra	**attendra**

devenir	**venir**
est devenu	**est venu**
devient	**vient**
devenait	**venait**
deviendra	**viendra**

Mlle = Mademoiselle

On dit « Mademoiselle » à une dame qui n'a pas encore de mari.

sans rien dire = sans dire aucune chose

changé ɔ: devenu différent

comprendre	**prendre**
a compris	**a pris**
comprend	**prend**

nouveau pour elle: son premier amour. Et l'amour
nuvo pur ɛl: sɔ̃ prəmjɛ -ramu:r. e lamu:r

change bien des choses, vous le savez bien. Puis, Henri
ʃɑ̃:ʒ bjɛ̃ de ʃo:z, vu l save bjɛ̃. pɥi, ɑ̃ri

a commencé de nouveau à parler. Il ne parlait que
a kɔmɑ̃se d nuvo a parle. il nə parlɛ k

de choses dont il aurait pu aussi bien parler à
də ʃo:z dɔ̃ -til ɔrɛ py osi bjɛ̃ parle a

d'autres personnes: de différentes choses qu'il avait
do:trə pɛrsɔn: də diferɑ̃:t ʃo:z kil avɛ

lire
a lu
lit

vues en Afrique, de livres qu'il avait lus, de per-
vy ɑ̃ -nafrik, də li:vrə kil avɛ ly, də pɛr-

sonnes qu'il avait connues. Marie-Anne l'écoutait avec
sɔn kil avɛ kɔny. mari a:n lekutɛ avɛk

un grand intérêt. Les deux nouveaux amis sem-
œ̃ grɑ̃ -tɛ̃terɛ. le dø nuvo -zami sɑ̃-

blaient avoir entièrement oublié que j'étais avec eux,
blɛ avwa:r ɑ̃tjɛrmɑ̃ -tublie kə ʒetɛ -zavɛk ø,

et à ce moment, ils auraient aussi bien pu être les
e a s mɔmɑ̃, il -zɔrɛ -tosi bjɛ̃ py ɛ:trə le

seules personnes au monde. Je comprenais très bien
sœl pɛrsɔn o mɔ̃:d. ʒə kɔ̃prənɛ trɛ bjɛ̃

pourquoi ma cousine était si belle, ce soir.»
purkwa ma kuzin etɛ si bɛl, sə swa:r.»

il **comprend**
il **comprenait**

André Comaux s'arrête un moment de raconter.
ɑ̃dre kɔmo sarɛt œ̃ mɔmɑ̃ d rakɔ̃te.

personne ne ɔ: aucune personne ne

Autour de la table, personne ne dit rien. Le vieux
otu:r də la tabl, pɛrsɔn nə di rjɛ̃. lə vjø

père, seulement, murmure: « Mon pauvre petit... Tu
pɛ:r, sœlmɑ̃, myrmy:r: «mɔ̃ po:vrə pəti... ty

aurais peut-être été très heureux, si tu avais vécu...»
ɔrɛ pœtɛ:tr ete trɛ -zœrø, si ty avɛ veky...»

Mais il murmure cela si bas que personne ne l'entend,
mɛ il myrmy:r sla si ba kə pɛrsɔn nə lɑ̃tɑ̃,

sauf son ami Passavant, qui lui répond, en murmurant
sof sɔ̃ -nami pasavɑ̃, ki lɥi repɔ̃, ɑ̃ myrmyrɑ̃

lui aussi: « Mais ils ont été heureux, Arthur. » Puis,
lɥi osi: «mɛ il -zɔ̃ -tete œrø, arty:r.» pɥi,

André Comaux recommence à raconter:
ɑ̃dre kɔmo rəkɔmɑ̃:s a rakɔ̃te:

« Je crois que si personne ne les avait appelés, les
«ʒə krwa k si pɛrsɔn nə le -zavɛ -taple, le

deux amoureux auraient pu rester dans le jardin toute
dø -zamurø ɔrɛ py rɛste dɑ̃ l ʒardɛ̃ tut

la soirée et toute la nuit. Mais heureusement, ma tante,
la sware e tut la nɥi. mɛ œrøzmɑ̃, ma tɑ̃:t,

qui était rentrée un peu après huit heures, nous a
ki etɛ rɑ̃tre œ̃ pø aprɛ ɥi -tœ:r, nu -za

crié de rentrer dîner. « Oui, maman, nous venons
krie d rɑ̃tre dine. «wi, mɑ̃mɑ̃, nu vnɔ̃

tout de suite! » lui a crié Marie-Anne, et elle nous a
tutsɥit!» lɥi a krie mari a:n, e ɛl nu -za

dit: « La promenade est finie, Messieurs, on dîne! »
di: «la prɔmnad ɛ fini, mesjø, ɔ̃ din!»

« Attendez un instant, Mademoiselle! » lui a dit Henri,
«atɑ̃de œ̃ -nɛ̃stɑ̃, madmwazɛl!» lɥi a di ɑ̃ri,

---

murmurer = parler à voix très basse

vivre
a vécu
vit
vivait
vivra

répondre	attendre
répond**s**	atten**ds**
répond**s**	atten**ds**
répond	attend
répond**ons**	attend**ons**
répond**ez**	attend**ez**
répond**ent**	attend**ent**

recommencer = commencer de nouveau

Un amoureux est quelqu'un qui aime.

nous ɔ: à nous

tout de suite ɔ: dans un instant

et il lui a donné une belle rose rouge. La jeune fille
e il lɥi a dɔne yn bɛl ro:z ru:ʒ. la ʒœn fi:j

lui a souri, et j'entendrai toujours le « Merci! » qu'elle
lɥi a suri, e ʒãtãdre tuʒu:r lə «mɛrsi!» kɛl

tout bas ɔ: très bas

lui a dit tout bas en prenant la rose. Nous sommes
lɥi a di tu ba ã prənã la ro:z. nu sɔm

rentrés dans la maison, et j'ai pu voir ma cousine
rãtre dã la mɛzɔ̃, e ʒe py vwa:r ma kuzin

beaucoup mieux que pendant notre courte promenade.
boku mjø k pãdã nɔtrə kurt prɔmnad.

Ah, qu'elle était belle à ce moment! Ce qui lui était
a, kɛl etɛ bɛl a s mɔmã! s ki lɥi etɛ

arrivé dans le jardin, est-ce que cela l'avait changée?
-tarive dã l ʒardɛ̃, ɛs kə sla lavɛ ʃãʒe?

Elle était si belle que mon oncle a dit: « Regardez
ɛl etɛ si bɛl kə mɔ̃ -nɔ̃:kl a di: «rəgarde

Marie-Anne! Elle est plus jolie que jamais, ce soir!
mari a:n! ɛl ɛ ply ʒɔli k ʒamɛ, sə swa:r!

Qu'est-ce qui t'est arrivé, fillette? Tu as eu quelque
kɛs ki tɛ -tarive, fijɛt? ty a y kɛlk

tout
toute

Il devient tout rouge.
Elle devient toute rouge.

bonne nouvelle? » Et tout le monde, à table, a dit que
bɔn nuvɛl?» e tu l mɔ̃:d, a tabl, a di k

Marie-Anne était vraiment très jolie. La jeune fille
mari a:n etɛ vrɛmã trɛ ʒɔli. la ʒœn fi:j

est devenue toute rose pour la troisième fois, ce soir,
ɛ dəvny tut ro:z pur la trwazjɛm fwa, sə swa:r,

et a répondu qu'il n'y avait vraiment rien. »
e a repɔ̃dy kil njavɛ vrɛmã rjɛ̃.»

« Mais moi, savez-vous ce qui m'est arrivé? » demande
«mɛ mwa, save vu s ki mɛ -tarive?» dəmɑ̃:d

André à Martial. « Non? » C'est le vieux docteur qui
ɑ̃dre a marsjal. «nɔ̃?» sɛ l vjø dɔktœ:r ki

lui répond avec un petit sourire: « Oh, je crois que je
lɥi repɔ̃ avɛk œ̃ pti suri:r: «o, ʒə krwa k ʒə

le devine. » « Qu'est-ce que vous devinez, docteur? »
l dəvin.» «kɛs kə vu dvine, dɔktœ:r?»

lui demande le jeune homme, qui n'attendait pas un
lɥi dmɑ̃:d lə ʒœn ɔm, ki natɑ̃dɛ pa œ̃

instant cette réponse. « Eh, eh! Je vous le dirai plus
-nɛ̃stɑ̃ sɛt repɔ̃:s. «e, e! ʒə vu l dire ply

tard. Continuez, continuez, » lui répond Passavant.
ta:r. kɔ̃tinɥe, kɔ̃tinɥe,» lɥi repɔ̃ pasavɑ̃.

André le regarde avec un intérêt plus grand qu'avant.
ɑ̃dre l rəgard avɛk œ̃ -nɛ̃terɛ ply grɑ̃ kavɑ̃.

« Quel homme, ce vieux docteur! » se dit-il, puis il dit
«kɛl ɔm, sə vjø dɔktœ:r!» sə di -til, pɥi il di

à haute voix: « Eh bien, voilà! Ce qui m'est arrivé ce
a o:t vwa: «e bjɛ̃, vwala! s ki mɛ -tarive sə

soir, c'est que je suis devenu pour la première fois
swa:r, sɛ k ʒə sɥi dəvny pur la prəmjɛ:r fwa

amoureux de ma jolie cousine! » « Comment? » dit
amurø d ma ʒɔli kuzin!» «kɔmɑ̃?» di

Martial, « vous avez été amoureux de Marie-Anne
marsjal, «vu -zave -zete amurø d mari a:n

pendant toutes ces années et vous ne me l'avez jamais
pɑ̃dɑ̃ tut se -zane e vu n mə lave ʒamɛ

dit? » « Cher Martial, » lui répond Comaux, « j'ai fait
di?» «ʃɛ:r marsjal,» lɥi repɔ̃ kɔmo, «ʒe fɛ

tout pour ne pas y penser et pour l'oublier, et je
tu pur nə pa i pɑ̃se e pur lublie, e ʒə

crois que je l'ai presque oublié aujourd'hui. Vous
krwa kə ʒ le prɛsk ublie oʒurdɥi. vu

-eux
-euse

Il est amoureux. Elle est amoureuse.

savez bien que Marie-Anne est toujours aussi amou-
save bjɛ̃ kə mari a:n ɛ tuʒu:r osi amu-

reuse de son Henri que ce premier soir. La mort de
rø:z də sɔ̃ -nɑ̃ri kə sə prəmje swa:r. la mɔ:r də

son mari n'a rien changé à son amour. Il n'y a pas
sɔ̃ mari na rjɛ̃ ʃɑ̃ʒe a sɔ̃ -namu:r. il nja pa

vivre
la vie

Marie-Anne veut vivre en France. Elle veut passer sa vie en France.

de place pour moi dans sa vie. Je l'ai aimée trop
də plas pur mwa dɑ̃ sa vi. ʒə le ɛme trɔ

tard, c'est tout. »
ta:r, sɛ tu.»

« Mais dites-moi, » lui demande Martial, « êtes-vous
«mɛ dit mwa,» lɥi dmɑ̃:d marsjal, «ɛt vu

bien sûr que tout cela est fini et que vous n'aimez
bjɛ̃ sy:r kə tu sla ɛ fini e k vu nɛme

plus Marie-Anne? » Comaux ne répond pas tout de
ply mari a:n?» kɔmo n repɔ̃ pa tut-

suite. Après quelques instants, il dit tout bas: « Je ne
sɥit. aprɛ kɛlk -zɛ̃stɑ̃, il di tu ba: «ʒə n

sais pas... Peut-être... Voyez-vous, j'aimais Marie-
se pa... pœtɛ:tr... vwaje vu, ʒɛmɛ mari

telle qu'elle était = comme elle était

Anne telle qu'elle était ce premier soir. Quand je
a:n tɛl kɛl etɛ sə prəmje swa:r. kɑ̃ ʒ

pense à elle, je vois une jeune femme aux regards
pã:s a ɛl, ʒə vwa yn ʒœn fam o rəga:r

souriants, qui donne le bras à son mari. Il n'y avait
surjã, ki dɔn lə bra a sɔ̃ mari. il njavɛ

qu'un homme au monde pour elle, c'était Henri.
kœ̃ -nɔm o mɔ̃:d pur ɛl, setɛ -tãri.

Depuis le jour où elle est devenue la femme d'Henri,
dəpɥi l ʒu:r u ɛl ɛ dəvny la fam dãri,

je ne me suis pas demandé une seule fois si je l'aimais ou
ʒə n mə sɥi pa dmãde yn sœl fwa si ʒə lɛmɛ u

non. Et je crois que je ne connaîtrai jamais un amour tel
nɔ̃. e ʒə krwa k ʒə n kɔnɛtre ʒamɛ œ̃ -namu:r tɛl

que le leur.» «Qui sait, qui sait... D'autres aussi ont
kə lə lœ:r.» «ki se, ki se... do:tr osi ɔ̃

connu un tel amour,» dit le docteur, mais André ne
kɔny œ̃ tɛl amu:r,» di l dɔktœ:r, mɛ ãdre n

l'entend pas et, après un court instant, il recommence:
lãtã pa e, aprɛ -zœ̃ ku:r ɛ̃stã, il rəkɔmã:s:

«Pauvre Marie-Anne! Après que son père lui a dit
«po:vrə mari a:n! aprɛ k sɔ̃ pɛ:r lɥi a di

qu'elle était belle, c'est la bonne des Bourdier, Kabila,
kɛl etɛ bɛl, sɛ la bɔn de burdje, kabila,

qui lui a dit avec un grand sourire: «Mam'selle Marie-
ki lɥi a di avɛk œ̃ grã suri:r: «mamzɛl mari

Anne est bien jolie, ce soir. Kabila croit qu'un petit
a:n ɛ bjɛ̃ ʒɔli, sə swa:r. kabila krwa kœ̃ pti

oiseau a chanté quelque chose de bien agréable à son
-twazo a ʃãte kɛlkə ʃo:z də bjɛ̃ -nagreabl a sɔ̃

---

regarder
un regard

Marie-Anne **regarde** Henri avec un **regard** souriant.

tel
telle

un jeune homme **tel** qu'Henri
une jeune fille **telle** que Marie-Anne

entendre	**attendre**
entends	**attends**
entends	**attends**
entend	**attend**
entendons	**attendons**
entendez	**attendez**
entendent	**attendent**

être agréable = faire du plaisir

oreille, dans le jardin. Et Monsieur est un bien beau
-nɔrɛ:j, dɑ̃ l ʒardɛ̃. e məsjø ɛ -tœ̃ bjɛ̃ bo

jeune homme,» a-t-elle dit en regardant Henri. Je
ʒœn ɔm,» a -tɛl di ɑ̃ rgardɑ̃ ɑ̃ri. ʒə

crois bien qu'à ce moment il aurait aimé être à cent
krwa bjɛ̃ ka s mɔmɑ̃ il ɔrɛ -tɛme ɛ:tr a sɑ̃

kilomètres de tous ces gens et de leurs regards. Car
kilɔmɛtrə də tu se ʒɑ̃ e d lœr rəga:r. kar

la mère de Marie-Anne, qui n'avait entendu que les
la mɛ:r də mari a:n, ki navɛ -tɑ̃tɑ̃dy k le

tout haut ⟷ tout bas

derniers mots de Kabila, a dit tout haut: « Un bien
dɛrnje mo d kabila, a di tu o: «œ̃ bjɛ̃

beau jeune homme, Kabila.» Comme tout cela n'était
bo ʒœn ɔm, kabila.» kɔm tu sla netɛ

vraiment pas agréable pour les pauvres jeunes gens,
vrɛmɑ̃ pa agreablə pur le po:vrə ʒœn ʒɑ̃,

j'ai commencé à parler d'autre chose, et cinq minutes
ʒe kɔmɑ̃se a parle do:trə ʃo:z, e sɛ̃ minyt

plus tard, tout le monde avait oublié ce qu'avait dit la
ply ta:r, tu l mɔ̃:d avɛ -tublie s kavɛ di la

bonne.»
bɔn.»

Comaux s'arrête, et c'est le vieux docteur qui dit
kɔmo sarɛt, e sɛ l vjø dɔktœ:r ki di

alors: « Messieurs, je ne sais pas si vous pensez comme
alɔ:r: «mesjø, ʒə n se pa si vu pɑ̃se kɔm

moi, mais je crois que, même si Henri est mort si jeune,
mwa, mɛ ʒə krwa kə, mɛ:m si ɑ̃ri ɛ mɔ:r si ʒœn,

il a été plus heureux que bien d'autres, qui ont eu
il a ete ply -zœrø k bjɛ̃ do:tr, ki ɔ̃ -ty

une vie plus longue, mais n'ont jamais aimé. Et
yn vi ply lɔ̃:g, mɛ nɔ̃ ʒamɛ -zɛme. e

maintenant, puisque sa jeune femme vit, ne crois-tu
mɛ̃tnɑ̃, pɥisk sa ʒœn fam vi, nə krwa ty

pas, Arthur, que M. Comaux peut lui dire que nous
pa, arty:r, kə məsjø kɔmo pø lɥi di:r kə nu

voulons tous qu'elle vienne à Villebourg et qu'elle y
vulɔ̃ tus kɛl vjɛn a vilbu:r e kɛl i

reste?» «Oh, oui, oui!» lui répond Doumier. «Et je
rɛst?» «o, wi, wi!» lɥi repɔ̃ dumje. «e ʒ

veux qu'elle vienne avec ses deux enfants. Dites-le-lui,
vø kɛl vjɛn avɛk se dø -zɑ̃fɑ̃. dit lə lɥi,

M. Comaux!»
məsjø kɔmo!»

Comaux dit qu'il le fera, puis M. Doumier appelle
kɔmo di kil lə fra, pɥi məsjø dumje apɛl

Amélie pour lui demander d'apporter les fruits.
ameli pur lɥi dmɑ̃de dapɔrte le frɥi.

EXERCICE A.

André a commencé à raconter quand — le — s'est assis à table. «Nous n'— ma tante que pour l'heure du dîner,» dit-il. Puis, il continue: «J'ai parlé avec Henri pendant un — instant, puis j'ai — à Marie-Anne qui était dans le jardin: «Voilà M. Dupont —

je t'ai parlé! » Je lui ai dit également qu'elle était très jolie, et elle est — toute rouge. Mon oncle et Martial parlaient de choses sans — pour moi. J'ai regardé par la fenêtre et j'ai vu que les jeunes gens se sont — la main. Puis, ils sont allés —'à la grille. Je n'— pas ce qu'ils se disaient, et comme je ne voulais pas les —, je ne suis pas descendu au jardin.

Quand, plus tard, j'y suis descendu, j'ai vu ce que je n'avais — voir de la fenêtre. C'est que ma cousine était devenue — belle que —. « — une petite promenade! » nous a-t-elle dit. Soudain, dans un arbre, un — a commencé à chanter. Marie-Anne aimait beaucoup le — des oiseaux. Elle s'est arrêtée pour mieux l'—. Puis, elle a dit que c'était un chant d'— qu'ils chantaient. Et Henri m'a dit que si j'écoutais —, j'entendrais aussi de quoi ils chantaient.

Rien ne semblait —, dans le jardin. Mais j'ai — pourquoi ma cousine était — belle, ce soir-là, et pourquoi le jardin était — beau. L'amour de Marie-Anne avait tout changé. Quand Henri a commencé à parler — nouveau, il a parlé de livres qu'il avait — et de beaucoup d'autres choses. Il parlait comme si lui et Marie-Anne avaient été les seules personnes au —. »

MOTS:

l'amour
un chant
un intérêt
Mademoiselle
Mlle
le monde
un oiseau
les oiseaux
une place
un regard
un sourire
la vie
agréable
amoureux (de)
amoureuse (de)
court
seul
souriant
il m'est arrivé
il t'est arrivé
nous attendions
changer

EXERCICE B.

Que murmure le vieux Doumier, quand André lui raconte comment Henri a connu Marie-Anne? ...

Quelle est la seule personne qui entend ce qu'il murmure? ... Et que lui répond tout bas cette personne? ... Combien de temps les deux amoureux auraient-ils pu rester dans le jardin si on ne les avait pas appelés? ... Qu'a crié Marie-Anne à sa mère quand sa mère l'a appelée? ... Qu'a dit alors Henri à la jeune fille et que lui a-t-il donné? ... Qu'est-ce qui avait changé Marie-Anne? ... Que dit son père quand elle entre dans la salle à manger? ... Qu'arrive-t-il à André, ce soir-là? ... Pourquoi n'a-t-il jamais parlé de son amour? ... Que lui demande Martial quand il dit qu'il a été amoureux de Marie-Anne? ... Pourquoi André ne se demande-t-il plus s'il aime Marie-Anne ou non, depuis qu'elle est devenue la femme d'Henri? ... Qu'a dit Kabila quand elle a vu Marie-Anne, ce soir-là? ...

EXERCICE C.

bon	**bonne**	**bien**
meilleur	**meilleure**	**mieux**
le meilleur	**la meilleure**	**le mieux**

Martial et Comaux aiment le café d'Amélie parce qu'il est —. Amélie aime faire le café, et elle le fait très —. Amélie aime lire les lettres de son maître, et ce n'est pas —, mais la vieille bonne de Doumier est une — personne; elle est une — personne que beaucoup d'autres bonnes. Elle a fait un — dîner pour M. Doumier et ses nouveaux amis, elle l'a fait — que dans beaucoup de grands restaurants. « Quand on ne se sent pas —, » dit M. Fournier, « la — chose est de

chanter
je comprenais
il a compris
crier
déranger
il est devenu
ils se disent
entendre
j'entendais
vous entendiez
vous entendrez
il a entendu
faisons!
elle est finie
il a lu
murmurer
il a pu
recommencer
il a souri
il a vécu
il voyait
tel
telle
tout haut
toute rouge
mieux
si
bien d'autres
bien sûr
de nouveau
en ville
ils se sont donné la main
parler bas
personne ne...
plus... que jamais
ou non
rien ne...
quelque chose de nouveau
sans rien dire
tout de suite
tout le monde

boire un verre de — cognac. » Et il dit que le cognac du Café de France est le — cognac de la ville. Aucun autre café de Villebourg n'a de — cognac. Martial, lui, pense que le — est de manger un — dîner.

attendre

a attendu	**attendait**
attend	**attendra**

Mme Bourdier était en ville, mais sa famille l'— pour l'heure du dîner. « Ma cousine est dans le jardin, je crois qu'elle vous —, » a dit André à Henri. Marie-Anne n'— pas — longtemps, Henri est descendu tout de suite au jardin. «Vous savez que les femmes n'aiment pas —, » a-t-il dit à Comaux. « Oh, elle vous — bien un peu! » lui avait dit M. Bourdier, mais Henri ne l'a pas entendu.

j'attends	**nous attendons**
tu attends	**vous attendez**
il attend	**ils attendent**

« Qui — -vous ce soir, M. Bourdier? » avait demandé un ami, et M. Bourdier avait répondu: « J'— un jeune Français, un ami de mon neveu. » « Tu l'— ce soir, papa? » avait demandé Marie-Anne. « Cela m'intéresse de le voir, André m'a beaucoup parlé de lui. » C'est pour cela que Marie-Anne, ce soir, — Henri. A huit heures, M. Bourdier a demandé: « Pourquoi ne dînons-nous pas? Qui — -nous? » « On — ma tante, » lui a répondu André. « Oh, pardon, c'est vrai, elle est en ville. » Chez les Bourdier, si une personne n'est pas là à l'heure des repas, les autres l'— toujours.

RÉSUMÉ (1)

Nous **les** avons vus. Nous **leur** avons demandé...
Nous **nous** sommes vus. Nous **nous** sommes demandé...

Dans la phrase: « Nous nous sommes vus ce matin, » on a la forme *vus* avec *-s*. Dans la phrase: « Nous nous sommes demandé si c'était vrai, » on a la forme *demandé* sans *-s*. Pourquoi? Pourquoi n'a-t-on pas la forme « demandés », avec *-s*, comme vus? Voyons un peu.

Deux hommes: « Nous nous sommes vus. »
Deux femmes: « Nous nous sommes vues. »

Que dit la première phrase? Elle dit que « les gens *que* nous avons *vus* ce matin, c'est nous ». Et que dit la deuxième phrase? Elle dit que « les gens *à qui* nous avons *demandé* si c'était vrai, c'est nous ». Nous voyons que c'est seulement quand « nous nous sommes (demandé) » dit la même chose que « nous avons (demandé) *à nous-mêmes* » que la deuxième partie du passé composé reste la même qu'au masculin singulier: demandé (sans *-s*).

Vous **les** avez connus. Vous **leur** avez dit...
Vous **vous** êtes connus. Vous **vous** êtes dit..

Dans la phrase: «Vous vous êtes connus à Paris,» *connus* est écrit avec *-s*. Dans la phrase: «Vous vous êtes dit que c'était bien,» *dit* est écrit sans *-s*. La première phrase dit que « les gens *que* vous avez *connus* à Paris, c'est vous ». La deuxième phrase dit que « les gens *à qui* vous avez *dit* que c'était bien, c'est vous ». Et c'est seulement quand « vous vous êtes (dit) »

A deux hommes: «Vous vous êtes connus. »
A deux femmes: «Vous vous êtes connues. »

dit la même chose que « vous avez (dit) *à vous-mêmes* » que la deuxième partie du passé composé reste la même qu'au masculin singulier: dit (sans -*s*).

Ils **les** ont quittés.	Ils **leur** ont donné . . .
Ils **se** sont quittés.	Ils **se** sont donné . . .

De deux hommes: « Ils se sont quittés. »

De deux femmes: « Elles se sont quittées. »

Dans les deux phrases: « Ils se sont quittés à dix heures » et « Ils se sont donné la main, » nous voyons que c'est seulement quand « ils se sont (donné) » dit la même chose que « ils ont (donné) *à eux-mêmes* » que la deuxième partie du passé composé reste la même qu'au masculin singulier: donné (sans -*s*).

Nous pouvons dire que dans les phrases: « Nous nous sommes . . . », «Vous vous êtes . . . », « Ils (elles) se sont . . . », la deuxième partie du passé composé reste toujours la même qu'au masculin singulier (sans -*e*, -*s* ou -*es*) si les mots: « nous nous sommes . . . », « vous vous êtes . . . », « ils (elles) se sont . . . » disent la même chose que « nous avons ... *à nous-mêmes* », « vous avez ... *à vous-mêmes* » et « ils (elles) ont ... *à eux (elles)-mêmes.* »

EXERCICE I

Henri et Marie-Anne se sont rencontr— chez les Bourdier. Quand ils se sont v—, ils se sont donn— la main et se sont di— bonjour. Henri et Marie-Anne: « Quand nous nous sommes v—, nous nous sommes sour— et nous nous sommes pri— la main. Nous nous sommes parl— longtemps. »

M. Doumier, à André: « Comment vous êtes-vous conn—, Henri et vous? Quand vous êtes-vous quitt—, le premier soir? » Quand M. Fournier et son voisin M. Doumier se sont rencontr—, ils se sont salu—, puis ils se sont demand—: « Comment allez-vous? » et se sont répond— en même temps: « Très bien, merci! »

RÉSUMÉ (2)

Nous avons vu plus d'une fois, dans les chapitres 21 à 25, que les formes d'un verbe étaient « comme » celles d'un autre verbe, par exemple que les formes du verbe *entendre* étaient « comme » les formes du verbe *attendre*. Les verbes *attendre* et *entendre* sont deux verbes de la même « famille ». Nous connaissons un troisième verbe de cette famille, c'est le verbe *répondre*.

Pourquoi disons-nous que ces verbes sont une *famille?* Parce que, dans chacune des formes de ces trois verbes, la deuxième partie est la même d'un verbe à l'autre, et la première partie seulement est différente. Par exemple: att*endait*, ent*endait* et rép*ondait*, ou att*endons*, ent*endons* et rép*ondons*.

Quand nous avons toutes les formes d'un verbe d'une famille, et une forme seulement d'un autre verbe de la même famille, nous pouvons trouver toutes les autres formes de ce deuxième verbe. Prenons un exemple! Si nous avons toutes les formes du verbe *attendre: attendre, a attendu, attend, attendait, attendra,* et si nous avons une forme de deux autres verbes de la même famille: *répondra* et *a entendu,* quelles sont les autres formes de ces deux verbes? Voyons:

att**endre**	a att**endu**	att**end**	att**endait**	att**endra**
répo**ndre**	a répo**ndu**	répo**nd**	répo**ndait**	répo**ndra**
ent**endre**	a ent**endu**	ent**end**	ent**endait**	ent**endra**

Nous appelons cette famille de verbes *la famille d'attendre.*

EXERCICE II

André a dit à M. Doumier qu'il répon— à ses questions, et il a répon— à toutes les questions que M. Doumier lui a posées, mais à cette question-ci il ne répon— pas. Il ne sait pas s'il peut répon—. « Si je vous répon—, ce que je dirais ne serait peut-être pas vrai, » dit-il.

Quand on est dans le wagon d'un train, c'est souvent difficile d'enten— ce que disent les autres personnes. Si l'on ne parle pas assez haut, celui à qui vous parlez n'enten— pas. « Je vous demande pardon, » dit-il alors, « je n'ai pas enten— ce que vous avez dit; si vous le dites encore une fois, je l'enten— peut-être mieux. » Et peut-être, s'il est vieux, le monsieur dira qu'il enten— mieux quand il était jeune.

L'AMOUR D'HENRI

Quand tout le monde a fini de dîner, M. Doumier
kɑ̃ tu l mɔ̃:d a fini də dine, məsjø dumje

dit: « Maintenant, Messieurs, je crois que nous allons
di: «mɛ̃tnɑ̃, mesjø, ʒə krwa k nu -zalɔ̃

fumer un cigare. Mais d'abord nous allons demander
fyme œ̃ siga:r. mɛ dabɔ:r nu -zalɔ̃ dmɑ̃de

un cigare

à Amélie de nous faire une tasse de café. » « Bonne
a ameli də nu fɛ:r yn ta:s də kafe.» «bɔn

idée, » dit le docteur Passavant. « Amélie! » appelle
ide,» di l dɔktœ:r pasavɑ̃. «ameli!» apɛl

M. Doumier, « vous nous ferez une tasse de votre
'məsjø dumje, «vu nu fre yn ta:s də vɔtrə

bon café, n'est-ce pas? » « Bien, M. Doumier. Et
bɔ̃ kafe, nɛs pa?» «bjɛ̃, məsjø dumje. e

où le prendrez-vous? » « Nous le prendrons au salon, »
u l prɑ̃dre vu?» «nu l prɑ̃drɔ̃ o salɔ̃,»

prendre
il prendra

lui répond son maître, et tout le monde sort de la salle
lɥi repɔ̃ sɔ̃ mɛ:tr, e tu l mɔ̃:d sɔ:r də la sal

à manger. Dans le salon, on s'assied dans de bons
a mɑ̃ʒe. dɑ̃ l salɔ̃, ɔ̃ sasje dɑ̃ d bɔ̃

fauteuils, puis M. Doumier demande: « Cigare ou
fotœ:j, pɥi məsjø dumje dmɑ̃:d: «siga:r u

cigarette, Messieurs? » « Cigare, » répond le docteur.
sigarɛt, mesjø?» «siga:r,» repɔ̃ l dɔktœ:r.

un fauteuil

« Cigarette, s'il vous plaît, M. Doumier, » répondent
«sigarɛt, s'il vu plɛ, məsjø dumje,» repɔ̃:d

André Comaux et son ami.
ɑ̃dre kɔmo e sɔ̃ -nami.

Quand chacun a pris un cigare ou une cigarette,
kɑ̃ ʃakœ̃ a pri œ̃ siga:r u yn sigarɛt,

M. Doumier prend un très beau briquet, cadeau
məsjø dumje prɑ̃ œ̃ trɛ bo brikɛ, kado

du feu

un briquet

d'anniversaire de sa fille, et demande: « Puis-je vous
danivɛrsɛ:r də sa fi:j, e dmɑ̃:d: «pɥi:ʒ vu

donner du feu, Messieurs? » « Merci, » lui répond le
dɔne dy fø, mesjø?» «mɛrsi,» lɥi repɔ̃ l

docteur. André et M. Martial, qui ont déjà allumé
dɔktœ:r. ɑ̃dre e məsjø marsjal, ki ɔ̃ deʒa alyme

leurs cigarettes avec leurs propres briquets, répondent:
lœr sigarɛt avɛk lœr prɔprə brikɛ, repɔ̃:d:

remercier = dire merci

« Nous vous remercions, M. Doumier, mais c'est déjà
«nu vu rəmɛrsjɔ̃, məsjø dumje, mɛ sɛ deʒa

fait. »
fɛ.»

une cafetière

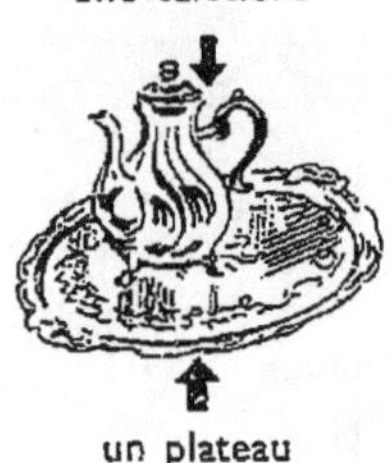

un plateau

Quand tout le monde a allumé sa cigarette ou son
kɑ̃ tu l mɔ̃:d a alyme sa sigarɛt u sɔ̃

cigare, Amélie entre avec un grand plateau sur lequel
siga:r, ameli ɑ̃:tr avɛk œ̃ grɑ̃ plato syr ləkɛl

elle a mis tout ce qui est nécessaire pour le café. Le
ɛl a mi tu s ki ɛ nesɛsɛ:r pur lə kafe. lə

café est dans une très belle cafetière. Elle a appartenu
kafe ɛ dɑ̃ -zyn trɛ bɛl kaftjɛ:r. ɛl a apartəny

à la grand-mère, puis à la mère de Mme Doumier,
a la grɑ̃mɛːr, pɥi a la mɛːr də madam dumje,

et on dit qu'elle a appartenu à Napoléon III. Napoléon
e ɔ̃ di kɛl a apartəny a napɔleɔ̃ trwa. napɔleɔ̃

III n'était pas aussi grand que Napoléon Ier, mais,
trwa netɛ pa osi grɑ̃ k napɔleɔ̃ prəmje, mɛ,

comme dit toujours le docteur Passavant, pour une
kɔm di tuʒuːr lə dɔktœːr pasavɑ̃, pur yn

cafetière, c'est assez d'avoir appartenu au « petit »
kaftjɛːr, sɛ -tase davwaːr apartəny o «pti»

Napoléon. Quand elle a mis la cafetière sur la table
napɔleɔ̃. kɑ̃ -tɛl a mi la kaftjɛːr syr la tabl

et placé une tasse et une soucoupe devant chaque
e plase yn taːs e yn sukup dəvɑ̃ ʃak

personne, Amélie dit: «Voilà, M. Doumier! J'espère
pɛrsɔn, ameli di: «vwala, məsjø dumje! ʒɛspɛːr

que le café sera bon, aujourd'hui.» «Je n'en doute
kə l kafe sra bɔ̃, oʒurdɥi.» «ʒə nɑ̃ dut

pas, Amélie. Votre café est toujours très bon. Ma
pa, ameli. vɔtrə kafe ɛ tuʒuːr trɛ bɔ̃. ma

femme disait que c'était le meilleur café de Ville-
fam dizɛ k setɛ l mɛjœːr kafe d vil-

bourg,» lui répond son maître avec un sourire.
buːr,» lɥi repɔ̃ sɔ̃ mɛːtr avɛk œ̃ suriːr.

Amélie ne dit rien, mais elle sort du salon en souriant.
ameli n di rjɛ̃, mɛ ɛl sɔːr dy salɔ̃ ɑ̃ surjɑ̃.

«Elle est toujours ainsi,» dit M. Doumier quand
«ɛl ɛ tuʒuːr ɛ̃si,» di məsjø dumje kɑ̃

appartenir	**tenir**
a **appartenu**	a **tenu**
appartient	**tient**
appartenait	**tenait**
appartiendra	**tiendra**

Napoléon Ier (premier)

Napoléon III (trois)

placer = poser

une soucoupe

je n'en doute pas = j'en suis sûr

ainsi = comme cela

elle est sortie. « Amélie ne me remercie jamais, mais
-tɛl ɛ sɔrti. «ameli n mə rmɛrsi ʒamɛ, mɛ

il m'écoute ɔ: il écoute ce que je dis

avez-vous vu le sourire avec lequel elle m'a écouté?
ave vu vy l suri:r avɛk ləkɛl ɛl ma ekute?

Et vous allez voir que dans cinq ou dix minutes, elle
e vu -zale vwa:r kə dɑ̃ sɛ̃ -ku di minyt, ɛl

il nous faut... = nous avons besoin de...

va venir nous demander s'il ne nous faut pas quelque
va vni:r nu dmɑ̃de sil nə nu fo pa kɛlkə

chose. Elle sait très bien qu'il ne nous faut rien, mais
ʃo:z. ɛl se trɛ bjɛ̃ kil nə nu fo rjɛ̃, mɛ

il peut
il pourra

quand elle reviendra je pourrai lui dire encore une
kɑ̃ -tɛl rəvjɛ̃dra ʒə pure lɥi di:r ɑ̃kɔ:r yn

fois que je trouve son café très, très bon et que vous
fwa kə ʒ tru:v sɔ̃ kafe trɛ, trɛ bɔ̃ e kə vu

délicieux ɔ: très bon à boire

aussi le trouvez délicieux. Car il est délicieux, ne
osi l truve delisjø. kar il ɛ delisjø, nə

trouvez-vous pas? » « Oh, oui, » disent André et M.
truve vu pa?» «o, wi,» di:z ɑ̃dre e məsjø

Martial. « Nous n'avons jamais bu un meilleur café,
marsjal. «nu navɔ̃ ʒamɛ by œ̃ mɛjœ:r kafe,

même pas en Afrique, et on fait un bon café à Casa-
mɛ:m pa ɑ̃ -nafrik, e ɔ̃ fɛ œ̃ bɔ̃ kafe a kaza-

content = heureux

blanca. » «Vous verrez combien elle sera contente,
blɑ̃ka.» «vu vere kɔ̃bjɛ̃ ɛl səra kɔ̃tɑ̃:t,

voir
a vu
voit
voyait
verra

quand je vais le lui dire. Je crois même qu'elle sera
kɑ̃ ʒ vɛ lə lɥi di:r. ʒə krwa mɛ:m kɛl səra

si contente que je pourrai lui demander de préparer
si kɔ̃tɑ̃:t kə ʒ pure lɥi dmɑ̃de d prepare

les chambres d'amis pour cette nuit.» «Mais non, M.
le ʃã:brə dami pur sɛt nɥi.» «mɛ nɔ̃, məsjø

Doumier,» lui disent les deux Parisiens, «ce n'est pas
dumje,» lɥi di:z le dø parizjɛ̃, «s nɛ pa

nécessaire. Nous pouvons très bien aller à l'hôtel.»
nesesɛ:r. nu puvɔ̃ trɛ bjɛ̃ ale a lɔtɛl.»

«Mais vous n'y pensez pas! Nous avons deux très
«mɛ vu ni pãse pa! nu -zavɔ̃ dø trɛ

belles chambres d'amis dont les fenêtres donnent sur
bɛl ʃã:brə dami dɔ̃ le fnɛ:trə dɔn syr

la plus belle partie du jardin, et vous parlez d'aller
la ply bɛl parti dy ʒardɛ̃, e vu parle dale

à l'hôtel! Je vous le répète: j'espère bien que vous
a lɔtɛl! ʒə vu l repɛt: ʒɛspɛ:r bjɛ̃ k vu

n'y pensez pas.» «Cher M. Doumier, si vous voulez
ni pãse pa.» «ʃɛ:r məsjø dumje, si vu vule

absolument que nous restions, nous acceptons avec
absɔlymã k nu rɛstjɔ̃, nu -zaksɛptɔ̃ avɛk

grand plaisir. Et si Amélie accepte aussi, vous allez
grã plɛzi:r. e si ameli . aksɛpt osi, vu -zale

pouvoir lui dire qu'elle n'est pas une femme, mais un
puvwa:r lɥi di:r kɛl nɛ pa yn fam, mɛ œ̃

ange.» A ce moment, Amélie entre.
-nã:ʒ.» a s mɔmã, ameli ã:tr.

«Je suis venue voir s'il ne vous faut pas quelque
«ʒə sɥi vny vwa:r sil nə vu fo pa kɛlkə

chose,» dit-elle. «Non, Amélie, je vous remercie,» lui
ʃo:z,» di -tɛl. «nɔ̃, ameli, ʒə vu rmɛrsi,» lɥi

chambre d'amis = chambre pour les amis

vous n'y pensez pas = vous ne pensez pas à cela

les fenêtres donnent sur le jardin = on voit le jardin par les fenêtres

répéter
a répété
répète

absolument ɔ: vraiment

accepter = dire oui [di:rə wi]

pouvoir
a pu
peut
pouvait
pourra

un ange

répond le vieux Doumier, « mais ces messieurs me
repɔ̃ l vjø dumje, «mɛ se mesjø mə

prier ɔ: demander

prient de vous dire qu'ils n'ont jamais bu un café
pri d vu di:r kil nɔ̃ ʒamɛ by œ̃ kafe

aussi délicieux que celui que vous nous avez fait ce
osi delisjø k səlɥi k vu nu -zave fɛ sə

soir. » « Jamais, Amélie, » dit M. Martial, « même
swa:r.» «ʒamɛ, ameli,» di məsjø marsjal, «mɛ:m

pas en Afrique. » Amélie ne remercie pas, mais le
pa ɑ̃ -nafrik.» ameli n rəmɛrsi pa, mɛ l

sourire avec lequel elle écoute ces choses, si agréables
suri:r avɛk ləkɛl ɛl ekut se ʃo:z, si agreabl

à entendre pour les oreilles d'une vieille bonne, montre
a ɑ̃tɑ̃:drə pur le -zɔrɛ:j dyn vjɛ:j bɔn, mɔ̃:trə

qu'elle est encore plus contente que la première fois.
kɛl ɛ -tɑ̃kɔ:r ply kɔ̃tɑ̃:t kə la prəmjɛ:r fwa.

« Chère Amélie, » lui dit alors son maître, « j'ai prié
«ʃɛ:r ameli,» lɥi di alɔ:r sɔ̃ mɛ:tr, «ʒe prie

ces messieurs de rester ici cette nuit, au lieu d'aller
se mesjø d rɛste isi sɛt nɥi, o ljø dale

à l'hôtel. Vous pourriez peut-être préparer les chambres
a lɔtɛl. vu purje pœtɛ:trə prepare le ʃɑ̃:brə

qu'en dites-vous ɔ: que pensez-vous de cela

d'amis... Qu'en dites-vous? » Et elle répond: « Aller
dami... kɑ̃ dit vu?» e ɛl repɔ̃: « ale

à l'hôtel? Mais j'espère bien qu'ils n'y pensent pas?
a lɔtɛl? mɛ ʒɛspɛ:r bjɛ̃ kil ni pɑ̃:s pa?

Puisque nous avons deux chambres d'amis qui donnent
pɥisk nu -zavɔ̃ dø ʃɑ̃:brə dami ki dɔn

sur le jardin. Et puis, il n'y a pas un seul bon hôtel
syr lə ʒardɛ̃. e pɥi, il nja pa œ̃ sœl bɔn ɔtɛl

à Villebourg, vous le savez bien. Vous pourriez aussi
a vilbu:r, vu l save bjɛ̃. vu purje osi

bien rentrer à Paris, Messieurs, que de passer la nuit
bjɛ̃ rɑ̃tre a pari, mesjø, kə d pase la nɥi

dans un de ces hôtels! Je vais vous préparer vos
dɑ̃ -zœ̃ d se -zɔtɛl! ʒə vɛ vu prepare vo

chambres tout à l'heure, vous pourrez y monter quand
ʃɑ̃:brə tu -ta lœ:r, vu pure i mɔ̃te kɑ̃

vous aurez fini votre café.» «Amélie, vous êtes un
vu -zɔre fini vɔtrə kafe.» «ameli, vu -zɛt œ̃

ange!» lui disent les deux amis en même temps.
-nɑ̃:ʒ!» lɥi di:z le dø -zami ɑ̃ mɛ:m tɑ̃.

Amélie ne répond rien, et ne remercie pas, mais sort
ameli n repɔ̃ rjɛ̃, e n rəmɛrsi pa, mɛ sɔ:r

en se disant: «A l'hôtel! Quelle idée! Ces Parisiens,
ɑ̃ s dizɑ̃: «a lɔtɛl! kɛl ide! se parizjɛ̃,

ce ne sont pas des gens comme les autres.»
sə n sɔ̃ pa de ʒɑ̃ kɔm le -zo:tr.»

«Vous avez entendu, Messieurs,» dit le vieux Doumier
«vu -zave ɑ̃tɑ̃dy, mesjø,» di l vjø dumje

en souriant, quand la bonne est sortie, «non seulement
ɑ̃ surjɑ̃, kɑ̃ la bɔn ɛ sɔrti, «nɔ̃ sœlmɑ̃

Amélie accepte, mais elle veut absolument que vous
ameli aksɛpt, mɛ ɛl vø absɔlymɑ̃ k vu

restiez. Je vous promets, Messieurs, que vous passerez
rɛstje. ʒə vu prɔmɛ, mesjø, kə vu pasre

tout à l'heure = dans quelques instants

non seulement = pas seulement

vous passerez des jours agréables = vous aurez des jours agréables

promettre	mettre
promets	mets
promets	mets
promet	met
promettons	mettons
promettez	mettez
promettent	mettent

à Villebourg des jours très agréables.» «Nous n'en
a vilbu:r de ʒu:r trɛ -zagreabl.» «nu nã

doutons pas, cher M. Doumier, car nous y avons
dutɔ̃ pa, ʃɛ:r məsjø dumje, kar nu -zi avɔ̃

déjà passé une très belle soirée.» «Merci, Messieurs,
deʒa pase yn trɛ bɛl sware.» «mɛrsi, mesjø,

et maintenant, si vous n'êtes pas trop fatigués, je vais
e mɛ̃tnã, si vu nɛt pa trɔ fatige, ʒə vɛ

vous prier de me raconter ce qui est arrivé après
vu prie də m rakɔ̃te s ki ɛ -tarive aprɛ

cette première soirée dont nous a parlé M. Comaux.»
sɛt prəmjɛ:r sware dɔ̃ nu -za parle məsjø kɔmo.»

«Mais avec plaisir,» dit André, «je ne suis absolument
«mɛ avɛk plɛzi:r,» di ãdre, «ʒə n sɥi absɔlymã

pas fatigué.»
pa fatige.»

Il prend une cigarette, le vieux Doumier lui donne
il prã yn sigarɛt, lə vjø dumje lɥi dɔn

du feu, tout le monde s'assied encore mieux dans les
dy fø, tu l mɔ̃:d sasje ãkɔ:r mjø dã le

bons fauteuils du salon, et André commence à raconter.
bɔ̃ fotœ:j dy salɔ̃, e ãdre kɔmã:s a rakɔ̃te.

lequel
laquelle

un jour, pendant lequel...
une soirée, pendant laquelle...

«Après cette première soirée, pendant laquelle Henri
«aprɛ sɛt prəmjɛ:r sware, pãdã lakɛl ãri

et ma belle cousine ont compris qu'ils étaient faits l'un
e ma bɛl kuzin ɔ̃ kɔ̃pri kil -zetɛ fɛ lœ̃

pour l'autre, Henri est venu presque tous les jours
pur lo:tr, ãri ɛ vny prɛsk tu le ʒu:r

chez mon oncle. Au bout d'une semaine — c'est Marie-
ʃe mɔ̃ -nɔ̃:kl. o bu dyn səmɛn – sɛ mari

Anne qui me l'a raconté plus tard — Henri a fait le
a:n ki m la rakɔ̃te ply ta:r – ɑ̃ri a fɛ l

premier pas: il lui a dit qu'il l'aimait. Elle le savait
prəmje pa: il lɥi a di kil lɛmɛ. ɛl lə savɛ

très bien, il est vrai, mais c'était autre chose de l'en-
trɛ bjɛ̃, il ɛ vrɛ, mɛ setɛ -to:trə ʃo:z də lɑ̃-

tendre. Bien entendu, Marie-Anne lui a dit aussi qu'elle
tɑ̃:dr. bjɛ̃ -nɑ̃tɑ̃dy, mari a:n lɥi a di osi kɛl

l'aimait. Elle n'avait même pas besoin de le dire, cela
lɛmɛ. ɛl navɛ mɛ:m pa bəzwɛ̃ də l di:r, sla

se voyait à chaque mot qu'elle disait, à tout ce qu'elle
s vwajɛ a ʃak mo kɛl dizɛ, a tu s kɛl

faisait. Tout le monde savait combien elle était amou-
fəzɛ. tu l mɔ̃:d savɛ kɔ̃bjɛ̃ ɛl etɛ -tamu-

reuse de votre fils. Elle était non seulement très
rø:z də vɔtrə fis. ɛl etɛ nɔ̃ sœlmɑ̃ trɛ

amoureuse, elle était follement amoureuse d'Henri.
-zamurø:z, ɛl etɛ fɔlmɑ̃ -tamurø:z dɑ̃ri.

S'il lui avait demandé de partir avec lui pour l'Austra-
sil lɥi avɛ dmɑ̃de d parti:r avɛk lɥi pur lɔstra-

lie, la Chine, l'Alaska, pour n'importe quel pays du
li, la ʃin, lalaska, pur nɛ̃pɔrt kɛl peji dy

monde, elle aurait accepté. Et je suis sûr qu'elle
mɔ̃:d, ɛl ɔrɛ -taksɛpte. e ʒə sɥi sy:r kɛl

aurait accepté avec joie. Vous auriez pu lui demander
ɔrɛ -taksɛpte avɛk ʒwa. vu -zɔrje py lɥi dmɑ̃de

au bout de ɔ: après

il sait
il savait

bien entendu, Marie-Anne . . . = on comprend bien que Marie-Anne . . .

la Chine et l'Alaska

follement amoureux ɔ: si amoureux que l'on ne sait pas ce que l'on fait

la joie = le plaisir

vous auriez ɔ: on aurait

de faire n'importe quoi pour Henri, elle l'aurait fait
d fɛ:r nɛ̃pɔrt kwa pur ɑ̃ri, ɛl lɔrɛ fɛ

tout de suite. Mais lui aussi, vous savez, aurait fait
tutsɥit. mɛ lɥi osi, vu save, ɔrɛ fɛ

n'importe quoi pour sa Marie-Anne. Il était tout aus-
nɛ̃pɔrt kwa pur sa mari a:n. il etɛ tu -to-

si amoureux de Marie-Anne que Marie-Anne était
si amurø d mari a:n kə mari a:n etɛ

amoureuse de lui. Il ne vivait que pour elle, il ne
-tamurø:z də lɥi. il nə vivɛ k pur ɛl, il nə

auprès de = avec

vivait que pendant les heures qu'il passait auprès de
vivɛ k pɑ̃dɑ̃ le -zœ:r kil pasɛ oprɛ d

celle qu'il aimait. Il l'appelait son ange, et sa plus
sɛl kil ɛmɛ. il laplɛ sɔ̃ -nɑ̃:ʒ, e sa ply

grande joie était de la regarder parler, sourire, aller
grɑ̃:d ʒwa etɛ d la rgarde parle, suri:r, ale

et venir dans la maison. Lui aussi aurait donné n'im-
e vni:r dɑ̃ la mɛzɔ̃. lɥi osi ɔrɛ dɔne nɛ̃-

le reste = ce qui reste

porte quoi pour pouvoir passer le reste de sa vie auprès
pɔrt kwa pur puvwa:r pase l rɛst də sa vi oprɛ

d'elle, je n'en doute pas. En un mot, ils étaient aussi
dɛl, ʒə nɑ̃ dut pa. ɑ̃ -nœ̃ mo, il -zetɛ -tosi

amoureux l'un de l'autre que deux jeunes gens peuvent
amurø lœ̃ d lo:trə kə dø ʒœn ʒɑ̃ pœ:v

l'être. Et je crois que nous autres, qui n'avons pas
lɛ:tr. e ʒə krwa k nu -zo:tr, ki navɔ̃ pa

aimé comme eux...»
ɛme kɔm ø...»

Ici, le docteur Passavant arrête André d'un geste de
isi, lə dɔktœ:r pasavɑ̃ arɛt ɑ̃dre dœ̃ ʒɛst də

la main. « Mon jeune ami, » lui dit-il, « c'est de vous-
la mɛ̃. «mɔ̃ ʒœn ami,» lɥi di -til, «sɛ d vu-

même que vous parlez, je pense, car je crois bien
mɛ:m kə vu parle, ʒə pɑ̃:s, kar ʒə krwa bjɛ̃

qu'il y a une personne parmi nous qui a aimé tout
kil ja yn pɛrsɔn parmi nu ki a ɛme tu

parmi = entre

aussi... follement — puisque vous avez vous-même
-tosi... fɔlmɑ̃ – pɥisk vu -zave vumɛ:m

employé ce mot — qu'Henri et Marie-Anne. Une
ɑ̃plwaje s mo – kɑ̃ri e mari a:n. yn

autre fois, si vous restez assez longtemps parmi nous,
o:trə fwa, si vu rɛste ase lɔ̃tɑ̃ parmi nu,

je vous promets de vous raconter une belle histoire
ʒə vu prɔmɛ d vu rakɔ̃te yn bɛl istwa:r

d'amour. Mais je vous demande pardon de vous avoir
damu:r. mɛ ʒ vu dmɑ̃:d pardɔ̃ d vu -zavwa:r

interrompu. Je vous prie de continuer. Je ne dirai
ɛ̃terɔ̃py. ʒə vu pri d kɔ̃tinɥe. ʒə n dire

interrompu = arrêté

plus rien. »
ply rjɛ̃.»

M. Doumier n'a rien dit quand son ami le docteur a
məsjø dumje na rjɛ̃ di kɑ̃ sɔ̃ -nami l dɔktœ:r a

interrompu André, il a seulement fait un petit geste
ɛ̃terɔ̃py ɑ̃dre, il a sœlmɑ̃ fɛ œ̃ pti ʒɛst

de la main et a regardé Passavant en souriant à quel-
də la mɛ̃ e a rgarde pasavɑ̃ ɑ̃ surjɑ̃ a kɛl-

à ɔ: en pensant à

que beau souvenir. André comprend que ce souvenir
kə bo suvni:r. ãdre kõprã kə sə suvni:r

est celui d'une grande joie passée, tout aussi grande
ɛ səlɥi dyn grã:d ʒwa pase, tu -tosi grã:d

et belle que l'amour d'Henri et de Marie-Anne. « Mais
e bɛl kə lamu:r dãri e d mari a:n. «mɛ

qui cela peut-il être = qui est-ce que cela peut être

ce grand amoureux dont parle le docteur, qui cela
sə grã -tamurø dõ parl lə dɔktœ:r, ki sla

peut-il être? » se dit-il. « Est-ce peut-être le vieux
pø -til ɛ:tr?» sə di -til. «ɛs pœtɛ:trə lə vjø

Doumier? Ou le docteur lui-même? Le docteur? Je
dumje? u l dɔktœ:r lɥimɛ:m? lə dɔktœ:r? ʒə

ne vois pas très bien le docteur comme un homme
n vwa pa trɛ bjɛ̃ l dɔktœ:r kɔm œ̃ -nɔm

follement amoureux d'une femme, même très belle.
fɔlmã -tamurø dyn fam, mɛ:m trɛ bɛl.

M. Doumier alors? Oui, cela pourrait bien être lui.
məsjø dumje alɔ:r? wi, sla purɛ bjɛ̃ ɛ:trə lɥi.

Je crois que l'histoire à laquelle pense le docteur est
ʒə krwa k listwa:r a lakɛl pã:s lə dɔktœ:r ɛ

celle du vieux Doumier. Je vais le demander au
sɛl dy vjø dumje. ʒə vɛ l dəmãde o

docteur tout à l'heure, si nous sommes seuls un instant.
dɔktœ:r tu -ta lœ:r, si nu sɔm sœl œ̃ -nɛ̃stã.

Nous allons voir. » Et André continue son histoire:
nu -zalõ vwa:r.» e ãdre kõtiny sõ -nistwa:r:

« Quand vous m'avez interrompu, cher docteur, » dit-il
«kã vu mave ɛ̃terõpy, ʃɛ:r dɔktœ:r,» di -til

en souriant, « je disais qu'au bout d'une semaine Henri
ɑ̃ surjɑ̃, «ʒə dizɛ ko bu dyn səmɛn ɑ̃ri

avait dit à Marie-Anne qu'il l'aimait et qu'elle lui
avɛ di a mari aːn kil lɛmɛ e kɛl lɥi

avait répondu qu'elle aussi l'aimait. Après ce jour-là,
avɛ repɔ̃dy kɛl osi lɛmɛ. aprɛ sə ʒuːr la,

bien entendu, il est revenu encore plus souvent chez
bjɛ̃ -nɑ̃tɑ̃dy, il ɛ rəvny ɑ̃kɔːr ply suvɑ̃ ʃe

mon oncle et ma tante. N'importe quel autre jeune
mɔ̃ -nɔ̃ːkl e ma tɑ̃ːt. nɛ̃pɔrt kɛl oːtrə ʒœn

homme aurait maintenant demandé à celle qu'il aimait,
ɔm ɔrɛ mɛ̃tnɑ̃ dmɑ̃de a sɛl kil ɛmɛ,

d'être sa femme. C'est aussi ce qu'a fait Henri, mais
dɛːtrə sa fam. sɛ -tosi s ka fɛ ɑ̃ri, mɛ

au lieu de le lui demander le même jour, il ne l'a fait
o ljø d lə lɥi dmɑ̃de l mɛːm ʒuːr, il nə la fɛ

le lui demander ɔ: lui demander d'être sa femme

que quelques jours plus tard. Pourquoi, si vraiment
kə kɛlk ʒuːr ply taːr. purkwa, si vrɛmɑ̃

il était amoureux? Eh bien, parce qu'il voulait donner
il etɛ -tamurø? e bjɛ̃, pars kil vulɛ dɔne

à Marie-Anne le temps de penser à ce qu'elle lui avait
a mari aːn lə tɑ̃ d pɑ̃se a s kɛl lɥi avɛ

dit. « Il est si facile de dire oui, » me disait-il, « mais
di. «il ɛ si fasil də diːrə wi,» mə dizɛ -til, «mɛ

cela veut dire que l'on accepte de passer le reste de
sla vø diːr kə lɔ̃ -naksɛpt də pase l rɛst də

sa vie auprès d'un homme que, quelques jours avant,
sa vi oprɛ dœ̃ -nɔm kə, kɛlk ʒuːr avɑ̃,

connaître
a connu
connaît
connaissait
connaîtra

on ne connaissait même pas. Et c'est long, toute une
ɔ̃ n kɔnɛsɛ mɛːm pa. e sɛ lɔ̃, tut yn

vie! » Ainsi, ce n'est que trois semaines plus tard, je
vi!» ɛ̃si, s nɛ kə trwa smɛn ply taːr, ʒə

crois, que Marie-Anne et Henri se sont promis de ne
krwa, kə mari aːn e ɑ̃ri sə sɔ̃ prɔmi də n

plus jamais se quitter. Et au bout de deux mois, ils
ply ʒamɛ s kite. e o bu də dø mwa, il

étaient mari et femme. »
-zetɛ mari e fam.»

André s'arrête un instant, prend une cigarette, remer-
ɑ̃dre sarɛt œ̃ -nɛ̃stɑ̃, prɑ̃ yn sigarɛt, rəmɛr-

cie M. Doumier qui veut lui donner du feu, en disant
si məsjø dumje ki vø lɥi dɔne dy fø, ɑ̃ dizɑ̃

qu'il préfère l'allumer lui-même, puis continue:
kil prefɛːr lalyme lɥimɛːm, pɥi kɔ̃tiny:

« Il m'est impossible de vous dire la joie avec laquelle
«il mɛ -tɛ̃pɔsiblə də vu diːr la ʒwa avɛk lakɛl

Marie-Anne racontait à tous ses amis qu'elle n'était
mari aːn rakɔ̃tɛ a tu se -zami kɛl netɛ

plus Mlle Bourdier, mais Mme Doumier. Et
ply madmwazɛl burdje, mɛ madam dumje. e

puis, même si elle n'avait dit à personne combien
pɥi, mɛːm si ɛl navɛ di a pɛrsɔn kɔ̃bjɛ̃

elle était contente, tout le monde l'aurait deviné, car
ɛl etɛ kɔ̃tɑ̃ːt, tu l mɔ̃ːd lɔrɛ dvine, kar

cela se voyait à son sourire, aux petits gestes heureux
sla s vwajɛ a sɔ̃ suriːr, o pti ʒɛst œrø

qu'elle faisait, et cela se voyait à ce qu'elle pouvait
kɛl fəzɛ, e sla s vwajɛ a s kɛl puvɛ

parfois rester de longues minutes à regarder une fleur,
parfwa rɛste də lɔ̃:g minyt a rgarde yn flœ:r,

un enfant, un jeune animal sans rien entendre, pleine
œ̃ -nɑ̃fɑ̃, œ̃ ʒœn animal sɑ̃ rjɛ̃ -nɑ̃tɑ̃:dr, plɛn

de ses pensées heureuses. Et même ceux qui ne
də se pɑ̃se œrø:z. e mɛ:m sø ki n

connaissaient pas Henri, se disaient, après avoir entendu
kɔnɛsɛ pa ɑ̃ri, sə dizɛ, aprɛ -zavwa:r ɑ̃tɑ̃dy

Marie-Anne parler du meilleur mari du monde, que
mari a:n parle dy mɛjœ:r mari dy mɔ̃:d, kə

ces jeunes gens étaient faits l'un pour l'autre. Nous
se ʒœn ʒɑ̃ etɛ fɛ lœ̃ pur lo:tr. nu

autres hommes, nous pouvons parfois ne pas montrer
-zo:trə -zɔm, nu puvɔ̃ parfwa nə pa mɔ̃tre

ce que nous sentons, mais les femmes, elles ne peuvent
s kə nu sɑ̃tɔ̃, mɛ le fam, ɛl nə pœ:v

pas ne pas le montrer; quand une femme est heureuse,
pa nə pa l mɔ̃tre; kɑ̃ -tyn fam ɛ -tœrø:z,

cela se voit. Même des gens qui, une minute avant,
sla s vwa. mɛ:m de ʒɑ̃ ki, yn minyt avɑ̃,

ne la connaissaient pas, ne l'avaient jamais vue, sentent
nə la kɔnɛsɛ pa, nə lavɛ ʒamɛ vy, sɑ̃:t

à chaque mot qu'elle dit, à chacun de ses sourires,
a ʃak mo kɛl di, a ʃakœ̃ d se suri:r,

à chacun de ses gestes que cette femme aime et est aimée.
a ʃakœ̃ d se ʒɛst kə sɛt fam ɛ:m e ɛ -tɛme.

nous pouvons ne pas montrer ɔ: il nous est possible de ne pas montrer

sentir
je **sens**
tu **sens**
il **sent**
nous **sentons**
vous **sentez**
ils **sentent**

partir
je **pars**
tu **pars**
il **part**
nous **partons**
vous **partez**
ils **partent**

Mais je crois que j'ai employé le verbe « aimer » plus
mɛ ʒə krwa kə ʒe ɑ̃plwaje l verb «ɛme» ply

de cent fois pendant les dix dernières minutes,
d sɑ̃ fwa pɑ̃dɑ̃ le di dɛrnjɛ:r minyt,

et je pense que c'est trop. Le reste de l'histoire d'Henri
e ʒ pɑ̃:s kə sɛ tro. lə rɛst də listwa:r dɑ̃ri

et de Marie-Anne est comme n'importe quelle autre
e d mari a:n ɛ kɔm nɛ̃pɔrt kɛl o:trə

très belle histoire d'amour; elle nous intéresse plus
trɛ bɛl istwa:r damu:r; ɛl nu -zɛ̃terɛs ply

qu'une autre, bien entendu, puisque nous connaissons
kyn o:tr, bjɛ̃ -nɑ̃tɑ̃dy, pɥisk nu kɔnɛsɔ̃

les deux personnes, mais je crois que nous pouvons
le dø pɛrsɔn, mɛ ʒə krwa k nu puvɔ̃

maintenant parler d'un autre chapitre de la vie d'Henri
mɛ̃tnɑ̃ parle dœ̃ -no:trə ʃapitrə də la vi dɑ̃ri

et de Marie-Anne. »
e d mari a:n.»

Au même instant où André s'arrête, la vieille bonne
o mɛ:m ɛ̃stɑ̃ u ɑ̃dre sarɛt, la vjɛ:j bɔn

Amélie entre dans le salon et dit: « Voilà! Ces mes-
ameli ɑ̃:trə dɑ̃ l salɔ̃ e di: «vwala! se me-

sieurs peuvent monter dans les chambres d'amis. »
sjø pœ:v mɔ̃te dɑ̃ le ʃɑ̃:brə dami.»

« Merci, Amélie, » lui dit M. Doumier, puis, aux
«mɛrsi, ameli,» lɥi di məsjø dumje, pɥi, o

autres: « Montons, Messieurs, vous avez entendu ce
-zo:tr: «mɔ̃tɔ̃, mesjø, vu -zave ɑ̃tɑ̃dy s

qu'a dit Amélie. Vous allez voir si ce ne sont pas de
ka di ameli. vu -zale vwa:r si s nə sɔ̃ pa də

jolies chambres; elles donnent sur la partie du jardin
ʒɔli ʃɑ̃:br; ɛl dɔn syr la parti dy ʒardɛ̃

où j'ai mes plus belles roses. Cela ne se voit pas le
u ʒe me ply bɛl ro:z. sla n sə vwa pa l

soir, mais demain matin, je vous promets que vous
swa:r, mɛ dmɛ̃ matɛ̃, ʒə vu prɔmɛ k vu

allez me remercier. Et tout à l'heure, après que nous
-zale m rəmɛrsje. e tu -ta lœ:r, aprɛ k nu

serons montés dans vos chambres avec vos valises,
srɔ̃ mɔ̃te dɑ̃ vo ʃɑ̃:br avɛk vo vali:z,

peut-être prendrez-vous un petit verre de cognac dans
pœtɛ:trə prɑ̃dre vu œ̃ pti vɛ:r də kɔɲak dɑ̃

le salon avant de vous coucher? » « Avec plaisir, M.
l salɔ̃ avɑ̃ d vu kuʃe?» «avɛk plɛzi:r, məsjø

Doumier, » répond M. Martial, « mais je vous répète
dumje,» repɔ̃ məsjø marsjal, «mɛ ʒ vu repɛt

qu'il n'est vraiment pas nécessaire de faire tout cela
kil nɛ vrɛmɑ̃ pa nesesɛ:r də fɛ:r tu sla

pour nous. » « Ce n'est pas nécessaire, il est vrai, mais
pur nu.» «s nɛ pa nesesɛ:r, il ɛ vrɛ, mɛ

cela me donne du plaisir, Messieurs. Et j'espère que
sla m dɔn dy plɛzi:r, mesjø. e ʒɛspɛ:r kə

vous serez contents d'être restés au lieu d'être allés
vu sre kɔ̃tɑ̃ dɛ:trə rɛste o ljø dɛ:tr ale

à l'hôtel, comme vous vouliez d'abord. » « Je ne peux
a lɔtɛl, kɔm vu vulje dabɔ:r.» «ʒə n pø

pas vous dire combien nous sommes contents, M.
pa vu di:r kɔ̃bjɛ̃ nu sɔm kɔ̃tɑ̃, məsjø

Doumier! Mais nous ne pouvions pas, en arrivant...»
dumje! mɛ nu n puvjɔ̃ pa, ɑ̃ -narivɑ̃...»

«Vous ne pouviez pas,» dit le docteur Passavant, «savoir
«vu n puvje pa,» di l dɔktœ:r pasavɑ̃, «savwa:r

quel homme était Arthur Doumier, vous avez raison.
kɛl ɔm etɛ arty:r dumje, vu -zave rɛzɔ̃.

Et quand vous aurez passé quelques jours parmi nous,
e kɑ̃ vu -zɔre pase kɛlk ʒu:r parmi nu,

vous verrez qu'il n'est pas toujours nécessaire d'em-
vu vere kil nɛ pa tuʒu:r nesesɛ:r dɑ̃-

ployer beaucoup de mots pour dire que l'on se sent
plwaje boku d mo pur di:r kə lɔ̃ sə sɑ̃

bien auprès de quelqu'un. Un sourire, un geste le
bjɛ̃ oprɛ d kɛlkœ̃. œ̃ suri:r, œ̃ ʒɛst lə

disent aussi bien.» «Vous avez raison, docteur.»
di:z osi bjɛ̃.» «vu -zave rɛzɔ̃, dɔktœ:r.»

Quand tout le monde est sorti du salon, Amélie écoute
kɑ̃ tu l mɔ̃:d ɛ sɔrti dy salɔ̃, ameli ekut

un moment, puis elle prend le plateau, le place sur
œ̃ mɔmɑ̃, pɥi ɛl prɑ̃ l plato, lə plas syr

une chaise, et commence à placer sur le plateau la
yn ʃɛ:z, e kɔmɑ̃:s a plase syr lə plato la

cafetière (celle qui a appartenu à Napoléon III), les
kaftjɛ:r [sɛl ki a apartəny a napɔleɔ̃ trwa], le

tasses et les soucoupes. Quand elle arrive à la tasse
ta:s e le sukup. kɑ̃ -tɛl ari:v a la ta:s

d'André Comaux, elle dit: « Quel petit cochon, de jeune
dãdre komo, ɛl di: «kɛl pəti kɔʃɔ̃, də ʒœn

homme! Voilà qu'il a employé la belle table de Mme
ɔm! vwala kil a ãplwaje la bɛl tablə də madam

Doumier au lieu de la soucoupe pour y poser sa tasse!
dumje o ljø d la sukup pur i poze sa tɑ:s!

Et maintenant, ils vont boire du cognac. Je me demande
e mɛ̃tnã, il vɔ̃ bwa:r dy kɔɲak. ʒə m dəmã:d

où il va poser son verre, cette fois-ci. Ah, ces jeunes
u il va poze sɔ̃ vɛ:r, sɛt fwa si. a, se ʒœn

gens! Ils ne pensent pas à ce qu'ils font! »
ʒã! il nə pã:s pa a s kil fɔ̃!»

Quand Amélie a fini de mettre sur la table du salon
kã -tameli a fini d mɛtrə syr la tablə dy salɔ̃

les verres et la bouteille de cognac, elle sort. Elle
le vɛ:r e la butɛ:j də kɔɲak, ɛl sɔ:r. ɛl

préfère sa cuisine au salon. Elle s'est une fois assise
prefɛ:r sa kɥizin o salɔ̃. ɛl sɛ -tyn fwa asi:z

dans un des grands fauteuils, mais cela a été la seule
dã -zœ̃ de grã fotœ:j, mɛ sla a ete la sœl

fois. « Ils sont trop grands, » a-t-elle dit, « et ne sont
fwa. «il sɔ̃ trɔ grã,» a -tɛl di, «e n sɔ̃

pas pour une femme comme moi. » Quand c'est Amélie
pa pur yn fam kɔm mwa.» kã sɛ -tameli

qui le dit, cela veut dire que c'est trop agréable, et qu'elle
ki l di, sla vø di:r kə sɛ trɔ -pagreabl, e kɛl

préfère les chaises de sa cuisine aux fauteuils du salon.
prefɛ:r le ʃɛ:z də sa kɥizin o fotœ:j dy salɔ̃.

voilà qu'il a ɔ: maintenant, il a

préférer une chose à une autre = aimer une chose plus qu'une autre

c' ɔ: d'être assise dans un fauteuil

Un moment après qu'Amélie est sortie, M. Doumier
œ̃ mɔmɑ̃ aprɛ kameli ɛ sɔrti, məsjø dumje

rentre dans le salon avec ses amis. « Eh bien, vous
rɑ̃:trə dɑ̃ l salɔ̃ avɛk se -zami. «e bjɛ̃, vu

êtes contents, Messieurs? » demande-t-il. « Oh, Mon-
-zɛt kɔ̃tɑ̃, mesjø?» dəmɑ̃:d -til. «o, mə-

sieur Doumier, » lui répondent les deux amis, « nous
sjø dumje,» lɥi repɔ̃:d le dø -zami, «nu

sommes non seulement contents, mais très heureux
sɔm nɔ̃ sœlmɑ̃ kɔ̃tɑ̃, mɛ trɛ -zœrø

d'être venus à Villebourg et de vous avoir connus,
dɛ:trə vəny a vilbu:r e d vu -zavwa:r kɔny,

vous et le docteur. » « C'est trop, Messieurs. » « Non,
vu e l dɔktœ:r.» «sɛ tro, mesjø.» «nɔ̃,

et je vous promets que vous allez l'entendre beaucoup
e ʒ vu prɔmɛ k vu -zale lɑ̃tɑ̃:drə boku

de fois encore pendant que nous serons ici. » M. Dou-
d fwa ɑ̃kɔ:r pɑ̃dɑ̃ k nu srɔ̃ -zisi.» məsjø du-

mier sourit au lieu de répondre, puis, quand on
mje suri o ljø d repɔ̃:dr, pɥi, kɑ̃ -tɔ̃

s'assied de nouveau, il demande: « Dites-moi, Monsieur
sasje d nuvo, il dəmɑ̃:d: «dit mwa, məsjø

Comaux, qu'a fait la petite Fatima quand son grand
kɔmo, ka fɛ la ptit fatima kɑ̃ sɔ̃ grɑ̃

ami et maître a pris une autre femme qu'elle? Vous
-tami e mɛ:tr a pri yn o:trə fam kɛl? vu

ne nous en avez rien dit. »
nə nu -zɑ̃ -nave rjɛ̃ di.»

« Ça, c'est une longue histoire, » répond André, « mais
«sa, sɛ -tyn lɔ̃:g istwa:r,» repɔ̃ ɑ̃dre, «mɛ

si vous n'êtes pas trop fatigués, je vais vous la raconter. »
si vu nɛt pa trɔ fatige, ʒə vɛ vu la rakɔ̃te.»

« Personne n'est fatigué, » lui dit M. Doumier, « ce
«pɛrsɔn nɛ fatige,» lɥi di məsjø dumje, «sə

soir, nous nous sentons tous jeunes et pourrions vous
swa:r, nu nu sɑ̃tɔ̃ tus ʒœn e purjɔ̃ vu

écouter pendant des heures encore. » « Eh bien, voilà, »
-zekute pɑ̃dɑ̃ de -zœ:r ɑ̃kɔ:r.» «e bjɛ̃, vwala,»

commence André, et tout le monde écoute son histoire
kɔmɑ̃:s ɑ̃dre, e tu l mɔ̃:d ekut sɔ̃ -nistwa:r

sans dire un mot.
sɑ̃ di:r œ̃ mo.

EXERCICE A.

« Messieurs, » dit M. Doumier quand on a fini de dîner, « allons au —, fumer un cigare. » Tout le monde — de la salle à manger et s'assied dans les bons — du salon. Quand chacun a pris une cigarette ou un —, M. Doumier demande: « Puis-je vous donner du —? » Il a un très beau — que sa fille lui a donné à son anniversaire. Mais André et Martial ont déjà — leurs cigarettes, ils lui répondent: « Nous vous —, M. Doumier, mais c'est fait. »

Amélie apporte tout ce qui est nécessaire pour le café sur un grand —. Il y a une très belle — pour le café. Elle a — à Napoléon III. Amélie place devant chaque personne une tasse et une —. Quand elle est —, son maître demande aux Parisiens si le café est bon. « Oh, oui, » répondent-ils, « il est —! » « Amélie sera très — quand je le lui dirai, » dit alors le vieux Doumier. Il dit également qu'il lui demandera de — les chambres d'amis. C'étaient de très belles chambres qui — sur le jardin. M. Martial, qui trouve que c'est trop, dit: « Nous — aller à l'hôtel. » «Vous n'— pensez pas! » lui répond M. Doumier. Il veut — que les deux amis restent.

Quand Amélie entre au salon quelques minutes plus tard, son maître lui dit: «Vous — peut-être préparer les chambres d'—, Amélie? » « Je vais les préparer — à l'heure, » dit Amélie. Alors M. Doumier dit aux deux amis: « Je vous promets que vous passerez quelques journées très — à Villebourg. » « Je n'en — pas, » lui répond Martial.

Quand André recommence son histoire, il dit qu'au — d'une semaine, Henri a dit à Marie-Anne qu'il l'aimait. Cela a été très agréable pour la jeune fille de l'—. Et elle aimait aussi son Henri, bien —. Elle était — amoureuse de lui. Elle aurait fait n'— quoi pour rester avec celui qu'elle aimait. Et pour Henri, c'était une — de la regarder. Il aurait aimé passer le — de sa vie auprès d'elle. Marie-Anne n'avait pas besoin de dire — elle était contente d'être la femme d'Henri. Cela se — à tout ce qu'elle faisait. « Car les femmes, » dit André, « ne — pas ne pas montrer ce qu'elles sentent quand elles sont heureuses. »

MOTS:

un ange
un briquet
une cafetière
un cigare
un fauteuil
un feu
un geste
un hôtel
une joie
un mot
une négation
un plateau
un reste
un salon
une soucoupe
content
délicieux
le meilleur
accepter
allumer
appartenir
il a appartenu
il connaissait
douter
employer
il espère
il a interrompu
placer
il pourra
il pourrait
pouvoir
il pouvait
vous prendrez
préparer

EXERCICE B.

A qui a appartenu la belle cafetière de M. Doumier? ... Que dit M. Doumier à sa bonne quand elle lui dit: « J'espère que le café sera bon »? ... Que dit-il aux deux Parisiens quand Amélie est sortie sans remercier? ... Pourquoi les chambres d'amis de M. Doumier sont-elles de très bonnes chambres? ... Que dit M. Martial en parlant d'Amélie? ... Quand Henri a-t-il fait le premier pas et a dit à Marie-Anne qu'il l'aimait? ... Où Marie-Anne serait-elle allée avec Henri? ... Quel mot a employé André en parlant de l'amour des deux jeunes gens? ... Que s'est-il demandé quand le docteur lui a parlé d'une autre belle histoire d'amour? ... Pourquoi Henri n'a-t-il pas demandé à Marie-Anne d'être sa femme le même jour où il lui a dit qu'il l'aimait? ... Comment voyait-on que Marie-Anne était très heureuse? ... Pourquoi Amélie dit-elle, en regardant la tasse d'André: « Ah, ces jeunes gens »? ...

EXERCICE C.

connaître

a connu	**connaissait**
connaît	**connaîtra**

« Je suis très heureux d'avoir — votre fils, » dit Comaux à M. Doumier. « J'espère qu'un jour, vous — également ma fille Josette, » lui dit le vieux. « Je serai très content de — toute votre famille, » dit Comaux, qui — maintenant le père et le fils. « —-vous Villebourg avant d'y être venu cette fois-ci, M. Martial? » « Non, je ne — pas votre ville. »

prier
je promets
remercier
répéter
il répète
il savait
sentir
nous sentons
ils sentent
tenir
il a tenu
vous verrez
chacun
lequel
laquelle
absolument
ainsi
auprès de
follement
parmi
au bout de
au lieu de
aussi bien
bien entendu
cela se voyait
cela veut dire
une chambre d'amis
je n'en doute pas
les fenêtres donnent sur ...
ne plus jamais
n'importe quel
n'importe quoi
non seulement
il nous faut
préférer ... à ...
tout à l'heure
tout aussi ... que
toute une vie
voilà que
l'Alaska
la Chine

voir

a vu **voyait**

voit **verra**

Quand on regarde par la fenêtre de la chambre d'André, on — le jardin. On le — mal ce soir, mais demain, on le — mieux. Le soir, on ne peut pas — toutes les très belles fleurs du jardin, et les deux amis n'ont pas encore — les roses de M. Doumier. Quand ils sont arrivés, on — encore très bien, mais personne n'a pensé à descendre au jardin pour aller — les fleurs.

pouvoir

a pu **pouvait**

peut **pourra**

Si l'on est grand, on — voir le jardin par la fenêtre de la chambre d'Amélie. Quand Henri était petit, il ne — pas voir le jardin, quand il était chez Amélie. « Quand je serai grand, » disait-il, « je — voir tout le jardin. » Une fois, il est monté sur une chaise, et a — voir un morceau du jardin. Mais il aurait aimé — voir le reste également.

RÉSUMÉ (1)

ne . . . aucun(e) **ne . . . personne**

Qu'y a-t-il de différent entre la *négation* [*negasjɔ̃*] « ne . . . aucun(e) » et la négation « ne . . . personne »? Voici! La négation « ne . . . aucun(e) » est employée quand on parle de personnes, d'animaux ou de choses; elle dit la même chose que « ne . . . pas un(e) seul(e) », et le mot « aucun(e) » a les mêmes deux for-

Je ne vois aucun chat, aucune fleur, ni aucun petit garçon.

mes (masculin et féminin) qu'un adjectif. La négation « ne ... personne » est employée seulement quand on parle de personnes; elle dit la même chose que « ne ... pas une seule personne », et le mot « personne » ne change jamais.

Il n'y a dans cette maison aucun petit garçon ni aucune petite fille.

Je ne vois personne.

Il n'y a personne dans cette maison.

ne ... aucun(e)	**aucun(e) ne ...**
ne ... personne	**personne ne ...**
ne ... rien	**rien ne ...**

Dans les négations « ne ... pas », « ne ... plus », « ne ... que » et « ne ... jamais », les mots « pas », « plus », « que » et « jamais » viennent toujours après le mot « ne » (ou « n' »). On dit: « Il *n*'a *pas* de frères », « Je *ne* suis *plus* un enfant », « Nous *n*'avons *que* trois poires », « Ils *ne* sont *jamais* à la maison ».

Mais dans les négations avec « aucun(e) », « rien » et « personne », ces trois mots peuvent venir *après* ou *avant* le mot « ne ». On dit: « Nous *ne* connaissons *aucune* famille anglaise », «Vous *ne* mangez *rien* », « Il *n*'y a *personne* dans cette chambre » — et on dit: « Dans cette famille, *aucun* garçon *n*'a plus de dix ans », « *Rien ne* m'intéresse, dans cette ville », « *Personne ne* sait où demeure M. Dujardin ». Nous voyons que le mot « ne » vient *toujours* à la même place: avant le verbe.

EXERCICE I

Répondez avec une négation avec « aucun(e) », « rien » ou « personne ».

Question: « Est-ce que quelqu'un a vu mon chien? »

Réponse: « Non, ... » *Q.:* «Voulez-vous quelque chose avec votre café? » *R.:* « Non, ... » *Q.:* « Avez-vous rencontré quelqu'un au bois? » *R.:* « Non, ... » *Q.:* « Est-ce que quelque chose est tombé à terre? » *R.:* « Non, ... » *Q.:* « Avez-vous une fille de vingt ans, Madame? » *R.:* « Non, ... » *Q.:* « Quelqu'un vous a-t-il parlé, à la gare? » *R.:* « Non, ... » *Q.:* « L'un de vos enfants parle-t-il anglais? » *R.:* « Non, ... »

RÉSUMÉ (2)

EXERCICE II

Les verbes aller et s'en aller

(s'en) aller

(s'en) est allé	**(s'en) allait**
(s'en) va	**(s'en) ira**

Quand on est arrivé à la porte de M. Doumier, M. Fournier s'en —. « Mais toi, Jérôme, tu ne veux pas t'en —? » demande M. Doumier. « Si tu veux, je resterai et je ne m'en — pas, » dit Passavant. « Merci, je ne serais pas content si tu t'en —. » Et Passavant ne s'en — pas.

je (m'en) vais	**nous (nous en) allons**
tu (t'en) vas	**vous (vous en) allez**
il (s'en) va	**ils (s'en) vont**

« A quelle heure t'en — —, Jean? » demande Mme Duclos à son fils. « Je m'en — à trois heures, maman. » Jean — au bois avec son ami. « — -vous avec vos frères, Nicole et Yvonne? » demande M. Duclos. « Oui, nous — avec Jean et Henri. » A trois heures, les enfants s'en —.

FATIMA ET MARIE-ANNE

Voici l'histoire de la petite Fatima, telle que l'a
vwasi listwa:r də la ptii fatima, tɛl kə la

racontée André Comaux ce soir-là, à Villebourg: Après
rakɔ̃te ɑ̃dre komo sə swa:r la, a vilbu:r: aprɛ

avoir fait la connaissance de la belle Marie-Anne,
-zavwa:r fɛ la kɔnɛsɑ̃:s də la bɛl mari a:n,

Henri a cessé de passer une partie de ses soirées avec la
ɑ̃ri a sɛse d pase yn parti d se sware avɛk la

petite Fatima, comme avant. Il a cessé, après le dîner,
ptit fatima, kɔm avɑ̃. il a sɛse, aprɛ l dine,

de s'asseoir avec elle dans le petit jardin et de lui
də saswa:r avɛk ɛl dɑ̃ l pəti ʒardɛ̃ e də lɥi

raconter des histoires.
rakɔ̃te de -zistwa:r.

Fatima aimait beaucoup ces moments si calmes: on
fatima ɛmɛ boku se mɔmɑ̃ si kalm: ɔ̃

n'entendait que l'eau de la petite fontaine et la
nɑ̃tɑ̃dɛ k lo d la ptit fɔ̃tɛn e la

voix d'Henri. Fatima aimait Henri de tout son petit
vwa dɑ̃ri. fatima ɛmɛ ɑ̃ri də tu sɔ̃ pti

cœur. Elle n'avait plus son père: elle l'avait perdu
kœ:r. ɛl navɛ ply sɔ̃ pɛ:r: ɛl lavɛ pɛrdy

neuf ans plus tôt. Elle avait alors trois ans. Henri
nœ -vɑ̃ ply to. ɛl avɛ -talɔ:r trwa -zɑ̃. ɑ̃ri

fait la connaissance de = connu

cesser ←→ commencer

comme avant ɔ: comme il le faisait avant

une fontaine

un cœur

elle a perdu son père ɔ: son père est mort

tôt ←→ tard

était pour elle un grand frère et le meilleur ami du
etɛ pur ɛl œ̃ grɑ̃ frɛːr e l mɛjœːr ami dy

prendre
a pris
prend
prenait
prendra

monde. Quand il rentrait à la maison, le soir ou
mɔ̃ːd. kɑ̃ -til rɑ̃trɛ a la mɛzɔ̃, lə swaːr u

l'après-midi, Fatima lui prenait la main en souriant
lapremidi, fatima lɥi prənɛ la mɛ̃ ɑ̃ surjɑ̃

mon bonheur est très grand = je suis très heureux

de joie et de bonheur. Son petit cœur battait, elle
d ʒwa e d bɔnœːr. sɔ̃ pti kœːr batɛ, ɛl

vers huit heures = un peu avant huit heures

était très heureuse. Et quand, vers huit heures, Henri
etɛ trɛ -zœrøːz. e kɑ̃, vɛr ɥi -tœːr, ɑ̃ri

il sort
il sortait

sortait avec elle dans le petit jardin pour lui raconter
sɔrtɛ avɛk ɛl dɑ̃ l pəti ʒardɛ̃ pur lɥi rakɔ̃te

une histoire, et lui disait: «Voyons, Fatima, où nous
yn istwaːr, e lɥi dizɛ: «vwajɔ̃, fatima, u nu

sommes-nous arrêtés, hier soir?» elle battait des mains
sɔm nu arɛte, ijɛːr swaːr?» ɛl batɛ de mɛ̃

crier
un cri

Fatima crie de joie.
Elle dit oui avec un cri de joie.

avec un petit cri de joie, puis elle s'asseyait aux pieds
avɛk œ̃ pti kri d ʒwa, pɥi ɛl sasɛjɛ o pje

de son ami et écoutait. La fontaine chantait sa jolie
d sɔ̃ -nami e ekutɛ. la fɔ̃tɛn ʃɑ̃tɛ sa ʒɔli

il s'assied
il s'asseyait

la chanson = le chant

chanson. Fatima était très heureuse à ces moments-là.
ʃɑ̃sɔ̃. fatima etɛ trɛ -zœrøːz a se mɔmɑ̃ la.

Mais depuis plusieurs jours — depuis qu'il avait fait
mɛ dəpɥi plyzjœːr ʒuːr — dəpɥi kil avɛ fɛ

plusieurs = plus d'un

la connaissance de Marie-Anne — Henri était diffé-
la kɔnɛsɑ̃ːs də mari aːn — ɑ̃ri etɛ dife-

rent. Quand il rentrait dîner, le soir, il disait quelques
rɑ̃. kɑ̃ -til rɑ̃trɛ dine, lə swaːr, il dizɛ kɛlk

mots seulement à Fatima. (Avant, il lui demandait
mo sœlmɑ̃ a fatima. [avɑ̃, il lɥi dmɑ̃dɛ

toujours ce qu'elle avait fait au cours de l'après-midi.)
tuʒu:r s kɛl avɛ fɛ o ku:r də laprɛmidi.]

au cours de = durant

Après le dîner, il ne s'asseyait plus près de la fon-
aprɛ l dine, il nə sasɛjɛ ply prɛ d la fɔ̃-

près de ɔ: à

taine, avec sa petite amie à ses pieds. Le cœur de
tɛn, avɛk sa ptit ami a se pje. lə kœ:r də

Fatima ne battait plus de bonheur, car depuis plusieurs
fatima n batɛ ply d bɔnœ:r, kar dəpɥi plyzjœ:r

jours, le bonheur de Fatima s'était transformé en mal-
ʒu:r, lə bɔnœ:r də fatima setɛ trɑ̃sfɔrme ɑ̃ ma-

heur.
lœ:r.

transformer = changer

le malheur ⟷ le bonheur

Au cours de la semaine qui a suivi la soirée où
o ku:r də la smɛn ki a sɥivi la sware u

a suivi ɔ: est venu après

Henri avait fait la connaissance de Marie-Anne,
ɑ̃ri avɛ fɛ la kɔnɛsɑ̃:s də mari a:n,

cela a été comme cela chaque soir. Henri rentrait,
sla a ete kɔm sla ʃak swa:r. ɑ̃ri rɑ̃trɛ,

disait quelques mots seulement à Fatima, dînait vite,
dizɛ kɛlk mo sœlmɑ̃ a fatima, dinɛ vit,

vite = en peu de temps

en quelques minutes, puis sortait de nouveau. Avant cela,
ɑ̃ kɛlk minyt, pɥi sɔrtɛ d nuvo. avɑ̃ sla,

Henri sortait rarement le soir, une ou deux fois par
ɑ̃ri sɔrtɛ rarmɑ̃ l swa:r, yn u dø fwa par

semaine seulement. Maintenant, il passait toutes les
səmɛn sœlmɑ̃. mɛ̃tnɑ̃, il pasɛ tut le

soirées avec Marie-Anne, et pas une seule avec Fatima.
sware avɛk mari a:n, e pa -zyn sœl avɛk fatima.

Puis, un soir, Henri est rentré en chantant de joie.
pɥi, œ̃ swa:r, ɑ̃ri ɛ rɑ̃tre ɑ̃ ʃɑ̃tɑ̃ d ʒwa.

Il a pris les deux mains de Fatima et lui a dit: « Fa-
il a pri le dø mɛ̃ d fatima e lɥi a di: «fa-

tima, je suis le plus heureux des hommes! Viens vite
tima, ʒə sɥi l ply -zœrø de -zɔm! vjɛ̃ vit

au jardin! » Là, ils se sont assis parmi les fleurs,
o ʒardɛ̃!» la, il sə sɔ̃ -tasi parmi le flœ:r,

à côté de la fontaine, et Henri a dit à Fatima: « Elle
a kote d la fɔ̃tɛn, e ɑ̃ri a di a fatima: «ɛl

m'aime, Fatima, elle m'aime! » Le cœur de la
mɛ:m, fatima, ɛl mɛ:m!» lə kœ:r də la

petite s'est arrêté de battre un instant, puis elle a
ptit sɛ -tarɛte d batr œ̃ -nɛ̃stɑ̃, pɥi ɛl a

sourire
il sourit

crié: « Non, non, ce n'est pas vrai! Elle ne t'aime
krie: «nɔ̃, nɔ̃, s nɛ pa vrɛ! ɛl nə tɛ:m

regarder avec étonnement (m)

pas! » Henri a cessé de sourire et a regardé la fillette
pa!» ɑ̃ri a sɛse d suri:r e a rgarde la fijɛt

avec étonnement: pourquoi disait-elle cela? Puis
avɛk etɔnmɑ̃: purkwa dizɛ -tɛl sla? pɥi

il lui a dit à voix basse: « Mais Fatima, elle me l'a
il lɥi a di a vwa ba:s: «mɛ fatima, ɛl mə la

savoir
a su
sait

dit elle-même ce soir, et puis, même si elle ne me
di ɛlmɛ:m sə swa:r, e pɥi, mɛ:m si ɛl nə m

l'avait pas dit, je l'aurais su. Mais pourquoi es-tu
lavɛ pa di, ʒə lɔrɛ sy. mɛ purkwa ɛ ty

soudain si malheureuse? Je croyais que tu serais
sudɛ̃ si malœrø:z? ʒə krwajɛ k ty srɛ

contente de me voir heureux.» «Elle ne peut pas t'ai-
kɔ̃tɑ̃:t də m vwa:r œrø.» «ɛl nə pø pa tɛ-

mer comme moi! Personne ne pourra jamais t'aimer
me kɔm mwa! pɛrsɔn nə pura ʒamɛ tɛme

comme moi!» a crié la fillette.
kɔm mwa!» a krie la fijɛt.

Henri était de plus en plus étonné. Fatima était-elle
ɑ̃ri etɛ d ply -zɑ̃ ply -zetɔne. fatima etɛ -tɛl

vraiment amoureuse de lui, comme Comaux le lui
vrɛmɑ̃ amurø:z də lɥi, kɔm kɔmo lə lɥi

avait dit? Alors, il lui a dit: «Mais Fatima, tu n'es
avɛ di? alɔ:r, il lɥi a di: «mɛ fatima, ty nɛ

qu'une enfant, elle est une jeune fille, c'est tout à
kyn ɑ̃fɑ̃, ɛl ɛ -tyn ʒœn fi:j, sɛ tu -ta

fait différent!» «Je serai aussi une jeune fille un
fɛ diferɑ̃!» «ʒə sre osi yn ʒœn fi:j œ̃

jour!» a crié la fillette, et Henri a compris combien
ʒu:r!» a krie la fijɛt, e ɑ̃ri a kɔ̃pri kɔ̃bjɛ̃

Fatima l'aimait. Il a aussi compris qu'à ce moment,
fatima lɛmɛ. il a osi kɔ̃pri ka s mɔmɑ̃,

elle était très malheureuse. Il lui en avait trop raconté.
ɛl etɛ trɛ malœrø:z. il lɥi ɑ̃ -navɛ tro rakɔ̃te.

«Que puis-je faire?» s'est-il dit. Il a regardé la fillette,
«kə pɥi:ʒ fɛ:r?» sɛ -til di. il a rgarde la fijɛt,

qui était maintenant assise à ses pieds. Ses grands
ki etɛ mɛ̃tnɑ̃ asi:z a se pje. se grɑ̃

---

il croit
il croyait

l'étonnement
étonné

un enfant
une enfant

Il est **un** enfant.
Elle est **une** enfant.

tout à fait = entièrement

en ɔ: de cette affaire

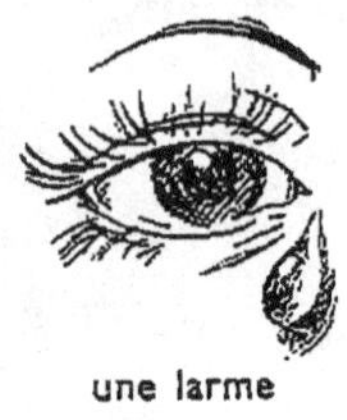

une larme

yeux noirs étaient pleins de larmes, elle attendait un
-zjø nwa:r etε plɛ̃ d larm, εl atɑ̃dε œ̃

mot de lui. « Fatima, » lui a-t-il dit, « je vais te dire
mo də lɥi. «fatima,» lɥi a -til di, «ʒə vε t di:r

quelque chose. Je t'aime beaucoup, Fatima, tu seras
kεlkə ʃo:z. ʒə tε:m boku, fatima, ty sra

toujours ma petite amie, mais comprends-tu, tu ne
tuʒu:r ma ptit ami, mε kɔ̃prɑ̃ ty, ty n

pourras jamais être ma femme. J'aime Marie-Anne, et
pura ʒamε -zε:trə ma fam. ʒε:m mari a:n, e

elle m'aime aussi, elle sera un jour ma femme. Tu
εl mε:m osi, εl səra œ̃ ʒu:r ma fam. ty

comprends? Et tu seras notre petite amie, tout à
kɔ̃prɑ̃? e ty sra nɔtrə pətit ami, tu -ta

jusqu'ici ɔ: jusqu'à maintenant

fait comme tu as été mon amie jusqu'ici, je te le
fε kɔm ty a ete mɔ̃ -nami ʒyskisi, ʒə tə l

promets. Tu vas voir que toi aussi, tu vas aimer ma
prɔmε. ty va vwa:r kə twa osi, ty va εme ma

Marie-Anne, elle est si jolie et si bonne! » « Non,
mari a:n, εl ε si ʒɔli e si bɔn!» «nɔ̃,

je n'aimerai jamais Marie-Anne! Je ne serai jamais
ʒə nεmre ʒamε mari a:n! ʒə n səre ʒamε

son amie! » a crié la fillette. « Mais Fatima ... »
sɔ̃ -nami!» a krie la fijεt. «mε fatima...»

a commencé Henri. Mais à son grand étonnement, Fa-
a kɔmɑ̃se ɑ̃ri. mε a sɔ̃ grɑ̃ -tetɔnmɑ̃, fa-

tout à coup = soudain

tima s'est levée tout à coup, et a commencé à chanter.
tima sε lve tu -ta ku, e a kɔmɑ̃se a ʃɑ̃te.

Il n'y avait plus une larme dans ses yeux, et il a
il njavɛ ply -zyn larm dɑ̃ se -zjø, e il a

semblé à Henri que l'enfant s'était tout à coup trans-
sɑ̃ble a ɑ̃ri k lɑ̃fɑ̃ setɛ tu -ta ku trɑ̃s-

formée en femme.
fɔrme ɑ̃ fam.

« Je ne comprends pas, » s'est-il dit, « il y a cinq
«ʒə n kɔ̃prɑ̃ pa,» sɛ -til di, «il ja sɛ̃

minutes, elle avait les yeux pleins de larmes, elle
minyt, ɛl avɛ le -zjø plɛ̃ d larm, ɛl

pleurait, elle était très malheureuse. Et maintenant,
plœrɛ, ɛl etɛ trɛ malœrø:z. e mɛ̃tnɑ̃,

voilà qu'elle chante, et il y a dans ses yeux quelque
vwala kɛl ʃɑ̃:t, e il ja dɑ̃ se -zjø kɛlkə

chose que je n'aime pas. » C'était une Fatima tout
ʃo:z kə ʒ nɛ:m pa.» setɛ -tyn fatima tu

à fait différente de l'autre, et qu'Henri ne connais-
-ta fɛ diferɑ̃:t də lo:tr, e kɑ̃ri n kɔnɛ-

sait pas.
sɛ pa.

Fatima pleure.

Toujours chantant, la fillette est rentrée dans la
tuʒu:r ʃɑ̃tɑ̃, la fijɛt ɛ rɑ̃tre dɑ̃ la

maison, et Henri est resté seul. Son étonnement
mezɔ̃, e ɑ̃ri ɛ reste sœl. sɔ̃ -netɔnmɑ̃

était toujours aussi grand. Il a peu dormi cette
etɛ tuʒu:r osi grɑ̃. il a pø dɔrmi sɛt

nuit. Au cours des longues heures qu'il a passées à
nɥi. o ku:r de lɔ̃:g -zœ:r kil a pase a

toujours chantant ɔ: sans cesser de chanter

il est toujours aussi grand ɔ: il n'est pas devenu plus petit

tantôt à Marie-Anne, tantôt à Fatima ɔ: un moment à Marie-Anne, un moment après à Fatima	penser tantôt à Marie-Anne, tantôt à cette petite *pãse tãto a mari aːn, tãto a sɛt pətit*
	fille dont le malheur lui faisait mal, il a sem- *fiːj dɔ̃ l malœːr lɥi fəzɛ mal, il a sã-*
	blé plusieurs fois à Henri que quelqu'un, dans *ble plyzjœːr fwa a ãri kə kɛlkœ̃, dã*
	la maison, chantait et parlait à voix basse. La chan- *la mɛzɔ̃, ʃãtɛ e parlɛ a vwa baːs. la ʃã-*
gai ←→ triste	son était tantôt triste, tantôt très gaie, et c'était *sɔ̃ etɛ tãto trist, tãto trɛ ge, e setɛ*
	une voix de fillette qui la chantait. Il avait appelé: *-tyn vwa d fijɛt ki la ʃãtɛ. il avɛ -taple:*
s'est tu ɔ: a cessé de chanter	«Fatima!» mais chaque fois, la voix s'était tue, *«fatima!» mɛ ʃak fwa, la vwa setɛ ty,*
	et Henri n'avait rien entendu pendant une ou deux *e ãri navɛ rjɛ̃ -nãtãdy pãdã yn u dø*
	heures. Puis, la voix avait recommencé à chanter, *-zœːr. pɥi, la vwa avɛ rkɔmãse a ʃãte,*
	et quand de nouveau il avait appelé, elle s'était tue *e kã d nuvo il avɛ -taple, ɛl setɛ ty*
	de nouveau. Et la nuit avait passé... *d nuvo. e la nɥi avɛ pase...*
	Le matin, Henri s'était levé très tôt. Il avait peu *lə matɛ̃, ãri setɛ lve trɛ to. il avɛ pø*
	dormi et voulait faire une promenade. En se lavant, il *dɔrmi e vulɛ fɛːr yn prɔmnad. ã s lavã, il*
il voudrait savoir = il aimerait savoir	s'est dit qu'il voudrait bien savoir si c'était Fatima *sɛ di kil vudrɛ bjɛ̃ savwaːr si setɛ fatima*

qu'il avait entendue chanter et parler toute la nuit.
kil avɛ -tɑ̃tɑ̃dy ʃɑ̃te e parle tut la nɥi.

Il n'a pas attendu longtemps. Pendant qu'il buvait
il na pa atɑ̃dy lɔ̃tɑ̃. pɑ̃dɑ̃ kil byvɛ

son café, la petite est arrivée et lui a demandé:
sɔ̃ kafe, la ptit ɛ -tarive e lɥi a dmɑ̃de:

« Tu as aimé la chanson que j'ai chantée cette nuit,
«ty a ɛme la ʃɑ̃sɔ̃ kə ʒe ʃɑ̃te sɛt nɥi,

Henri? » « Ah, c'était toi qui chantais! » lui a
ɑ̃ri?» «a, setɛ twa ki ʃɑ̃tɛ!» lɥi a

dit Henri, puis: « Oui, je t'ai entendue plusieurs
di ɑ̃ri, pɥi: «wi, ʒə te ɑ̃tɑ̃dy plyzjœ:r

fois au cours de la nuit. C'était une chanson de ton
fwa o ku:r də la nɥi. setɛ -tyn ʃɑ̃sɔ̃ d tɔ̃

pays, je pense? Elle était tantôt gaie, tantôt triste, je
peji, ʒə pɑ̃:s? ɛl etɛ tɑ̃to ge, tɑ̃to trist, ʒə

n'ai jamais entendu de chanson comme celle-là. Et tu
ne ʒamɛ -zɑ̃tɑ̃dy d ʃɑ̃sɔ̃ kɔm sɛlla. e ty

sais, je n'en ai pas compris un seul mot! Tu ne l'as ja-
se, ʒə nɑ̃ -ne pa kɔ̃pri œ̃ sœl mo! ty n la ʒa-

mais chantée avant, je crois? » « Non, on la chante rare-
mɛ ʃɑ̃te avɑ̃, ʒə krwa?» «nɔ̃, ɔ̃ la ʃɑ̃:t rar-

ment... » « Mais qu'est-ce que c'est que cette chanson? »
mɑ̃...» «mɛ kɛs kə sɛ kə sɛt ʃɑ̃sɔ̃?»

« Tu le sauras un jour. » « Tu ne veux pas me le dire? »
«ty l sɔra œ̃ ʒu:r.» «ty n vø pa m lə di:r?»

« Pas ce matin, une autre fois. » Et Fatima a demandé
«pa s matɛ̃, yn o:trə fwa.» e fatima a dmɑ̃de

boire
a bu
boit
buvait
boira

savoir
a su
sait
savait
saura

tout à coup: « Est-ce qu'elle est belle, Marie-Anne? »
tu -ta ku: «ɛs kɛl ɛ bɛl, mari a:n?»

« Oui, Fatima, elle est très belle. Veux-tu la con-
«wi, fatima, ɛl ɛ trɛ bɛl. vø ty la kɔ-

naître? » « Oui, je voudrais bien faire sa connaissance. »
nɛ:tr?» «wi, ʒə vudrɛ bjɛ̃ fɛ:r sa kɔnɛsɑ̃:s.»

Henri a été très étonné, mais cette fois, cela a été
ɑ̃ri a ete trɛ -zetɔne, mɛ sɛt fwa, sla a ete

un étonnement agréable. Fatima avait-elle compris au
œ̃ -netɔnmɑ̃ agreabl. fatima avɛ -tɛl kɔ̃pri o

cours de la nuit qu'elle ferait mieux d'accepter Marie-
ku:r də la nɥi kɛl fərɛ mjø daksɛpte mari

la future femme = celle qui sera la femme

Anne comme future femme de « son » Henri? Il a dit
a:n kɔm fyty:r fam də «sɔ̃» -nɑ̃ri? il a di

à la fillette: «Veux-tu venir avec moi, Fatima? »
a la fijɛt: «vø ty vni:r avɛk mwa, fatima?»

« Oui. »
«wi.»

Henri était très content de savoir que Fatima avait
ɑ̃ri etɛ trɛ kɔ̃tɑ̃ d savwa:r kə fatima avɛ

accepté sa future femme, et il a dit: « Je vais t'em-
-taksɛpte sa fyty:r fam, e il a di: «ʒə vɛ tɑ̃-

mener avec moi chez M. et Mme Bourdier, alors, et
mne avɛk mwa ʃe məsjø e madam burdje, alɔ:r, e

je vais te présenter à Marie-Anne! » Avec un cri de
ʒ vɛ tə prezɑ̃te a mari a:n!» avɛk œ̃ kri d

joie, Fatima a dansé plusieurs fois autour d'Henri, en
ʒwa, fatima a dɑ̃se plyzjœ:r fwa otu:r dɑ̃ri, ɑ̃

Fatima danse.

battant des mains. (Elle dansait toujours quand elle
batɑ̃ de mɛ̃. [ɛl dɑ̃sɛ tuʒu:r kɑ̃ -tɛl

était contente.)
etɛ kɔ̃tɑ̃:t.]

Les deux amis sont sortis ensemble vers dix heures
le dø -zami sɔ̃ sɔrti ɑ̃sɑ̃:blə vɛr di -zœ:r

pour aller chez Marie-Anne. Cela peut sembler
pur ale ʃe mari a:n. sla pø sɑ̃ble

étrange: un jeune Français qui veut présenter une
etrɑ̃:ʒ: œ̃ ʒœn frɑ̃sɛ ki vø prezɑ̃te yn

petite Arabe aux parents de sa future femme.
pətit arab o parɑ̃ d sa fyty:r fam.

une Arabe

Mais pour Henri, comme pour les Bourdier, une petite
mɛ pur ɑ̃ri, kɔm pur le burdje, yn pətit

Arabe n'était pas différente d'une petite Française. Et
arab netɛ pa diferɑ̃:t dyn pətit frɑ̃sɛ:z. e

puis, Marie-Anne voulait, elle aussi, faire la connais-
pɥi, mari a:n vulɛ, ɛl osi, fɛ:r la kɔnɛ-

sance de Fatima.
sɑ̃:s də fatima.

En arrivant chez les Bourdier, les parents de Marie-
ɑ̃ -narivɑ̃ ʃe le burdje, le parɑ̃ d mari

Anne, Henri et Fatima ont été reçus par Kabila, la
a:n, ɑ̃ri e fatima ɔ̃ -tete rsy par kabila, la

bonne. Mme Bourdier a été un peu étonnée, mais très
bɔn. madam burdje a ete œ̃ pø etɔne, mɛ trɛ

contente de voir la petite Fatima, et a dit à Henri:
kɔ̃tɑ̃:t də vwa:r la ptit fatima, e a di a ɑ̃ri:

«Vous ne m'aviez pas dit, hier, que Fatima viendrait
«vu n mavje pa di, ijɛ:r, kə fatima vjɛ̃drɛ

avec vous ce matin.» « Non, Madame Bourdier, mais
avɛk vu s matɛ̃.» «nɔ̃, madam burdje, mɛ

je ne l'ai su moi-même que ce matin, quand la petite
ʒə n le sy mwamɛ:m kə s matɛ̃, kɑ̃ la ptit

m'a dit qu'elle voulait bien faire la connaissance de
ma di kɛl vulɛ bjɛ̃ fɛ:r la kɔnɛsɑ̃:s də

Marie-Anne. Je lui ai dit que si elle voulait, je pouvais
mari a:n. ʒə lɥi e di k si ɛl vulɛ, ʒə puvɛ

l'emmener avec moi tout de suite. Elle a dit oui, et
lɑ̃mne avɛk mwa tutsɥit. ɛl a di wi, e

nous voilà tous les deux.»
nu vwala tu le dø.»

En ce moment, Marie-Anne est entrée dans le salon, et
ɑ̃ s mɔmɑ̃, mari a:n ɛ -tɑ̃tre dɑ̃ l salɔ̃, e

Henri a présenté Fatima à sa future femme. Au cours
ɑ̃ri a prezɑ̃te fatima a sa fyty:r fam. o ku:r

la matinée = le matin jusqu'à midi

de la matinée qu'ils ont passée chez les Bourdier, Fatima
də la matine kil -zɔ̃ pase ʃe le burdje, fatima

n'a pas cessé de parler avec Marie-Anne. Elle semblait
na pa sɛse d parle avɛk mari a:n. ɛl sɑ̃blɛ

très gaie, battait parfois des mains avec de petits cris
trɛ ge, batɛ parfwa de mɛ̃ avɛk də pti kri

de bonheur, puis tout à coup regardait Marie-Anne
d bɔnœ:r, pɥi tu -ta ku rəgardɛ mari a:n

sans sourire, comme une femme, et pas comme une
sɑ̃ suri:r, kɔm yn fam, e pa kɔm yn

enfant. Puis, elle souriait de nouveau, et le pauvre
ãfã. pɥi, ɛl surjɛ d nuvo, e l po:vr

Henri ne comprenait plus rien.
ãri n kɔ̃prənɛ ply rjɛ̃.

Avant de partir, Fatima a voulu voir la chambre de
avã d parti:r, fatima a vuly vwa:r la ʃã:brə də

Marie-Anne. Elle et Marie-Anne se sont prises par la
mari a:n. ɛl e mari a:n sə sɔ̃ pri:z par la

main et sont allées dans la chambre à coucher de la
mɛ̃ e sɔ̃ -tale dã la ʃã:br a kuʃe d la

jeune fille. Henri les a suivies, ensuite tous les
ʒœn fi:j. ãri le -za sɥivi, ãsɥit tu le

trois sont sortis dans le jardin où ils ont passé une
trwa sɔ̃ sɔrti dã l ʒardɛ̃ u il -zɔ̃ pase yn

demi-heure à parler de cent choses différentes. Après
dəmiœ:r a parle d sã ʃo:z diferã:t. aprɛ

cela, on est allé dire au revoir à Mme Bourdier et à
sla, ɔ̃ -nɛ -tale di:r o rvwa:r a madam burdje e a

son mari, et ensuite Henri et Fatima ont quitté la
sɔ̃ mari, e ãsɥit ãri e fatima ɔ̃ kite la

maison des Bourdier.
mɛzɔ̃ de burdje.

Quand ils ont été seuls dans la rue, Henri a demandé
kã -til -zɔ̃ -tete sœl dã la ry, ãri a dmãde

à la fillette: « Eh bien, Fatima, comment trouves-tu
a la fijɛt: «e bjɛ̃, fatima, kɔmã tru:v ty

ma future femme? » « Elle est très belle. » « Com-
ma fyty:r fam?» «ɛl ɛ trɛ bɛl.» «kɔ̃-

sourire
a souri
sourit
souriait
sourira

vouloir
a voulu
veut
voulait
voudra

ensuite = puis

prends-tu pourquoi je l'aime, maintenant?» L'enfant
prɑ̃ ty purkwa ʒ lɛ:m, mɛ̃tnɑ̃?» lɑ̃fɑ̃

n'a pas répondu, et quand ils sont rentrés, elle est
na pa repɔ̃dy, e kɑ̃ -til sɔ̃ rɑ̃tre, ɛl ɛ

allée au jardin, n'a pas voulu manger, et est restée
-tale o ʒardɛ̃, na pa vuly mɑ̃ʒe, e ɛ rɛste

tout l'après-midi assise près de la fontaine. Deux
tu laprɛmidi asi:z prɛ d la fɔ̃tɛn. dø

il veut lui faire manger quelque chose = il lui dit de manger quelque chose

ou trois fois, sa mère a voulu lui faire manger quelque
-zu trwa fwa, sa mɛ:r a vuly lɥi fɛ:r mɑ̃ʒe kɛlkə

refuser ←→ accepter

chose, mais elle a refusé chaque fois. «Je n'ai pas
ʃo:z, mɛ ɛl a rəfyze ʃak fwa. «ʒə ne pa

Quand on n'a pas mangé depuis longtemps, on a faim.

faim,» disait-elle. «Mais tu n'as rien mangé depuis
fɛ̃,» dizɛ -tɛl. «mɛ ty na rjɛ̃ mɑ̃ʒe dəpɥi

ce matin, Fatima!» «Je sais bien, mais je n'ai pas
s matɛ̃, fatima!» «ʒə se bjɛ̃, mɛ ʒə ne pa

faim.»
fɛ̃.»

Elle a répondu la même chose à Henri. «Comme tu
ɛl a repɔ̃dy la mɛ:m ʃo:z a ɑ̃ri. «kɔm ty

veux,» lui a alors dit Henri, et il s'est assis lui aussi
vø,» lɥi a alɔ:r di ɑ̃ri, e il sɛ -tasi lɥi osi

près de la fontaine. Les autres fois, quand il s'asseyait
prɛ d la fɔ̃tɛn. le -zo:trə fwa, kɑ̃ -til sasejɛ

auprès de Fatima, elle lui prenait la main et lui
oprɛ d fatima, ɛl lɥi prənɛ la mɛ̃ e lɥi

demandait: «Veux-tu que je te chante quelque chose?»
dmɑ̃dɛ: «vø ty kə ʒ tə ʃɑ̃:t kɛlkə ʃo:z?»

ou bien: «Veux-tu que je danse un peu pour toi,
u bjɛ̃: «vø ty kə ʒ dɑ̃:s œ̃ pø pur twa,

Henri?» Mais cette fois-ci, elle ne lui a rien dit, et
ɑ̃ri?» mɛ sɛt fwa si, ɛl nə lɥi a rjɛ̃ di, e

c'est Henri qui lui a dit: «Fatima, je voudrais que tu
sɛ -tɑ̃ri ki lɥi a di: «fatima, ʒə vudrɛ k ty

me chantes la chanson que tu chantais cette nuit.»
m ʃɑ̃:t la ʃɑ̃sɔ̃ k ty ʃɑ̃tɛ sɛt nɥi.»

Il croyait qu'elle refuserait, mais à son grand étonne-
il krwajɛ kɛl rəfyzrɛ, mɛ a sɔ̃ grɑ̃ -tetɔn-

ment, au lieu de refuser, elle s'est levée et a commencé
mɑ̃, o ljø d rəfyze, ɛl sɛ lve e a kɔmɑ̃se

à danser en battant des mains et en chantant
a dɑ̃se ɑ̃ batɑ̃ de mɛ̃ e ɑ̃ ʃɑ̃tɑ̃

l'étrange chanson. Quand elle s'est tue, Henri lui
letrɑ̃:ʒ ʃɑ̃sɔ̃. kɑ̃ -tɛl sɛ ty, ɑ̃ri lɥi

a dit: «Je voudrais que tu me racontes ce que tu
a di: «ʒə vudrɛ k ty m rakɔ̃:t sə kə ty

as chanté.» «Pas encore. Un jour tu le sauras, mais
a ʃɑ̃te.» «pa -zɑ̃kɔ:r. œ̃ ʒu:r ty l sɔra, mɛ

pas aujourd'hui.» Henri a alors voulu entendre la
pa oʒurdɥi.» ɑ̃ri a alɔ:r vuly ɑ̃tɑ̃:drə la

chanson encore une fois, mais Fatima a refusé.
ʃɑ̃sɔ̃ ɑ̃kɔ:r yn fwa, mɛ fatima a rfyze.

Après le dîner, le jeune homme a voulu de nouveau
aprɛ l dine, lə ʒœn ɔm a vuly d nuvo

emmener la fillette chez les Bourdier, mais elle lui
ɑ̃mne la fijɛt ʃe le burdje, mɛ ɛl lɥi

ou bien = ou

que je chante
que tu chantes

a dit: « Je ne veux pas que tu sortes, je veux que
a di: «ʒə n vø pa k ty sɔrt, ʒə vø k

tu restes avec moi. » « C'est impossible, Fatima, j'ai
ty rɛst avɛk mwa.» «sɛ -tɛ̃pɔsibl, fatima, ʒe

promis à Marie-Anne de venir à huit heures et demie,
prɔmi a mari a:n də vni:r a ɥi -tœ:r e dmi,

et il est déjà huit heures et quart. Tu ne trouves
e il ɛ deʒa ɥi -tœ:r e ka:r. ty n tru:v

mal ←→ bien

pas que ce serait mal de ne pas y aller? Mais c'est
pa k sə srɛ mal də n pa i ale? mɛ sɛ

vrai: je ne peux pas t'emmener avec moi. Tu n'as pas
vrɛ: ʒə n pø pa tɑ̃mne avɛk mwa. ty na pa

mangé ton dîner, ton déjeuner non plus. » « Si tu
mɑ̃ʒe tɔ̃ dine, tɔ̃ deʒœne nɔ̃ ply.» «si ty

veux que je mange, je mangerai tout de suite, mais
vø kə ʒ mɑ̃:ʒ, ʒə mɑ̃ʒre tutsɥit, mɛ

seulement si tu restes à la maison. » « Ma petite Fa-
sœlmɑ̃ si ty rɛst a la mɛzɔ̃.» «ma ptit fa-

tima, je veux absolument que tu manges, mais je ne
tima, ʒə vø absɔlymɑ̃ k ty mɑ̃:ʒ, mɛ ʒə n

resterai pas à la maison, » a dit le jeune homme, en-
rɛstəre pa a la mɛzɔ̃,» a di l ʒœn ɔm, ɑ̃-

suite il s'en est allé, après avoir dit à la mère de
sɥit il sɑ̃ -nɛ -tale, aprɛ -zavwa:r di a la mɛ:r də

Fatima de faire manger quelque chose à la fillette.
fatima də fɛ:r mɑ̃ʒe kɛlkə ʃo:z a la fijɛt.

Heureusement pour lui, il n'a pas vu le regard avec
œrø:zmɑ̃ pur lɥi, il na pa vy l rəga:r avɛk

lequel Fatima a dit à voix basse: « Eh bien, va chez
ləkɛl fatima a di a vwa bɑ:s: «e bjɛ̃, va ʃe

elle, puisque tu le veux! » Il a seulement pensé: « Cela
-zɛl, pɥisk ty l vø!» il a sœlmɑ̃ pɑ̃se: «sla

me fait mal de la voir si différente. Je crois que je
m fɛ mal də la vwa:r si diferɑ̃:t. ʒə krwa k ʒə

ferais bien de rentrer assez tôt, ce soir. Marie-Anne
frɛ bjɛ̃ d rɑ̃tre ase to, sə swa:r. mari a:n

me pardonnera. »
mə pardɔnra.»

Mais la cousine d'André était si belle, ce soir-là,
mɛ la kuzin dɑ̃dre etɛ si bɛl, sə swa:r la,

et le jardin était si beau que les deux amoureux y
e l ʒardɛ̃ etɛ si bo kə le dø -zamurø i

sont restés très longtemps à parler de leur bonheur
sɔ̃ rɛste trɛ lɔ̃tɑ̃ a parle d lœr bɔnœ:r

futur. C'est pourquoi Henri est rentré chez lui plus
fyty:r. sɛ purkwa ɑ̃ri ɛ rɑ̃tre ʃe lɥi ply

tard encore que les autres jours, ce soir-là. Il avait
ta:r ɑ̃kɔ:r kə le -zo:trə ʒu:r, sə swa:r la. il avɛ

tout à fait oublié Fatima. Dans la maison, tout sem-
tu -ta fɛ ublie fatima. dɑ̃ la mɛzɔ̃, tu sɑ̃-

blait calme, personne ne chantait ni ne parlait, et Henri
blɛ kalm, pɛrsɔn nə ʃɑ̃tɛ ni nə parlɛ, e ɑ̃ri

s'est couché.
sɛ kuʃe.

Il a bien dormi, cette nuit-là, et le matin, il a attendu
il a bjɛ̃ dɔrmi, sɛt nɥi la, e l matɛ̃, il a atɑ̃dy

c'est pourquoi = c'est pour cela que

se coucher = aller au lit

un peu avant de se lever. Ce n'est que vers huit
œ̃ pø avɑ̃ d sə lve. s nɛ k vɛr ɥi

heures qu'il a demandé son café. Il a été très étonné
-tœ:r kil a dmɑ̃de sɔ̃ kafe. il a ete trɛ -zetɔne

quand il a vu que la mère de Fatima avait les yeux
kɑ̃ -til a vy k la mɛ:r də fatima avɛ le -zjø

pleins de larmes. « Qu'est-ce qu'il y a, Sabine? Tu
plɛ̃ d larm. «kɛs kil ja, sabin? ty

pleures! » Alors, pendant qu'il mangeait et buvait son
plœ:r!» alɔ:r, pɑ̃dɑ̃ kil mɑ̃ʒɛ e byvɛ sɔ̃

donner à manger = donner quelque chose à manger

café, elle lui a raconté qu'elle avait donné à manger
kafe, ɛl lɥi a rakɔ̃te kɛl avɛ dɔne a mɑ̃ʒe

à Fatima. La petite avait dit qu'elle n'avait pas faim,
a fatima. la ptit avɛ di kɛl navɛ pa fɛ̃,

tous les deux
toutes les deux

Ils ont mangé tous les deux.
Elles ont mangé toutes les deux.

mais elle avait mangé. Quand elles avaient fini de
mɛ ɛl avɛ mɑ̃ʒe. kɑ̃ -tɛl -zavɛ fini d

manger toutes les deux, Fatima avait dit qu'elle avait
mɑ̃ʒe tut le dø, fatima avɛ di kɛl avɛ

perdu quelque chose dans la rue, et elle était sortie.
pɛrdy kɛlkə ʃo:z dɑ̃ la ry, e ɛl etɛ sɔrti.

perdre ⟷ trouver

perdre (comme attendre)
a perdu a attendu
perd attend
perdait attendait
perdra attendra

sentir
a senti

« Je reviendrai dans un moment, » avait-elle dit. Mais
«ʒə rəvjɛ̃dre dɑ̃ -zœ̃ mɔmɑ̃,» avɛ -tɛl di. mɛ

ce matin, elle n'était pas encore revenue.
s matɛ̃, ɛl netɛ pa -zɑ̃kɔ:r rəvny.

Quand il a entendu l'histoire de Sabine, Henri s'est senti
kɑ̃ -til a ɑ̃tɑ̃dy listwa:r də sabin, ɑ̃ri sɛ sɑ̃ti

très malheureux. « Ah, si j'avais su tout cela, » a-t-il
trɛ malœrø. «a, si ʒavɛ sy tu sla,» a -til

dit, « je serais rentré plus tôt! Je croyais que tout
di, «ʒə srɛ rãtre ply to! ʒə krwajɛ k tu

ce que m'avait dit Fatima en parlant de Marie-Anne
s kə mavɛ di fatima ã parlã d mari a:n

n'étaient que des histoires de fillette, même quand
netɛ k de -zistwa:r də fijɛt, mɛ:m kã

elle m'avait dit que je saurais un jour ce que voulait
-tɛl mavɛ di k ʒə sɔrɛ œ̃ ʒu:r s kə vulɛ

dire sa chanson. Mais où a-t-elle pu aller? » « Ah, je
di:r sa ʃãsɔ̃. mɛ u a -tɛl py ale?» «a, ʒə

où a-t-elle pu aller? ɔ: où peut-elle être allée?

ne sais pas, maître, mais je sais que quand
n se pa, mɛ:tr, mɛ ʒə se kə kã

elle rentrera, je vais la battre jusqu'à en avoir
-tɛl rãtrəra, ʒə vɛ la batrə ʒyska ã -navwa:r

mal au bras! » « Non, non, Sabine, pourquoi la
mal o bra!» «nɔ̃, nɔ̃, sabin, purkwa la

battre? »
batr?»

Mais Sabine maintenant pleurait de nouveau, elle ne
mɛ sabin mɛ̃tnã plœrɛ d nuvo, ɛl nə

pensait déjà plus à battre Fatima. « Ma fille, ma petite
pãsɛ deʒa ply -za batrə fatima. «ma fi:j, ma ptit

elle ne pensait déjà plus = déjà, elle ne pensait plus

fille, je t'ai perdue! » disait-elle, et elle ne cessait de
fi:j, ʒə te pɛrdy!» dizɛ -tɛl, e ɛl nə sɛsɛ d

pleurer. Alors, Henri lui a demandé: « Écoute, Sabine,
plœre. alɔ:r, ãri lɥi a dmãde: «ekut, sabin,

veux-tu que je sorte la chercher, ou bien veux-tu que
vø ty k ʒə sɔrt la ʃɛrʃe, u bjɛ̃ vø ty kə

que je sorte que tu sortes

que je reste
que tu restes

je reste avec toi? » « Je ne sais pas, maître! J'ai perdu
ʒ rɛst avɛk twa?» «ʒə n se pa, mɛːtr! ʒe pɛrdy

ma petite fille! Hier, elle était là, elle dansait, elle
ma ptit fiːj! ijɛːr, ɛl etɛ la, ɛl dɑ̃sɛ, ɛl

buvait l'eau de la fontaine, elle chantait, et maintenant?
byvɛ lo d la fɔ̃tɛn, ɛl ʃɑ̃tɛ, e mɛ̃tnɑ̃?

qu'est-elle devenue ɔ: qu'est-ce qui lui est arrivé

Qu'est-elle devenue? Lui a-t-on fait du mal, ou bien ...
kɛ -tɛl dəvny? lɥi a -tɔ̃ fɛ dy mal, u bjɛ̃...

Oh, oh, oh! » Et la pauvre Sabine est sortie en pleurant.
o, o, o!» e la poːvrə sabin ɛ sɔrti ɑ̃ plœrɑ̃.

Henri a attendu un peu, ensuite il est sorti et est allé
ɑ̃ri a atɑ̃dy œ̃ pø, ɑ̃sɥit il ɛ sɔrti e ɛ -tale

chez les Bourdier. Il voulait parler à Marie-Anne et
ʃe le burdje. il vulɛ parle a mari aːn e

à son père de toute cette histoire.
a sɔ̃ pɛːr də tut sɛt istwaːr.

EXERCICE A.

Quand Henri a fait la — de Marie-Anne, il est allé très souvent chez elle. Il a — de passer toutes ses soirées à la maison. Dans son jardin, il y avait une jolie — près de laquelle il s'asseyait avec Fatima. La petite l'aimait de tout son —. C'était pour elle un très grand — de l'entendre raconter ses histoires. Quand il commençait, elle — des mains avec un petit cri de joie. Et assise aux — de son grand ami, elle écoutait. Mais maintenant, son bonheur s'était transformé en —. Depuis — jours, Henri n'était plus le même. Il ne lui demandait plus ce qu'elle avait fait au — de l'après-midi, et ne lui parlait presque plus. Fatima était très —, elle qui avant avait été si heureuse.

Mais un soir, Henri est arrivé à la maison en chantant — joie. «Viens — au jardin!» a-t-il dit à la fillette. Fatima a dit oui avec un petit — de joie. Mais quand Henri lui a dit qu'« elle » l'aimait, le cœur de la petite s'est arrêté de —. Elle a —: « Non! Non! » Henri l'a regardée avec —. Il — qu'elle serait heureuse d'entendre que Marie-Anne l'aimait. Fatima l'aimait aussi, mais c'était tout à — différent. Les grands yeux noirs de Fatima étaient pleins de —. Elle était —. Puis, — à coup, elle s'est levée et a commencé à chanter. Henri a été encore plus — qu'avant, car il n'avait jamais entendu de — comme celle-là. Elle était — triste, — gaie. Et Fatima ne — plus, il n'y avait plus une larme dans ses yeux.

Cette nuit, Henri a peu —. Plusieurs fois, il a entendu une voix qui chantait la chanson tantôt triste, tantôt —. Quand il avait appelé, la voix s'était —, puis elle avait recommencé à —. Le matin, Henri s'était levé plus — que les autres jours. Il s'était dit en se lavant qu'il — bien savoir qui avait chanté, si c'était Fatima. La petite est arrivée, pendant qu'il — son café. Quand il lui a demandé quelle était cette chanson, elle a répondu: « Tu le — un jour, mais pas aujourd'hui. » Puis, tout à coup, elle lui a demandé de l'— chez les Bourdier.

MOTS:
une action
une Arabe
le bonheur
une chanson
un cœur
une connaissance
un cri
une enfant
un étonnement
la faim
une fontaine
une larme
le malheur
une matinée
étrange
futur
gai
malheureux
malheureuse
il s'asseyait
battre
il battait
il buvait
cesser
se coucher
il croyait
danser
emmener
étonner
il a perdu
pleurer

il prenait
refuser
je saurais
tu sauras
il a su
il sortait
il souriait
sourire
a suivi
transformer
il s'est tu
il a voulu
plusieurs
ensuite
près
tôt
vite
au cours de
avoir faim
il battait des mains
ce serait mal
c'est pourquoi
donner à manger à ...
faire la connaissance de
faire manger à ...
lui faire manger
jusqu'ici
mal au ...
ou bien
qu'est-elle devenue?
il s'était transformé en
tantôt ... tantôt
toujours aussi
toujours chantant
tout à coup
tout à fait
vers ... heures

EXERCICE B.

Qu'a pensé Henri quand Fatima lui a demandé de l'emmener chez Marie-Anne? ... A quelle heure les deux amis sont-ils sortis? ... Par qui ont-ils été reçus? ... Où Fatima est-elle allée avec Marie-Anne avant de partir? ... Où sont-elles allées ensuite? ... Qu'a demandé Henri à Fatima quand ils ont été seuls dans la rue? ... Pourquoi Fatima n'a-t-elle pas voulu manger son déjeuner? ... Que lui a dit Henri avant de la quitter pour aller chez Marie-Anne? ... Pourquoi Henri n'est-il pas rentré tôt, ce soir-là? ... Que lui a raconté Sabine le matin? ...

EXERCICE C.

prendre

a pris	**prenait**
prend	**prendra**

Pour aller à Villebourg, on peut — l'autocar ou le train. Comaux et Martial ont — le train. Une autre fois, ils — peut-être l'autocar. Pour aller de la gare à la rue des Roses, on — la rue Napoléon Ier. Quand Henri rentrait à la maison, Fatima lui — toujours la main en souriant.

boire

a bu	**buvait**
boit	**boira**

Chaque fois que Comaux — le vin que leur avait donné Henri, il pense à l'Afrique. Il n'a jamais — un vin aussi bon. Henri et ses amis — du café pendant qu'ils parlaient de toutes choses. Henri aimait beaucoup — quelques tasses de café noir, le soir. « Quand nous aurons dîné, » dit Doumier, « nous — une tasse de café. »

savoir

a su **savait**

sait **saura**

« Je veux — comment mon fils a connu sa femme, » a dit le vieux Doumier. «Vous le — dans un instant, » lui a dit Martial. Lui et Comaux — tous les deux comment Henri avait fait la connaissance de Marie-Anne. Quand Doumier l'a —, lui aussi, il a été très content. Et quand il a écrit à Marie-Anne, il a dit: « Maintenant, elle — que je veux la voir. »

RÉSUMÉ

Présent — Futur

Le futur d'un verbe dit ce que l'on fera, ce que l'on sera, ce qui arrivera, etc. dans quelque temps. Le présent dit ce que l'on fait, ce que l'on est, ce qui arrive, etc. maintenant.

Mais beaucoup de fois, le présent peut dire la même chose que le futur. Quand? Voyons d'abord quelques exemples:

« On *dîne* dans un quart d'heure! » dit Amélie. « Nous *venons* tout de suite! » crie Marie-Anne à sa mère.

« Où *allez*-vous, ce soir? » « Ce soir, je *vais* chez Jean. » « Quand *partez*-vous? » « Je *pars* demain matin. »

Dans ces phrases, les mots « dans un quart d'heure », « tout de suite », « ce soir », « demain matin » disent que l'*action* sera faite *dans peu de temps.* Si nous n'avions pas ces mots, nous ne pourrions pas employer le présent dans ces phrases, et il serait alors nécessaire d'employer le futur. Car les phrases: « On dîne », « Nous venons », « Où allez-vous? », « Je vais chez Jean », « Je pars » sans les mots « dans un quart d'heure », « tout de suite », etc., disent que l'action *est faite* maintenant. Pour montrer que l'action *sera faite* dans quelque temps, il est nécessaire de dire: « On dînera », « Nous viendrons », « Où irez-vous? », etc.

action [*aksjɔ̃*]
= ce que l'on fait

C'est seulement *si l'on montre* par un ou plusieurs mots *que l'action sera faite dans peu de temps,* que l'on peut employer le *présent* comme si c'était un *futur.*

Si l'action ne sera pas faite dans peu de temps, mais dans un temps plus long, on ne peut pas non plus employer le présent au lieu du futur. Par exemple: « Où *irez*-vous, la semaine prochaine? » « La semaine prochaine, nous *irons* à Chartres. » « Quand *partirez*-vous pour l'Afrique? » « Nous *partirons* quand notre fils aura dix-huit ans. »

Si l'action sera faite dans peu de temps, mais après une autre action, on emploie le futur: « On *dînera* quand ma mère sera rentrée. » « Nous *viendrons* quand nous aurons fini notre lettre. »

EXERCICE

Présent ou Futur?

« Pierre, tu (descendre) — ? » « Oui, je (descendre) — dans une minute! » « Quand ce monsieur (répondre) —-il à ma lettre? » « Il (répondre) — à votre lettre le mois prochain. » « Amélie, quand M. Fournier (venir) —-il? » « Je ne sais pas quand il (venir) —. » Un peu plus tard, M. Fournier téléphone pour dire qu'il (venir) — dans un instant. « Où (être) —-vous, cet après-midi? » « Cet après-midi, je (être) — chez moi. » « Jean (pouvoir) —-il venir me voir, en octobre? » « Oui, il (pouvoir) — même venir vous voir un peu avant. » « Quand (savoir) —-vous si vous viendrez? » « Je le (savoir) — dans trois semaines. » « Qui (voir) —-tu ce soir? » « Ce soir, je (voir) — quelques amis. »

LA FIN DE L'HISTOIRE

la fin ɔ: ce qui reste

Voici la fin de l'histoire de Fatima, telle que l'en-
vwasi la fɛ̃ d listwa:r də fatima, tɛl kə lɑ̃-

tendent ce soir M. Doumier et ses amis:
tɑ̃:d sə swa:r məsjø dumje e se -zami:

Henri et Sabine ont attendu toute la journée et toute
ɑ̃ri e sabin ɔ̃ -tatɑ̃dy tut la ʒurne e tut

le lendemain = le jour après

la nuit. Mais Fatima n'est pas revenue. Le lende-
la nɥi. mɛ fatima nɛ pa rəvny. lə lɑ̃d-

main matin il était clair que la petite fille était
mɛ̃ matɛ̃ il etɛ klɛ:r kə la ptit fi:j etɛ

disparue, mais où, comment, pourquoi? Personne n'a
dispary, mɛ u, kɔmɑ̃, purkwa? pɛrsɔn na

pu le dire. On a demandé à tous les petits amis et
py l di:r. ɔ̃ -na dmɑ̃de a tu le pti -zami e

à toutes les petites amies de Fatima, à toutes les per-
a tut le ptit -zami d fatima, a tut le pɛr-

le voisinage ɔ: là où demeurent les voisins

sonnes du voisinage. Mais la réponse a toujours été la
sɔn dy vwazina:ʒ. mɛ la repɔ̃:s a tuʒu:r ete la

même: personne ne savait rien. Même la meilleure
mɛ:m: pɛrsɔn nə savɛ rjɛ̃. mɛ:m la mɛjœ:r

amie de Fatima, la petite Keriba, n'a rien pu dire,
ami d fatima, la ptit keriba, na rjɛ̃ py di:r,

elle ne savait pas non plus où était son amie. On a
ɛl nə savɛ pa nɔ̃ ply u etɛ sɔ̃ -nami. ɔ̃ -na

cherché partout, dans la ville même et dans le voi-
ʃɛrʃe. partu, dɑ̃ la vil mɛ:m e dɑ̃ l vwa-

sinage de la ville. Partout la même réponse: per-
zina:ʒ də la vil. partu la mɛ:m repɔ̃:s: pɛr-

sonne n'avait vu la fillette. Cette nuit-là, Henri
sɔn navɛ vy la fijɛt. sɛt nɥi la, ɑ̃ri

et la pauvre Sabine n'ont pas dormi un instant.
e la po:vrə sabin nɔ̃ pa dɔrmi œ̃ -nɛ̃stɑ̃.

Le jour suivant, Henri et quelques amis ont cherché
lə ʒu:r sɥivɑ̃, ɑ̃ri e kɛlk -zami ɔ̃ ʃɛrʃe

de nouveau. Mais cela a été partout la même chose:
d nuvo. mɛ sla a ete partu la mɛ:m ʃo:z:

pas de Fatima. Henri a alors de nouveau parlé de
pa də fatima. ɑ̃ri a alɔ:r də nuvo parle d

l'affaire à M. Bourdier, et les deux hommes ont décidé
lafɛ:r a məsjø burdje, e le dø -zɔm ɔ̃ deside

qu'ils demanderaient à d'autres personnes de les
kil dəmɑ̃drɛ a do:trə pɛrsɔn də le

aider à chercher Fatima si, à la fin de la nuit
-zɛde a ʃɛrʃe fatima si, a la fɛ̃ d la nɥi

suivante, elle n'était pas encore rentrée. Henri ne
sɥivɑ̃:t, ɛl netɛ pa -zɑ̃kɔ:r rɑ̃tre. ɑ̃ri n

pouvait pas croire que Fatima avait quitté la ville. Il
puvɛ pa krwa:r kə fatima avɛ kite la vil. il

est vrai que c'était une ville de plus d'un demi-million
ɛ vrɛ k setɛ -tyn vil də ply dœ̃ dmimiljɔ̃

d'habitants, mais Henri espérait retrouver la petite.
dabitɑ̃, mɛ ɑ̃ri ɛspɛrɛ rətruve la ptit.

partout ɔ: dans toutes les rues, sur toutes les places, etc.

le jour suivant = le jour après

les aider à chercher ɔ: chercher avec eux

croire
il croit

espérer
a espéré
espère, espèrent
espérait
espérera

retrouver = trouver de nouveau

Chapitre vingt-huit (28).

dormir
a dormi
dort

Ni lui ni Sabine n'ont pu dormir cette nuit, pas plus
ni lɥi ni sabin nɔ̃ py dɔrmi:r sɛt nɥi, pa ply

la veille = le jour avant

que la veille. Et jusqu'à deux heures, ils n'ont rien
k la vɛ:j. e ʒyska dø -zœ:r, il nɔ̃ rjɛ̃

entendu. Puis, à deux heures, ils ont entendu dans
-nɑ̃tɑ̃dy. pɥi, a dø -zœ:r, il -zɔ̃ -tɑ̃tɑ̃dy dɑ̃

Quand on va vite, on fait des pas rapides.

la rue les pas rapides de quelqu'un qui venait très vite
la ry le pa rapid də kɛlkœ̃ ki vnɛ trɛ vit

On frappe à la porte.

vers leur maison. Un instant après, les pas se sont
vɛr lœr mɛzɔ̃. œ̃ -nɛ̃stɑ̃ -taprɛ, le pa sə sɔ̃

arrêtés devant la porte de la maison, et Sabine et
-tarɛte dvɑ̃ la pɔrt də la mɛzɔ̃, e sabin e

Henri ont entendu plusieurs coups rapides: «Toc! toc!
ɑ̃ri ɔ̃ -tɑ̃tɑ̃dy plyzjœ:r ku rapid: «tɔk! tɔk!

toc!» Quelqu'un frappait à la porte. Comme la nuit
tɔk!» kɛlkœ̃ frapɛ a la pɔrt. kɔm la nɥi

était très calme, les coups ont semblé très forts.
etɛ trɛ kalm, le ku ɔ̃ sɑ̃ble trɛ fɔ:r.

une chose (f)
quelque chose (m)

Une chose est passée.
Quelque chose s'est passé.

Henri et Sabine ont compris que quelque chose s'était
ɑ̃ri e sabin ɔ̃ kɔ̃pri kə kɛlkə ʃo:z setɛ

passé. Fatima aurait-elle été retrouvée? Sabine est
pase. fatima ɔrɛ -tɛl ete rətruve? sabin ɛ

allée ouvrir. Celui qui avait frappé à la porte était
-tale uvri:r. səlɥi ki avɛ frape a la pɔrt etɛ

Moucha, le fils de la bonne des Bourdier. Il avait
muʃa, lə fis də la bɔn de burdje. il avɛ

avait couru ɔ: était venu très vite

couru si vite qu'il n'a rien pu dire d'abord. Puis
kury si vit kil na rjɛ̃ py di:r dabɔ:r. pɥi

il a dit: « Mossieur Henri, vite! Mam'selle Marie-Anne
il a di: «mɔsjø ɑ̃ri, vit! mamzɛl mari a:n

... Fatima ... vite! » Et il a répété: «Vite! Vite! Vite! »
... fatima ... vit!» e il a repete: «vit! vit! vit!»

Henri, qui sortait de sa chambre à ce moment, n'a
ɑ̃ri, ki sɔrtɛ d sa ʃɑ̃:br a s mɔmɑ̃, na

rien compris, excepté que Fatima devait être retrou-
rjɛ̃ kɔ̃pri, ɛksɛpte k fatima dvɛ -tɛ:trə rətru-

vée, et il a cru qu'il était arrivé quelque chose à
ve, e il a kry kil etɛ -tarive kɛlkə ʃo:z a

Marie-Anne.
mari a:n.

« Qu'est-ce qu'il y a, Moucha? Parle! » a-t-il dit au
«kɛs kil ja, muʃa? parl!» a -til di o

petit garçon. Mais Moucha a seulement pu répéter
pti garsɔ̃. mɛ muʃa a sœlmɑ̃ py repete

ce qu'il avait déjà dit en arrivant: « Mossieur Henri,
s kil avɛ deʒa di ɑ̃ -narivɑ̃: «mɔsjø ɑ̃ri,

vite! Mam'selle Marie-Anne... Fatima... Mossieur
vit! mamzɛl mari a:n ... fatima ... mɔsjø

Henri, venez vite! » Le petit garçon ne savait rien, ex-
ɑ̃ri, vəne vit!» lə pti garsɔ̃ n savɛ rjɛ̃, ɛk-

cepté que Fatima avait été retrouvée. Puis il a dit que
sɛpte k fatima avɛ -tete rətruve. pɥi il a di k

Marie-Anne l'avait envoyé chez Henri, pour lui dire
mari a:n lavɛ -tɑ̃vwaje ʃe ɑ̃ri, pur lɥi di:r

de venir tout de suite. Comme Henri était habillé, il
də vni:r tutsɥit. kɔm ɑ̃ri etɛ -tabije, il

répéter (comme espérer)
a répété
répète, répètent
répétait
répétera

excepté = sauf

croire
a cru
croit

l' ɔ: Moucha

pouvait partir sans attendre un seul instant, et ils ont
puvɛ parti:r sã -zatã:dr œ̃ sœl ɛ̃stã, e il -zɔ̃

tout de suite quitté la maison, tous les trois.
tutsɥit kite la mɛzɔ̃, tu le trwa.

marcher (vite) = aller (vite)

il est sérieux = il ne sourit pas

Henri marchait vite. Il était très sérieux. A côté
ãri marʃɛ vit. il etɛ trɛ serjø. a kote

de lui, Sabine et le petit Moucha, pour marcher aussi
də lɥi, sabin e l pəti muʃa, pur marʃe osi

marcher à pas rapides = faire des pas rapides

vite que lui, devaient marcher à pas beaucoup
vit kə lɥi, dəvɛ marʃe a pa boku

plus rapides ɔ: plus rapides que les pas d'Henri

plus rapides, car leurs jambes n'étaient pas aussi
ply rapid, kar lœr ʒã:b netɛ pa osi

longues que celles du jeune homme. Sabine, qui était
lɔ̃:g kə sɛl dy ʒœn ɔm. sabin, ki etɛ

gros
grosse

assez grosse, soufflait très fort: « Pfff! Pfff! »
-tase gro:s, suflɛ trɛ fɔ:r: «pf! pf!»

(Les grosses personnes soufflent toujours quand elles
[le gro:s pɛrsɔn suflə tuʒu:r kã -tɛl

marchent très vite.) A un autre moment, Henri aurait
marʃ trɛ vit.] a œ̃ -no:trə mɔmã, ãri ɔrɛ

voyait
en voyant

souri en la voyant, mais cette nuit-là, il n'a même
suri ã la vwajã, mɛ sɛt nɥi la, il na mɛ:m

remarquer ɔ: voir

tous les dix pas ɔ: chaque fois qu'elle avait fait dix pas

pas remarqué que Sabine s'arrêtait tous les dix pas,
pa rəmarke k sabin sarɛtɛ tu le di pa,

puis faisait, presque en courant, quelques pas très
pɥi fəzɛ, prɛsk ã kurã, kɛlk pa trɛ

pour le suivre ɔ: pour aller aussi vite que lui

rapides pour le suivre, et que chaque fois elle disait:
rapid pur lə sɥi:vr, e k ʃak fwa ɛl dizɛ:

« Oh! là là! » et puis soufflait encore plus fort qu'avant.
«o! la la!» e pɥi suflɛ ɑ̃kɔːr ply fɔːr kavɑ̃.

Moucha non plus ne parlait pas, mais tandis qu'Henri
muʃa nɔ̃ ply n parlɛ pa, mɛ tɑ̃di kɑ̃ri

tandis que = pendant que

et sa grosse bonne marchaient en silence, Moucha
e sa groːs bɔn marʃɛ ɑ̃ silɑ̃ːs, muʃa

en silence ɔ: sans rien dire

chantait une petite chanson en courant. Et tous les
ʃɑ̃tɛ yn pətit ʃɑ̃sɔ̃ ɑ̃ kurɑ̃. e tu le

dix ou quinze mots, il répétait: «Vite! Vite! » Dix
di -zu kɛ̃ːz mo, il repetɛ: «vit! vit!» di

minutes après être partis de chez Henri, ils sont arrivés
minyt aprɛ -zɛːtrə parti d ʃe ɑ̃ri, il sɔ̃ -tarive

de chez Henri ɔ: de la maison d'Henri

tous les trois chez les Bourdier. Ils ont été reçus par
tu le trwa ʃe le burdje. il -zɔ̃ -tete rsy par

la mère de Marie-Anne, et ont pu savoir ce qui s'était
la mɛːr də mari aːn, e ɔ̃ py savwaːr s ki setɛ

ils ont pu savoir ɔ: il leur a été possible de savoir

passé. Voici ce que leur a raconté Mme Bourdier.
pase. vwasi s kə lœr a rakɔ̃te madam burdje.

Quand Henri les avait quittés, la veille, après avoir
kɑ̃ -tɑ̃ri le -zavɛ kite, la vɛːj, aprɛ -zavwaːr

parlé avec M. Bourdier de la fillette disparue, il
parle avɛk məsjø burdje d la fijɛt dispary, il

était très tard, et Marie-Anne était très fatiguée.
etɛ trɛ taːr, e mari aːn etɛ trɛ fatige.

Elle s'était donc couchée tout de suite, et un quart
ɛl setɛ dɔ̃ kuʃe tutsɥit, e œ̃ kaːr

donc ɔ: parce qu'elle était fatiguée

d'heure plus tard elle dormait.
dœːr ply taːr ɛl dɔrmɛ.

endormie ɔ: qui dormait

Dans le silence de la maison endormie, on n'entendait
dã l silã:s də la mɛzɔ̃ ãdɔrmi, ɔ̃ nãtãdɛ

que le « tic-tac » de la grosse pendule du salon. Tout
kə l «tiktak» də la gro:s pãdyl dy salɔ̃. tu

une pendule

à coup, vers une heure et demie, un grand cri avait
-ta ku, vɛr yn œ:r e dmi, œ̃ grã kri avɛ

réveillé toute la maison. Le cri venait de la chambre
revɛje tut la mɛzɔ̃. lə kri vnɛ d la ʃã:brə

de Marie-Anne. Tous les habitants de la maison étaient
də mari a:n. tu le -zabitã d la mɛzɔ̃ etɛ

parlant, criant, posant ... ɔ: qui parlaient, criaient, posaient ...

arrivés en courant, pour aider Marie-Anne si quelque
-tarive ã kurã, pur ɛde mari a:n si kɛlkə

chose lui était arrivé. Au bout de quelques minutes,
ʃo:z lɥi etɛ -tarive. o bu d kɛlk minyt,

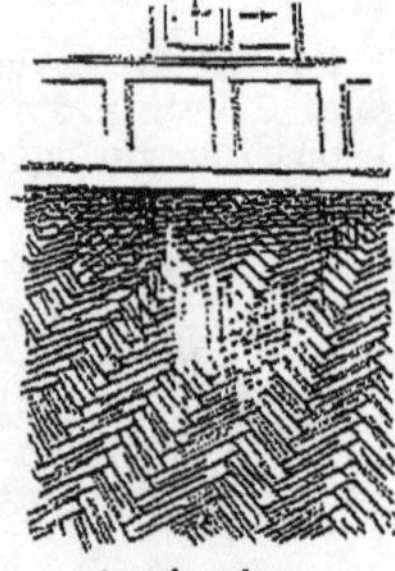

le plancher

la chambre était pleine de monde parlant en même
la ʃã:br etɛ plɛn də mɔ̃:d parlã ã mɛ:m

temps, criant, posant mille questions à Marie-Anne.
tã, kriã, pozã mil kɛstjɔ̃ a mari a:n.

Et devant la fenêtre ouverte, sur le plancher, Fati-
e dvã la fnɛ:tr uvɛrt, syr lə plãʃe, fati-

elle était immobile ɔ: elle ne faisait pas un geste

ma était couchée. Elle était immobile, comme morte.
ma etɛ kuʃe. ɛl etɛ -timɔbil, kɔm mɔrt.

Mais elle n'était pas morte. Elle était seulement
mɛ ɛl netɛ pa mɔrt. ɛl etɛ sœlmã

évanouie. Elle était couchée sur le ventre: on avait donc
evanwi. ɛl etɛ kuʃe syr lə vã:tr: ɔ̃ -navɛ dɔ̃

le ventre

pas vu ses yeux tout de suite. Mais ensuite, on avait
pa vy se -zjø tutsɥit. mɛ ãsɥit, ɔ̃ navɛ

vu qu'ils étaient fermés et qu'elle avait à la main un
vy kil -zetɛ fɛrme e kɛl avɛ -ta la mɛ̃ œ̃

poignard dont la pointe était entrée dans sa jambe
pwaɲa:r dɔ̃ la pwɛ̃:t etɛ -tɑ̃tre dɑ̃ sa ʒɑ̃:b

droite.
drwat.

un poignard

« Heureusement qu'elle ne lui est pas entrée dans le
«œrøzmɑ̃ -kɛl nə lɥi ɛ pa ɑ̃tre dɑ̃ l

heureusement que ɔ: c'est heureux que

ventre! » avait dit Marie-Anne, puis elle avait raconté ce
vɑ̃:tr!» avɛ di mari a:n, pɥi ɛl avɛ rakɔ̃te s

que les autres ne savaient pas encore. Elle avait été
kə le -zo:trə nə savɛ pa -zɑ̃kɔ:r. ɛl avɛ -tete

réveillée par un grand cri, et par le bruit de quelqu'un
reveje par œ̃ grɑ̃ kri, e par lə brɥi d kɛlkœ̃

bruit ⟷ silence

ou de quelque chose qui tombait sur le plancher.
u d kɛlkə ʃo:z ki tɔ̃bɛ syr lə plɑ̃ʃe.

Tandis que toute la maison arrivait en courant, elle avait
tɑ̃di k tut la mɛzɔ̃ arivɛ ɑ̃ kurɑ̃, ɛl avɛ

allumé la lampe qui se trouvait près de son lit. Elle
-talyme la lɑ̃:p ki s truvɛ prɛ d sɔ̃ li. ɛl

une lampe

avait alors vu le corps immobile de Fatima, couché
avɛ -talɔ:r vy l kɔ:r imɔbil də fatima, kuʃe

devant la fenêtre. Elle avait appelé, mais la fillette
dvɑ̃ la fnɛ:tr. ɛl avɛ -taple, mɛ la fijɛt

n'avait pas répondu. Etait-elle morte, ou seulement
navɛ pa repɔ̃dy. etɛ -tɛl mɔrt, u sœlmɑ̃

évanouie? Marie-Anne avait sauté de son lit et était
evanwi? mari a:n avɛ sote d sɔ̃ li e etɛ

sauter = faire un bond

allée en courant auprès de la petite. C'est à ce
-tale ã kurã opre d la ptit. se -ta s

moment que les autres étaient entrés dans sa chambre.
mɔmã kə le -zo:tr ete -tãtre dã sa ʃã:br.

On avait alors décidé d'envoyer Moucha chez Henri,
ɔ̃ -nave -talɔ:r deside dãvwaje muʃa ʃe ãri,

tandis que M. Bourdier aidait sa femme à coucher
tãdi k məsjø burdje ede sa fam a kuʃe

Fatima sur le lit de Marie-Anne et que l'on téléphonait
fatima syr lə li d mari a:n e kə lɔ̃ telefɔne

tout près ɔ: près de leur maison

au docteur. Ce dernier demeurait tout près: il était
o dɔktœ:r. sə dernje dmœre tu pre: il ete

donc arrivé quelques minutes plus tard.
dɔ̃ -karive kelk minyt ply ta:r.

Le corps de la fillette était toujours immobile, son
lə kɔ:r də la fijet ete tuʒu:r imɔbil, sɔ̃

faible ⟷ fort

cœur battait à petits coups si faibles qu'on ne les
kœ:r bate a pti ku si feblə kɔ̃ n le

entendait presque pas. « Comment va-t-elle? » a deman-
-zãtãde presk pa. «kɔmã va -tel?» a dmã-

dé Henri quand il est arrivé et a su qu'il n'était rien
de ãri kã -til e -tarive e a sy kil nete rjɛ̃

arrivé à Marie-Anne. « C'est la pointe seulement qui
-narive a mari a:n. «se la pwɛ̃:t sœlmã ki

est entrée dans la jambe,» lui a répondu le docteur,
e -tãtre dã la ʒã:b,» lɥi a repɔ̃dy l dɔktœ:r,

« dans deux ou trois semaines, elle pourra marcher
«dã dø -zu trwa smen, el pura marʃe

et courir comme avant. Heureusement que c'est la
e kuri:r kɔm avɑ̃. œrøzmɑ̃ k sɛ la

jambe et pas le ventre, car alors ...» Le docteur n'a
ʒɑ̃:b e pa l vɑ̃:tr, kar alɔ:r...» lə dɔktœ:r na

pas fini sa phrase, mais tous ont compris que si le
pa fini sa fra:z, mɛ tus ɔ̃ kɔ̃pri k si l

poignard avait frappé un peu plus haut, Fatima aurait
pwaɲa:r avɛ frape œ̃ pø ply o, fatima ɔrɛ

pu mourir.
py muri:r.

« Mais pourquoi a-t-elle fait cela, pourquoi? » répé-
«mɛ purkwa a . -tɛl fɛ sla, purkwa?» repe-

tait Henri. Personne ne lui a répondu, excepté le
tɛ ɑ̃ri. pɛrsɔn nə lɥi a repɔ̃dy, ɛksɛpte l

père de Marie-Anne, qui a commencé: « Je crois, mon
pɛ:r də mari a:n, ki a kɔmɑ̃se: «ʒə krwa, mɔ̃

cher Monsieur Dupont, que Fatima ...» Mais il s'est
ʃɛ:r məsjø dypɔ̃, kə fatima...» mɛ il sɛ

arrêté avant d'avoir fini sa phrase, car à ce moment,
-tarɛte avɑ̃ davwa:r fini sa fra:z, kar a s mɔmɑ̃,

Fatima a ouvert les yeux.
fatima a uvɛ:r le -zjø.

Tous ceux qui étaient dans la chambre sont venus plus
tu sø ki etɛ dɑ̃ la ʃɑ̃:brə sɔ̃ vny ply

près, mais le docteur leur a dit: « Mes amis, je veux
prɛ, mɛ l dɔktœ:r lœr a di: «me -zami, ʒə vø

bien que Marie-Anne et M. Dupont restent, mais je
bjɛ̃ k mari a:n e məsjø dypɔ̃ rɛst, mɛ ʒ

courir
a couru

-e
-es
-e
-ions
-iez
-ent

(que) je reste
(que) tu restes
(qu') il reste
(que) nous restions
(que) vous restiez
(qu') ils restent

(que) je sorte
(que) tu sortes
(qu') il sorte
(que) nous sortions
(que) vous sortiez
(qu') ils sortent

(que) je raconte
(que) tu racontes
(qu') il raconte
(que) nous racontions
(que) vous racontiez
(qu') ils racontent

quand ils ont été seuls = quand ils sont restés seuls

fatiguer
a fatigué
fatigue

voudrais que tous les autres sortent de la chambre.»
vudrɛ k tu le -zo:trə sɔrt də la ʃã:br.»

Tous ont très bien compris qu'ils étaient déjà res-
tus ɔ̃ trɛ bjɛ̃ kɔ̃pri kil -zetɛ deʒa rɛs-

tés trop longtemps dans la chambre de la petite et sont
te trɔ lɔ̃tã dã la ʃã:brə də la ptit e sɔ̃

sortis rapidement.
sɔrti rapidmã.

Quand ils ont été seuls, Henri a dit au docteur:
kã -til -zɔ̃ -tete sœl, ãri a di o dɔktœ:r:

« Je voudrais que Fatima me raconte où elle a été ces
«ʒə vudrɛ k fatima m rakɔ̃:t u ɛl a ete se

jours-ci. Le permettez-vous, docteur?» Le docteur
ʒu:r si. lə pɛrmɛte vu, dɔktœ:r?» lə dɔktœ:r

a écouté encore une fois le cœur de la petite; il ne
a ekute ãkɔ:r yn fwa l kœ:r də la ptit; il nə

battait plus aussi faiblement qu'avant, et la fillette
batɛ ply -zosi fɛbləmã kavã, e la fijɛt

semblait déjà être plus forte. «Vous pouvez lui poser
sãblɛ deʒa ɛ:trə ply fɔrt. «vu puve lɥi poze

quelques questions,» a dit le médecin à Henri, « mais
kɛlkə kɛstjɔ̃,» a di l medsɛ̃ a ãri, «mɛ

ne la fatiguez pas trop.»
nə la fatige pa tro.»

Le jeune homme a pris la main de Fatima dans la
lə ʒœn ɔm a pri la mɛ̃ d fatima dã la

sienne et lui a demandé avec un sourire: «Veux-tu
sjɛn e lɥi a dmãde avɛk œ̃ suri:r: «vø ty

nous raconter quelque chose, Fatima? Tu sais, nous
nu rakɔ̃te kɛlkə ʃo:z, fatima? ty se, nu

sommes si heureux de t'avoir retrouvée, et nous aime-
sɔm si œrø də tavwa:r rətruve, e nu -zɛmə-

rions bien savoir ce que tu as fait ces jours-ci. Tu
rjɔ̃ bjɛ̃ savwa:r s kə ty a fɛ se ʒu:r si. ty

sais, nous t'avons cherchée partout, mes amis et moi,
se, nu tavɔ̃ ʃɛrʃe partu, me -zami e mwa,

et nous étions très malheureux. »
e nu -zetjɔ̃ trɛ malœrø.»

Fatima a regardé Henri, puis Marie-Anne, mais n'a pas
fatima a rgarde ɑ̃ri, pɥi mari a:n, mɛ na pa

répondu. Les deux jeunes gens ont attendu quelques
repɔ̃dy. le dø ʒœn ʒɑ̃ ɔ̃ -tatɑ̃dy kɛlk

minutes, puis Marie-Anne a dit à la petite: « Ne parle
minyt, pɥi mari a:n a di a la ptit: «nə parl

pas maintenant, Fatima, je te comprends très bien,
pa mɛ̃tnɑ̃, fatima, ʒə tə kɔ̃prɑ̃ trɛ bjɛ̃,

tu sais? Maintenant, tu vas dormir, et puis, demain,
ty se? mɛ̃tnɑ̃, ty va dɔrmi:r, e pɥi, dəmɛ̃,

j'espère que tu iras mieux, et tu nous raconteras alors
ʒɛspɛ:r kə ty ira mjø, e ty nu rakɔ̃tra alɔ:r

ce que tu voudras, rien de plus. C'est bien? » Fatima a
s kə ty vudra, rjɛ̃ d ply. sɛ bjɛ̃?» fatima a

souri faiblement et a dit oui. Henri et Marie-Anne
suri fɛbləmɑ̃ e a di wi. ɑ̃ri e mari a:n

sont alors sortis de la chambre sans faire de bruit.
sɔ̃ -talɔ:r sɔrti d la ʃɑ̃:brə sɑ̃ fɛ:r də brɥi.

espérer
j'espère
tu espères
il espère
nous espérons
vous espérez
ils espèrent

éteindre ←→ allumer

Le docteur leur avait dit d'éteindre toutes les lampes
lə dɔktœːr lœr avɛ di detɛ̃ːdrə tut le lɑ̃ːp

éteindre
a éteint

excepté la plus faible; ils n'avaient donc pas éteint celle-
ɛksɛpte la ply fɛbl; il navɛ dɔ̃ pa etɛ̃ sɛl-

ci, mais l'avaient posée près du lit, sur le plancher.
si, mɛ lavɛ poze prɛ dy li, syr lə plɑ̃ʃe.

Quand ils sont sortis, Henri a appelé Sabine et lui
kɑ̃ -til sɔ̃ sɔrti, ɑ̃ri a aple sabin e lɥi

s'endormir (comme dormir)
s'est endormi
s'endort
s'endormait
s'endormira

se réveiller ←→ s'endormir

a dit que Fatima s'était endormie, et qu'il voulait
a di k fatima setɛ -tɑ̃dɔrmi, e kil vulɛ

qu'elle l'appelle tout de suite si Fatima se réveil-
kɛl lapɛl tutsɥit si fatima s revɛ-

lait ou n'allait pas bien. Sabine est entrée chez sa
jɛ u nalɛ pa bjɛ̃. sabin ɛ -tɑ̃tre ʃe sa

fille sans faire de bruit pour ne pas la réveiller.
fiːj sɑ̃ fɛːr də brɥi pur nə pa la revɛje.

Fatima dormait, comme l'avait dit Henri. Le docteur
fatima dɔrmɛ, kɔm lavɛ di ɑ̃ri. lə dɔktœːr

lui avait fait boire quelque chose, et elle n'avait
lɥi avɛ fɛ bwaːr kɛlkə ʃoːz, e ɛl navɛ

plus mal à la jambe. (Elle avait eu très mal, en sor-
ply mal a la ʒɑ̃ːb. [ɛl avɛ -ty trɛ mal, ɑ̃ sɔr-

elle sort de son évanouissement = elle n'est plus evanouie

tant de son évanouissement.)
tɑ̃ də sɔ̃ -nevanwismɑ̃.]

Henri et Marie-Anne n'ont rien pu savoir les deux
ɑ̃ri e mari aːn nɔ̃ rjɛ̃ py savwaːr le dø

premiers jours. Fatima n'a rien voulu dire, et les
prəmje ʒuːr. fatima na rjɛ̃ vuly diːr, e le

deux jeunes gens n'ont pas voulu aller trop vite.
dø ʒœn ʒɑ̃ nɔ̃ pa vuly ale trɔ vit.

Personne n'a rien su de toute l'affaire, excepté ceux
pɛrsɔn na rjɛ̃ sy də tut lafɛ:r, ɛksɛpte sø

qui étaient dans la maison, cette nuit-là. Les Bour-
ki etɛ dɑ̃ la mɛzɔ̃, sɛt nɥi la. le bur-

dier et Henri ont voulu que cela reste entre eux.
dje e ɑ̃ri ɔ̃ vuly kə sla rɛst ɑ̃:tr ø.

cela ɔ: l'affaire

Leurs voisins, leurs amis même n'en ont rien su.
lœr vwazɛ̃, lœr -zami mɛ:m nɑ̃ -nɔ̃ rjɛ̃ sy.

en ɔ: de l'affaire

Les Bourdier ont fait tout ce que leur a demandé le
le burdje ɔ̃ fɛ tu s kə lœr a dmɑ̃de l

docteur pour aider Fatima, qui allait mieux de
dɔktœ:r pur ɛde fatima, ki alɛ mjø də

jour en jour. Et un soir, vers la fin de la semaine
ʒu:r ɑ̃ ʒu:r. e œ̃ swa:r, vɛr la fɛ̃ d la smɛn

aller mieux de jour en jour = aller un peu mieux chaque jour

(Fatima était partie de chez Henri le lundi), lorsque
[fatima etɛ parti d ʃe ɑ̃ri lə lœ̃di], lɔrskə

Marie-Anne a éteint la lampe et a dit bonne nuit à
mari a:n a etɛ̃ la lɑ̃:p e a di bɔn nɥi a

la fillette, celle-ci l'a appelée d'une voix encore
la fijɛt, sɛlsi la aple dyn vwa ɑ̃kɔ:r

un peu faible. Et quand Marie-Anne lui a demandé ce
œ̃ pø fɛbl. e kɑ̃ mari a:n lɥi a dmɑ̃de s

qu'elle voulait, Fatima lui a dit de s'asseoir à côté
kɛl vulɛ, fatima lɥi a di d saswa:r a kote

d'elle. La jeune fille a fait ce que la fillette lui
dɛl. la ʒœn fi:j a fɛ s kə la fijɛt lɥi

demandait, et Fatima a commencé à lui raconter l'his-
dmɑ̃dɛ, e fatima a kɔmɑ̃se a lɥi rakɔ̃te lis-

toire de ces deux jours.
twa:r də se dø ʒu:r.

Quand Fatima avait dit à Henri qu'elle voulait voir
kɑ̃ fatima avɛ di a ɑ̃ri kɛl vulɛ vwa:r

Marie-Anne, c'est parce qu'elle avait décidé de tuer
mari a:n, sɛ pars kɛl avɛ deside də tɥe

tuer = faire mourir

la jeune fille. Marie-Anne devait mourir! Pourquoi?
la ʒœn fi:j. mari a:n dəvɛ muri:r! purkwa?

Fatima ne le savait presque plus, mais elle aimait
fatima n lə savɛ prɛskə ply, mɛ ɛl ɛmɛ

elle aimait tant Henri que = elle était si amoureuse d'Henri que

tant son Henri qu'elle refusait de le voir amoureux
tɑ̃ sɔ̃ -nɑ̃ri kɛl rəfyzɛ də l vwa:r amurø

d'une autre femme. Elle voulait qu'il reste toujours
dyn o:trə fam. ɛl vulɛ kil rɛst tuʒu:r

avec elle, qu'il ne raconte qu'à elle ses belles his-
avɛk ɛl, kil nə rakɔ̃:t ka ɛl se bɛl -zis-

toires, au bruit de la fontaine du jardin. Depuis
twa:r, o brɥi d la fɔ̃tɛn dy ʒardɛ̃. dəpɥi

qu'il passait ses soirées avec Marie-Anne, Fatima
kil pasɛ se sware avɛk mari a:n, fatima

était très malheureuse. Elle avait donc décidé de tuer
etɛ trɛ malœrø:z. ɛl avɛ dɔ̃ deside də tɥe

« l'autre ». Elle avait trouvé un poignard dans la maison,
«lo:tr». ɛl avɛ truve œ̃ pwaɲa:r dɑ̃ la mɛzɔ̃,

la nuit venue = quand la nuit était venue

et la nuit venue, elle avait quitté la maison.
e la nɥi vny, ɛl avɛ kite la mɛzɔ̃.

Elle avait passé le lendemain et le jour suivant dans
ɛl avɛ pase lə lɑ̃dmɛ̃ e l ʒu:r sɥivɑ̃ dɑ̃

le voisinage de la maison des Bourdier. Une ou deux
l vwazina:ʒ də la mɛzɔ̃ de burdje. yn u dø

fois, elle avait cru qu'on l'avait vue, et elle avait couru
fwa, ɛl avɛ kry kɔ̃ lavɛ vy, e ɛl avɛ kury

pendant dix minutes ou plus pour ne pas être prise.
pɑ̃dɑ̃ di minyt u ply pur nə pa ɛ:trə pri:z.

La nuit, elle avait dormi dans un jardin. Là, per-
la nɥi, ɛl avɛ dɔrmi dɑ̃ -zœ̃ ʒardɛ̃. la, pɛr-

sonne ne l'avait remarquée. La troisième nuit, vers
sɔn nə lavɛ rmarke. la trwazjɛm nɥi, vɛr

une heure, elle avait sauté dans le jardin des Bour-
yn œ:r, ɛl avɛ sote dɑ̃ l ʒardɛ̃ de bur-

dier. (Elle avait remarqué la veille et les autres nuits
dje. [ɛl avɛ rmarke la vɛ:j e le -zo:trə nɥi

qu'à une heure toute la maison dormait.)
ka yn œ:r tut la mɛzɔ̃ dɔrmɛ.]

Au moment où elle se préparait à monter à la fenêtre de
o mɔmɑ̃ u ɛl sə prepare a mɔ̃te a la fnɛ:trə də

Marie-Anne, la pendule avait sonné. Fatima était restée
mari a:n, la pɑ̃dyl avɛ sɔne. fatima etɛ rɛste

immobile pendant très longtemps. Pendant la demi-
imɔbil pɑ̃dɑ̃ trɛ lɔ̃tɑ̃. pɑ̃dɑ̃ la dmi-

heure suivante, elle avait voulu plusieurs fois s'en
œ:r sɥivɑ̃:t, ɛl avɛ vuly plyzjœ:r fwa sɑ̃

aller, courir à la maison, retrouver son bon lit. Mais
-nale, kuri:r a la mɛzɔ̃, rətruve sɔ̃ bɔ̃ li. mɛ

elle s'était dit chaque fois que cela n'était plus possible,
ɛl setɛ di ʃak fwa kə sla netɛ ply pɔsibl,

finir
a fini

elle devait vite finir ce qu'elle avait commencé, et tuer
ɛl dəvɛ vit fini:r sə kɛl avɛ kɔmɑ̃se, e tɥe

cette femme.
sɛt fam.

A une heure et demie, une lampe s'était allumée au
a yn œ:r e dmi, yn lɑ̃:p setɛ -talyme o

deuxième étage, mais s'était éteinte de nouveau un
døzjɛm eta:ʒ, mɛ setɛ -tetɛ̃:t də nuvo œ̃

instant plus tard. Puis, la pendule avait sonné. Fa-
-nɛ̃stɑ̃ ply ta:r. pɥi, la pɑ̃dyl avɛ sɔne. fa-

tima avait attendu encore un peu. La maison était
tima avɛ -tatɑ̃dy ɑ̃kɔ:r œ̃ pø. la mɛzɔ̃ etɛ

bien endormie. Elle était montée rapidement, mais
bjɛ̃ -nɑ̃dɔrmi. ɛl etɛ mɔ̃te rapidmɑ̃, mɛ

sans bruit, jusqu'à la fenêtre de Marie-Anne. Elle
sɑ̃ brɥi, ʒyska la fnɛ:trə də mari a:n. ɛl

était ouverte. Fatima avait appelé faiblement, puis
etɛ -tuvɛrt. fatima avɛ -taple fɛbləmɑ̃, pɥi

avait attendu en silence; mais le corps de la jeune
avɛ -tatɑ̃dy ɑ̃ silɑ̃:s; mɛ l kɔ:r də la ʒœn

fille était resté immobile. Fatima avait cru un instant
fi:j etɛ rɛste imɔbil. fatima avɛ kry œ̃ -nɛ̃stɑ̃

qu'elle l'avait vue sourire, elle avait fait un geste pour
kɛl lavɛ vy suri:r, ɛl avɛ fɛ œ̃ ʒɛst pur

repartir = partir
de nouveau

repartir, mais à la fin elle avait sauté dans la
rəparti:r, mɛ a la fɛ̃ ɛl avɛ sote dɑ̃ la

chambre, le poignard à la main. Elle ne savait pas ce
ʃɑ̃:br, lə pwaɲa:r a la mɛ̃. ɛl nə savɛ pa s

qui s'était passé après cela.
ki setɛ pase aprɛ sla.

Elle était restée évanouie assez longtemps. La pointe
ɛl etɛ rɛste evanwi ase lɔ̃tɑ̃. la pwɛ̃:t

du poignard lui était entrée dans la jambe. Quand on
dy pwaɲa:r lɥi etɛ -tɑ̃tre dɑ̃ sa ʒɑ̃:b. kɑ̃ -tɔ̃

avait trouvé la fillette, Moucha avait été envoyé chez
-navɛ truve la fijɛt, muʃa avɛ -tete ɑ̃vwaje ʃe

sa mère et Henri.
sa mɛ:r e ɑ̃ri.

A leur arrivée chez les Bourdier Henri et Sabine avaient
a lœr arive ʃe le burdje ɑ̃ri e sabin avɛ

cru un instant, comme les autres, que Fatima était
kry œ̃ -nɛ̃stɑ̃, kɔm le -zo:tr, kə fatima etɛ

morte, car elle était tout à fait immobile. Mais le
mɔrt, kar ɛl etɛ tu -ta fɛ imɔbil. mɛ l

docteur, nous le savons, avait dit que ce n'était pas très
dɔktœ:r, nu l savɔ̃, avɛ di kə s netɛ pa trɛ

grave, parce que le poignard n'avait frappé que la
gra:v, pars kə l pwaɲa:r navɛ frape k la

jambe, et on avait décidé que la petite resterait quelque
ʒɑ̃:b, e ɔ̃ -navɛ deside k la ptit rɛstərɛ kɛlk

temps chez les Bourdier.
tɑ̃ ʃe le burdje.

Après avoir écouté cette histoire, Marie-Anne a
aprɛ -zavwa:r ekute sɛt istwa:r, mari a:n a

le poignard à la main ɔ: avec le poignard dans la main

s'évanouir (comme finir) s'est évanoui

grave ɔ: mal

demandé à Fatima: « Et maintenant, Fatima, veux-
dmãde a fatima: «e mɛ̃tnã, fatima, vø

tu toujours me voir mourir? » « Oh, non! » a répondu
ty tuʒuːr mə vwaːr muriːr?» «o, nɔ̃!» a repɔ̃dy

la petite, « je t'aime beaucoup maintenant, parce que
la ptit, «ʒə tɛːm boku mɛ̃tnã, pars kə

tu as été si bonne pour moi! »
ty a ete si bɔn pur mwa!»

C'est ainsi que Marie-Anne et la petite Fatima ont
sɛ -tɛ̃si k mari aːn e la ptit fatima ɔ̃

fini par devenir les meilleures amies du monde. La
fini par dəvniːr le mɛjœːr -zami dy mɔ̃ːd. la

fillette trouvait maintenant que la future femme
fijɛt truvɛ mɛ̃tnã k la fytyːr fam

de son Henri était la meilleure femme du monde. Quand
də sɔ̃ -nãri etɛ la mɛjœːr fam dy mɔ̃ːd. kã

elle a pu recommencer à marcher, elle est restée en-
-tɛl a py rkɔ̀mãse a marʃe, ɛl ɛ reste ã-

core une semaine chez les Bourdier, et c'était un
kɔːr yn səmɛn ʃe le burdje, e setɛ -tœ̃

vrai plaisir de la voir suivre la jeune fille par-
vrɛ plɛziːr də la vwaːr sɥiːvrə la ʒœn fiːj par-

tout où elle allait, dans la maison et dans le jardin.
tu u ɛl alɛ, dã la mɛzɔ̃ e dã l ʒardɛ̃.

Et quand elle se couchait, elle voulait toujours que
e kã -tɛl sə kuʃɛ, ɛl vulɛ tuʒuːr kə

Marie-Anne et Henri restent tous les deux dans sa
mari aːn e ãri rɛst tu le dø dã sa

chambre pendant une demi-heure, et elle écoutait
ʃɑ̃:brə pɑ̃dɑ̃ -tyn dəmiœ:r, e ɛl ekutɛ

comme avant les histoires d'Henri. Parfois, elle regar-
kɔm avɑ̃ le -zistwa:r dɑ̃ri. parfwa, ɛl rəgar-

dait la jeune fille avec un regard très sérieux, sans
dɛ la ʒœn fi:j avɛk œ̃ rga:r trɛ serjø, sɑ̃

sourire. Elle pensait peut-être en ces moments à ce
suri:r. ɛl pɑ̃sɛ pœtɛ:tr ɑ̃ se mɔmɑ̃ a s

qu'elle avait voulu faire.
kɛl avɛ vuly fɛ:r.

Quand Henri et Marie-Anne ont pensé que Fatima allait
kɑ̃ -tɑ̃ri e mari a:n ɔ̃ pɑ̃se k fatima alɛ

tout à fait bien, ils l'ont fait rentrer chez sa mère.
tu -ta fɛ bjɛ̃, il lɔ̃ fɛ rɑ̃tre ʃe sa mɛ:r.

Mais elle a continué à revenir souvent chez Marie-Anne,
mɛ ɛl a kɔ̃tinɥe a rəvni:r suvɑ̃ ʃe mari a:n,

et elle a fini par passer la moitié du temps chez l'une,
e ɛl a fini par pase la mwatje dy tɑ̃ ʃe lyn,

la moitié chez l'autre. Au bout de quelques semaines,
la mwatje ʃe lo:tr. o bu d kɛlk səmɛn,

elle n'a plus su où elle préférait demeurer. Mais c'était
ɛl na ply sy u ɛl prefere dmœre. mɛ setɛ

Henri qui était toujours son grand amour, et quand
-tɑ̃ri ki etɛ tuʒu:r sɔ̃ grɑ̃ -tamu:r, e kɑ̃

il est mort, deux ans plus tard, Fatima a été si
-til ɛ mɔ:r, dø -zɑ̃ ply ta:r, fatima a ete si

gravement malade que sa mère a cru plusieurs fois
gravmɑ̃ malad kə sa mɛ:r a kry plyzjœ:r fwa

grave
gravement

qu'elle allait mourir. Mais elle n'est pas morte.
kɛl alɛ muriːr. mɛ ɛl nɛ pa mɔrt.

Après ce jour-là, elle a donné tout son petit cœur
aprɛ sə ʒuːr la, ɛl a dɔne tu sɔ̃ pti kœːr

à Marie-Anne. Il n'aurait pas été possible à la
a mari aːn. il nɔrɛ pa ete pɔsiblə a la

jeune femme de trouver une meilleure amie.
ʒœn fam də truve yn mɛjœːr ami.

Voilà donc l'histoire de Fatima. Au moment où André
vwala dɔ̃ listwaːr də fatima. o mɔmã u ãdre

finir
a fini
finit

Comaux a fini de la raconter, le vieux Passavant lui a
kɔmo a fini d la rakɔ̃te, lə vjø pasavã lɥi a

finir (comme guérir)
je finis
tu finis
il finit
nous finissons
vous finissez
ils finissent

dit: « Je vois que Fatima a décidé de suivre Marie-
di: «ʒə vwa k fatima a deside d sɥiːvrə mari

Anne partout où elle ira, je crois donc qu'il sera
aːn partu u ɛl ira, ʒə krwa dɔ̃ kil səra

impossible de ne pas la faire venir en France en même
ɛ̃pɔsiblə də n pa la fɛːr vəniːr ã frãːs ã mɛːm

temps que Marie-Anne et ses deux enfants. Qu'en
tã k mari aːn e se dø -zãfã. kã

penses-tu, Arthur? » a-t-il demandé à Doumier. « Mais,
pãːs ty, artyːr?» a -til dəmãde a dumje. «mɛ,

mon cher Passavant! » lui a répondu son ami, « je
mɔ̃ ʃɛːr pasavã!» lɥi a repɔ̃dy sɔ̃ -nami, «ʒə

veux absolument qu'ils viennent à Villebourg tous les
vø absɔlymã kil vjɛn a vilbuːr tu le

recevoir
a reçu
reçoit

quatre! Je serai très content de les recevoir, et
katr! ʒə sre trɛ kɔ̃tã d le rəsəvwaːr, e

puisque la jeune Fatima aimait tant mon fils, elle
pɥisk la ʒœn fatima ɛmɛ tɑ̃ mɔ̃ fis, ɛl

sera comme une fille pour moi. » « Est-ce sérieux, ce
səra kɔm yn fi:j pur mwa.» «ɛs serjø, s

est-ce sérieux? ɔ: vous le voulez vraiment?

que vous dites? » lui a demandé Martial. « Tout à fait
kə vu dit?» lɥi a dmɑ̃de marsjal. «tu -ta fɛ

sérieux, » lui a répondu Doumier.
serjø,» lɥi a repɔ̃dy dumje.

On a donc décidé d'écrire tout de suite à Marie-Anne
ɔ̃ -na dɔ̃ deside dekri:r tutsɥit a mari a:n

écrire
a écrit

pour lui faire savoir la bonne nouvelle. On a envoyé
pur lɥi fɛ:r savwa:r la bɔn nuvɛl. ɔ̃ -na ɑ̃vwaje

la lettre cette nuit même. Et ce n'est que quand la
la lɛtrə sɛt nɥi mɛ:m. e s nɛ kə kɑ̃ la

pendule du salon a sonné deux heures que M. Dou-
pɑ̃dyl dy salɔ̃ a sɔne dø -zœ:r kə məsjø du-

mier a envoyé ses nouveaux amis se coucher.
mje a ɑ̃vwaje se nuvo -zami s kuʃe.

EXERCICE A.

Le jeune Doumier et Sabine ont attendu Fatima toute la nuit, mais elle n'est pas —. Le — matin, elle n'était pas encore rentrée. On a cherché —: dans la maison, dans la ville, en dehors de la ville. On a demandé où était Fatima à toutes les personnes du —. Le jour —, on a cherché de nouveau. Henri a décidé de demander à d'autres amis de l'— à trouver la fillette.

A deux heures, il a entendu dans la rue les pas — de quelqu'un qui allait très vite. Puis, on a frappé plusieurs — rapides à la porte. Dans la nuit calme, ils ont semblé très —. C'était Moucha, qui avait — très vite et ne pouvait presque pas parler. Il — seulement: «Vite! Vite! Vite!» Il ne savait rien, — cela. C'était Marie-Anne qui l'avait — chez Henri. La grosse Sabine — très fort en marchant. Elle ne pouvait presque pas — aussi vite que le jeune homme. Le petit Moucha chantait une petite chanson en —.

On avait trouvé Fatima devant la fenêtre, sur le —. Elle était —, mais elle n'était pas morte. Elle était seulement —. C'est le cri de Fatima qui avait — toute la maison. Marie-Anne avait — de son lit sur le plancher. Ce cri et le — de Fatima qui tombait l'avaient réveillée en même temps que les autres. Elle avait allumé sa — et avait vu Fatima. Le petit — de la fillette était immobile.

MOTS:

un bruit
un corps
un coup
un évanouissement
la fin
une lampe
le lendemain
une pendule
une phrase
le plancher
un poignard
une pointe
un silence
un tic-tac
la veille
un ventre
le voisinage
une voyelle
endormi
faible
fort
grosse
immobile
rapide
sérieux
aider
courir
en courant
il a couru
criant
croire
il a cru
décider
il devait

EXERCICE B.

Pourquoi a-t-on cru que Fatima était morte? ... Qu'a dit le docteur quand il a vu la petite? ... Qu'a-t-il dit quand tout le monde a voulu venir plus près du lit de Fatima? ... Que voulait demander Henri à la fillette? ... Qu'a dit le jeune homme à Sabine quand il est sorti de la chambre où était couchée Fatima? ... Pourquoi Fatima avait-elle décidé de faire mourir la jeune fille? ... Où avait-elle été après avoir quitté sa maison? ... Qu'avait-elle fait la dernière nuit, après qu'elle avait sauté dans le jardin? ... Qu'a-t-elle fait quand Henri est mort? ...

EXERCICE C.

que je reste	**que nous restions**
que tu restes	**que vous restiez**
qu' il reste	**qu' ils restent**

« Je veux que tu —, Jérôme, » dit Doumier. « Bien, » dit Passavant, « si tu veux que je —, je resterai. » « J'aimerais que vous — à dîner, Messieurs, » dit Doumier aux deux amis. Et comme Amélie veut aussi qu'ils — la nuit, Martial et Comaux disent: « Si Amélie veut aussi que nous —, nous n'avons plus rien à dire. » Doumier veut que Passavant — parce qu'il aura peut-être besoin de lui comme docteur.

que je sorte	**que nous sortions**
que tu sortes	**que vous sortiez**
qu' il sorte	**qu' ils sortent**

Le docteur veut que toutes les personnes — de la chambre. «Voulez-vous que nous — aussi?» demande Marie-Anne. « Non, vous, je ne veux pas que vous —, » lui répond le docteur. Mais il aimerait que la mère de Fatima — aussi. « Le docteur veut que tu —, Sabine, » lui dit Henri. « S'il veut que je —, je sortirai, » dit Sabine.

devenir
dormir
écrire
s'endormir
envoyer
éteindre
il a éteint
évanoui
excepté
faire savoir
faire venir
fatiguer
finir
frapper
marcher
parlant
posant
prononcer
recevoir
remarquer
repartir
retrouver
réveiller
se réveiller
sauter
sonner
souffler
suivant
suivre
se trouver
tuer
en voyant
donc
faiblement
partout
rapidement
tant
tandis que
à la fin de
finir par
de jour en jour
en silence
tous les dix pas

je finis **nous finissons**
tu finis **vous finissez**
il finit **ils finissent**

« Pourquoi ne —-tu pas ta soupe? » demande Mme Duclos. « Je ne — pas ma soupe parce que ce n'est pas bon, » répond Yvonne. « Elle ne la — pas parce qu'elle est si petite, » disent ses frères. « Mais nous autres, nous — toujours notre soupe. » « Oh, vous ne — pas toujours tout ce qu'il y a dans vos assiettes. » C'est vrai, ils ne le — pas toujours.

j'espère **nous espérons**
tu espères **vous espérez**
il espère **ils espèrent**

Sabine et Henri — qu'il n'est rien arrivé à Marie-Anne ni à Fatima. Le docteur — que Fatima pourra marcher dans deux ou trois semaines. « Nous — que vous avez raison, docteur, » disent Henri et Marie-Anne. « Et moi, j'— que ma fillette pourra rentrer à la maison avant la fin du mois, » dit Sabine. « Je crois bien que ce que vous — est possible, » lui dit le docteur, et Henri lui dit: « Si tu n'— que cela, tu n'es pas difficile. »

espérer
a espéré **espérait**
espère **espérera**

« Puis-je — que vous viendrez demain? » demande Henri. « Oui, » répond André, qui — que cela sera possible. Jusqu'au mois dernier, le vieux Doumier a — plus d'une fois revoir son fils, un jour. Il l'— même quand tout le monde lui disait qu'Henri était mort. « Tout le reste de ma vie, j'— le revoir, » a-t-il dit.

sourire

a souri	**souriait**
sourit	**sourira**

Passavant — souvent en parlant. Il a — quand il a commencé à parler aux deux amis. Quand la fille de M. Doumier était petite, elle — tout le temps. Son père aimait beaucoup la voir —. Il espère que sa petite-fille Jeanne — aussi, quand elle lui dira: « Bonjour, grand-papa! »

RÉSUMÉ (1)

Voici deux phrases:
« La chambre *est* pleine de personnes *criant, parlant, posant* mille questions. » « Les personnes *entrent en criant, en parlant, en posant* mille questions. »

Dans la dernière phrase, avant les mots « criant », « parlant » et « posant », il y a le petit mot « *en* ». Dans la première phrase, les mots « criant », « parlant », « posant » sont seuls, sans « en ». Dans ces deux phrases, les formes *sans « en »* disent la même chose que les mots: « *qui crient* », « *qui parlent* », « *qui posent* », et les formes *avec « en »* disent la même chose que les mots: « *pendant qu'elles crient* », « *pendant qu'elles parlent* », « *pendant qu'elles posent* ».

Changeons un peu nos deux phrases:
« La chambre *était* pleine de personnes *criant, parlant, posant* mille questions. » « Les personnes *entraient en*

criant, en parlant, en posant mille questions.» Ici, les formes en *-ant sans «en»* disent la même chose que les mots: «*qui criaient*», «*qui parlaient*», «*qui posaient*». Et les formes *avec «en»* disent la même chose que les mots: «*pendant qu'elles criaient*», «*pendant qu'elles parlaient*», «*pendant qu'elles posaient*».

Changeons nos deux phrases encore une fois:
«La chambre *sera* pleine de personnes *criant, parlant, posant* mille questions.» «Les personnes *entreront en criant, en parlant, en posant* mille questions.» Ici, les formes en *-ant sans «en»* disent la même chose que les mots: «*qui crieront*», «*qui parleront*», «*qui poseront*», et les formes *avec «en»* disent la même chose que les mots: «*pendant qu'elles crieront*», «*pendant qu'elles parleront*», «*pendant qu'elles poseront*».

EXERCICE I

Est-ce **-ant** ou **en -ant?**

Jean dit bonjour (entrer) — dans la chambre. Fatima chantait (danser) —. Il y avait, dans le restaurant, beaucoup de monde (parler) —, (boire) — et (manger) —. Moucha marchait à côté de Sabine et d'Henri (répéter) —: «Vite! Vite!» «Je suis tombé (aller) — à la gare,» dit Pierre. «Nous avons rencontré quatre garçons (chanter) — des chansons françaises.» Paul et Louise sont sortis de la maison (crier) — et (danser) —. Les enfants (quitter) — l'école chantaient.

RÉSUMÉ (2)

é ou è

espérer [*espere*]	j'espère [*ʒespɛ:r*]
a espéré [*a espere*]	tu espères [*ty espɛ:r*]
espère [*espɛ:r*]	il espère [*il espɛ:r*]
espérera [*esperra*]	nous espérons [*nu -zesperɔ̃*]
espérait [*espere*]	vous espérez [*vu -zespere*]
(espère!) [*espɛ:r*]	ils espèrent [*il -zespɛ:r*]

Beaucoup de verbes où la dernière *voyelle* [*vwajɛl*] avant *-er* est *é* sont de la même famille que le verbe espérer.

a, ɑ, e, ɛ, ə, i, o, ɔ, u, y, ø, œ, ɑ̃, ɛ̃, ɔ̃, œ̃ sont les voyelles du français.

Dans cette famille de verbes, la lettre *é* est changée en è quand elle est la dernière voyelle que l'on *prononce* [*prɔnɔ̃:s*] dans le verbe. Exemple: répéter, il répète.

prononcer = dire

Mais la lettre *é* n'est pas changée quand elle n'est pas la dernière voyelle que l'on prononce dans le verbe. Exemple: répéter, il répétait.

La lettre *è* est toujours prononcée [*ɛ*].

La lettre *é* est prononcée [*e*], sauf au futur et au conditionnel, où elle est prononcée [*ɛ*].

j'espérerai [*ʒesperre*]	nous espérerons [*nu -zesperrɔ̃*]
tu espéreras [*ty esperra*]	vous espérerez [*vu -zesperre*]
il espérera [*il esperra*]	ils espéreront [*il -zesperrɔ̃*]

Nous connaissons un autre verbe de la famille de *espérer*. C'est le verbe *répéter*. Voici un petit exercice sur ce verbe.

EXERCICE II

Moucha —: «Vite! Vite! » pendant qu'il marche à côté d'Henri. « — ce que tu as dit, je n'ai pas compris, » dit André à sa cousine. « Bien, mais le comprendras-tu, si je le —? » « Peut-être pas, mais j'aimerais que tu le — encore une fois. » Quand on n'a pas compris, ou pas entendu, ce qu'une personne a dit, on veut souvent que cette personne — ce qu'elle a dit.

Comment prononce-t-on les formes: « tu répéteras », « nous répéterons », « ils répéteront », « je répéterai »? *Réponse:* On prononce [*ty* ...], [*nu* ...], [*il* ...], [*ʒə* ...]. Vous pouvez l'écrire vous-même!

LES SOUVENIRS D'AMÉLIE

Il était minuit passé quand André a achevé l'his-
il etɛ minɥi pase kɑ̃ -tɑ̃dre a aʃve lis-

minuit passé ɔ: après minuit

toire de la petite Fatima, et il était deux heures
twa:r də la ptit fatima, e il etɛ dø -zœ:r

achever = finir

quand on est allé se coucher. M. Doumier a très peu
kɑ̃ -tɔ̃ -nɛ -tale s kuʃe. məsjø dumje a trɛ pø

dormi cette nuit-là, même pas une heure. Il a
dɔrmi sɛt nɥi la, mɛ:m pa -zyn œ:r. il a

longtemps songé à tout ce que lui avait raconté An-
lɔ̃tɑ̃ sɔ̃ʒe a tu s kə lɥi avɛ rakɔ̃te ɑ̃-

songer = penser

dré Comaux, et ce n'est que vers la fin de la nuit
dre kɔmo, e s nɛ k vɛr la fɛ̃ d la nɥi

qu'il s'est endormi. Il a été réveillé par le soleil dont
kil sɛ -tɑ̃dɔrmi. il a ete revɛje par lə sɔlɛ:j dɔ̃

les premiers rayons sont entrés par sa fenêtre à six
le prəmje rɛjɔ̃ sɔ̃ -tɑ̃tre par sa fnɛ:tr a si

heures. Le reste de la maison dormait encore.
-zœ:r. lə rɛst də la mɛzɔ̃ dɔrmɛ ɑ̃kɔ:r.

les rayons du soleil

M. Doumier s'est levé et a ouvert la fenêtre. Le
məsjø dumje sɛ lve e a uvɛ:r la fnɛ:tr. lə

ciel était d'une belle couleur bleue, sauf dans la partie
sjɛl etɛ dyn bɛl kulœ:r blø, sof dɑ̃ la parti

Le soleil est dans le ciel.

où le soleil s'était levé un quart d'heure plus tôt. Là,
u l sɔlɛ:j setɛ lve œ̃ ka:r dœ:r ply to. la,

se dépêcher de faire quelque chose = faire quelque chose très vite

se promener = faire une promenade

une pelouse

traverser la pelouse ɔ: aller d'un côté à l'autre de la pelouse

planter = mettre dans la terre

un souvenir
se souvenir

M. Doumier a un beau **souvenir.** Il **se souvient** de ses enfants.

rire ←→ pleurer

une cloche

il était encore rose. «Vite!» s'est dit M. Doumier,
il etɛ -tɑ̃kɔːr roːz. «vit!» sɛ di məsjø dumje,

et il s'est dépêché de se laver et de s'habiller. Il
e il sɛ depɛʃe də s lave e də sabije. il

voulait se promener un peu avant le petit déjeuner.
vulɛ s prɔmne œ̃ pø avɑ̃ l pəti deʒœne.

Il y a derrière la maison une très grande pelouse,
il ja dɛrjɛːr la mɛzɔ̃ yn trɛ grɑ̃ːd pəluːz,

et maintenant, M. Doumier traverse la pelouse pour
e mɛ̃tnɑ̃, məsjø dumje travɛrs la pluːz pur

aller au grand arbre que le grand-père de son grand-
ale o grɑ̃ -tarbrə kə l grɑ̃pɛːr də sɔ̃ grɑ̃-

père a planté en 1810. Et M. Doumier se sou-
pɛːr a plɑ̃te ɑ̃ dizɥi sɑ̃ dis. e məsjø dumje sə su-

vient des jours heureux où ses enfants étaient encore
vjɛ̃ de ʒuːr œrø u se -zɑ̃fɑ̃ etɛ -tɑ̃kɔːr

petits et jouaient si souvent sur cette même pelouse.
pəti e ʒwɛ si suvɑ̃ syr sɛt mɛːm pəluːz.

Il se souvient de leurs cris et de leurs rires gais.
il sə suvjɛ̃ d lœr kri e d lœr riːr ge.

La petite Josette avait un rire si joli! C'était tout
la ptit ʒozɛt avɛ -tœ̃ riːr si ʒɔli! setɛ tu

à fait comme une petite cloche. Elle riait beaucoup,
-ta fɛ kɔm yn pətit klɔʃ. ɛl rijɛ boku,

la petite Josette. M. Doumier se souvient que sa mère
la ptit ʒozɛt. məsjø dumje sə suvjɛ̃ k sa mɛːr

l'appelait son petit rayon de soleil.
laplɛ sɔ̃ pti rɛjɔ̃ d sɔlɛːj.

Cependant, Amélie s'est levée, elle aussi, et est des-
səpãdã, ameli sɛ lve, ɛl osi, e ɛ de-

cendue à la cuisine. Elle dort dans une toute petite
sãdy a la kɥizin. ɛl dɔ:r dã -zyn tut pətit

chambre du deuxième étage, d'où on voit le toit de
ʃã:brə dy døzjɛm eta:ʒ, du ɔ̃ vwa l twa d

la maison. Elle y a un lit, une table, une chaise,
la mɛzɔ̃. ɛl i a œ̃ li, yn tabl, yn ʃɛ:z,

et une armoire. Ce n'est pas beaucoup, mais Amélie
e yn armwa:r. s nɛ pa boku, mɛ ameli

est contente de sa chambre et dit toujours: « Ça
ɛ kɔ̃tã:t də sa ʃã:br e di tuʒu:r: «sa

suffit! Une vieille femme comme moi n'a pas besoin
syfi! yn vjɛ:j fam kɔm mwa na pa bəzwɛ̃

d'autre chose. »
do:trə ʃo:z.»

Qu'y a-t-il dans l'armoire d'Amélie? Personne ne le
kja -til dã larmwa:r dameli? pɛrsɔn nə l

sait, car Amélie ne permet à personne d'entrer dans
se, kar ameli n pɛrmɛ a pɛrsɔn dãtre dã

sa chambre. Quand Henri était petit, il a plusiers fois
sa ʃã:br. kã -tãri etɛ pti, il a plyzjœ:r fwa

essayé de voir ce qu'il y avait dedans, mais il n'est jamais
eseje d vwa:r s kil javɛ dədã, mɛ il nɛ ʒamɛ

arrivé que devant l'armoire, à deux pas de la porte.
-zarive kə dvã larmwa:r, a dø pa d la pɔrt.

Là, les pas d'Amélie qui venait ou un bruit de voix
la, le pa dameli ki vnɛ u œ̃ brɥi d vwa

---

cependant = pendant ce temps

un toit

une armoire

ça suffit = c'est assez

se **souvenir** (comme **venir**)
s'est souvenu
se souvient
se souvenait
se souviendra

rire (comme sou**rire**)
a ri
rit
riait
rira

dedans ɔ: dans l'armoire

une voix
des voix

qui parlaient au premier étage l'ont arrêté chaque fois
ki parlɛ o prəmjɛ -reta:ʒ lɔ̃ -tarɛte ʃak fwa

et l'ont empêché d'ouvrir la porte de l'armoire et de
e lɔ̃ -tɑ̃pɛʃe duvri:r la pɔrt də larmwa:r e d

voir ce qu'il y avait dedans.
vwa:r s kil javɛ dədɑ̃.

intéressant = qui a de l'intérêt

Il n'y a cependant rien de bien intéressant dans la
il nja spɑ̃dɑ̃ rjɛ̃ d bjɛ̃ -nɛ̃teresɑ̃ dɑ̃ la

grande armoire d'Amélie. Il n'y a, à vrai dire, qu'une
grɑ̃:d armwa:r dameli. il nja, a vrɛ di:r, kyn

seule chose intéressante. C'est une boîte. Mais qu'y a-
sœl ʃo:z ɛ̃teresɑ̃:t. sɛ -tyn bwat. mɛ kja

t-il donc dedans? Il y a de vieilles photos: les vieux
-til dɔ̃ dədɑ̃? il ja d vjɛ:j fɔto: le vjø

à la mode de 1910 = comme en 1910

parents d'Amélie, habillés à la mode de dix-neuf cent dix,
parɑ̃ dameli, abije a la mɔd də diznœf sɑ̃ dis,

son frère et sa sœur à l'âge de 15 ans (ils sont
sɔ̃ frɛ:r e sa sœ:r a la:ʒ də kɛ̃:z ɑ̃ [il sɔ̃

il est né = il est venu au monde

morts maintenant), la maison où Amélie est née il y a
mɔ:r mɛ̃tnɑ̃], la mezɔ̃ u ameli ɛ ne il ja

70 ans et où elle a passé les treize premières
swasɑ̃tdi -zɑ̃ e u ɛl a pase le trɛ:z prəmjɛ:r

années de sa vie. Et il y a aussi, dans la boîte d'Amélie,
-zane d sa vi. e il ja osi, dɑ̃ la bwat dameli,

la photo d'un beau jeune homme, habillé lui aussi
la fɔto dœ̃ bo ʒœn ɔm, abije lɥi osi

à la mode de 1910.
a la mɔd də diznœf sɑ̃ dis.

Cette photo, la vieille Amélie ne l'a montrée à per-
set fɔto, la vjɛ:j ameli n la mɔ̃tre a pɛr-

sonne depuis qu'elle habite Villebourg. Mais chaque
sɔn dəpɥi kɛl abit vilbu:r. mɛ ʃak

habiter Villebourg = demeurer à Villebourg

fois qu'elle est seule dans sa chambre, le soir ou le
fwa kɛl ɛ sœl dɑ̃ sa ʃɑ̃:br, lə swa:r u l

dimanche matin, par exemple, elle ouvre la boîte, prend
dimɑ̃:ʃ matɛ̃, par egzɑ̃:pl, ɛl u:vrə la bwat, prɑ̃

les photos, et se met à regarder celle du beau jeune
le fɔto, e s mɛ a rgarde sɛl dy bo ʒœn

se met à regarder = commence à regarder

homme.
ɔm.

Ah! comme elle l'aimait, son Gaston, plus que sa vie,
a! kɔm ɛl lɛmɛ, sɔ̃ gastɔ̃, ply k sa vi,

plus que tout au monde. Lui aussi l'aimait bien. Il
ply k tu o mɔ̃:d. lɥi osi lɛmɛ bjɛ̃. il

avait promis de l'épouser, et elle serait maintenant Mme
avɛ prɔmi d lepuze, e ɛl sərɛ mɛ̃tnɑ̃ madam

épouser = devenir le mari ou la femme de ...

Gaston Poirier, si la guerre de 1914-18
gastɔ̃ pwarje, si la gɛ:r də diznœf sɑ̃ katɔrz a dizɥit

n'était pas venue, et ne les avait pas soudain séparés.
netɛ pa vny, e n le -zavɛ pa sudɛ̃ separe.

séparer ɔ: empêcher de rester ensemble

Deux mois plus tard, il était mort. Il a été tué sur
dø mwa ply ta:r, il etɛ mɔ:r. il a ete tɥe syr

la Marne. Oh, Amélie a beaucoup pleuré, quand son
la marn. o, ameli a boku plœre, kɑ̃ sɔ̃

fiancé est mort. Elle a même essayé de se tuer, mais,
fjɑ̃se ɛ mɔ:r. ɛl a mɛ:m esɛje d sə tɥe, mɛ,

fiancé = jeune homme qui a promis d'épouser une jeune fille

au dernier instant, ses parents et sa sœur l'ont
o dɛrnjɛ -rɛ̃stɑ̃, se parɑ̃ e sa sœːr lɔ̃

empêchée de le faire. Les mois et les années ont
-tɑ̃pɛʃe də l fɛːr. le mwa e le -zane ɔ̃

passé, et maintenant, séparée des amis de sa jeu-
pase, e mɛ̃tnɑ̃, separe de -zami d sa ʒœ-

sa jeunesse ɔ: le temps où elle était jeune

nesse, séparée de tout son passé, Amélie n'est plus
nɛs, separe d tu sɔ̃ pase, ameli nɛ ply

qu'une vieille femme que personne n'a épousée, et
kyn vjɛːj fam kə pɛrsɔn na epuze, e

Gaston Poirier n'est plus qu'un souvenir, un jeune
gastɔ̃ pwarje nɛ ply kœ̃ suvniːr, œ̃ ʒœn

homme habillé à la mode de 1910, oublié de tous,
ɔm abije a la mɔd də diznœf sɑ̃ dis, ublie d tus,

sauf d'Amélie. Et une nouvelle guerre a fait oublier
sof dameli. e yn nuvɛl gɛːr a fɛ ublie

celle qu'Amélie appelle la « vraie » guerre.
sɛl kameli apɛl la «vrɛ» gɛːr.

Le soir où nos amis sont arrivés à Villebourg, elle
lə swaːr u no -zami sɔ̃ -tarive a vilbuːr, ɛl

a regardé la photo de son fiancé plus longtemps en-
a rgarde la fɔto d sɔ̃ fjɑ̃se ply lɔ̃tɑ̃ ɑ̃-

remettre = mettre de nouveau

core que les autres fois, avant de la remettre dans
kɔːr kə le -zoːtrə fwa, avɑ̃ d la rəmɛtrə dɑ̃

mettre
a mis
met

la boîte, car le jeune André Comaux ressemble à Gas-
la bwat, kar lə ʒœn ɑ̃dre komo rəsɑ̃ːbl a gas-

ressembler à = être peu différent de

ton comme un frère. C'est peut-être pour cela qu'elle
tɔ̃ kɔm œ̃ frɛːr. sɛ pœtɛːtrə pur sla kɛl

a décidé de lui donner la plus belle chambre du pre-
a deside də lɥi dɔne la ply bɛl ʃɑ̃:brə dy prə-

mier étage. Elle songe que s'ils avaient eu le temps
mje -reta:ʒ. ɛl sɔ̃:ʒ kə sil -zavɛ -ty l tɑ̃

de se marier, Gaston et elle, ils auraient peut-être
d sə marje, gastɔ̃ e ɛl, il -zɔrɛ pœtɛ:tr

se marier = devenir mari et femme

eu un fils qui aurait ressemblé au jeune Comaux. Elle
y œ̃ fis ki ɔrɛ rsɑ̃ble o ʒœn kɔmo. ɛl

compte alors les années qui sont passées depuis que son
kɔ̃:t alɔ:r le -zane ki sɔ̃ pase dəpɥi k sɔ̃

Amélie compte ɔ: elle dit 1, 2, 3, etc.

fiancé a été tué: s'ils avaient eu un fils, en 1915,
fjɑ̃se a ete tɥe: sil -zavɛ -ty œ̃ fis, ɑ̃ diznœf sɑ̃ kɛ̃:z,

il aurait été plus âgé que le jeune Comaux, il aurait
il ɔrɛ -tete ply -zaʒe kə l ʒœn kɔmo, il ɔrɛ

eu à peu près... (et la vieille bonne compte), oui,
-ty a pø prɛ... [e la vjɛ:j bɔn kɔ̃:t], wi,

à peu près = environ

à peu près 40 ans. Mais ils auraient très bien pu
a pø prɛ karɑ̃:t ɑ̃. mɛ il -zɔrɛ trɛ bjɛ̃ py

avoir un autre fils né en 1920, par exemple.
avwa:r œ̃ -no:trə fis ne ɑ̃ diznœf sɑ̃ vɛ̃, par egzɑ̃:pl.

Il aurait alors eu à peu près l'âge d'André Comaux.
il ɔrɛ -talɔ:r y a pø prɛ la:ʒ dɑ̃dre kɔmo.

Qui sait combien d'enfants ils auraient pu avoir, s'ils
ki se kɔ̃bjɛ̃ dɑ̃fɑ̃ il -zɔrɛ py avwa:r, sil

s'étaient mariés et si la guerre n'était pas venue.
setɛ marje e si la gɛ:r netɛ pa vny.

Amélie ne peut s'empêcher de songer à tout cela,
ameli nə pø sɑ̃pɛʃe d sɔ̃ʒe a tu sla,

ne peut s'empêcher de... = ne peut ne pas...

ce matin, pendant qu'elle va et vient dans les chambres
sə matɛ̃, pɑ̃dɑ̃ kɛl va e vjɛ̃ dɑ̃ le ʃɑ̃:brə

du rez-de-chaussée et dans la cuisine.
dy redʃose e dɑ̃ la kɥizin.

Cependant, le soleil monte toujours plus haut dans
səpɑ̃dɑ̃, lə sɔlɛ:j mɔ̃:t tuʒu:r ply o dɑ̃

le ciel. Tous les oiseaux sont réveillés depuis long-
l sjɛl. tu le -zwazo sɔ̃ revɛje dəpɥi lɔ̃-

temps, dans le jardin de M. Doumier et dans les jar-
tɑ̃, dɑ̃ l ʒardɛ̃ d məsjø dumje e dɑ̃ le ʒar-

dins voisins, et volent au-dessus de lui en chantant.
dɛ̃ vwazɛ̃, e vɔl odsy də lɥi ɑ̃ ʃɑ̃tɑ̃.

Sous le grand arbre, dans l'herbe, les petites fleurs
su l grɑ̃ -tarbr, dɑ̃ lɛrb, le ptit flœ:r

s'ouvrent, réveillées, elles aussi, par les premiers rayons
su:vr, revɛje, ɛl osi, par le prəmje rɛjɔ̃

du soleil.
dy sɔlɛ:j.

M. Doumier se promène dans le jardin, oubliant
məsjø dumje sə prɔmɛn dɑ̃ l ʒardɛ̃, ubliɑ̃

l'heure, souriant de temps en temps à ses souvenirs.
lœ:r, surjɑ̃ də tɑ̃ -zɑ̃ tɑ̃ a se suvni:r.

Il rit à voix basse quand il voit le chat blanc, Matou,
il ri a vwa ba:s kɑ̃ -til vwa l ʃa blɑ̃, matu,

qui saute très haut après de tout petits insectes qui
ki so:t trɛ o aprɛ d tu pti -zɛ̃sɛkt ki

dansent dans un rayon de soleil. Aussitôt qu'il est
dɑ̃:s dɑ̃ -zœ̃ rɛjɔ̃ d sɔlɛ:j. osito kil ɛ

le rez-de-chaussée

toujours plus ɔ: de plus en plus

les jardins voisins ɔ: les jardins des voisins

Les oiseaux volent au-dessus de M. Doumier.

sous ⟷ au-dessus de

se promener
je me promène
tu te promènes
il se promène
nous nous promenons
vous vous promenez
ils se promènent

un insecte

aussitôt que = au même instant que

retombé sur l'herbe, il saute de nouveau comme une
rətɔ̃be syr lɛrb, il so:t də nuvo kɔm yn

grosse balle blanche. De temps en temps, un oiseau
gro:s bal blɑ̃:ʃ. də tɑ̃ -zɑ̃ tɑ̃, œ̃ -nwazo

passe très vite au-dessus de Matou, quand ils ont tous
pa:s trɛ vit odsy d matu, kɑ̃ -til -zɔ̃ tu

les deux vu le même insecte; alors le chat saute encore
le dø vy l mɛ:m ɛ̃sɛkt; alɔ:r lə ʃa so:t ɑ̃kɔ:r

plus haut, essayant d'attraper l'oiseau. Mais celui-ci
ply o, esɛjɑ̃ datrape lwazo. mɛ səlɥisi

attraper = prendre soudain

est trop rapide, et Matou retombe chaque fois sans
ɛ trɔ rapid, e matu rtɔ̃:b ʃak fwa sɑ̃

l'avoir attrapé. Et à vrai dire, ce n'est pas seulement
lavwa:r atrape. e a vrɛ di:r, s nɛ pa sœl-

ment pour cela que saute Matou. Il saute aussi pour
mɑ̃ pur sla kə so:t matu. il so:t osi pur

le plaisir de sauter, de se sentir fort et beau.
lə plezi:r də sote, də sə sɑ̃ti:r fɔ:r e bo.

M. Doumier rit encore plus haut cette fois-ci, puis
məsjø dumje ri ɑ̃kɔ:r ply o sɛt fwa si, pɥi

il appelle le chat: « Matou! » L'animal le regarde et
il apɛl lə ʃa: «matu!» lanimal lə rgard e

vient en courant. « Que tu es beau, Matou! » lui dit
vjɛ̃ ɑ̃ kurɑ̃. «kə ty ɛ bo, matu!» lɥi di

son maître, et le joli animal semble avoir compris,
sɔ̃ mɛ:tr, e l ʒɔli animal sɑ̃:bl avwa:r kɔ̃pri,

car il vient se frotter contre la jambe de M. Dou-
kar il vjɛ̃ sə frɔte kɔ̃:trə la ʒɑ̃:b də məsjø du-

mier. « Alors, tu essayes de voler toi aussi, comme les
mje. «alɔ:r, ty esɛ:j də vɔle twa osi, kɔm le

oiseaux? » lui demande son maître. Le chat ne répond
-zwazo?» lɥi dmɑ̃:d sɔ̃ mɛ:tr. lə ʃa n repɔ̃

pas, mais continue à se frotter tantôt contre une jambe,
pa, mɛ kɔ̃tiny a sə frɔte tɑ̃to kɔ̃:tr yn ʒɑ̃:b,

tantôt contre l'autre jambe de l'homme qui lui parle.
tɑ̃to kɔ̃:trə lo:trə ʒɑ̃:b də lɔm ki lɥi parl.

aperçu = remarqué

apercevoir (comme recevoir)
a aperçu
aperçoit

Puis, tout à coup, comme il a aperçu quelque chose
pɥi, tu -ta ku, kɔm il a apɛrsy kɛlkə ʃo:z

dans l'herbe, il fait un bond et se remet à courir et
dɑ̃ lɛrb, il fɛ œ̃ bɔ̃ e s rəmɛ a kuri:r e

à sauter.
a sote.

une branche

bon
meilleur
le meilleur

bien
mieux
le mieux

Et M. Doumier se remet à marcher. Il va se mettre
e məsjø dumje s rəmɛ a marʃe. il va s mɛtr

encore une fois sous le grand arbre: c'est là, sous les
ɑ̃kɔ:r yn fwa su l grɑ̃ -tarbr: sɛ la, su le

longues branches, qu'il entend le mieux, dans son
lɔ̃:g brɑ̃:ʃ, kil ɑ̃tɑ̃ l mjø, dɑ̃ sɔ̃

souvenir, le rire de la petite Josette. Depuis combien
suvni:r, lə ri:r də la ptit ʒozɛt. dəpɥi kɔ̃bjɛ̃

d'années l'a-t-elle quitté pour aller habiter Paris? M.
dane la -tɛl kite pur ale abite pari? məsjø

Doumier compte rapidement: il y a plus de sept ans
dumje kɔ̃:t rapidmɑ̃: il ja ply d sɛt ɑ̃

qu'il vit séparé de sa fille.
kil vi separe d sa fi:j.

« Elle était si contente, si heureuse, le jour où elle s'est
«ɛl ete si kɔ̃tɑ̃:t, si œrø:z, lə ʒu:r u ɛl sɛ

mariée. Si une jeune fille a épousé un homme par
marje. si yn ʒœn fi:j a epuze œ̃ -nɔm par

amour, c'est Josette! » songe le vieux père. « Et mainte-
amu:r, sɛ ʒozɛt!» sɔ̃:ʒ lə vjø pɛ:r. «e mɛ̃t-

nant, te voilà seule, ma fillette, comme moi. Marie-
nɑ̃, tə vwala sœl, ma fijɛt, kɔm mwa. mari

Anne, la femme de notre Henri, vient habiter Ville-
a:n, la fam də nɔtr ɑ̃ri, vjɛ̃ abite vil-

bourg, mais toi, quand viendras-tu? N'est-ce pas bientôt
bu:r, mɛ twa, kɑ̃ vjɛ̃dra ty? nɛs pa bjɛ̃to

bientôt = dans peu de temps

ton tour de revenir chez ton vieux père? Tu as beau-
tɔ̃ tu:r də rvəni:r ʃe tɔ̃ vjø pɛ:r? ty a bo-

coup d'amis à Paris, dis-tu, mais c'est ici, dans cette
ku dami a pari, di ty, mɛ sɛ -tisi, dɑ̃ sɛt

maison, sous ce toit, que tu es née, tu sais? As-tu vrai-
mɛzɔ̃, su s twa, kə ty ɛ ne, ty se? a ty vrɛ-

ment besoin de toute une grande ville? Ça ne suf-
mɑ̃ bəzwɛ̃ d tut yn grɑ̃:d vil? sa n sy-

fit donc pas à ma fillette, Villebourg, sa vieille maison,
fi dɔ̃ pa a ma fijɛt, vilbu:r, sa vjɛ:j mɛzɔ̃,

et l'amour de son vieux papa? »
e lamu:r də sɔ̃ vjø papa?»

Mais M. Doumier ne veut pas être triste, c'est une
mɛ məsjø dumje n vø pa ɛ:trə trist, sɛ -tyn

trop belle matinée. Il quitte le grand arbre, un rayon
trɔ bɛl matine. il kit lə grɑ̃ -tarbr, œ̃ rɛjɔ̃

Chapitre vingt-neuf (29).

le soleil l'oblige à fermer les yeux ɔ: le soleil l'empêche d'avoir les yeux ouverts

une tête

permettre mettre
a permis a mis
permet met

répéter (comme espérer)
je répète
tu répètes
il répète
nous répétons
vous répétez
ils répètent

servir le café = mettre la cafetière, les tasses, etc. sur la table

il fait beau ɔ: le ciel est bleu

servir
je sers
tu sers
il sert
nous servons
vous servez
ils servent

de soleil frappe sa tête et l'oblige à fermer les yeux
d sɔlɛ:j frap sa tɛ:t e lɔbli:ʒ a fɛrme le -zjø

un instant. « Non, » répète-t-il, « il n'est pas permis
œ̃ -nɛ̃siɑ̃. «nɔ̃,» repɛt -til, «il nɛ pa pɛrmi

d'être triste quand le ciel est si bleu et la matinée
dɛ:trə trist kɑ̃ l sjɛl ɛ si blø e la matine

est si belle! Arthur, rentrons! » Et il traverse la
ɛ si bɛl! arty:r, rɑ̃trɔ̃!» e il travɛrs la

pelouse à pas rapides, se dépêchant de rentrer. Il s'est
plu:z a pa rapid, sə depɛʃɑ̃ d rɑ̃tre. il sɛ

assez promené, il est déjà huit heures passées.
-tase prɔmne, il ɛ deʒa ɥi -tœ:r pase.

« Eh bien, Amélie, ça va bien? » demande-t-il en se
«e bjɛ̃, ameli, sa va bjɛ̃?» dəmɑ̃:d -til ɑ̃ sə

frottant les mains avec plaisir, à l'idée de la ma-
frɔtɑ̃ le mɛ̃ avek plɛzi:r, a lide d la ma-

tinée qu'il passera à montrer la ville aux deux amis.
tine kil pasra a mɔ̃tre la vil o dø -zami.

Mais Amélie n'aime pas répondre aux questions qu'on
mɛ ameli nɛ:m pa repɔ̃:dr o kɛstjɔ̃ kɔ̃

lui pose et elle demande seulement: « Est-ce que je
lɥi po:z e ɛl dəmɑ̃:d sœlmɑ̃: «ɛs kə ʒ

vais servir le café dans la salle à manger ou dans le
vɛ sɛrvi:r lə kafe dɑ̃ la sal a mɑ̃ʒe u dɑ̃ l

jardin? » (Parfois, en été, quand il fait beau, Amélie
ʒardɛ̃?» [parfwa, ɑ̃ -nete, kɑ̃ -til fɛ bo, ameli

sert le petit déjeuner dans le jardin.) « Servez-nous
sɛ:r lə pti deʒœne dɑ̃ l ʒardɛ̃.] «sɛrve nu

le café dans le jardin, Amélie,» répond M. Doumier,
l kafe dã l ʒardɛ̃, ameli,» repɔ̃ məsjø dumje,

car il fait vraiment très beau ce matin: le ciel est tout
kar il fɛ vrɛmɑ̃ trɛ bo s matɛ̃: lə sjɛl ɛ tu

bleu et le soleil brille. Ses rayons sont presque aussi
blø e l sɔlɛ:j bri:j. se rɛjɔ̃ sɔ̃ prɛsk osi

chauds qu'au mois de juillet. M. Doumier se met à
ʃo ko mwa d ʒɥijɛ. məsjø dumje s mɛ a

siffler une petite chanson gaie. Il ne sait pas chanter,
sifle yn pətit ʃɑ̃sɔ̃ ge. il nə se pa ʃɑ̃te,

mais il aime bien siffler les chansons de sa jeunesse.
mɛ il ɛ:m bjɛ̃ sifle le ʃɑ̃sɔ̃ d sa ʒœnɛs.

Il ne siffle pas dans la cuisine, car Amélie n'aime
il nə siflə pa dɑ̃ la kɥizin, kar ameli nɛ:m

pas ça, et elle ne permet pas de siffler dans «sa»
pa sa, e ɛl nə pɛrmɛ pa d sifle dɑ̃ «sa»

cuisine.
kɥizin.

M. Doumier reste donc un moment dans les autres
məsjø dumje rɛst dɔ̃ -kœ̃ mɔmɑ̃ dɑ̃ le -zo:trə

pièces du rez-de-chaussée, puis monte au premier
pjɛs dy redʃose, pɥi mɔ̃:t o prəmjɛ

étage. Là, aussitôt qu'il a fini de siffler sa petite
-reta:ʒ. la, osito kil a fini d sifle sa ptit

chanson, la porte de la chambre de Comaux s'ouvre
ʃɑ̃sɔ̃, la pɔrt də la ʃɑ̃:brə də kɔmo su:vr

et la tête d'André apparaît. «Bonjour, M. Comaux!»
e la tɛ:t dɑ̃dre aparɛ. «bɔ̃ʒu:r, məsjø kɔmo!»

le soleil brille ɔ: on voit les rayons du soleil

Le feu est chaud.

M. Doumier siffle.

la tête d'André apparaît = on voit soudain la tête d'André

lui dit M. Doumier, « vous avez bien dormi? » « Oh,
lɥi di məsjø dumje, «vu -zave bjɛ̃ dɔrmi?» «o,

oui, merci, très bien même. Mais quelle heure est-il
wi, mɛrsi, trɛ bjɛ̃ mɛːm. mɛ kɛl œːr ɛ -til

vous êtes levé = vous vous êtes levé

donc, puisque vous êtes levé? » « Il n'est que huit
dɔ̃, pɥisk vu -zɛt ləve?» «il nɛ kə ɥi

heures et quart, mais il faisait si beau ce matin que
-tœːr e kaːr, mɛ il fəzɛ si bo s matɛ̃ k

je me suis levé un peu plus tôt que les autres matins.
ʒə m sɥi lve œ̃ pø ply to k le -zoːtrə matɛ̃.

Et puis, vous savez, ici à Villebourg nous aimons nous
e pɥi, vu save, isi a vilbuːr nu -zɛmɔ̃ nu

lever assez tôt. » «Vous avez raison. Il fait si beau,
lve ɔse to.» «vu -zave rɛzɔ̃. il fɛ si bo,

ce matin! Le soleil brille et ses rayons sont aussi
sə matɛ̃! lə sɔlɛːj briːj e se rɛjɔ̃ sɔ̃ -tosi

chauds qu'en été. »
ʃo kɑ̃ -nete.»

A ce moment, la porte de la chambre voisine s'ouvre,
a s mɔmɑ̃, la pɔrt də la ʃɑ̃ːbrə vwazin suːvr,

et M. Martial apparaît à son tour. Il est déjà
e məsjø marsjal aparɛ a sɔ̃ tuːr. il ɛ deʒa

habillé. Le jeune Comaux se dépêche donc de rentrer
abije. lə ʒœn kɔmo s depɛːʃ dɔ̃ də rɑ̃trə

dans sa chambre pour se laver et s'habiller à son
dɑ̃ sa ʃɑ̃ːbrə pur sə lave e sabije a sɔ̃

tour. « Bonjour, Monsieur, » dit le vieux M. Doumier,
tuːr. «bɔ̃ʒuːr, məsjø,» di l vjø məsjø dumje,

apparaître (comme connaître)
a apparu
apparaît
apparaissait
apparaîtra

j'apparais
tu apparais
il apparaît
nous apparaissons
vous apparaissez
ils apparaissent

«je voulais vous appeler pour vous dire qu'il fait
«ʒə vulɛ vu -zaple pur vu diːr kil fɛ

vraiment trop beau pour rester couché, mais puisque
vrɛmɑ̃ trɔ bo pur rɛste kuʃe, mɛ pɥisk

vous êtes levé, nous pourrons nous promener un peu
vu -zɛt ləve, nu purɔ̃ nu prɔmne œ̃ pø

avant le petit déjeuner, pendant que notre jeune ami
avɑ̃ l pəti deʒœne, pɑ̃dɑ̃ k nɔtrə ʒœn ami

se promener
s'est promené
se promène
se promenait
se promènera

achève de s'habiller.» «Très bonne idée!» Et tout
aʃɛːv də sabije.» «trɛ bɔn ide!» e tu

en parlant, les deux hommes sortent dans le jardin.
-tɑ̃ parlɑ̃, le dø -zɔm sɔrt dɑ̃ l ʒardɛ̃.

achever (comme promener)
a achevé
achève
achevait
achèvera

Quand M. Martial aperçoit le grand arbre, M. Dou-
kɑ̃ məsjø marsjal apɛrswa l grɑ̃ -tarbr, məsjø du-

mier lui en raconte l'histoire: «C'est le grand-père de
mje lɥi ɑ̃ rakɔ̃ːt listwaːr: «sɛ l grɑ̃pɛːr də

mon grand-père qui l'a planté... Il est beau, n'est-ce
mɔ̃ grɑ̃pɛːr ki la plɑ̃te... il ɛ bo, nɛs

pas? Et vous ne me croirez peut-être pas, mais il
pa? e vu n mə krware pœtɛːtrə pa, mɛ il

est plus beau encore en automne avec ses belles cou-
ɛ ply bo ɑ̃kɔːr ɑ̃ -notɔn avɛk se bɛl ku-

croire
a cru
croit
croyait
croira

leurs, quand l'herbe, sous ses longues branches, est
lœːr, kɑ̃ lɛrb, su se lɔ̃ːg brɑ̃ːʃ, ɛ

entièrement couverte de feuilles mortes. Sa vue
-tɑ̃tjɛrmɑ̃ kuvɛrt də fœːj mɔrt. sa vy

est un plaisir pour les yeux, et si je savais prendre
ɛ -tœ̃ plɛziːr pur le -zjø, e si ʒə savɛ prɑ̃ːdrə

couvrir **ouvrir**
a couvert **a ouvert**
couvre **ouvre**

voir
la vue

On **voit** l'herbe.
La **vue** de l'herbe
est un plaisir.

des photos en couleurs...» «Oui, ce serait beau.
de fɔto ɑ̃ kulœ:r...» «wi, sə srɛ bo.

Demandez à Comaux, il a pris de très belles photos
dəmɑ̃de a kɔmo, il a pri də trɛ bel fɔto

en couleurs à Casa...» M. Martial n'achève pas sa
ɑ̃ kulœ:r a kaza...» məsjø marsjal naʃɛ:v pa sa

phrase, car le chat Matou, à ce même moment, passe
fra:z, kar lə ʃa matu, a s mɛ:m mɔmɑ̃, pa:s

entre ses jambes, courant après quelque petit animal
ɑ̃:trə se ʒɑ̃:b, kurɑ̃ -taprɛ kɛlk pəti -tanimal

un saut
sauter
Le chat fait un saut.
Il **saute** après les oiseaux.

qu'il essaye d'attraper, et M. Martial fait un saut,
kil esɛ:j datrape, e məsjø marsjal fɛ œ̃ so,

par terre ɔ: sur la terre

puis tombe par terre.
pɥi tɔ̃:b par tɛ:r.

André Comaux, qui a aperçu son ami au moment où,
ɑ̃dre kɔmo, ki a apɛrsy sɔ̃ -nami o mɔmɑ̃ u,

comme un gros oiseau, il vole au-dessus du chat, se
kɔm œ̃ gro -zwaso, il vɔl odsy dy ʃa, sə

met à rire très fort et ne peut plus s'arrêter. M. Mar-
mɛ a ri:r trɛ fɔ:r e n pø ply sarɛte. məsjø mar-

tial se relève sans un mot et sans regarder la fenêtre
sjal sə rlɛ:v sɑ̃ -zœ̃ mo e sɑ̃ rgarde la fnɛ:tr

il a envie de rire = il voudrait bien rire

où André continue à rire. A vrai dire, il a envie de
u ɑ̃dre kɔ̃tiny a ri:r. a vrɛ di:r, il a ɑ̃vi d

rire, lui aussi, mais quand il voit que son pantalon
ri:r, lɥi osi, mɛ kɑ̃ -til vwa k sɔ̃ pɑ̃talɔ̃

un pantalon

est tout couvert de terre, il n'a plus envie de rire, car
ɛ tu kuvɛ:r də tɛ:r, il na ply -zɑ̃vi d ri:r, kar

il va être obligé de remonter dans sa chambre pour
il va ɛ:tr ɔbliʒe d rəmɔ̃te dɑ̃ sa ʃɑ̃:brə pur

changer de pantalon. «Vraiment,» se dit-il, «cette
ʃɑ̃ʒe d pɑ̃talɔ̃. «vrɛmɑ̃,» sə di -til, «sɛt

matinée avait si bien commencé, et voilà mon panta-
matine avɛ si bjɛ̃ kɔmɑ̃se, e vwala mɔ̃ pɑ̃ta-

lon tout couvert de terre!»
lɔ̃ tu kuvɛ:r də tɛ:r!»

Mais, en rentrant dans la maison, il s'arrête soudain.
mɛ, ɑ̃ rɑ̃trɑ̃ dɑ̃ la mɛzɔ̃, il sarɛt sudɛ̃.

Il a aperçu Amélie et André dans la salle à manger.
il a apɛrsy ameli e ɑ̃dre dɑ̃ la sal a mɑ̃ʒe.

La vieille bonne demande quelque chose au jeune
la vjɛ:j bɔn dəmɑ̃:d kelkə ʃo:z o ʒœn

homme, et elle le regarde avec un sourire si heureux
ɔm, e ɛl lə rgard avɛk œ̃ suri:r si œrø

que Martial se dépêche de monter, car c'est lui, mainte-
k marsjal sə depɛ:ʃ də mɔ̃te, kar sɛ lɥi, mɛ̃t-

nant, qui a grande envie de rire. «C'est mon tour
nɑ̃, ki a grɑ̃:d ɑ̃vi d ri:r. «sɛ mɔ̃ tu:r

de rire, maintenant, mon petit André!» se dit-il
də ri:r, mɛ̃tnɑ̃, mɔ̃ pti -tɑ̃dre!» sə di -til

en sifflant gaiement. Cinq minutes plus tard, il a
ɑ̃ siflɑ̃ gemɑ̃. sɛ̃ minyt ply ta:r, il a

changé de pantalon et redescend au jardin.
ʃɑ̃ʒe d pɑ̃talɔ̃ e rədesɑ̃ o ʒardɛ̃.

«Ah, mon cher Martial,» lui dit André, «si vous vous
«a, mɔ̃ ʃɛ:r marsjal,» lɥi di ɑ̃dre, «si vu vu

gai
gaie
gaiement

redescendre = descendre de nouveau

descen**dre** (comme atten**dre**)
est descen**du**
descen**d**
descen**dait**
descen**dra**

étiez vu, quand le chat vous a fait tomber! Vous
-zetje vy, kã l ʃa vu -za fɛ tɔ̃be! vu

ressembliez à un gros...» Mais Martial l'arrête:
rsãblie a œ̃ gro...» mɛ marsjal larɛt:

« Mon cher Comaux, si vous aviez vu Amélie vous
«mɔ̃ ʃɛ:r kɔmo, si vu -zavje vy ameli vu

regarder, il y a un moment...» C'est le tour de Comaux
rgarde, il ja œ̃ mɔmã...» sɛ l tu:r də kɔmo

d'arrêter son ami: « Amélie me... Que voulez-vous
darɛte sɔ̃ -nami: «ameli mə... kə vule vu

achever (comme promener)
j'achève
tu achèves
il achève
nous achevons
vous achevez
ils achèvent

dire? » « Ce que je veux dire? Eh, eh! on le voyait à
di:r?» «s kə ʒ vø di:r? e, e! ɔ̃ l vwajɛ a

vingt pas, mon petit!» « Qu'est-ce qu'on voyait?
vɛ̃ pa, mɔ̃ pti!» «kɛs kɔ̃ vwajɛ?

Achevez donc votre pensée! » « Mais qu'elle vous man-
aʃve dɔ̃ vɔtrə pãse!» «mɛ kɛl vu mã-

manger des yeux = regarder avec un très grand intérêt

geait des yeux, voyons!»
ʒɛ de -zjø, vwajɔ̃!»

A ces mots, André reste planté devant son ami, la
a se mo, ãdre rɛst plãte dvã sɔ̃ -nami, la

la bouche ouverte ɔ: avec la bouche ouverte

bouche ouverte, puis il se met à rire. Il rit si gaiement
buʃ uvɛrt, pɥi il sə mɛ a ri:r. il ri si gemã

rire (comme sourire)
je **ris**
tu **ris**
il **rit**
nous **rions**
vous **riez**
ils **rient**

rire
riant

qu'il oblige les deux autres à rire avec lui, et pendant
kil ɔbli:ʒ le dø -zo:tr a ri:r avɛk lɥi, e pãdã

plusieurs minutes ils ne peuvent s'arrêter. André,
plyzjœ:r minyt il nə pœ:v sarɛte. ãdre,

le premier, essaye de parler et dit toujours riant: « Mon
lə prəmje, ɛsɛ:j də parle e di tuʒu:r rijã: «mɔ̃

cher Martial, je sais bien que vous avez une tête, mais
ʃɛːr marsjal, ʒə se bjɛ̃ k vu -zave yn tɛːt, mɛ

je me demande ce qu'il y a dedans. » « Ah, cette
ʒə m dəmɑ̃ːd s kil ja dədɑ̃.» «a, sɛt

jeunesse! » dit alors M. Martial, « elle ne croit à
ʒœnɛs!» di alɔːr məsjø marsjal, «ɛl nə krwa a

rien de ce qu'on lui dit. » « Ce n'est pas tout à fait
rjɛ̃ də s kɔ̃ lɥi di.» «s nɛ pa tu -ta fɛ

juste, Martial, mais je ne crois qu'à ce que j'ai vu moi-
ʒyst, marsjal, mɛ ʒə n krwa ka s kə ʒe vy mwa-

même. » « Le croirez-vous alors, si vous le voyez
mɛːm.» «lə krwarе vu alɔːr, si vu l vwaje

vous-même? » « Oui, je vous l'ai dit, mais ce que
vumɛːm?» «wi, ʒə vu le di, mɛ s kə

vous me racontez est vraiment impossible. » Ici
vu m rakɔ̃te ɛ vrɛmɑ̃ ɛ̃pɔsibl.» isi

M. Doumier dit: « Messieurs, je vois Amélie qui vient
məsjø dumje di: «mesjø, ʒə vwa ameli ki vjɛ̃

nous servir le café. Nous allons voir ce qu'il y a de
nu sɛrviːr lə kafe. nu -zalɔ̃ vwaːr s kil ja də

vrai dans tout cela. Venez! »
vrɛ dɑ̃ tu sla. vəne!»

Les trois hommes vont s'asseoir autour de la table
le trwa -zɔm vɔ̃ saswaːr otuːr də la tablə

blanche du jardin, et Amélie leur sert leur petit
blɑ̃ːʃ dy ʒardɛ̃, e ameli lœr sɛːr lœr pəti

déjeuner. Pendant qu'elle le sert, André la regarde. Et
deʒœne. pɑ̃dɑ̃ kɛl lə sɛːr, ɑ̃dre la rgard. e

jeunesse ɔ: jeunes gens

le ɔ: qu'Amélie vous mangeait des yeux

On sert quelque chose à quelqu'un.

servir
a servi
sert

quand elle est repartie, après avoir servi le café sans
kɑ̃ -tɛl ɛ rparti, aprɛ -zavwa:r sɛrvi l kafe sɑ̃

dire un mot, c'est vraiment au tour de Martial de rire.
di:r œ̃ mo, sɛ vrɛmɑ̃ o tu:r də marsjal də ri:r.

Car, ainsi que le dit le vieux M. Doumier en riant lui
kar, ɛ̃si k lə di l vjø məsjø dumje ɑ̃ rijɑ̃ lɥi

aussi, jamais les yeux de la bonne Amélie n'ont bril-
osi, ʒamɛ le -zjø d la bɔn ameli nɔ̃ bri-

lé comme ils brillaient ce matin, chaque fois qu'elle
je kɔm il brijɛ s matɛ̃, ʃak fwa kɛl

regardait le jeune homme. Elle le regardait comme
rəgardɛ l ʒœn ɔm. ɛl lə rgardɛ kɔm

une vieille mère regarde un fils disparu depuis des
yn vjɛ:j mɛ:r rəgard œ̃ fis dispary dəpɥi de

années et soudain revenu. Et de temps en temps, elle
-zane e sudɛ̃ rəvny. e d tɑ̃ -zɑ̃ tɑ̃, ɛl

devenait même rouge de plaisir.
dəvnɛ mɛ:m ru:ʒ də plezi:r.

« Eh bien, me croirez-vous maintenant? » demande
«e bjɛ̃, mə krware vu mɛ̃tnɑ̃?» dəmɑ̃:d

Martial à André, et le jeune homme, cette fois-ci, ne
marsjal a ɑ̃dre, e l ʒœn ɔm, sɛt fwa si, nə

peut s'empêcher de dire que son ami a raison, car
pø sɑ̃pɛʃe də di:r kə sɔ̃ -nami a rɛzɔ̃, kar

lui ɔ: il

lui ne sait pas pourquoi Amélie le regarde ainsi.
lɥi n se pa purkwa ameli l rəgard ɛ̃si.

Tout en parlant ainsi, les trois hommes ont achevé
tu -tɑ̃ parlɑ̃ ɛ̃si, le trwa -zɔm ɔ̃ -taʃve

leur petit déjeuner. M. Doumier a voulu verser en-
lœr pəti deʒœne. məsjø dumje a vuly verse ã-

core du café à André: « Un tout petit peu, M. Co-
kɔ:r dy kafe a ãdre: «œ̃ tu pti pø, məsjø kɔ-

maux! » Mais ce dernier a refusé: « Non, vraiment,
mo!» mɛ s dɛrnje a rfyze: «nɔ̃, vrɛmã,

merci, Monsieur Doumier. » Et, comme il est près de
mɛrsi, məsjø dumje.» e, kɔm il ɛ prɛ d

neuf heures, on décide de sortir pour voir la ville.
nœ -vœ:r, ɔ̃ desid də sɔrti:r pur vwa:r la vil.

Il fait toujours aussi beau, le soleil est peut-être
il fɛ tuʒu:r osi bo, lə sɔlɛ:j ɛ pœtɛ:trə

même un tout petit peu trop chaud. Les trois hommes
mɛ:m œ̃ tu pti pø tro ʃo. le trwa -zɔm

sont très gais à la vue du ciel bleu, des insectes
sɔ̃ trɛ ge a la vy dy sjɛl blø, de -zɛ̃sɛkt

qui brillent en dansant au soleil, des oiseaux qui volent
ki bri:j ã dãsã o sɔlɛ:j, de -zwazo ki vɔl

ou qui chantent, posés sur une branche ou sur le toit
u ki ʃã:t, poze syr yn brã:ʃ u syr lə twa

de la maison. Des voix et des rires montent déjà des
d la mɛzɔ̃. de vwa e de ri:r mɔ̃:t deʒa de

jardins voisins, des cloches sonnent, Amélie apparaît à la
ʒardɛ̃ vwazɛ̃, de klɔʃ sɔn, ameli aparɛ a la

porte du rez-de-chaussée et dit: « Je servirai le déjeuner
pɔrt dy redʃose e di: «ʒə sɛrvire l deʒœne

à midi et demi! » puis rentre dans la maison. « Nous
a midi e dmi!» pɥi rã:trə dã la mɛzɔ̃. «nu

un tout petit peu = très peu

près de ɔ: presque

sortir
est sorti
sort

n'avons donc que trois heures et demie. Partons, Mes-
navɔ̃ dɔ̃ kə trwa -zœːr e dmi. partɔ̃, me-

sieurs! » dit alors le vieux M. Doumier, et les trois
sjø!» di alɔːr lə vjø məsjø dumje, e le trwa

hommes quittent la maison. Car quand Amélie dit
-zɔm kit la mɛzɔ̃. kar kɑ̃ -tameli di

qu'elle va servir le déjeuner à midi et demi, elle le sert
kɛl va sɛrviːr lə deʒœne a midi e dmi, ɛl lə sɛːr

à midi trente, pas une minute plus tard. Et elle veut
a midi trɑ̃ːt, pa -zyn minyt ply taːr. e ɛl vø

qu'on le mange aussitôt qu'il est sur la table. Il n'est
kɔ̃ l mɑ̃ːʒ osito kil ɛ syr la tabl. il nɛ

en retard
ɔ: trop tard

pas permis d'arriver en retard aux repas, chez M.
pa pɛrmɪ darive ɑ̃ rətaːr o rpa, ʃe məsjø

Doumier.
dumje.

EXERCICE A.

M. Doumier a été réveillé très tôt par les premiers — du soleil. Il est allé ouvrir la fenêtre et a vu que le — était tout bleu. Les — chantaient. Le gros chat jouait dans l'herbe de la —. M. Doumier s'est — de se lever et est allé dans le jardin. Il aimait se placer — le grand arbre. Quand il était là, il entendait dans son souvenir le joli — de sa petite Josette: c'était comme une petite —. Et dans le ciel tout —, les oiseaux volaient en chantant. Le soleil —, il faisait déjà chaud.

Amélie dormait dans la chambre qui était au-— de celle où on avait placé André Comaux. La fenêtre de sa chambre donnait sur le — de la maison. La vieille Amélie avait peu de choses dans sa chambre: une table, une chaise, un lit et une —. Qu'y avait-il —? Le jeune Henri avait plus d'une fois — de le voir. Mais il avait chaque fois été — d'ouvrir l'armoire.

Les photos d'Amélie étaient dans une —. Ses vieux parents étaient habillés à la — de 1910. Il y avait une photo de la maison où Amélie était —, il y a soixante-dix ans. Et il y avait la photo du jeune homme qu'elle n'avait jamais —. Il lui avait promis qu'elle serait sa femme, mais la — était venue. Et Gaston avait été — sur la Marne. Amélie n'avait pas eu d'autre — que Gaston. André Comaux — à Gaston Poirier comme un frère.

EXERCICE B.

A quoi songeait Amélie le soir où est arrivé André, en regardant la photo de Gaston? ... Quel âge aurait eu le fils d'Amélie et de Gaston? ... A quel étage se trouvait la cuisine? ... Que faisait Matou pendant que M. Doumier se promenait? ... Qu'essayait-t-il d'attraper? ... Qu'a fait Matou quand son maître l'a appelé? ... Où Amélie allait-elle servir le petit déjeuner, ce matin? ... Pourquoi Martial est-il obligé de remonter dans sa chambre pour changer de pantalon? ...

MOTS:

une armoire
une boîte
une branche
le ciel
une cloche
une envie
un fiancé
une guerre
un insecte
la jeunesse
un pantalon
le passé
une pelouse
une photo
un rayon
le rez-de-chaussée
un rire
un saut

le soleil
une terminaison
une tête
un toit
un tour
une vue
bleu
chaud
intéressant
voisin
achever
il aperçoit
il a aperçu
il apparaît
arrêter
attraper
briller
changer de
compter
il est couvert
il croira
se dépêcher
empêcher
s'empêcher de
épouser
essayer
se frotter
habiter
se marier
mettre
se mettre à...
il est né
obliger
permis
planter
se promener
redescendre
se relever
se remettre
remonter
ressembler
retomber
riant

EXERCICE C.

bon	**meilleur**	**le meilleur**
bonne	**meilleure**	**la meilleure**
bien	**mieux**	**le mieux**

« Ces pommes ne sont pas —, » dit Amélie. « Non, mais elles sont — que celles de la semaine dernière, » dit Doumier. « Les — fruits de la ville ne sont pas — que ceux de mon jardin, » dit Fournier. « Oui, ils sont vraiment —, » dit Doumier. « Je n'ai jamais mangé une pomme aussi — que celles de votre jardin. »

« C'est une — soupe, Amélie, elle est vraiment — faite! » dit Doumier. « Oui, vous la faites — que ma femme! » dit Fournier. « Oh, non! Mme Fournier fait la — soupe de Villebourg! » dit Amélie. « Oui, mais vous la faites encore —, Amélie. »

« C'est vrai que la soupe d'Amélie, c'est ce qu'elle fait le —, » dit Doumier. « De toutes les — choses que fait Amélie, la soupe est la —. »

dormir	
a dormi	**dormait**
dort	**dormira**

Henri avait mal —, cette nuit-là. Les autres nuits, Henri — un instant après qu'il s'était couché, mais cette nuit-là, il n'avait pas pu —. Il avait pensé à Marie-Anne, se demandant: « Que fait-elle maintenant? —-elle ou pense-t-elle à moi? Qui sait quand je — comme avant? » Il était si amoureux de sa Marie-Anne qu'il ne pouvait pas —.

croire

a cru **croyait**

croit **croira**

Martial ne — pas que son ami était amoureux de sa cousine, et même maintenant, il ne peut presque pas y —. M. Doumier avait — longtemps que son fils vivait encore, mais maintenant, il n'y — plus, il sait qu'Henri est mort. « Marie-Anne me — -t-elle, quand je lui dirai que je veux qu'elle vienne chez moi? » se demande-t-il.

se promener

s'est promené **se promenait**

se promène **se promènera**

Marie-Anne aimait beaucoup se — dans le beau jardin. Elle s'y — tous les jours avec Henri, quand ils étaient fiancés. Maintenant, c'est dans le jardin de Doumier qu'elle se —. Doumier s'est — longtemps dans son jardin, ce matin. Il s'y — très souvent.

je me promène	**nous nous promenons**
tu te promènes	**vous vous promenez**
il se promène	**ils se promènent**

Quand Doumier est triste, sa bonne lui dit: « — -vous donc un peu dans votre jardin! » Alors il s'y — une demi-heure. Souvent, il appelle Matou et lui dit: «Viens, Matou, — -nous un peu ensemble. » Et alors les deux amis se — tous les deux. Quelques amis de Doumier lui ont demandé: « Tu te — avec ton chat, tout seul? » Et Doumier leur a répondu: « Mais oui, je me — avec Matou, pourquoi pas? »

il riait
rire
il rit
séparer
servir
il sert
servez!
il a servi
siffler
songer
sortir
se souvenir
il suffit
traverser
se tuer
voler
au-dessus
aussitôt
bientôt
cependant
dedans
gaiement
le mieux
sous
à la mode
à peu près
à son tour
à vrai dire
avoir envie de
ça suffit
de temps en temps
en retard
huit heures passées
il fait beau
midi trente
minuit passé
il ne sait pas chanter
toujours plus...
tout en... -ant
un tout petit peu

je sers **nous servons**
tu sers **vous servez**
il sert **ils servent**

« Amélie, —-nous le café dans le salon! » dit Doumier. Et un peu plus tard, la vieille bonne leur — le café. « Aujourd'hui, c'est moi qui — le petit déjeuner, » dit souvent Jeanne à sa mère. « Je serai très contente si tu le —, ma petite, » lui répond alors Marie-Anne avec un sourire. Jeanne est petite, mais elle et son frère Arthur — souvent le petit déjeuner, à la maison. Alors, ils se lèvent plus tôt et disent: « Ce matin, nous — le petit déjeuner à maman. »

RÉSUMÉ (1)

Les terminaisons du subjonctif

que **je** parl-**e** que **nous** parl-**ions**
que **tu** parl-**es** que **vous** parl-**iez**
qu' **il** parl-**e** qu' **ils** parl-**ent**

une terminaison
Dans les formes:
(il) mangera
(il) mangeait
(il) mangerait
-ra, -ait et -rait sont les terminaisons.

Nous avons vu qu'à l'imparfait, les *terminaisons* [*tɛrminɛzɔ̃*] sont les mêmes pour tous les verbes et que c'est la même chose au futur et au conditionnel.

Au subjonctif également, les terminaisons sont les mêmes pour tous les verbes. Pour les verbes en *-er*, qui sont la plus grande famille de verbes en français, les trois personnes du singulier et la troisième personne du pluriel du subjonctif sont toujours les mêmes qu'au présent, et la première et la deuxième personne du pluriel du subjonctif sont toujours les mêmes qu'à l'imparfait. Voici un exemple, le verbe *parler:*

présent	imparfait	subjonctif
je **parle**	je parlais	(que) je **parle**
tu **parles**	tu parlais	(que) tu **parles**
il **parle**	il parlait	(qu') il **parle**
nous parlons	nous **parlions**	(que) nous **parlions**
vous parlez	vous **parliez**	(que) vous **parliez**
ils **parlent**	ils parlaient	(qu') ils **parlent**

Mais, répétons-le, c'est seulement au subjonctif des verbes en *-er* que les trois personnes du singulier et la troisième personne du pluriel sont les mêmes qu'au présent. Pour les autres familles de verbes, ces quatre formes du subjonctif sont différentes du présent.

C'est seulement à la première et à la deuxième personne du pluriel que le subjonctif des autres verbes a très souvent les mêmes formes que l'imparfait. Par exemple: nous disions, vous disiez — (que) nous disions, (que) vous disiez; nous prenions, vous preniez — (que) nous prenions, (que) vous preniez; nous venions, vous veniez — (que) nous venions, (que) vous veniez.

EXERCICE I

Le subjonctif des verbes en -er.

Doumier aimerait qu'Amélie frapp— à la porte avant d'entrer. Il lui dit: « Amélie, combien de fois vous ai-je dit que je ne veux pas que vous entr— sans frapper? » « Amélie veut que nous déjeun— à midi et demi, » dit M. Doumier aux deux amis. « Que voulez-vous que je vous apport—, Messieurs? » demande le garçon.

« Nous aimerions que vous nous apport— trois cognacs. » « Jean, j'aimerais que tu cess— de chanter! » « Bien, maman, mais pourquoi ne veux-tu pas que je chant—? » « Je ne veux pas que tu chant— toujours la même chanson. » « Ah, j'aimerais bien que le soleil brill—, aujourd'hui! » dit Marie-Anne. «Veux-tu que nous dans— autour de la fontaine, Fatima? » demande Henri. Marie-Anne appelle ses amis, elle veut qu'ils écout— le chant des oiseaux. « Je veux que vous fum— un de ces cigares, Messieurs, » dit M. Doumier. « Veux-tu que nous t'aid—, maman? » demandent les enfants. « Merci! » dit la mère, qui veut bien que ses enfants l'aid—

RÉSUMÉ (2)

c = [s]	g = [ʒ]
ce	ge
ci	gi
cy	gy

Devant les lettres *e*, *i* et *y*, on prononce la lettre *c* comme [*s*] et la lettre *g* comme [*ʒ*]. Exemples: ceci [*səsi*], cette [*sɛt*], voici [*vwasi*]; manger [*mɑ̃ʒe*], nous songions [*nu sɔ̃ʒiɔ̃*].

c = [k]	g = [g]
ca	ga
co	go
cu	gu

Devant les lettres *a*, *o* et *u*, on prononce la lettre *c* comme [*k*] et la lettre *g* comme [*g*]. Exemples: comme [*kɔm*], cuisine [*kɥizin*], café [*kafe*]; gare [*ga:r*], goûter [*gute*].

ç = [s]	ge = [ʒ]
ça	gea
ço	geo
çu	geu

Devant les lettres *a*, *o* et *u*, on écrit *ç* au lieu de *c* pour prononcer [*s*] et on écrit *ge* au lieu de *g* pour prononcer [*ʒ*]. Exemples: commençons [*kɔmɑ̃sɔ̃*], plaçait [*plasɛ*]; mangeons [*mɑ̃ʒɔ̃*], mangeait [*mɑ̃ʒɛ*].

Les verbes en -cer

Dans les verbes en *-cer,* comme *commencer* ou *placer,* on écrit donc ç au lieu de c dans les formes: commençons, commençais, commençait, commençaient et (en) commençant.

EXERCICE II

Jean a c— à aller à l'école à six ans. Sa sœur c— seulement dans quelques mois. « Je c— à avoir faim quand nous nous sommes assis à table, » dit Jean. «Voilà, Messieurs! » a dit Amélie en pl— la soupe sur la table. « Je serais content si vous c—, M. Martial, » dit M. Doumier. « Pl— -nous ici! » dit M. Passavant. « Et vous, M. Comaux, pl— -vous là! »

Les verbes en -ger

Dans les verbes en *-ger,* comme *manger, songer* ou *obliger,* on écrit *ge* au lieu de *g* dans les formes: mangeons, mangeais, mangeait, mangeaient et (en) mangeant.

EXERCICE III

« A quelle heure m— -vous, ce soir? » « Nous m— à huit heures. » « A quoi s— -tu, quand tu as rencontré André? » « Je s— à mon bonheur. » On ne peut pas parler en m—. « Si elle m'obl— à rester, je serais très content. » « Pierre dit que maintenant, rien ne vous obl— à partir. » « Nous s— à quitter Paris demain. » Quand les deux garçons étaient petits, ils m— très vite. Maintenant, ils m— beaucoup moins vite.

La famille de rire

C'est une très petite famille. Elle a seulement deux verbes: sourire et rire.

rire, a ri, rit, riait [*rijɛ*], rira,
je ris, tu ris, il rit, nous rions [*rijɔ̃*], vous riez [*rije*], ils rient.

sourire, a souri, sourit, souriait [*surjɛ*], sourira,
je souris, tu souris, il sourit, nous sourions [*surjɔ̃*], vous souriez [*surje*], ils sourient.

EXERCICE IV

La fille de M. Doumier r— souvent, quand elle était petite, et elle s— presque tout le temps. Si on lui demandait: « Pourquoi s—-tu? » elle répondait: « Je ne sais pas pourquoi je s—. » Quand Marie-Anne a salué Henri, elle lui a s—, comme on s— quand on est heureux. Henri aurait aimé la voir s— toute sa vie. « Je crois que les gens vont r— en me voyant, » dit Amélie. « Mais non, personne ne r—, Amélie, » lui dit M. Doumier.

DÉPART DE CASABLANCA

Maintenant, nous laisserons M. Doumier et ses deux
mɛ̃tnɑ̃, nu lɛsrɔ̃ məsjø dumje e se dø

amis se promener dans les rues de Villebourg, et nous
-zami s prɔmne dɑ̃ le ry d vilbu:r, e nu

allons voir ce qui arrive à Casablanca, dans la mai-
-zalɔ̃ vwa:r sə ki ari:v a kazablɑ̃ka, dɑ̃ la mɛ-

son des Bourdier.
zɔ̃ de burdje.

La veille, lorsque M. Doumier a envoyé la lettre à
la vɛ:j, lɔrskə məsjø dumje a ɑ̃vwaje la lɛtr a

Marie-Anne, il lui a envoyé en même temps un télé-
mari a:n, il lɥi a ɑ̃vwaje ɑ̃ mɛ:m tɑ̃ œ̃ tele-

gramme: « Elle n'aura la lettre que dans deux jours,
gram: «ɛl nɔra la lɛtrə kə dɑ̃ dø ʒu:r,

elle aura le télégramme demain matin,» a-t-il dit.
ɛl ɔra l telegram dəmɛ̃ matɛ̃,» a -til di.

Voici ce que disait ce télégramme: «VENEZ A VILLE-
vwasi s kə dizɛ s telegram: «vəne a vil-

BOURG AUSSITOT QUE VOUS POURREZ QUITTER
bu:r osito kə vu pure kite

CASABLANCA AVEC LES ENFANTS ET FATIMA.
kazablɑ̃ka avɛk le -zɑ̃fɑ̃ e fatima.

VOTRE BEAU-PÈRE ARTHUR DOUMIER.»
vɔtrə bopɛ:r arty:r dumje.»

laisser ⟷ empêcher

un télégramme

beau-père = père du mari ou de la femme

décrire la joie ɔ: raconter comment était la joie

éprouver ɔ: sentir

enfin ɔ: après que je l'ai longtemps attendu

voir
(que) je voie
(que) tu voies
(qu') il voie
(qu') ils voient

(qu') ils viennent
(qu') ils deviennent

ajouter ɔ: dire encore quelque chose

Comme le pensait M. Doumier, la jeune femme a
kɔm lə pɑ̃sɛ məsjø dumje, la ʒœn fam a

reçu son télégramme le lendemain matin, vers dix
rsy sɔ̃ telegram lə lɑ̃dmɛ̃ matɛ̃, vɛr di

heures. Il est impossible de décrire la joie qu'elle a
-zœ:r. il ɛ -tɛ̃pɔsiblə də dekri:r la ʒwa kɛl a

éprouvée. Elle a couru montrer le télégramme à sa
epruve. ɛl a kury mɔ̃tre l telegram a sa

mère: « Maman, maman, le télégramme que j'attendais
mɛ:r: «mɑ̃mɑ̃, mɑ̃mɑ̃, lə telegram kə ʒatɑ̃dɛ

depuis si longtemps est enfin arrivé! » « Je pensais
dəpɥi si lɔ̃tɑ̃ ɛ -tɑ̃fɛ̃ arive!» «ʒə pɑ̃sɛ

bien qu'il arriverait un jour ou l'autre, » lui a dit sa
bjɛ̃ kil arivrɛ œ̃ ʒu:r u lo:tr,» lɥi a di sa

mère, puis, avec un sourire un peu triste, elle lui a
mɛ:r, pɥi, avɛk œ̃ suri:r œ̃ pø trist, ɛl lɥi a

demandé: « Tu es heureuse, ma fillette? » (Pour elle,
dmɑ̃de: «ty ɛ -zœrø:z, ma fijɛt?» [pur ɛl,

Marie-Anne était toujours une fillette.) « Oh, oui,
mari a:n etɛ tuʒu:r yn fijɛt.] «o, wi,

maman! Je voudrais tant que les enfants d'Henri
mɑ̃mɑ̃! ʒə vudrɛ tɑ̃ k le -zɑ̃fɑ̃ dɑ̃ri

voient le pays de leur père et qu'ils deviennent de vrais
vwa l peji d lœr pɛ:r e kil dəvjɛn də vrɛ

petits Français de France. » Puis, quand elle a vu le
pti frɑ̃sɛ d frɑ̃:s.» pɥi, kɑ̃ -tɛl a vy l

regard triste de sa mère, elle a ajouté en souriant:
rəga:r trist də sa mɛ:r, ɛl a aʒute ɑ̃ surjɑ̃

« Tu sais bien, maman, que je vous aime beaucoup,
«ty se bjɛ̃, mãmã, kə ʒ vu -zɛ:m boku,

papa et toi, et que si j'étais seule, je ne vous quitterais
papa et twa, e k si ʒetɛ sœl, ʒə n vu kitrɛ

pas. Mais je dois penser aux enfants. Vous ne devez
pa. mɛ ʒ dwa pãse o -zãfã. vu n dəve

devoir	recevoir
a dû	a reçu
doit	**reçoit**

pas être tristes, papa et toi. » « Tu as raison, ma petite.
pa ɛ:trə trist, papa e twa.» «ty a rɛzɔ̃, ma ptit.

Tu ne dois pas penser à nous. Un jour ou l'autre, on
ty n dwa pa pãse a nu. œ̃ ʒu:r u lo:tr, ɔ̃

je dois
tu dois
il doit
nous devons
vous devez
ils doivent

doit bien se séparer de ses enfants. Lorsqu'un jour
dwa bjɛ̃ sə separe d se -zãfã. lɔrskœ̃ ʒu:r

ils sont devenus grands, on doit leur dire adieu. »
il sɔ̃ dəvny grã, ɔ̃ dwa lœr di:r adjø.»

adieu ɔ: au revoir

Elle a souri encore une fois à sa fille, puis a dit: « Et
ɛl a suri ãkɔ:r yn fwa a sa fi:j, pɥi a di: «e

maintenant, nous devons penser à ton départ! Ça
mɛ̃tnã, nu dvɔ̃ pãse a tɔ̃ depa:r! sa

le départ ⟷ l'arrivée

prendra plus de temps que pour les petits voyages que
prãdra ply d tã kə pur le pti vwaja:ʒ kə

tu as faits jusqu'ici. » « Oui, maman, et merci d'être
ty a fɛ ʒyskisi.» «wi, mãmã, e mɛrsi dɛ:trə

merci d'être ɔ: je te remercie parce que tu es

si bonne! Je vais appeler les enfants, ils doivent
si bɔn! ʒə vɛ aple le -zãfã, il dwa:v

raconter la grande nouvelle à tous leurs petits amis. »
rakɔ̃te la grã:d nuvɛl a tu lœr pəti -zami.»

« Mais vous ne pourrez pas partir avant la semaine
«mɛ vu n pure pa parti:r avã la smɛn

prochaine! » lui a dit sa mère en riant. « Ils auront
prɔʃɛn!» lɥi a di sa mɛːr ã rijã. «il -zɔrɔ̃

le temps de dire adieu à leurs petits amis dimanche,
l tã də diːr adjø a lœr pəti -zami dimaːʃ,

ils n'auront pas trop d'une semaine = une semaine ne sera pas trop pour eux

par exemple. » « Oh, maman, tu ne sais pas combien
par egzãːpl.» «o, mãmã, ty n se pa kɔ̃bjɛ̃

de temps ça prend, toutes ces petites choses! Ils n'auront
d tã sa prã, tut se ptit ʃoːz! il nɔrɔ̃

je t'assure ɔ: tu peux être sûre

pas trop d'une semaine, je t'assure. » Et Marie-Anne,
pa tro dyn səmɛn, ʒə tasyːr.» e mari aːn,

en riant elle aussi, a appelé ses deux enfants. Comme
ã rijã ɛl osi, a aple se dø -zãfã. kɔm

c'était jeudi, ils n'étaient pas à l'école.
setɛ ʒødi, il netɛ pa a lekɔl.

recevoir (comme **devoir**)
je reçois
tu reçois
il reçoit
nous recevons
vous recevez
ils reçoivent

Quand Arthur et Jeanne reçoivent la grande nouvelle,
kã -tartyːr e ʒaːn rəswaːv la grãːd nuvɛl,

ils font de grands sauts de joie. Puis ils demandent
il fɔ̃ d grã so d ʒwa. pɥi il dəmãːd

quand on va partir. « La semaine prochaine, » leur dit
kã -tɔ̃ va partiːr. «la smɛn prɔʃɛn,» lœr di

leur mère. « Oh, alors, je dois vite aller le ra-
lœr mɛːr. «o, alɔːr, ʒə dwa vit ale l ra-

conter à Micheline! » dit Jeanne, et Arthur ajoute:
kɔ̃te a miʃlin!» di ʒaːn, e artyːr aʒut:

courir
a couru
court

« Et moi, je vais le raconter à Georges! » et il court
«e mwa, ʒə vɛ l rakɔ̃te a ʒɔrʒ!» e il kuːr

annoncer ɔ: faire savoir

avec sa sœur annoncer la nouvelle à leurs amis.
avɛk sa sœːr anɔ̃se la nuvɛl a lœr -zami.

Le père de Marie-Anne, qui entre en ce même moment,
lə pɛ:r də mari a:n, ki ã:tr ã s mɛ:m mɔmã,

est près de tomber quand ils passent presque entre
ɛ prɛ d tɔ̃be kã -til pa:s prɛsk ã:trə

ses jambes. « Oh là! Oh là! Où allez-vous donc? Vous
se ʒã:b. «o la! o la! u ale vu dɔ̃? vu

m'avez presque fait tomber, jeunes gens! » leur dit-
mave prɛsk fɛ tɔ̃be, ʒœn ʒã!» lœr di

il en riant. Puis il demande à sa femme et à sa fille
-til ã rijã. pɥi il dəmã:d a sa fam e a sa fi:j

s'il est arrivé quelque chose, car elles ont l'air
sil ɛ -tarive kɛlkə ʃo:z, kar ɛl -zɔ̃ lɛ:r

très étrange. C'est sa femme qui parle la première:
trɛ -zetrã:ʒ. sɛ sa fam ki parl la prəmjɛ:r:

« Marie-Anne nous quitte, mon ami, » lui dit-elle, « elle
«mari a:n nu kit, mɔ̃ -nami,» lɥi di -tɛl, «ɛl

vient de recevoir un télégramme de son beau-père
vjɛ̃ d rəsvwa:r œ̃ telegram də sɔ̃ bopɛ:r

qui lui demande de venir en France. » « Ah, enfin! »
ki lɥi dmã:d də vnir ã frã:s.» «a, ãfɛ̃!»

« Pourquoi dis-tu enfin, papa? Tu ne veux plus de
«purkwa di ty ãfɛ̃, papa? ty n vø ply d

moi? » « Si, si! Je dis seulement enfin, parce que je sais
mwa?» «si, si! ʒə di sœlmã ãfɛ̃, parskə ʒə se

que le télégramme que tu viens de recevoir, tu l'at-
kə l telegram kə ty vjɛ̃ d rəsvwa:r, ty la-

tendais avec grande impatience; tu disais chaque jour:
tãdɛ avɛk grã:d ɛ̃pasjã:s; ty dizɛ ʃak ʒu:r:

avoir l'air = sembler

elle vient de recevoir ɔ: elle a reçu il y a un instant

tu ne veux plus de moi ɔ: tu ne m'aimes plus

« N'arrivera-t-il donc jamais? André et M. Martial
«narivra -til dɔ̃ ʒamɛ? ɑ̃dre e məsjø marsjal

ne trouveront-ils donc jamais le père d'Henri? Je ne
nə truvrɔ̃ -til dɔ̃ ʒamɛ l pɛ:r dɑ̃ri? ʒə n

peux plus attendre! » Tu étais si impatiente! » « Oui,
pø ply -zatɑ̃:dr!» ty etɛ si ɛ̃pasjɑ̃:t!» «wi,

c'est vrai, j'étais très impatiente, le temps me
sɛ vrɛ, ʒetɛ trɛ -zɛ̃pasjɑ̃:t, lə tɑ̃ m

semblait si long. Et maintenant, je suis heureuse,
sɑ̃blɛ si lɔ̃. e mɛ̃tnɑ̃, ʒə sɥi -zœrø:z,

j'ai peur ɔ: je suis très nerveuse

il est vrai, mais tu sais, j'ai aussi un peu peur,
il ɛ vrɛ, mɛ ty se, ʒe osi œ̃ pø pœ:r,

car il me semble tout à coup que c'est un si long
kar il mə sɑ̃:blə tu -ta ku kə sɛ -tœ̃ si lɔ̃

Villebourg est loin de Casablanca ɔ: le voyage de Villebourg à Casablanca est long

voyage, et que Villebourg est si loin de Casablanca.
vwaja:ʒ, e kə vilbu:r ɛ si lwɛ̃ d kazablɑ̃ka.

Et puis, je pense que je ne connais personne, là-
e pɥi, ʒə pɑ̃:s kə ʒə n kɔnɛ pɛrsɔn, la-

là-bas ɔ: à Villebourg

bas, sauf mon beau-père, mais je ne l'ai jamais vu
ba, sof mɔ̃ bopɛ:r, mɛ ʒə n le ʒamɛ vy

non plus. » « Tu as peur d'être trop seule? Je te com-
nɔ̃ ply.» «ty a pœ:r dɛ:trə tro sœl? ʒə tə kɔ̃-

prends, » dit son père, « mais je crois que tu trouve-
prɑ̃,» di sɔ̃ pɛ:r, «mɛ ʒə krwa k ty truv-

ras vite des amis, et puis, tu as les enfants, ils
ra vit de -zami, e pɥi, ty a le -zɑ̃fɑ̃, il

prendront sûrement presque tout ton temps. » « Tu as
prɑ̃drɔ̃ syrmɑ̃ prɛsk tu tɔ̃ tɑ̃.» «ty a

raison, papa, je ferais mieux de penser à mon voyage.
rezɔ̃, papa, ʒə frɛ mjø d pɑ̃se a mɔ̃ vwaja:ʒ.

Mais je ne sais pas très bien par quoi commencer.»
mɛ ʒə n se pa trɛ bjɛ̃ par kwa kɔmɑ̃se.»

«Il est vrai que c'est le premier grand voyage que
«il ɛ vrɛ k sɛ l prəmje grɑ̃ vwaja:ʒ kə

tu fais,» lui dit son père en souriant, puis il ajoute:
ty fɛ,» lɥi di sɔ̃ pɛ:r ɑ̃ surjɑ̃, pɥi il aʒut:

«Mais je vais t'aider, voyons! Pense seulement à faire
«mɛ ʒ vɛ tɛde, vwajɔ̃! pɑ̃:s sœlmɑ̃ a fɛ:r

tes valises avec ta mère, je vais m'occuper de tout
te vali:z avɛk ta mɛ:r, ʒə vɛ mɔkype d tu

le reste.» En disant cela, il part en ville.
l rɛst.» ɑ̃ dizɑ̃ sla, il pa:r ɑ̃ vil.

Pendant que M. Bourdier s'occupe des billets, de l'ar-
pɑ̃dɑ̃ k məsjø burdje sɔkyp de bijɛ, də lar-

gent et des autres choses nécessaires, Marie-Anne
ʒɑ̃ e de -zo:trə ʃo:z nesesɛ:r, mari a:n

et sa mère commencent à discuter la question des
e sa mɛ:r kɔmɑ̃:s a diskyte la kɛstjɔ̃ de

valises, ou des malles, car même de grandes valises
vali:z, u de mal, kar mɛ:m də grɑ̃:d vali:z

seraient trop petites pour un si long voyage. «La
sərɛ trɔ ptit pur œ̃ si lɔ̃ vwaja:ʒ. «la

première chose à faire,» dit Mme Bourdier, «c'est
prəmjɛ:r ʃo:z a fɛ:r,» di madam burdje, «sɛ

de décider ce que vous devez emporter avec vous et
də deside s kə vu dve ɑ̃pɔrte avɛk vu e

par quoi commencer ɔ: par quoi je dois commencer

voyons! ɔ: bien entendu, comment peux-tu penser autre chose?

faire ses valises ɔ: préparer ses valises pour un voyage

s'occuper des billets et des autres choses ɔ: prendre les billets et penser aux autres choses

des billets

discuter ɔ: parler de

emporter ɔ: prendre

laisser ⟷ emporter

ce que vous pouvez laisser à Casablanca. Pour commen-
s kə vu puve lɛse a kazablãka. pur kɔmã-

cer, nous devons demander à Kabila de nous faire ap-
se, nu dvɔ̃ dmãde a kabila d nu fɛ:r a-

porter les deux malles noires. Nous devons voir si
pɔrte le dø mal nwa:r. nu dvɔ̃ vwa:r si

elles sont assez grandes, car tu as beaucoup de robes,
ɛl sɔ̃ -tase grã:d, kar ty a boku d rɔb,

ma petite. »
ma ptit.»

une robe

On ouvre ensuite toutes les armoires, et on met dans
ɔ̃ -nu:vr ãsɥit tut le -zarmwa:r, e ɔ̃ mɛ dã

la plus grande les robes et les autres vêtements de
la ply grã:d le rɔb e le -zo:trə vɛtmã d

Marie-Anne et des enfants qu'il sera nécessaire d'em-
mari a:n e de -zãfã kil səra nesɛsɛ:r dã-

porter. Marie-Anne a tant de robes que l'on est obligé
pɔrte. mari a:n a tã d rɔb kə lɔ̃ -nɛ -tɔbliʒe

de laisser plus de la moitié dans les autres armoires.
d lɛse ply d la mwatje dã le -zo:trə -zarmwa:r.

« Ça ne fait rien, » dit Marie-Anne, « on ne peut tout
«sa n fɛ rjɛ̃,» di mari a:n, «ɔ̃ n pø tu

Il l'emporte avec lui.
Elle l'emporte avec elle.
On l'emporte avec soi.

emporter avec soi, et je ne veux avoir que ces deux
-tãpɔrte avɛk swa, e ʒə n vø -zavwa:r kə se dø

malles et une petite valise, cette fois-ci. »
mal e yn pətit vali:z, sɛt fwa si.»

Le reste de la matinée et l'après-midi se passent à
lə rɛst də la matine e laprɛmidi s pa:s a

discuter ces questions. Deux ou trois fois, Marie-
diskyte se kɛstjɔ̃. dø -zu trwa fwa, mari

Anne s'arrête pour relire le télégramme. C'est donc
a:n sarɛt pur rəli:r lə telegram. sɛ dɔ̃

vrai, elle ira en France!
vrɛ, ɛl ira ã frã:s!

M. Bourdier rentre vers cinq heures. Dès qu'il est
məsjø burdje rã:trə vɛr sɛ̃ -kœ:r. dɛ kil ɛ

dès que = aussitôt que

entré, il annonce sa nouvelle: « Marie-Anne, vous
-tãtre, il anɔ̃:s sa nuvɛl: «mari a:n, vu

partez jeudi prochain, par le MAROC! » (Le MAROC
parte ʒødi prɔʃɛ̃, par lə marɔk!» [lə marɔk

un bateau

est un très beau bateau qui, une fois par semaine,
ɛ -tœ̃ trɛ bo bato ki, yn fwa par səmɛn,

fait le voyage de Casablanca à Marseille et retour.)
fɛ l vwaja:ʒ də kazablãka a marsɛ:j e rətu:r.]

Il n'y avait plus de places dans le bateau pour jeudi
il njavɛ ply d plas dã l bato pur ʒødi

prochain, mais M. Bourdier avait eu de la chance:
prɔʃɛ̃, mɛ məsjø burdje avɛ -ty d la ʃã:s:

chance ɔ: bonheur

un monsieur était venu juste avant lui et avait dit
œ̃ məsjø etɛ vny ʒyst avã lɥi e avɛ di

juste avant = un instant avant

qu'il ne pouvait pas partir, jeudi. M. Bourdier avait
kil nə puvɛ pa parti:r, ʒødi. məsjø burdje avɛ

donc eu ses billets (le monsieur avait justement quatre
dɔ̃ -ky se bijɛ [lə məsjø avɛ ʒystəmã katrə

places). Comme les places de ce monsieur étaient en
plas]. kɔm le plas də sə məsjø etɛ -tã

1ère classe, Marie-Anne ferait un très beau voyage.
prəmjɛ:r kla:s, mari a:n fərɛ œ̃ trɛ bo vwaja:ʒ.

Le lendemain soir, Marie-Anne reçoit la lettre de
lə lɑ̃dmɛ̃ swa:r, mari a:n rəswa la lɛtrə də

M. Doumier. Elle arrive juste au moment où Marie-
məsjø dumje. ɛl ari:v ʒyst o mɔmɑ̃ u mari

Anne se prépare à téléphoner à son amie Gabrielle
a:n sə prepa:r a telefɔne a sɔ̃ -nami gabriɛl

Roitelet pour lui annoncer la nouvelle de son dé-
rwatlɛ pur lɥi anɔ̃se la nuvɛl də sɔ̃ de-

part. Elle lit la lettre, la relit, puis téléphone à son
pa:r. ɛl li la lɛtr, la rəli, pɥi telefɔn a sɔ̃

amie.
-nami.

« Tu as de la chance! » lui dit Gabrielle, quand elle
«ty a d la ʃɑ̃:s!» lɥi di gabriɛl, kɑ̃ -tɛl

apprendre que ɔ: recevoir la nouvelle que

apprend que Marie-Anne va en France, « mais dis-moi,
aprɑ̃ k mari a:n va ɑ̃ frɑ̃:s, «mɛ di mwa,

compter ɔ: penser

combien de temps comptes-tu rester à Villebourg? »
kɔ̃bjɛ̃ d tɑ̃ kɔ̃:t ty rɛste a vilbu:r?»

dépendre (comme **attendre**)
a **dépendu**
dépend
dépendait
dépendra

« Oh, je ne sais pas. Tu sais, cela dépend de tant de
«o, ʒə n se pa. ty se, sla depɑ̃ d tɑ̃ d

choses. Ça dépend des enfants, et de papa et maman.
ʃo:z. sa depɑ̃ de -zɑ̃fɑ̃, e d papa e mɑ̃mɑ̃.

Ils vont bien maintenant, mais à leur âge, on ne sait
il vɔ̃ bjɛ̃ mɛ̃tnɑ̃, mɛ a lœr a:ʒ, ɔ̃ n se

jamais, ils ne sont plus jeunes. Ça dépend aussi de
ʒamɛ, il nə sɔ̃ ply ʒœn. sa depɑ̃ osi d

l'argent que je pourrai gagner à Villebourg, ou à Pa-
larʒɑ̃ kə ʒ pure gaɲe a vilbu:r, u a pa-

ris, si je ne trouve rien à faire à Villebourg. Et
ri, si ʒə n tru:v rjɛ̃ -na fɛ:r a vilbu:r. e

ça dépend avant tout de mon beau-père, car je ne sais
sa depɑ̃ avɑ̃ tu d mɔ̃ bopɛ:r, kar ʒə n se

pas combien de temps il compte me garder auprès de
pa kɔ̃bjɛ̃ d tɑ̃ il kɔ̃:t mə garde oprɛ də

lui. Peut-être deviendrons-nous de très bons amis,
lɥi. pœtɛ:trə dəvjɛ̃drɔ̃ nu də trɛ bɔ̃ -zami,

et dans ce cas, je resterai à Villebourg quelques mois
e dɑ̃ s ka, ʒə rɛstəre a vilbu:r kɛlk mwa

ou même plus longtemps. Mais en tout cas, je ne pense
u mɛ:m ply lɔ̃tɑ̃. mɛ ɑ̃ tu ka, ʒə n pɑ̃:s

pas encore à mon retour.» «Ah, j'aimerais bien être
pa -zɑ̃kɔ:r a mɔ̃ rətu:r.» «a, ʒɛmrɛ bjɛ̃ -nɛ:tr

à ta place!» dit Gabrielle. «Toi tu nous oublieras
a ta plas!» di gabriɛl. «twa ty nu -zublira

sûrement bientôt, mais en tout cas, tu promets de
syrmɑ̃ bjɛ̃to, mɛ ɑ̃ tu ka, ty prɔmɛ d

m'écrire dès que tu seras arrivée, n'est-ce pas?»
mekri:r dɛ k ty sra arive, nɛs pa?»

«Mais naturellement, voyons!» assure Marie-Anne, «et
«mɛ natyrɛlmɑ̃, vwajɔ̃!» asy:r mari a:n, «e

je t'assure que je ne vous oublierai pas!»
ʒ tasy:r kə ʒə n vu -zublire pa!»

C'est la même chose lorsque Marie-Anne annonce la
sɛ la mɛ:m ʃo:z lɔrskə mari a:n anɔ̃:s la

me garder auprès de lui ɔ: m'avoir dans sa maison

en tout cas = dans tous les cas

naturellement ɔ: bien entendu

apprendre (comme **prendre**)
j'apprends
tu apprends
il apprend
nous apprenons
vous apprenez
ils apprennent

trouver ɔ: penser

nouvelle à ses autres amis. Tous l'apprennent avec
nuvɛl a se -zo:trə -zami. tus laprɛn avɛk

joie et tous trouvent que Marie-Anne a vraiment de
ʒwa e tus tru:v kə mari a:n a vrɛmã d

la chance. Beaucoup auraient voulu être à sa place.
la ʃã:s. boku ɔrɛ vuly ɛ:tr a sa plas.

Michel Dubac, un de ses amis, lui dit: « Tu sais, un
miʃɛl dybak, œ̃ d se -zami, lɥi di: «ty se, œ̃

jour ou l'autre, je viendrai moi aussi en France, et
ʒu:r u lo:tr, ʒə vjɛ̃dre mwa osi ã frã:s, e

alors, je viendrai te voir. Je ne sais pas quand je
alɔ:r, ʒə vjɛ̃dre t vwa:r. ʒə n se pa kã ʒ

uniquement = seulement

pourrai partir, cela ne dépend pas uniquement de moi,
pure parti:r, sla n depã pa ynikmã d mwa,

mais ce sera en tout cas avant la fin de l'année. »
mɛ sə sra ã tu ka avã la fɛ̃ d lane.»

La seule qui ne parle pas de la chance de Marie-Anne
la sœl ki n parl pa d la ʃã:s də mari a:n

est sa cousine Gilberte. Elle est très différente de
ɛ sa kuzin ʒilbɛrt. ɛl ɛ trɛ diferã:t də

laid ←→ beau

Marie-Anne. Elle est aussi laide que Marie-Anne est
mari a:n. ɛl ɛ -tosi lɛd kə mari a:n ɛ

méchant ←→ bon

belle. Et elle est non seulement laide, mais méchante,
bɛl. e ɛl ɛ nɔ̃ sœlmã lɛd, mɛ meʃã:t,

presque aussi méchante que Marie-Anne est bonne.
prɛsk osi meʃã:t kə mari a:n ɛ bɔn.

A vrai dire, Marie-Anne ne l'aime pas, et elle n'aurait
a vrɛ di:r, mari a:n nə lɛ:m pa, e ɛl nɔrɛ

jamais eu l'idée de lui téléphoner pour lui annoncer
ʒamɛ -zy lide də lɥi telefɔne pur lɥi anɔ̃se

son départ. C'est Gilberte elle-même qui a téléphoné
sɔ̃ depa:r. sɛ ʒilbɛrt ɛlmɛ:m ki a telefɔne

à sa cousine, juste au moment où Marie-Anne, qui
a sa kuzin, ʒyst o mɔmɑ̃ u mari a:n, ki

venait de parler avec Michel Dubac, se prépare à sortir
vnɛ d parle avɛk miʃɛl dybak, sə prepa:r a sɔrti:r

dans le jardin.
dɑ̃ l ʒardɛ̃.

La conversation avec Gilberte est très désagréable
la kɔ̃vɛrsasjɔ̃ avɛk ʒilbɛrt ɛ trɛ dezagreablə

désagréable ←→ agréable

pour la pauvre Marie-Anne. Gilberte commence par de-
pur la po:vrə mari a:n. ʒilbɛrt kɔmɑ̃:s par də-

mander: « Ma chère Marie-Anne, j'espère que ce que je
mɑ̃de: «ma ʃɛ:r mari a:n, ʒɛspɛ:r kə s kə ʒ

viens d'apprendre n'est pas vrai, et que tu ne quittes
vjɛ̃ daprɑ̃:drə nɛ pa vrɛ, e kə ty n kit

pas tes vieux parents pour aller en France? »
pa te vjø parɑ̃ pur ale ɑ̃ frɑ̃:s?»

« Mais si, c'est vrai. » « Je ne te comprends pas. Na-
«mɛ si, sɛ vrɛ.» «ʒə n tə kɔ̃prɑ̃ pa. na-

turellement, c'est à toi de décider, et ce n'est pas
tyrɛlmɑ̃, sɛ -ta twa d deside, e s nɛ pa

c'est à toi de décider ɔ: c'est ton affaire

à moi de te dire ce que tu dois faire, mais je sais
a mwa də tə di:r sə k ty dwa fɛ:r, mɛ ʒə se

seulement que moi, à ta place, j'y penserais plus
sœlmɑ̃ k mwa, a ta plas, ʒi pɑ̃srɛ ply

d'une fois, avant de me séparer de mes vieux parents.
dyn fwa, avɑ̃ d mə separe d me vjø parɑ̃.

Ils doivent être très tristes. » « Mais Gilberte, je
il dwa:v -tɛ:trə trɛ trist.» «mɛ ʒilbɛrt, ʒə

il part
il partait

n'ai jamais dit que je partais uniquement pour mon
ne ʒamɛ di kə ʒ partɛ ynikmɑ̃ pur mɔ̃

propre plaisir! Tu sais bien que, si je quitte Casa-
prɔprə plezi:r! ty se bjɛ̃ kə, si ʒ kit kaza-

c'est que = c'est parce que

blanca pour aller à Villebourg, c'est que je veux
blɑ̃ka pur ale a vilbu:r, sɛ kə ʒ vø

que mes enfants voient le pays de leur père et qu'ils
k me -zɑ̃fɑ̃ vwa l peji d lœr pɛ:r e kil

aller
(que) j'aille
(que) tu ailles
(qu') il aille
(qu') ils aillent

aillent à l'école en France. Si j'étais seule, je ne
-za:j -ta lekɔl ɑ̃ frɑ̃:s. si ʒetɛ sœl, ʒə n

quitterais pas Casablanca! Tu sais combien j'aime
kitrɛ pa kazablɑ̃ka! ty se kɔ̃bjɛ̃ ʒɛ:m

mes parents, voyons! » dit Marie-Anne avec un peu
me parɑ̃, vwajɔ̃!» di mari a:n avɛk œ̃ pø

d'impatience. Sa cousine lui répond, avec un petit
dɛ̃pasjɑ̃:s. sa kuzin lɥi repɔ̃, avɛk œ̃ pti

rire désagréable: « Naturellement, Marie-Anne. Tu as
ri:r dezagreabl: «natyrɛlmɑ̃, mari a:n. ty a

raison comme toujours. Tu es si intelligente! Tout
rɛzɔ̃ kɔm tuʒu:r. ty ɛ si ɛ̃teliʒɑ̃:t! tu

ce que tu dis est juste. Nous ferions sûrement mieux
s kə ty di ɛ ʒyst. nu fərjɔ̃ syrmɑ̃ mjø

de parler d'autre chose. Par quel bateau pars-tu?»
d parle do:trə ʃo:z. par kɛl bato pa:r ty?»

« Par le MAROC, c'est un très beau bateau. » « Et natu-
«par lə marɔk, sɛ -tœ̃ trɛ bo bato.» «e naty-

rellement, en 1ère classe? » « Oui, mais ce n'est
rɛlmɑ̃, ɑ̃ prəmjɛ:r kla:s?» «wi, mɛ s nɛ

pas si naturel. Si nous allons en 1ère, c'est unique-
pa si natyrɛl. si nu -zalɔ̃ -zɑ̃ prəmjɛ:r, sɛ -tynik-

ment parce qu'il n'y avait pas d'autres places. »
mɑ̃ pars kil njavɛ pa do:trə plas.»

« Ah? Mais dis-moi, est-ce que tu emportes toutes tes
«a? mɛ di mwa, ɛs kə ty ɑ̃pɔrt tut te

robes? » demande alors Gilberte, pour passer à autre
rɔb?» dəmɑ̃:d alɔ:r ʒilbɛrt, pur pase a o:trə

chose. « Oh, non, » lui répond Maria-Anne, « je n'aurais
ʃo:z. «o, nɔ̃,» lɥi repɔ̃ mari a:n, «ʒə nɔrɛ

pas assez de quatre malles, si je les emportais toutes! »
pa ase d katrə mal, si ʒ le -zɑ̃pɔrtɛ tut!»

« C'est vrai que tu as plus de robes que n'importe
«sɛ vrɛ k ty a ply d rɔb kə nɛ̃pɔrt

quelle autre femme de Casablanca. »
kɛl o:trə fam də kazablɑ̃ka.»

Marie-Anne est de plus en plus impatiente de finir
mari a:n ɛ d ply -zɑ̃ ply -zɛ̃pasjɑ̃:t də fini:r

cette conversation vraiment très désagréable, et elle
sɛt kɔ̃vɛrsasjɔ̃ vrɛmɑ̃ trɛ dezagreabl, e ɛl

essaye de l'interrompre plusieurs fois. Mais elle
ɛsɛ:j də lɛ̃tɛrɔ̃:prə plyzjœ:r fwa. mɛ ɛl

est obligée d'écouter sa cousine pendant un quart
ɛ -tɔbliʒe dekute sa kuzin pɑ̃dɑ̃ -tœ̃ ka:r

naturel
naturelle
naturellement

1ère ɔ: 1ère classe

n'importe quoi
n'importe qui
n'importe quel(le)

interrompre
a interrompu

d'heure environ. Quand elle a fini, Marie-Anne court
dœːr ãvirɔ̃. kã -tɛl a fini, mari aːn kuːr

vite dans le jardin, impatiente de revoir ses fleurs.
vit dã l ʒardɛ̃, ɛ̃pasjãːt də rəvwaːr se flœːr.

« Pourquoi Gilberte est-elle donc si méchante? » se
« purkwa ʒilbɛrt ɛ -tɛl dɔ̃ si meʃãːt? » sə

demande-t-elle, et répond elle-même: « C'est sûrement
dmãːd -tɛl, e repɔ̃ ɛlmɛːm: « sɛ syrmã

parce qu'elle est si laide. Cela doit être très désa-
pars kɛl ɛ si lɛd. sla dwa -tɛːtrə trɛ deza-

gréable d'être si laide lorsqu'on le sait, et Gil-
greablə dɛːtrə si lɛd lɔrskɔ̃ l se, e ʒil-

berte est trop intelligente pour ne pas le savoir. »
bɛrt ɛ trɔ -pɛ̃tɛliʒãːt pur nə pa l savwaːr. »

Mais un quart d'heure plus tard, elle a oublié la
mɛ œ̃ kaːr dœːr ply taːr, ɛl a ublie la

conversation avec sa cousine. (C'est une chose très
kɔ̃vɛrsasjɔ̃ avɛk sa kuzin. [sɛ -tyn ʃoːz trɛ

naturelle pour Marie-Anne, d'oublier les choses dé-
natyrɛl pur mari aːn, dublie le ʃoːz de-

sagréables qui lui arrivent.)
zagreablə ki lɥi ariːv.]

Ces jours-là, dès qu'ils rentrent à la maison, les
se ʒuːr la, dɛ kil rãːtr a la mɛzɔ̃, le

enfants commencent tout de suite à jouer au bateau.
-zãfã kɔmãːs tutsɥit a ʒwe o bato.

Deux ou trois chaises de la salle à manger sont le
dø -zu trwa ʃɛːz də la sal a mãʒe sɔ̃ l

un capitaine

MAROC. Arthur, qui est naturellement le capitaine,
marɔk. arty:r, ki ɛ natyrɛlmã l kapitɛn,

siffle, puis dit une dernière fois avec impatience:
sifl, pɥi di yn dɛrnjɛ:r fwa avɛk ɛ̃pasjã:s:

«Vite! Vite! Mesdames! Messieurs! Montez vite!» Et
«vit! vit! medam! mesjø! mɔ̃te vit!» e

on part. On va très vite, et après quelques minutes
ɔ̃ pa:r. ɔ̃ va trɛ vit, e aprɛ kɛlk minyt

(quelques heures pour les enfants), on est déjà loin
[kɛlk -zœ:r pur le -zãfã], ɔ̃ -nɛ deʒa lwɛ̃

de Casablanca. Quelquefois, Jeanne a oublié son bil-
d kazablãka. kɛlkəfwa, ʒa:n a ublie sɔ̃ bi-

let et le capitaine Arthur lui dit: «Madame, on ne
jɛ e l kapitɛn arty:r lɥi di: «madam, ɔ̃ n

peut pas aller en France sans billet! Je suis obligé
pø pa ale ã frã:s sã bijɛ! ʒə sɥi -zɔbliʒe

de vous faire descendre dans ce petit bateau et
d vu fɛ:r desã:drə dã s pəti bato e

de vous faire retourner à Casablanca.» «Seule? Mais
d vu fɛ:r rəturne a kazablãka.» «sœl? mɛ

retourner ɔ: rentrer

j'ai peur! Monsieur le capitaine, laissez-moi conti-
ʒe pœ:r! məsjø l kapitɛn, lɛse mwa kɔ̃ti-

laisser ɔ: permettre de

nuer jusqu'en France, s'il vous plaît!» «Bien,»
nɥe ʒyskã frã:s, sil vu plɛ!» «bjɛ̃,»

dit alors le capitaine, «je vous laisserai continuer,
di alɔ:r lə kapitɛn, «ʒə vu lɛsre kɔ̃tinɥe,

mais vous irez dans la cuisine, et vous y resterez
mɛ vu -zire dã la kɥizin, e vu -zi rɛstəre

jusqu'à la fin du voyage.» «Oh, merci d'être si bon,
ʒyska la fɛ̃ dy vwaja:ʒ.» «o, mɛrsi dɛ:trə si bɔ̃,

monsieur le capitaine,» dit Jeanne, «je vous assure
məsjø l kapitɛn,» di ʒa:n, «ʒə vu -zasy:r

que vous serez content de moi.»
kə vu sre kɔ̃tɑ̃ d mwa.»

D'autres fois, le frère et la sœur jouent à faire
do:trə fwa, lə frɛ:r e la sœ:r ʒu a fɛ:r

les malles. Ils discutent beaucoup le nombre de
le mal. il diskyt boku l nɔ̃:brə də

robes que l'on doit emporter. «Toi, avec toutes
rɔb kə lɔ̃ dwa ɑ̃pɔrte. «twa, avɛk tut

tes robes,» dit Arthur, «tu n'aurais pas assez de
te rɔb,» di arty:r, «ty nɔrɛ pa ase d

cent grosses malles!» Jeanne lui répond: «Voyons,
sɑ̃ gro:s mal!» ʒa:n lɥi repɔ̃: «vwajɔ̃,

mon cher! On doit bien emporter avec soi quelques
mɔ̃ ʃɛ:r! ɔ̃ dwa bjɛ̃ -nɑ̃pɔrte avɛk swa kɛlk

vêtements quand on va si loin. Et si tu crois que
vɛtmɑ̃ kɑ̃ -tɔ̃ va si lwɛ̃. e si ty krwa k

mes robes prennent plus de place que tous tes vêtements,
me rɔb prɛn ply d plas kə tu te vɛtmɑ̃,

tu n'es pas très intelligent. Et je ne dis pas plus.
ty nɛ pa trɛ -zɛ̃tɛliʒɑ̃. e ʒə n di pa ply.

devoir
a dû
doit
devait
devra

Tu sais ce que tu devrais faire, toi? Tu devrais t'oc-
ty se s kə ty dəvrɛ fɛ:r, twa? ty dəvrɛ tɔ-

cuper des billets et me laisser faire les malles. Ah,
kype de bijɛ e m lɛse fɛ:r le mal. a,

ces hommes! » « Bon, bon! » lui répond son « mari », « si
se -zɔm!» «bɔ̃, bɔ̃!» lɥi repɔ̃ sɔ̃ «mari», «si

tu veux que j'aille m'occuper des billets, je m'en
ty vø k ʒa:j mɔkype de bijɛ, ʒə mɑ̃

vais. Mais j'espère bien qu'à mon retour, tu auras
vɛ. mɛ ʒɛspɛ:r bjɛ̃ ka mɔ̃ rtu:r, ty ɔra

fini de faire les malles! »
fini d fɛ:r le mal!»

D'autres fois encore, les enfants demandent à leur
do:trə fwa ɑ̃kɔ:r, le -zɑ̃fɑ̃ dmɑ̃:d a lœr

grand-père de leur raconter comment c'est, là-bas,
grɑ̃pɛ:r də lœr rakɔ̃te kɔmɑ̃ sɛ, laba,

en France, s'il y a les mêmes plantes, les mêmes
ɑ̃ frɑ̃:s, sil ja le mɛ:m plɑ̃:t, le mɛ:m

animaux. Et M. Bourdier commence à leur décrire la
-zanimo. e məsjø burdje kɔmɑ̃:s a lœr dekri:r la

ville où il est né, ou à leur lire des histoires de
vil u il ɛ ne, u a lœr li:r de -zistwa:r də

cette partie de la France. Il éprouve un grand
sɛt parti d la frɑ̃:s. il epru:v œ̃ grɑ̃

plaisir à leur raconter ces choses, le soir, après
plɛzi:r a lœr rakɔ̃te se ʃo:z, lə swa:r, aprɛ

une journée passée à s'occuper des mille choses né-
-zyn ʒurne pase a sɔkype de mil ʃo:z ne-

cessaires au voyage de sa fille. Il aurait bien aimé
sesɛ:r o vwaja:ʒ də sa fi:j. il ɔrɛ bjɛ̃ -nɛme

les garder auprès de lui, ses deux petits, mais il n'en
le garde oprɛ də lɥi, se dø pti, mɛ il nɑ̃

bon! ɔ: bien!

dit pas un mot à Marie-Anne ou à Jeanne et Arthur.
di pa œ̃ mo a mari a:n u a ʒa:n e arty:r.

Le jour du départ arrive enfin. Le soleil brille,
lə ʒu:r dy depa:r ari:v ɑ̃fɛ̃. lə sɔlɛ:j bri:j,

c'est une très belle journée. Le MAROC part à onze
sɛ -tyn trɛ bɛl ʒurne. lə marɔk pa:r a ɔ̃:z

heures et demie. Marie-Anne réveille les enfants à
œ:r e dmi. mari a:n revɛ:j le -zɑ̃fɑ̃ a

six heures, comme ils le lui ont demandé. Dès qu'ils
si -zœ:r, kɔm il lə lɥi ɔ̃ dmɑ̃de. dɛ kil

sont habillés, ils courent appeler Fatima, qui demeure
sɔ̃ -tabije, il ku:r aple fatima, ki dmœ:r

avec sa mère à quelques minutes de la maison des
avɛk sa mɛ:r a kɛlk minyt də la mɛzɔ̃ de

Bourdier. « Fatima! » appellent-ils. Puis, comme la
burdje. «fatima!» apɛl -til. pɥi, kɔm la

jeune fille ne répond pas: « Tu n'es pas encore levée? »
ʒœn fi:j nə repɔ̃ pa: «ty nɛ pa -zɑ̃kɔ:r ləve?»

« Mais si! » dit Fatima en riant, et sort de la maison
«mɛ si!» di fatima ɑ̃ rijɑ̃, e sɔ:r də la mɛzɔ̃

avec sa mère. Et tous les quatre retournent ensemble
avɛk sa mɛ:r. e tu le katrə rəturn ɑ̃sɑ̃:blə

chez les Bourdier.
ʃe le burdje.

Sabine a l'air un peu triste, mais elle se dit: « Je ne
sabin a lɛ:r œ̃ pø trist, mɛ ɛl sə di: «ʒə n

dois pas pleurer, je ne dois pas montrer que je suis
dwa pa plœre, ʒə n dwa pa mɔ̃tre kə ʒə sɥi

courir
je cours
tu cours
il court
nous courons
vous courez
ils courent

malheureuse de me séparer de ma fillette. C'est très
malœrø:z də m separe d ma fijɛt. sɛ trɛ

bien pour elle d'aller en France. Sabine, tu dois dire
bjɛ̃ pur ɛl dale ɑ̃ frɑ̃:s. sabin, ty dwa di:r

merci à Madame Marie-Anne d'être si bonne. Ta
mɛrsi a madam mari a:n dɛ:trə si bɔn. ta

fille a beaucoup de chance, ce n'est pas à toi de
fi:j a boku d ʃɑ̃:s, s nɛ pa a twa d

pleurer! Tu aimerais la garder auprès de toi? Voyons,
plœre! ty ɛmrɛ la garde oprɛ d twa? vwajɔ̃,

Sabine! A quoi penses-tu? Avec l'argent que tu
sabin! a kwa pɑ̃:s ty? avɛk larʒɑ̃ k ty

gagnes, que comptes-tu faire pour le bonheur de ta
ga:ɲ, kə kɔ̃:t ty fɛ:r pur lə bɔnœ:r də ta

fille? Et elle pourra sûrement gagner plus d'argent
fi:j? e ɛl pura syrmɑ̃ gaɲe ply darʒɑ̃

en France qu'ici. Si tu ne la laisses pas partir, un
ɑ̃ frɑ̃:s kisi. si ty n la lɛs pa parti:r, œ̃

jour elle te dira: « Maman, je ne veux plus de toi, tu
ʒu:r ɛl tə dira: «mɑ̃mɑ̃, ʒə n vø ply d twa, ty

n'as pas été une bonne mère! » et elle te quittera, et
na pa ete yn bɔn mɛ:r!» e ɛl tə kitra, e

elle aura raison. »
ɛl ɔra rezɔ̃.»

La vieille Sabine pense bien d'autres choses, mais
la vjɛ:j sabin pɑ̃:s bjɛ̃ do:trə ʃo:z, mɛ

comment décrire tout ce qu'une mère éprouve en regar-
kɔmɑ̃ dekri:r tu s kyn mɛ:r epru:v ɑ̃ rgar-

dant sa fille, peut-être pour la dernière fois. Car qui
dɑ̃ sa fi:j, pœtε:trə pur la dεrnjε:r fwa. kar ki

sait quand la jeune fille retournera au Maroc? Fatima,
se kɑ̃ la ʒœn fi:j rəturnəra o marɔk? fatima,

elle, a l'air très heureuse. Elle se répète: « Fatima,
εl, a lε:r trε -zœrø:z. εl sə repεt: «fatima,

tu pars, tu vas en France! Tu as beaucoup de chance! »
ty pa:r, ty va -zɑ̃ frɑ̃:s! ty a boku d ʃɑ̃:s!»

Et l'instant suivant, elle rit, pour rien, uniquement
e lε̃stɑ̃ sɥivɑ̃, εl ri, pur rjε̃, ynikmɑ̃

parce qu'elle est heureuse, comme une fillette.
pars kεl ε -tœrø:z, kɔm yn fijεt.

Marie-Anne reçoit Fatima en lui disant: « Alors, tu
mari a:n rəswa fatima ɑ̃ lɥi dizɑ̃: «alɔ:r, ty

croyais que nous te laisserions à Casablanca? » « Oh,
krwajε k nu t lεsərjɔ̃ a kazablɑ̃ka?» «o,

non! » lui répond la jeune fille en riant. Et comme
nɔ̃!» lɥi repɔ̃ la ʒœn fi:j ɑ̃ rijɑ̃. e kɔm

l'auto qui doit conduire tout le monde au bateau
loto ki dwa kɔ̃dɥi:r tu l mɔ̃:d o bato

arrive au même moment, on monte, les malles sont
ari:v o mε:m mɔmɑ̃, ɔ̃ mɔ̃:t, le mal sɔ̃

placées sur le toit, et on part.
plase syr lə twa, e ɔ̃ pa:r.

Sabine a voulu rester. Elle est près de pleurer quand
sabin a vuly rεste. εl ε prε d plœre kɑ̃

elle voit l'auto partir, mais elle sourit entre ses
-tεl vwa loto parti:r, mε εl suri ɑ̃:trə se

larmes, fait un petit geste de la main, et rentre chez
larm, fɛ œ̃ pti ʒɛst də la mɛ̃, e rɑ̃:trə ʃe

elle en se disant: « Maintenant, tu dois gagner assez
-zɛl ɑ̃ s dizɑ̃: «mɛ̃tnɑ̃, ty dwa gaɲe ase

d'argent pour aller voir ta fille, dans un an ou deux. »
darʒɑ̃ pur ale vwa:r ta fi:j, dɑ̃ -zœ̃ -nɑ̃ u dø.»

Et à onze heures et demie, le MAROC quitte Casa-
e a ɔ̃:z œ:r e dmi, lə marɔk kit kaza-

blanca.
blɑ̃ka.

EXERCICE A.

La veille, — M. Doumier a envoyé sa lettre à Marie-Anne, il lui a aussi envoyé un —. Quand la jeune femme a reçu le télégramme, elle a — une très grande joie. Elle a été très heureuse parce qu'elle voulait que ses enfants — le pays de leur père et qu'ils — de vrais petits français.

Quand Marie-Anne a vu le regard triste de sa mère, elle a dit: « Je — penser aux enfants, maman. Vous ne — pas être tristes, papa et toi. » Arthur et Jeanne — la nouvelle avec très grande joie et courent —

MOTS:

un adieu
un air
un bateau
un beau-père
un billet
un capitaine
un cas
la chance
une conver-
sation
un départ
l'impatience

la nouvelle à leurs amis. « Marie-Anne — de recevoir un télégramme de son —-père qui lui demande de venir en France, » dit Mme Bourdier à son mari. Et Marie-Anne dit qu'elle a un peu —. Villebourg est si — de Casablanca. Elle ne connaît personne, la-—. Puis, M. Bourdier dit qu'il va s'— de toutes les choses nécessaires pour le voyage: des —, de l'argent, etc. Marie-Anne et sa mère commencent alors à — la question des valises, ou des —. Marie-Anne ne peut pas — avec elle tout ce qu'elle a. Elle a beaucoup de robes et d'autres —. Elle sera obligée de — plus de la moitié à Casablanca.

Le jour du départ, les enfants courent appeler Fatima — qu'ils sont habillés. Sabine, sa mère, a l'— un peu triste. Elle aimerait — sa fille auprès d'elle, mais avec l'argent qu'elle —, elle ne — pas faire beaucoup pour le bonheur de Fatima.

EXERCICE B.

Qu'annonce M. Bourdier, quand il rentre à la maison, vers cinq heures? ... Comment M. Bourdier avait-il eu des places dans le bateau pour jeudi prochain? ... Quand Marie-Anne reçoit-elle la lettre de son beau-père? ... Que dit Gabrielle à Marie-Anne, quand elle apprend que la jeune femme va en France? ... Que répond Marie-Anne à Gabrielle, quand son amie lui demande combien de temps elle va rester en France? ... Comment est la cousine de Marie-Anne, Gilberte? ...

une malle
une peur
une place
un retour
une robe
un télégramme
des vêtements
désagréable
impatient
intelligent
laid
méchant
naturel
ajouter
(que) j'aille
(qu') ils aillent
annoncer
apprendre
assurer
compter
il court
ils courent
décrire
dépend
(qu') ils deviennent
je dois
tu dois
il doit
nous devons
vous devez
ils doivent
je devrais
discuter
dû
emporter
éprouver
gagner
garder
interrompre
laisser
s'occuper
il partait
ils reçoivent

EXERCICE C.

Il / **Elle** / **On** } prend une valise avec { **lui.** / **elle.** / **soi.**

Il / **Elle** / **On** } ne pense qu'à { **lui-même.** / **elle-même.** / **soi-même.**

M. Doumier parle souvent avec —-même. La vieille Amélie aussi, parle avec —-même, quand elle croit qu'elle est seule. Quand on est vieux, on parle souvent avec —-même. Quand on part pour un long voyage, on emporte beaucoup de choses avec —. Marie-Anne emporte avec — deux grandes malles et une valise. Quand Arthur court raconter la nouvelle à ses amis, il demande à sa sœur de venir avec —.

je cours	**nous courons**
tu cours	**vous courez**
il court	**ils courent**

Arthur et Jeanne — si vite qu'ils font presque tomber leur grand-père. « Ne — pas si vite! » leur dit-il. « Je ne — pas vite! » lui répond Jeanne. « Tu ne — pas vite? Le petit chien de ta cousine ne — pas plus vite que toi! » « Ça, c'est vrai, » dit Arthur, « nous — plus vite que Toto! »

je reçois	**nous recevons**
tu reçois	**vous recevez**
il reçoit	**ils reçoivent**

Marie-Anne est toujours contente quand elle — une lettre. « Nous ne — pas souvent des nouvelles de France, » dit-elle. C'est vrai, les Bourdier ne — pas

relire
retourner
revoir
(qu') ils voient
voyons!
soi
dès que
enfin
jusqu'en
juste
justement
là-bas
loin
naturellement
sûrement
uniquement
avoir de la chance
avoir l'air
avoir peur
c'est à toi
en tout cas
être à la place de
faire ses valises
il n'aura pas trop de
je ne sais pas par quoi commencer
merci d'être
Monsieur le capitaine
partir en ville
passer à autre chose
ferais mieux
tu ne veux plus de moi
un jour ou l'autre
venir de

beaucoup de lettres de leurs amis de France. « Mais vous — plus de nouvelles du pays que moi, » dit Gabrielle. « Je suis si heureuse quand je — des lettres de mes amis! » dit Marie-Anne. « C'est vrai que tu — beaucoup de lettres, toi, » lui dit sa cousine Gilberte.

RÉSUMÉ (1)

employer
a employé
emploie

Quand on raconte ce qu'une personne *dit,* on *emploie* [*ãplwa*] les mêmes temps des verbes qu'emploie cette personne. Mais quand on raconte ce qu'une personne *a dit,* on n'emploie pas toujours les mêmes temps qu'a employés cette personne.

Si la personne a employé le présent, on emploie l'imparfait, si elle a employé le futur, on emploie le conditionnel. Mais si elle a employé l'imparfait, on emploie également l'imparfait, et si elle a employé le conditionnel, on emploie également le conditionnel. Voilà quelques exemples:

	Henri a dit: «...»	*Henri a dit que...*
Je suis Il était	« *Je suis* très content d'avoir fait la connaissance de Marie-Anne. »	Henri a dit *qu'il était* très content d'avoir fait la connaissance de Marie-Anne.
Je sentais Il sentait	« *Je me sentais* si fort, ce soir-là! »	Il a dit *qu'il se sentait* si fort, ce soir-là.
Je serai Il serait	« *Je serai* un jour le mari de cette jeune fille! »	Il a dit *qu'il serait* un jour le mari de cette jeune fille.
J'aurais Il aurait	« *J'aurais* presque trop de chance si cela devenait vrai! »	Il a dit *qu'il aurait* presque trop de chance si cela devenait vrai.

« *J'ai été* très heureux de la trouver seule dans le jardin. »	Il a dit *qu'il avait été* très heureux de la trouver seule dans le jardin.	**J'ai été** **Il avait été**
« *J'étais sorti* de chez moi à sept heures. »	Il a dit *qu'il était sorti* de chez lui à sept heures.	**J'étais sorti** **Il était sorti**
« *Je serai rentré* avant onze heures. »	Il a dit *qu'il serait rentré* avant onze heures.	**Je serai rentré** **Il serait rentré**
« *J'aurais fait* cent kilomètres sans être fatigué. »	Il a dit *qu'il aurait fait* cent kilomètres sans être fatigué.	**J'aurais fait** **Il aurait fait**

Nous voyons en résumé que la personne qui parle et la personne qui raconte ce que l'autre personne a dit emploient les temps suivants (prenons le verbe « chanter » comme exemple):

il emploie
ils emploient

Jean a dit:	*Jean a dit qu'*
« Je chante » « Je chantais »	il chantait
« Je chanterai » « Je chanterais »	il chanterait
« J'ai chanté » « J'avais chanté »	il avait chanté
« J'aurai chanté » « J'aurais chanté »	il aurait chanté

Maintenant, si vous voulez, vous pouvez vous-même faire de petits exercices comme ceux que vous venez de voir ici: Quand vous trouvez, dans votre livre de français, une conversation entre deux ou plusieurs personnes, vous pouvez raconter de nouveau ce qu'ont dit ces personnes, en employant [*ãplwajã*] le mot « que ».

Ou, si vous le préférez, vous pouvez raconter à la troisième personne ce qu'a dit Marie-Anne dans la petite histoire suivante (commencez par les mots: Marie-Anne a dit que ce matin, elle . . .):

Marie-Anne a dit: « Ce matin, je *suis descendue* de ma chambre avant les autres, parce que j'*attendais* une lettre du père d'Henri. Quand la lettre *est arrivée*, je l'*ai lue* trois fois, puis je *suis montée* la lire à maman. Maman m'*a demandé* si j'*étais* heureuse, et je lui *ai répondu* que je *serais* encore plus heureuse si Henri *vivait*. Maman *a dit* qu'elle me *comprenait*. Elle me *comprendra* toujours, cette bonne maman. Ce *sera* triste de les quitter, elle et papa. Quand je *serai arrivée* à Villebourg, je *vais* être toute seule, car je ne *connais* pas vraiment le père d'Henri. *J'aurais aimé* prendre papa et maman avec moi, et je *crois* que cela *aurait été* possible si nous *avions eu* beaucoup plus d'argent. Je *sais* qu'ils *seraient* contents de venir avec moi et les enfants. Mais ce *sera* pour une autre fois. »

RÉSUMÉ (2)

e ou è

se promener	[*prɔmne*]	je me promène	[*prɔmɛn*]
s'est promené	[*prɔmne*]	tu te promènes	[*prɔmɛn*]
se promène	[*prɔmɛn*]	il se promène	[*prɔmɛn*]
se promenait	[*prɔmnɛ*]	nous nous promenons	[*prɔmnɔ̃*]
se promènera	[*prɔmɛnra*]	vous vous promenez	[*prɔmne*]
(promène-toi!)	[*prɔmɛn*]	ils se promènent	[*prɔmɛn*]

Nous avons vu que, dans la famille des verbes où la dernière voyelle que l'on prononce avant *-er* est *-é-*

(famille de *espérer*), le *é* se change en *è* dans neuf formes du verbe. Pour les verbes comme *se promener*, où la dernière voyelle que l'on *écrit* avant *-er* est *-e-*, ce *-e-* se change en *-è-* aux mêmes formes où *-é-* se change en *-è-* dans la famille de *espérer*.

il écrit
il a écrit

Au futur et au conditionnel de la famille de *se promener*, on a également *-è-* à la place de *-e-*: « je me promènerai, tu te promèneras, etc.; je me promènerais, tu te promènerais, etc. » Dans toutes ces formes, la lettre *è* est prononcée [ɛ]

Voici les verbes de cette famille que nous connaissons:

se promener	se lever	achever
s'est promené	s'est levé	a achevé
se promène	se lève	achève
se promenait	se levait	achevait
se promènera	se lèvera	achèvera

un port et un quai

et que ɔ: et quand

un visage

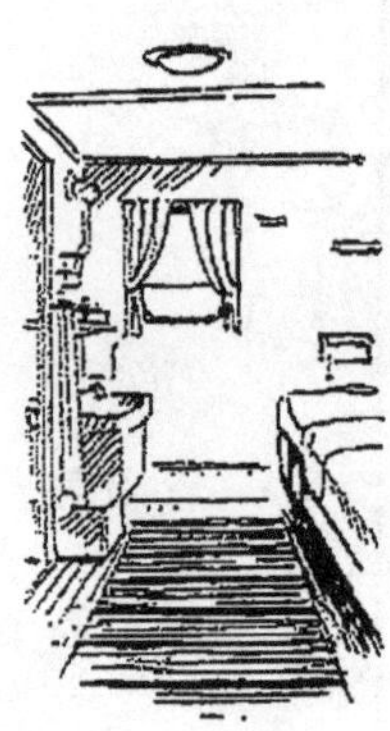
une cabine

camarade ɔ: ami

première ɔ: première classe

LE VOYAGE COMMENCE

Quand le MAROC a quitté le port de Casablanca, et que
kã l marɔk a kite l pɔ:r də kazablãka, e k

les parents de Marie-Anne, sur le quai, ne semblent
le parã d mari a:n, syr lə ke, nə sã:blə

plus que de toutes petites poupées dont on ne voit
ply k də tut pətit pupe dɔ̃ -tɔ̃ n vwa

plus le visage et les yeux pleins de larmes, Marie-
ply l viza:ʒ e le -zjø plɛ̃ d larm, mari

Anne dit à Fatima et aux deux enfants: « Maintenant,
a:n di a fatima e o dø -zãfã: «mɛ̃tnã,

descendons voir nos cabines! »
desãdɔ̃ vwa:r no kabin!»

Ils ont trois cabines: une pour Marie-Anne, une pour
il -zɔ̃ trwa kabin: yn pur mari a:n, yn pur

Fatima, et une pour le frère et la sœur. Ce sont
fatima, e yn pur lə frɛ:r e la sœ:r. sə sɔ̃

de très belles cabines, et Arthur dit à Jeanne:
də trɛ bɛl kabin, e arty:r di a ʒa:n:

« Qu'est-ce que tu crois qu'ils en diraient, les ca-
«kɛs kə ty krwa kil -zã dirɛ, le ka-

marades, s'ils nous voyaient là? Une grande cabine
marad, sil nu vwajɛ la? yn grã:d kabin

de première pour nous tout seuls! Ce n'est pas tout
də prəmjɛ:r pur nu tu sœl! s nɛ pa tu

le monde qui voyage comme ça, ma vieille! » Jeanne:
l mɔ̃:d ki vwaja:ʒ kɔm sa, ma vjɛ:j!» ʒa:n:

« Et un voyage de deux jours! C'est plus long que le
«e œ̃ vwaja:ʒ də dø ʒu:r! sɛ ply lɔ̃ kə l

voyage que nous avons fait l'année passée avec grand-
vwaja:ʒ kə nu -zavɔ̃ fɛ lane pase avɛk grɑ̃-

père et grand-mère! » « Et les couchettes, » dit Arthur,
pɛ:r e grɑ̃mɛ:r!» «e le kuʃɛt,» di arty:r,

« elles sont presque aussi grandes que des lits, tu
«ɛl sɔ̃ prɛsk osi grɑ̃:d kə de li, ty

as vu? »
a vy?»

« Je crois que je dormirai très bien, cette nuit, »
«ʒə krwa kə ʒ dɔrmire trɛ bjɛ̃, sɛt nɥi,»

dit Jeanne d'un air de grande personne. « Moi
di ʒa:n dœ̃ -nɛ:r də grɑ̃:d pɛrsɔn. «mwa

aussi, » dit Arthur, également d'un air de grande per-
osi,» di arty:r, egalmɑ̃ dœ̃ -nɛ:r də grɑ̃:d pɛr-

sonne. Et les deux enfants essayent leurs couchettes.
sɔn. e le dø -zɑ̃fɑ̃ ɛsɛ:j lœr kuʃɛt.

« Oui, ce sont de très bonnes couchettes. Je crois
«wi, sə sɔ̃ də trɛ bɔn kuʃɛt. ʒə krwa

que notre voyage sera très agréable, » disent-ils sans sou-
k nɔtrə vwaja:ʒ səra trɛ -zagreabl,» di:z -til sɑ̃ su-

rire. Puis ils se relèvent, se saluent, toujours
ri:r. pɥi il sə rəlɛ:v, sə saly, tuʒu:r

sans rire, d'un air très sérieux, et le jeune Ar-
sɑ̃ ri:r, dœ̃ -nɛ:r trɛ serjø, e l ʒœn ar-

voyager = faire un voyage

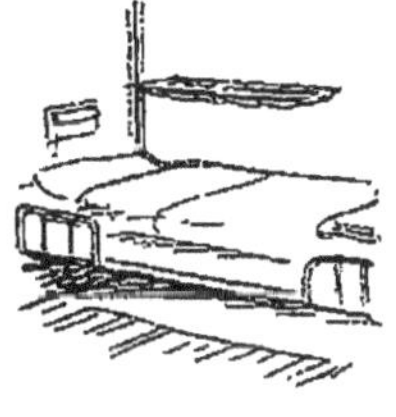

une couchette

il dort
il dormira

d'un air de ɔ: avec un visage et des gestes de

se relever = se lever de nouveau

thur dit à Mademoiselle Jeanne Doumier: « Ma chère,
ty:r di a madmwazɛl ʒa:n dumje: «ma ʃɛ:r,

j'entends notre mère qui nous appelle. Je crois que
ʒãtã nɔtrə mɛ:r ki nu -zapɛl. ʒə krwa k

nous ferions mieux de remonter. » « Vous avez raison,
nu fərjɔ̃ mjø d rəmɔ̃te.» «vu -zave rɛzɔ̃,

mon cher, » lui répond Mlle Jeanne Doumier, « remon-
mɔ̃ ʃɛ:r,» lɥi repɔ̃ madmwazɛl ʒa:n dumje, «rəmɔ̃-

sortir (comme partir)
a sorti
sort
sortait
sortira

tons! » Puis, comme Arthur veut sortir le premier,
tɔ̃!» pɥi, kɔm arty:r vø sɔrti:r lə prəmje,

elle l'arrête d'un geste: « Je me demande ce que vous
ɛl larɛt dœ̃ ʒɛst: «ʒə m dəmã:d sə k vu

apprendre (comme **prendre**)
a appris
apprend
apprenait
apprendra

apprenez à l'école, mon cher, puisque vous n'avez
-zaprəne a lekɔl, mɔ̃ ʃɛ:r, pɥisk vu nave

pas appris qu'un homme doit toujours laisser les dames
pa apri kœ̃ -nɔm dwa tuʒu:r lɛse le dam

passer devant lui. » « C'est toi, la dame? » dit Ar-
pase dvã lɥi.» «sɛ twa, la dam?» di ar-

thur et rit très fort, puis passe vite devant sa sœur.
ty:r e ri trɛ fɔ:r, pɥi pa:s vit dəvã sa sœ:r.

« Essaye de me rattraper, si tu peux! » dit-il, et part
«ɛsɛ:j də m ratrape, si ty pø!» di -til, e pa:r

en courant. Il sait bien que même si sa sœur court
ã kurã. il se bjɛ̃ kə mɛ:m si sa sœ:r ku:r

centimètre
mètre
kilomètre

Un kilomètre = 1000 mètres. Un mètre = 100 centimètres.

presque aussi vite que lui, elle ne pourra pas le
prɛsk osi vit kə lɥi, ɛl nə pura pa l

rattraper, car il y a déjà plus de dix mètres entre
ratrape, kar il ja deʒa ply də di mɛtr ã:tr

elle et lui: Seulement, il ne regarde pas très bien
ɛl e lɥi: sœlmɑ̃, il nə rgard pa trɛ bjɛ̃

où il va, et en sortant sur le pont, il passe à quel-
u il va, e ɑ̃ sɔrtɑ̃ syr lə pɔ̃, il pa:s a kɛl-

ques centimètres d'une vieille dame qui se préparait
kə sɑ̃timɛtrə dyn vjɛ:j dam ki s preparɛ

à descendre dans sa cabine. Elle lève les deux bras
a desɑ̃:drə dɑ̃ sa kabin. ɛl lɛ:v le dø bra

avec un cri de peur: « Ah! Quel méchant petit garçon!
avɛk œ̃ kri d pœ:r: «a! kɛl meʃɑ̃ pti garsɔ̃!

Il a failli me renverser! Où est ta mère? Je vais
il a faji m rɑ̃vɛrse! u ɛ ta mɛ:r? ʒə vɛ

lui dire comment tu te conduis. »
lɥi di:r kɔmɑ̃ ty t kɔ̃dɥi.»

En ce moment, Jeanne, à son tour, passe en courant
ɑ̃ s mɔmɑ̃, ʒa:n, a sɔ̃ tu:r, pa:s ɑ̃ kurɑ̃

tout près de la vieille dame. Cette fois, celle-ci devient
tu prɛ d la vjɛ:j dam. sɛt fwa, sɛlsi dəvjɛ̃

toute rouge de colère: « Je n'ai jamais vu d'enfants qui
tut ru:ʒ də kɔlɛ:r: «ʒə ne ʒamɛ vy dɑ̃fɑ̃ ki

se conduisent si mal! Ils ont failli me renverser deux
s kɔ̃dɥi:z si mal! il -zɔ̃ faji m rɑ̃vɛrse dø

fois! Ah, mais attendez! Je vais le raconter à votre
fwa! a, mɛ atɑ̃de! ʒə vɛ l rakɔ̃te a vɔtrə

mère, nous allons voir ce qu'elle en dira! » Marie-
mɛ:r, nu -zalɔ̃ vwa:r sə kɛl ɑ̃ dira!» mari

Anne, qui sort justement sur le pont, entend les cris de
a:n, ki sɔ:r ʒystəmɑ̃ syr lə pɔ̃, ɑ̃tɑ̃ le kri d

le pont du bateau

il a failli me renverser ɔ: il m'a presque renversée

renverser = faire tomber

se conduire
je me conduis
tu te conduis
il se conduit
nous nous conduisons
vous vous conduisez
ils se conduisent

la dame et lui demande: «Vous êtes malade, Madame?»
la dam e lɥi dmɑ̃:d: «vu -zɛt malad, madam?»

s'écrier = crier soudain

« Non, mais j'ai failli être tuée! » « Tuée? » s'écrie Marie-
«nɔ̃, mɛ ʒe faji ɛ:trə tɥe!» «tɥe?» sekri mari

Anne. « Mais par qui, Madame? » « Par ces deux en-
a:n. «mɛ par ki, madam?» «par se dø -zɑ̃-

fants-là! » répond la dame en montrant Jeanne et Ar-
fɑ̃ la!» repɔ̃ la dam ɑ̃ mɔ̃trɑ̃ ʒa:n e ar-

thur qui se sont arrêtés devant la porte du restau-
ty:r ki s sɔ̃ -tarɛte dvɑ̃ la pɔrt dy rɛstɔ-

rant, où ils parlent avec Fatima. « Mais que vous
rɑ̃, u il parl avɛk fatima. «mɛ kə vu

ont-ils donc fait, Madame? » demande Marie-Anne. « Ce
-zɔ̃ -til dɔ̃ fɛ, madam?» dəmɑ̃:d mari a:n. «sə

sont vos enfants? » « Oui, Madame, mais je ne comprends
sɔ̃ vo -zɑ̃fɑ̃?» «wi, madam, mɛ ʒə n kɔ̃prɑ̃

pas ce qui s'est passé. » « Ils ont passé à quelques
pa s ki sɛ pase.» «il -zɔ̃ pase a kɛlk

un fou = quelqu'un qui ne sait pas ce qu'il fait

centimètres de moi, en courant comme des fous! En-
sɑ̃timɛtrə də mwa, ɑ̃ kurɑ̃ kɔm de fu! ɑ̃-

me renversaient ɔ: m'auraient renversée

core un peu, et ils me renversaient! » « Je vous demande
kɔ:r œ̃ pø, e il mə rɑ̃vɛrsɛ!» «ʒə vu dmɑ̃:d

pardon, Madame, » dit Marie-Anne, puis elle appelle:
pardɔ̃, madam,» di mari a:n, pɥi ɛl apɛl:

« Arthur! Jeanne! Venez ici! » « Pourquoi, ma-
«arty:r! ʒa:n! vəne isi!» «purkwa, mɑ̃-

man? » demande Arthur, qui sait très bien pourquoi,
mɑ̃?» dəmɑ̃:d arty:r, ki se trɛ bjɛ̃ purkwa,

mais essaye de retarder le moment désagréable. Il n'a
me esɛ:j də rtarde l mɔmã dezagreabl. il na

retarder ɔ: faire venir plus tard

pas la moindre envie d'écouter ce que dira sa mère. « Ve-
pa la mwɛ̃:dr ãvi dekute s kə dira sa mɛ:r. «və-

le moindre = le plus petit

nez ici, Jeanne et Arthur! » répète Marie-Anne sans
ne isi, ʒa:n e arty:r!» repɛt mari a:n sã

lui répondre. Les deux enfants viennent lentement
lɥi repɔ̃:dr. le dø -zãfã vjɛn lãtmã

lentement ←→ vite

vers leur mère. « Est-ce vrai, ce que Madame me dit
vɛr lœr mɛ:r. «ɛs vrɛ, s kə madam mə di

de vous? » leur demande Marie-Anne quand ils s'arrêtent
d vu?» lœr dəmã:d mari a:n kã -til sarɛt

devant elle. « Ils couraient comme des fous! »
dəvã -tɛl. «il kurɛ kɔm de fu!»

répète la dame avec colère. « Est-ce vrai? » demande
repɛt la dam avɛk kɔlɛ:r. «ɛs vrɛ?» dəmã:d

Marie-Anne encore une fois. « Oh non, on ne courait
mari a:n ãkɔ:r yn fwa. «o nɔ̃, ɔ̃ n kurɛ

pas comme des fous! » dit Arthur. « J'essayais de rat-
pa kɔm de fu!» di arty:r. «ʒesɛjɛ d ra-

traper Arthur, voilà tout, » dit sa sœur. « Ce n'est
trape arty:r, vwala tu,» di sa sœ:r. «s nɛ

pas la question, » dit alors Marie-Anne, « ce qui compte,
pa la kɛstjɔ̃,» di alɔ:r mari a:n, «s ki kɔ̃:t,

c'est que vous avez failli renverser Madame et
sɛ k vu -zave faji rãvɛrse madam e

que vous allez tout de suite lui demander pardon! »
k vu -zale tutsɥit lɥi dmãde pardɔ̃!»

« Pardon, Madame! » disent en même temps les deux en-
«pardɔ̃, madam!» di:z ɑ̃ mɛ:m tɑ̃ le dø -zɑ̃-

fants. « Ils ne recommenceront plus, Madame, » dit
fɑ̃. «il nə rkɔmɑ̃srɔ̃ ply, madam,» di

alors Marie-Anne, puis elle prend son fils et sa fille
alɔ:r mari a:n, pɥi ɛl prɑ̃ sɔ̃ fis e sa fi:j

par la main et tous les trois s'en vont vers Fatima,
par la mɛ̃ e tu le trwa sɑ̃ vɔ̃ vɛr fatima,

qui attend toujours, devant le restaurant. La vieille
ki atɑ̃ tuʒu:r, dəvɑ̃ l rɛstɔrɑ̃. la vjɛ:j

dame descend dans sa cabine en se disant: « Voilà la
dam desɑ̃ dɑ̃ sa kabin ɑ̃ s dizɑ̃: «vwala la

jeunesse d'aujourd'hui! Quand j'étais petite fille,
ʒœnɛs doʒurdɥi! kɑ̃ ʒetɛ ptit fi:j,

nous ne nous conduisions pas comme cela! »
nu n nu kɔ̃dɥizjɔ̃ pa kɔm sla!»

Quand Marie-Anne, Fatima et les deux enfants entrent
kɑ̃ mari a:n, fatima e le dø -zɑ̃fɑ̃ ɑ̃:trə

la plupart = la plus grande partie

un passager = une personne qui voyage en bateau

dans le restaurant, la plupart des passagers de pre-
dɑ̃ l rɛstɔrɑ̃, la plypa:r de pasaʒe d prə-

paraît ɔ: semble

il paraît y avoir = il paraît qu'il y a

du monde = des personnes

une table libre ɔ: une table où il n'y a personne

mière sont déjà arrivés. Il paraît y avoir du monde
mjɛ:r sɔ̃ deʒa arive. il parɛ i avwa:r dy mɔ̃:d

à toutes les tables. «Vois-tu une table libre, Fatima?»
a tut le tabl. «vwa ty yn tablə libr, fatima?»

demande Marie-Anne. « Non, Madame Marie Anne, je
dəmɑ̃:d mari a:n. «nɔ̃, madam mari a:n, ʒə

n'en vois pas une. Je crois que toutes les tables
nɑ̃ vwa pa -zyn. ʒə krwa k tut le tablə

sont prises.» Marie-Anne se prépare déjà à sortir,
sɔ̃ pri:z.» mari a:n sə prepa:r deʒa a sɔrti:r,

quand un garçon vient vers elle et lui dit qu'il y a
kɑ̃ -tœ̃ garsɔ̃ vjɛ̃ vɛr ɛl e lɥi di kil ja

une bonne table libre à l'autre bout de la salle. «A
yn bɔn tablə libr a lo:trə bu d la sal. «a

l'autre bout de la salle?» dit Marie-Anne, «je com-
lo:trə bu d la sal?» di mari a:n, «ʒə kɔ̃-

prends alors pourquoi je ne l'ai pas vue en entrant.»
prɑ̃ alɔ:r purkwa ʒə n le pa vy ɑ̃ -nɑ̃trɑ̃.»

«C'est tout à fait juste, Madame, on ne la voit pas
«sɛ tu -ta fɛ ʒyst, madam, ɔ̃ n la vwa pa

d'ici,» lui dit le garçon et la conduit à la table.
disi,» lɥi di l garsɔ̃ e la kɔ̃dɥi a la tabl.

Quand il les a conduits à leurs places et qu'ils se
kɑ̃ -til le -za kɔ̃dɥi a lœr plas e kil sə

sont assis, Marie-Anne demande: «Alors, que pren-
sɔ̃ -tasi, mari a:n dəmɑ̃:d: «alɔ:r, kə prɑ̃-

drons-nous?» «Voilà le menu, Madame,» lui dit le
drɔ̃ nu?» «vwala l məny, madam,» lɥi di l

garçon. Marie-Anne prend le menu et le regarde avec
garsɔ̃. mari a:n prɑ̃ l məny e l rəgard avɛk

Fatima. Il y a tant de bonnes choses dans un res-
fatima. il ja tɑ̃ d bɔn ʃo:z dɑ̃ -zœ̃ rɛs-

taurant de première classe, qu'il est très difficile
tɔrɑ̃ d prəmjɛ:r kla:s, kil ɛ trɛ difisil

de choisir. Mais au bout de deux ou trois minutes,
də ʃwazi:r. mɛ o bu də dø -zu trwa minyt,

paraître (comme
connaître)
a paru
paraît

conduire
a conduit
conduit
conduisait
conduira

je conduis
tu conduis
il conduit
nous conduisons
vous conduisez
ils conduisent

un menu

Le potage julienne est une soupe claire avec des légumes en petits morceaux.

je t'en prie ɔ: je te prie de ne pas faire d'histoires

bien élevé ɔ: qui se conduit bien

excellent = très bon

commander ɔ: demander au garçon

Arthur se retourne.

un nez

elles décident de commencer par du potage julienne.
ɛl desid də kɔmɑ̃se par dy pɔta:ʒ ʒyljɛn.

« Oh, pourquoi, maman? » demande Arthur. « Je n'aime
«o, purkwa, mɑ̃mɑ̃?» dəmɑ̃:d arty:r. «ʒə nɛ:m

pas le potage julienne! C'est plein de légumes, et
pa l pɔta:ʒ ʒyljɛn! sɛ plɛ̃ d legym, e

je n'aime pas les légumes dans la soupe! » « Arthur,
ʒ nɛ:m pa le legym dɑ̃ la sup!» «arty:r,

ne fais pas d'histoires, je t'en prie! Tu sais que
nə fɛ pa distwa:r, ʒə tɑ̃ pri! ty se k

les petits garçons bien élevés mangent tout ce qu'on
le pti garsɔ̃ bjɛ̃ -nelve mɑ̃:ʒ tu s kɔ̃

leur donne à table! Le potage julienne est un excel-
lœr dɔn a tabl! lə pɔta:ʒ ʒyljɛn ɛ -tœ̃ -nɛksɛ-

lent potage. » Arthur ne dit plus rien, et sa mère
lɑ̃ pɔta:ʒ.» arty:r nə di ply rjɛ̃, e sa mɛ:r

commande quatre potages.
kɔmɑ̃:d katrə pɔta:ʒ.

Pendant qu'on attend, les deux enfants regardent au-
pɑ̃dɑ̃ kɔ̃ -natɑ̃, le dø -zɑ̃fɑ̃ rgard o-

tour d'eux, dans la salle. Et quand ils se retournent
tu:r dø, dɑ̃ la sal. e kɑ̃ -til sə rturn

pour voir qui est assis derrière eux, ils se
pur vwa:r ki ɛ -tasi dɛrjɛ:r ø, il sə

trouvent soudain nez à nez avec un autre petit gar-
tru:v sudɛ̃ ne a ne avɛk œ̃ -no:trə pəti gar-

çon et sa sœur qui, eux aussi, se sont retournés
sɔ̃ e sa sœ:r ki, ø osi, sə sɔ̃ rturne

au même moment. Après un instant d'étonnement, les
o mɛ:m mɔmã. aprɛ -zœ̃ -nɛ̃stã detɔnmã, le

quatre enfants se mettent à rire comme des fous.
katr ãfã sə mɛt a ri:r kɔm de fu.

« Qu'est-ce que vous avez à rire? » demande Marie-Anne,
«kɛs kə vu -zave a ri:r?» dəmã:d mari a:n,

qui n'a rien vu. Et à l'autre table, la mère des
ki na rjɛ̃ vy. e a lo:trə tabl, la mɛ:r de

deux autres enfants leur pose la même question:
dø -zo:trə -zãfã lœr po:z la mɛ:m kɛstjɔ̃:

« Qu'avez-vous à rire? » Mais ni les uns ni les autres
«kave vu a ri:r?» mɛ ni le -zœ̃ ni le -zo:trə

ne peuvent expliquer pourquoi ils rient. Ils vou-
nə pœ:v ɛksplike purkwa il ri. il vu-

draient bien, mais chaque fois qu'ils commencent à
drɛ bjɛ̃, me ʃak fwa kil kɔmã:s a

expliquer ce qui s'est passé, ils recommencent à
ɛksplike s ki sɛ pase, il rəkɔmã:s a

rire. «Vous me raconterez ça quand vous aurez fini de
ri:r. «vu m rakɔ̃tre sa kã vu -zɔre fini d

rire,» dit alors Marie-Anne en souriant, et c'est à
ri:r,» di alɔ:r mari a:n ã surjã, e sɛ -ta

peu près la même phrase que dit à ses enfants la
pø prɛ la mɛ:m fra:z kə di a se -zãfã la

dame de l'autre table. Elles savent bien qu'il n'y a
dam də lo:trə tabl. ɛl sa:v bjɛ̃ kil nja

rien d'autre à faire que d'attendre. Marie-Anne
rjɛ̃ do:tr a fɛ:r kə datã:dr. mari a:n

qu'est-ce que tu as à rire? = pourquoi ris-tu?

expliquer = faire comprendre

elle-même, quand elle avait l'âge de Jeanne, pouvait
ɛlmɛ:m, kɑ̃ -tɛl avɛ la:ʒ də ʒa:n, puvɛ

plus on lui demandait..., plus elle riait ɔ: elle riait un peu plus chaque fois qu'on lui demandait...

parfois se mettre à rire toute seule sans pouvoir
parfwa s mɛtr a ri:r tut sœl sɑ̃ puvwa:r

s'arrêter, et plus on lui demandait pourquoi elle
sarɛte, e ply -zɔ̃ lɥi dmɑ̃dɛ purkwa ɛl

finir
a fini
finit
finissait
finira

riait, plus elle riait. Elle ne finissait de rire
rijɛ, ply -zɛl rijɛ. ɛl nə finisɛ d ri:r

que quand personne ne la regardait plus. Pendant ce
kə kɑ̃ pɛrsɔn nə la rgardɛ ply. pɑ̃dɑ̃ s

temps, le garçon a été à la cuisine et il revient
tɑ̃, lə garsɔ̃ a ete a la kɥizin e il rəvjɛ̃

vide ⟷ plein

les mains vides, en disant: « Je regrette beaucoup,
le mɛ̃ vid, ɑ̃ dizɑ̃: «ʒə rəgrɛt boku,

Madame, mais il n'y a malheureusement plus de potage
madam, mɛ il nja malœrøzmɑ̃ ply d pɔta:ʒ

julienne. » Si quelqu'un ne le regrette pas, c'est Arthur!
ʒyljɛn.» si kɛlkœ̃ n lə rəgrɛt pa, sɛ -tarty:r!

recommander quelque chose = dire que cette chose est bonne

« Si vous voulez une autre soupe, Madame, je vous
«si vu vule yn o:trə sup, madam, ʒə vu

recommande notre potage aux asperges, » dit le garçon
rkɔmɑ̃:d nɔtrə pɔta:ʒ o -zaspɛrʒ,» di l garsɔ̃

à Marie-Anne. « Il est vraiment excellent! » «Vous
a mari a:n. «il ɛ vrɛmɑ̃ ɛksɛlɑ̃!» «vu

me le recommandez? » « Oui, Madame, je suis sûr
m lə rkɔmɑ̃de?» «wi, madam, ʒə sɥi sy:r

que vous le trouverez délicieux! » « Bien, » dit Marie-
kə vu l truvre delisjø!» «bjɛ̃,» di mari

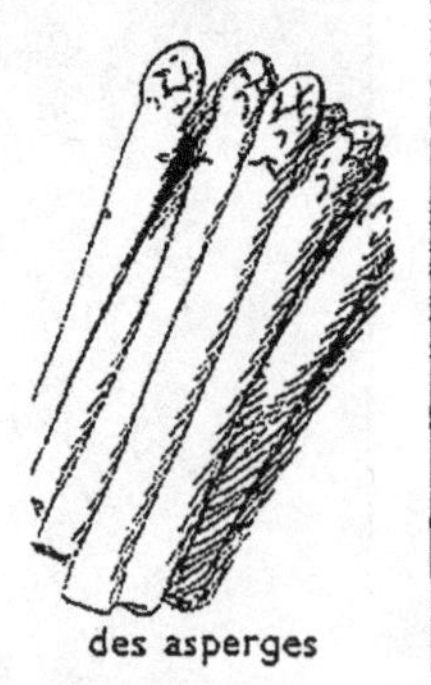
des asperges

Anne, et elle commande quatre soupes aux asperges.
a:n, e ɛl kɔmɑ̃:d katrə sup o -zaspɛrʒ.

«Vous ne le regretterez pas, Madame,» lui dit le
«vu n lə rəgrɛtre pa, madam,» lɥi di l

garçon. Arthur, lui, est très content de ce que sa
garsɔ̃. arty:r, lɥi, ɛ trɛ kɔ̃tɑ̃ də s kə sa

mère a choisi, car il aime bien les asperges.
mɛ:r a ʃwazi, kar il ɛ:m bjɛ̃ le -zaspɛrʒ.

Le déjeuner se passe tranquillement, les enfants se
lə deʒœne s pa:s trɑ̃kilmɑ̃, le -zɑ̃fɑ̃ s

conduisent comme des enfants bien élevés, et mangent
kɔ̃dɥi:z kɔm de -zɑ̃fɑ̃ bjɛ̃ -nelve, e mɑ̃:ʒ

tout avec grand plaisir. Après le potage aux asperges,
tu avɛk grɑ̃ plɛzi:r. aprɛ l pɔta:ʒ o -zaspɛrʒ,

Marie-Anne et Fatima choisissent du mouton, puis,
mari a:n e fatima ʃwazis dy mutɔ̃, pɥi,

elles choisissent des fruits. Et pour finir, elles
ɛl ʃwazis de frɥi. e pur fini:r, ɛl

commandent deux tasses de café. Comme les assiettes
kɔmɑ̃:d dø ta:s də kafe. kɔm le -zasjɛt

des enfants sont vides, leur mère leur dit d'aller
de -zɑ̃fɑ̃ sɔ̃ vid, lœr mɛ:r lœr di dale

jouer sur le pont du bateau. «Mais vous devez me
ʒwe syr lə pɔ̃ dy bato. «mɛ vu dve m

promettre que vous ne courrez plus comme des fous,
prɔmɛtrə kə vu n kurre ply kɔm de fu,

sans regarder où vous allez. Je ne veux pas que
sɑ̃ rgarde u vu -zale. ʒə n vø pa k

tranquille = calme

choisir (comme **finir**)
je choisis
tu choisis
il choisit
nous choisissons
vous choisissez
ils choisissent

promettre	**mettre**
a pro**mis**	a **mis**
pro**met**	**met**

courir
a couru
court
courait
courra

vous renversiez d'autres vieilles dames! » « Non, ma-
vu rãvɛrsje do:trə vjɛ:j dam! » «nɔ̃, mã-

man! » lui promettent Jeanne et Arthur. « Et pas
mã! » lɥi prɔmɛt ʒa:n e arty:r. «e pa

d'autres passagers non plus! » « Nous te promettons
do:trə pasaʒe nɔ̃ ply! » «nu t prɔmɛtɔ̃

de ne renverser personne! » dit Arthur en riant, et le
də n rãvɛrse pɛrsɔn! » di arty:r ã rijã, e l

frère et la sœur se lèvent de table.
frɛ:r e la sœ:r sə lɛ:v də tabl.

A l'autre table, la dame a dit à ses enfants: « Quand
a lo:trə tabl, la dam a di a se -zãfã: «kã

servir
a servi
sert
servait
servira

le garçon nous servira notre café, à papa et à moi,
l garsɔ̃ nu sɛrvira nɔtrə kafe, a papa e a mwa,

vous pourrez aller jouer. » Et comme le garçon vient
vu pure ale ʒwe. » e kɔm lə garsɔ̃ vjɛ̃

justement avec les cafés, ils se lèvent de table et
ʒystəmã avɛk le kafe, il sə lɛ:v də tabl e

sortent du restaurant eux aussi.
sɔrt dy rɛstɔrã ø osi.

En arrivant à la porte, Arthur et Jeanne se retournent
ã -narivã a la pɔrt, arty:r e ʒa:n sə rturn

et, pour la deuxième fois, ils se trouvent nez
e, pur la døzjɛm fwa, il sə tru:v ne

amuser = faire rire

à nez avec les deux autres enfants. Cela les amuse
a ne avɛk le dø -zo:trə -zãfã. sla le -zamy:z

beaucoup. Cela les amuse même tant qu'ils essayent
boku. sla le -zamy:z mɛ:m tã kil -zesɛ:j

plusieurs fois de refaire la même chose. Mais plus
plyzjœ:r fwa d rəfɛ:r la mɛ:m ʃo:z. mɛ ply

on répète une chose amusante, moins elle devient
-zɔ̃ repɛt yn ʃo:z amyzɑ̃:t, mwɛ̃ -zɛl dəvjɛ̃

amusant = qui amuse

amusante, et les quatre enfants, qui sont déjà devenus
amyzɑ̃:t, e le katr ɑ̃fɑ̃ ki sɔ̃ deʒa dəvny

de bons camarades, décident de faire le tour du bateau.
d bɔ̃ kamarad, desid də fɛ:r lə tu:r dy bato.

Puis, Arthur et Georges (c'est le nom de l'autre petit
pɥi, arty:r e ʒɔrʒ [sɛ l nɔ̃ d lo:trə pəti

garçon) décident de monter voir ce que fait le capitaine.
garsɔ̃] desid də mɔ̃te vwa:r sə k fɛ l kapitɛn.

« Tu ne crois pas que c'est défendu? » demande Jeanne
«ty n krwa pa k sɛ defɑ̃dy?» dəmɑ̃:d ʒa:n

défendu ⟷ permis

à son frère, et Liliane, la sœur de Georges, dit: « Je
a sɔ̃ frɛ:r, e liljan, la sœ:r də ʒɔrʒ, di: «ʒə

suis sûre que c'est défendu! Tu ne devrais pas y
sɥi sy:r kə sɛ defɑ̃dy! ty n dəvrɛ pa i

aller, Georges. » Mais Georges et Arthur, bien entendu,
ale, ʒɔrʒ.» mɛ ʒɔrʒ e arty:r, bjɛ̃ -nɑ̃tɑ̃dy,

défendre (comme atten**dre**)
a défendu
défend
défendait
défendra

trouvent que c'est justement parce que c'est défendu
tru:v kə sɛ ʒystəmɑ̃ pars kə sɛ defɑ̃dy

que c'est intéressant et disent à leurs sœurs de retourner chez leurs mamans. Puis les deux fillettes les
kə sɛ -tɛ̃terɛsɑ̃ e di:z a lœr sœ:r də rtur-ne ʃe lœr mɑ̃mɑ̃. pɥi le dø fijɛt le

laissent partir et continuent à faire le tour du bateau.
lɛs parti:r e kɔ̃tiny a fɛ:r lə tu:r dy bato.

Au bout d'un quart d'heure, Marie-Anne et Fatima, qui
o bu dœ̃ ka:r dœ:r, mari a:n e fatima, ki

ont fini leur café et viennent de quitter le restau-
ɔ̃ fini lœr kafe e vjɛn də kite l rɛstɔ-

rant, voient arriver deux petits garçons aux mains et
rɑ̃, vwa arive dø pti garsɔ̃ o mɛ̃ e

grosse ɔ: grande

au visage noirs, et aux vêtements pleins de grosses
o viza:ʒ nwa:r, e o vɛtmɑ̃ plɛ̃ d gro:s

une tache

taches noires. L'un des garçons est Georges, l'autre
taʃ nwa:r. lœ̃ de garsɔ̃ ɛ ʒɔrʒ, lo:tr

est Arthur. « Mais Arthur! » s'écrie Marie-Anne,
ɛ arty:r. «mɛ arty:r!» sekri mari a:n,

« où as-tu été? D'où viennent ces taches? » Arthur
«u a ty ete? du vjɛn se taʃ?» arty:r

rougir = devenir rouge

se sent tout petit à ce moment. Il rougit de la tête
sə sɑ̃ tu pti a s mɔmɑ̃. il ruʒi d la tɛ:t

rougir (comme finir)
a rougi
rougit
rougissait
rougira

je rougis
tu rougis
il rougit
nous rougissons
vous rougissez
ils rougissent

aux pieds et ne dit rien. A cet instant, la mère de
o pje e n di rjɛ̃. a sɛt ɛ̃stɑ̃, la mɛ:r də

Georges sort à son tour du restaurant, et elle aussi
ʒɔrʒ sɔ:r a sɔ̃ tu:r dy rɛstɔrɑ̃, e ɛl osi

s'écrie: « Georges! Qu'est-ce que tu as fait? Ex-
sekri: «ʒɔrʒ! kɛs kə ty a fɛ? ɛks-

plique-moi d'où viennent toutes ces taches! » Georges
plik mwa du vjɛn tut se taʃ!» ʒɔrʒ

rougit, lui aussi, mais ne dit rien non plus. Marie-
ruʒi, lɥi osi, mɛ n di rjɛ̃ nɔ̃ ply. mari

Anne et la mère de Georges prennent alors leurs fils par
a:n e la mɛ:r də ʒɔrʒ prɛn alɔ:r lœr fis par

la main et descendent chacune dans sa cabine. Marie-
la mɛ̃ e desɑ̃:d ʃakyn dɑ̃ sa kabin. mari

Anne dit à Arthur: « Je suis très en colère! Que
a:n di a arty:r: «ʒə sɥi trɛ -zɑ̃ kɔlɛ:r! kə

vont penser de moi les autres passagers, quand ils
vɔ̃ pɑ̃se d mwa le -zo:trə pasaʒe, kɑ̃ -til

verront que j'ai un petit garçon si mal élevé? » Et
vɛrɔ̃ kə ʒe œ̃ pti garsɔ̃ si mal elve?» e

mal élevé = qui se conduit mal

quand ils sont dans la cabine des enfants, elle con-
kɑ̃ -til sɔ̃ dɑ̃ la kabin de -zɑ̃fɑ̃, ɛl kɔ̃-

tinue: « Arthur, je ne veux pas que les gens aient
tiny: «arty:r, ʒə n vø pa k le ʒɑ̃ ɛ

la moindre envie de penser que mes enfants ne sont pas
la mwɛ̃:dr ɑ̃vi d pɑ̃se k me -zɑ̃fɑ̃ n sɔ̃ pa

avoir
(que) j'aie
(que) tu aies
(qu') il aie
(qu') ils aient

les mieux élevés du monde. Tu t'es très mal con-
le mjø -zelve dy mɔ̃:d. ty te trɛ mal kɔ̃-

duit, aujourd'hui! J'aurais dû te laisser sur le quai
dɥi, oʒurdɥi! ʒɔrɛ dy t lɛse syr lə ke

du port, avec tes grands-parents! Et maintenant, ex-
dy pɔ:r, avɛk te grɑ̃parɑ̃! e mɛ̃tnɑ̃, ɛks-

plique-moi d'où viennent ces taches! » Et Arthur ex-
plik mwa du vjɛn se taʃ!» e arty:r ɛks-

plique à sa mère qu'il a essayé de voir les machines
plik a sa mɛ:r kil a esɛje d vwa:r le maʃin

du bateau, et qu'il est tombé en descendant, et que
dy bato, e kil ɛ tɔ̃be ɑ̃ desɑ̃dɑ̃, e k

Georges est tombé, lui aussi, et que... « Merci! »
ʒɔrʒ ɛ tɔ̃be, lɥi osi, e k... «mɛrsi!»

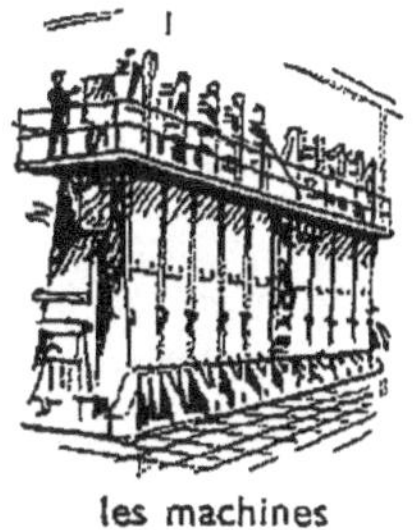
les machines du bateau

interrompt sa mère, « qui t'a permis d'aller voir les
ɛ̃terɔ̃ sa mɛːr, «ki ta pɛrmi dale vwaːr le

machines? » « Personne... » « Personne? Je pensais
maʃin?» «pɛrsɔn ...» «pɛrsɔn? ʒə pɑ̃sɛ

bien. Tu ne te souviens donc plus de ce que me di-
bjɛ̃. ty n tə suvjɛ̃ dɔ̃ ply də s kə m di-

sait ton papa? Il me disait qu'il mourrait tran-
zɛ tɔ̃ papa? il mə dizɛ kil murrɛ trɑ̃-

mourir
est mort
meurt
mourait
mourra

quille s'il savait que vous seriez toujours sages. »
kil sil savɛ k vu sərje tuʒuːr saːʒ.»

il est sage ɔ: il se conduit bien

Arthur s'en souvient très bien, et il dit tout bas, en
artyːr sɑ̃ suvjɛ̃ trɛ bjɛ̃, e il di tu ba, ɑ̃

rougissant encore plus: « Oui, maman, je sais... »
ruʒisɑ̃ ɑ̃kɔːr ply: «wi, mɑ̃mɑ̃, ʒə se...»

-rr-
courir il courra
voir il verra
mourir il mourra

« Mais ce n'est pas assez de le savoir, il faut aussi
«mɛ s nɛ pa ase də l savwaːr, il fo osi

se déshabiller ←→ s'habiller

vouloir être sage. Maintenant, tu vas te déshabiller, tu
vulwaːr ɛːtrə saːʒ. mɛ̃tnɑ̃, ty va t dezabije, ty

vas te laver de la tête aux pieds et tu vas te cou-
va t lave d la tɛːt o pje e ty va t ku-

cher! » « Oh, non, maman, je ne veux pas me coucher! »
ʃe!» «o, nɔ̃, mɑ̃mɑ̃, ʒə n vø pa m kuʃe!»

s'écrie Arthur. « J'ai dit que tu vas te coucher! »
sekri artyːr. «ʒe di k ty va t kuʃe!»

lui dit sa mère, et elle ajoute: « Et tu ne quitte-
lɥi di sa mɛːr, e ɛl aʒut: «e ty n kit-

ras pas la cabine avant mon retour, tu as compris?
ra pa la kabin avɑ̃ mɔ̃ rtuːr, ty a kɔ̃pri?

Je viendrai dans quelque temps voir si tu es sage. »
ʒə vjɛ̃dre dɑ̃ kɛlk tɑ̃ vwa:r si ty ɛ sa:ʒ. »

Arthur ne dit rien, cette fois-ci, et commence à se
arty:r nə di rjɛ̃, sɛt fwa si, e kɔmɑ̃:s a s

déshabiller. Marie-Anne remonte sur le pont, où
dezabije. mari a:n rəmɔ̃:t syr lə pɔ̃, u

Fatima l'attend avec Jeanne et sa nouvelle petite
fatima latɑ̃ avɛk ʒa:n e sa nuvɛl pətit

amie, Liliane.
ami, liljan.

EXERCICE A.

Le MAROC a quitté le — de Casablanca. Les parents de Marie-Anne sont restés sur le —. Ils semblent des poupées, on ne voit plus leur —. Marie-Anne et les enfants descendent dans leurs —. Quand ils sortent de la cabine, Arthur dit à sa sœur: « Essaye de me —, si tu peux! » En sortant sur le —, il a — renverser une vieille dame, qui crie: « Ah, ce méchant garçon! Je vais dire à ta mère comment tu te —! » La vieille dame est toute rouge de —.

Il — y avoir du monde à toutes les tables du restaurant. « Je ne vois pas une table —, » dit Fatima. Mais un garçon leur dit qu'il y a une bonne table libre à l'autre — de la salle. Quand il les a — à leurs places, Marie-Anne demande le —. Il y a beaucoup de bonnes choses, et il est difficile de —.

MOTS:
une asperge
un bout
une cabine

un camarade
un centimètre
une colère
une couchette
un fou
une machine
un menu
un nez
un passager
la plupart
un pont
un port
un potage
un potage julienne
un quai
une tache
le tour
un visage
amusant
défendu
excellent
libre
moindre
tranquille
vide
amuser
(qu') ils aient
apprendre
il a appris
choisir
il a choisi
ils choisissent
commander
se conduire
ils se conduisent
il a conduit
il s'est conduit
il courait
ils couraient
vous courrez
se déshabiller
je dormirai

Quand les enfants se —, ils se mettent à rire. Pourquoi rient-ils? Ils ne peuvent pas l'—. Et il n'y a rien à faire, car — on leur demande pourquoi ils rient, — ils rient.

EXERCICE B.

Quand les enfants sont sortis de la salle du restaurant, que décident-ils de faire? ... Que disent les fillettes à leurs frères? ... Quand Marie-Anne et Fatima quittent le restaurant, qui voient-elles arriver? ... Que dit Marie-Anne à son fils, pendant qu'elle descend avec lui dans la cabine? ... Que doit faire Arthur, quand il se sera lavé? ...

EXERCICE C.

je conduis	**nous conduisons**
tu conduis	**vous conduisez**
il conduit	**ils conduisent**

Le garçon — Marie-Anne à une table à l'autre bout du restaurant. Quand ils sont à table, les enfants se — assez bien. Leur mère leur dit: « Si vous vous — mal, vous n'aurez pas de fruits! » « Mais maman, nous nous — toujours bien! » lui répond Arthur. « Non, Arthur, tu ne te — pas toujours bien! » « Peut-être pas toujours, mais je me — presque toujours bien. »

conduire

a conduit **conduisait**

conduit **conduira**

Marie-Anne demande au garçon de les — à la table libre. Le garçon les y —. Quand il les y a —, il leur donne le menu. « J'espère que tu te — bien, » dit Marie-Anne à son fils. Elle serait très heureuse si les enfants se — toujours bien.

courir

a couru **courait**

court **courra**

Arthur — très vite et renverse presque une vieille dame. « On ne doit pas — si vite! » lui crie la dame. Arthur dit à sa mère qu'il ne — pas très vite. Mais puis, il promet à Marie-Anne qu'une autre fois, il ne — pas si vite. Jeanne, elle, dit que c'est vrai: elle a — trop vite.

partir

est parti **partait**

part **partira**

M. Bourdier a demandé quand — le MAROC. « Il — dans huit jours, » lui a-t-on répondu. « Quand tu —, je viendrai te dire adieu, » dit Gilberte à Marie-Anne. Les parents de Marie-Anne ont été très tristes de voir — le MAROC. Quand il est —, sa mère pleure.

servir

a servi **servait**

sert **servira**

« Quand le garçon nous — le café, vous pourrez sortir, » a dit Marie-Anne aux enfants. Et voilà enfin le

il aurait dû
s'écrier
expliquer
il a failli
il finissait
il mourrait
promettre
rattraper
recommander
refaire
regretter
renverser
retarder
se retourner
rougir
en rougissant
il servira
voyager
lentement
tranquillement
à l'autre bout de
avoir à rire
y avoir
bien élevé
ce qui compte
d'un air de
du monde
être en colère
faire des histoires
faire le tour
il paraît
je t'en prie
les uns... les autres
mal élevé
nez à nez
plus ... moins
plus ... plus
rien d'autre
voilà tout
Liliane

garçon qui — le café! Pendant qu'il est occupé à le —, les enfants sortent sur le pont du bateau. Maintenant, le garçon a — le café, et les enfants sont déjà loin. Deux autres enfants sont aussi sortis sur le pont pendant que le garçon — le café à Marie-Anne et à Fatima.

RÉSUMÉ (1)

L'infinitif après à, après de et seul.

Dans une phrase avec l'infinitif, il peut y avoir les mots *à* ou *de* avant l'infinitif, ou bien l'infinitif peut être seul, sans *à* ni *de*. Il est difficile de savoir quand on a *à* ou *de* et quand on n'a aucun de ces deux mots devant l'infinitif. C'est pour cela que nous vous donnons dans ce résumé un grand nombre de phrases avec l'infinitif, pour vous aider à savoir quel mot vous devez mettre entre l'infinitif et le mot qui vient avant.

L'infinitif avec à.

aider à + inf.	Mme Bourdier *aide* sa fille *à* faire les valises.
avoir à + inf.	Qu'est-ce que vous *avez à* rire?
	Il n'y *a* rien d'autre *à* faire que d'attendre.
commencer à + inf.	Ils *commencent à* expliquer ce qu'ils ont fait.
continuer à + inf.	Les garçons *continuent à* faire le tour du bateau.
donner à + inf.	Elle avait *donné à* manger à Fatima.
éprouver du plaisir à + inf.	Il *éprouve un grand plaisir à* parler.
être + adjectif + à + inf.	Ces choses *sont agréables à* entendre.
jouer à + inf.	Ils *jouent à* faire les valises.

Le train *met* 5 heures *à* faire les 320 kilomètres.	mettre à + inf.
Elle *se met à* regarder la photo.	se mettre à + inf.
Il a *passé* une journée *à* s'occuper des billets.	passer . . . à + inf.
La matinée *se passe à* discuter.	se passer à + inf.
Pense à faire tes valises!	penser à + inf.
Il *se prépare à* descendre.	se préparer à + inf.
Il *restait* des heures *à* regarder ses roses.	rester à + inf.
La première chose à faire, c'est d'aller prendre les billets.	la + adjectif + chose à + inf.

L'infinitif avec de.

Il a *accepté de* venir.	accepter de + inf.
Il *achève de* s'habiller.	achever de + inf.
Elle n'*avait* pas *besoin de* le dire.	avoir besoin de + inf.
Il *a envie de* rire.	avoir envie de + inf.
Elle *avait eu l'idée de* lui téléphoner.	avoir l'idée de + inf.
Tu *as peur d'*être trop seule.	avoir peur de + inf.
Ai-je le plaisir de vous connaître?	avoir le plaisir de + inf.
Ils *auront le temps de* dire adieu à leurs amis.	avoir le temps de + inf.
Il n'y a *rien d'autre à faire que d'*attendre.	rien d'autre à faire que de + inf.
Son cœur s'est *arrêté de* battre.	s'arrêter de + inf.
Il lui a téléphoné *au lieu de* lui écrire.	au lieu de + inf.
Il a *cessé de* passer ses soirées avec Fatima.	cesser de + inf.
Il lui a *demandé de* venir.	demander de + inf.
Je vous *demande pardon de* vous avoir dérangé.	demander pardon de + inf.
Ils *décident de* commencer à manger.	décider de + inf.
Il *se dépêche de* se laver.	se dépêcher de + inf.
Ils *disent* à leurs sœurs *de* rentrer.	dire de + inf.

donner le temps de + inf.	Il veut lui *donner le temps d'*y penser.
empêcher de + inf.	Il l'a *empêché d'*ouvrir la porte.
essayer de + inf.	*Essaye de* me rattraper!
c'est à ... de + inf.	*C'est à* toi *de* décider!
c'est assez de + inf.	*C'est assez d'*avoir appartenu à Napoléon III.
c'est autre chose de + inf.	*C'était autre chose d'*entendre André le raconter.
c'est bien de + inf.	*C'est bien* pour elle *d'*aller en France.
il est + adjectif + de + inf.	*Il est difficile de* choisir.
	Il n'*est* pas *facile* d'être vieux.
	Il est impossible de décrire sa joie.
	*Il est nécessaire d'*emporter des robes.
	Il nous *sera possible de* venir demain.
	Il serait triste de vivre ici.
c'est (ton) tour de + inf.	*C'est ton tour de* venir à Villebourg.
être + adjectif + de + inf.	Nous *sommes contents d'*être restés.
	Nous *sommes heureux de* vous avoir connu.
	Elle *était impatiente de* finir cette conversation.
	Elle *est obligée de* laisser beaucoup de robes à Casablanca.
être près de + inf.	Il *est près de* tomber.
faire bien de + inf.	Nous *ferons bien de* nous présenter.
faire mieux de + inf.	Nous *ferions mieux de* remonter.
finir de + inf.	Vous me répondrez quand vous aurez *fini de* rire.
intéresser de + inf.	Si cela vous *intéresse de* le savoir, je vous le dirai.
merci de + inf.	*Merci d'*être si bonne!
parler de + inf.	Elle *parle d'*attendre toute sa vie!
prier de + inf.	Je les ai *priés de* rester cette nuit.
permettre de + inf.	Qui t'a *permis d'*aller voir les machines?

Il saute *pour le plaisir de* sauter.	pour le plaisir de + inf.
Nous te *promettons de* ne renverser personne.	promettre de + inf.
Elle *refusait de* le voir amoureux de Marie-Anne.	refuser de + inf.
Ils *viennent de* quitter le restaurant.	venir de + inf.
La première *chose à faire, c'est de* s'occuper des billets.	...chose à faire, c'est de + inf.

L'infinitif seul.

Elle aurait *aimé* voyager.	aimer + inf.
Je *vais* le lui dire.	aller + inf.
Combien de temps *comptes*-tu y rester?	compter + inf.
Un homme *doit* laisser les dames passer les premières.	devoir + inf.
Elle l'a *envoyé* se coucher.	envoyer + inf.
Il *espère* pouvoir la retrouver.	espérer + inf.
Il a *failli* me renverser.	(il a) failli + inf.
Il lui a *fait* boire quelque chose.	faire + inf.
Il la *fait* descendre dans le bateau.	
Une nouvelle guerre a *fait* oublier l'autre.	
Elle lui a *fait* savoir la nouvelle.	
Il faut vouloir être un petit garçon sage.	il faut + inf.
Ils les *laissent* partir.	laisser + inf.
Vous *pouvez* aller jouer.	pouvoir + inf.
Il *regarde* les gens passer.	regarder + inf.
Il ne *sait* pas chanter.	savoir + inf.
Elle *semble* être un peu plus forte.	sembler + inf.
Elles *voient* arriver deux garçons.	voir + inf.
Il *veut* sortir.	vouloir + inf.
Il *monte* voir ce qui est arrivé.	monter, descendre, aller, courir, etc. + inf.
Ils *courent* annoncer la nouvelle à leurs amis.	

après + inf.	*Après* avoir reçu la lettre, elle l'a lue à sa mère.
par quoi + inf.	Je ne sais pas *par quoi* commencer.
pour + inf.	Elle s'arrête *pour* relire la lettre.
sans + inf.	Il dit cela *sans* sourire.

Et voici deux exemples où ce n'est ni *à* ni *de*, mais *par* qu'on a avant l'infinitif:

commencer par + inf.	Il *commence par* dire bonjour.
finir par + inf.	Elles ont *fini par* devenir amies.

RÉSUMÉ (2)

Voici trois familles de verbes qui se ressemblent:

partir	part**ir**	est part**i**	part	part**ait**	part**ira**
servir	serv**ir**	a serv**i**	sert	serv**ait**	serv**ira**
dormir	dorm**ir**	a dorm**i**	dort	dorm**ait**	dorm**ira**

Au singulier du présent les trois familles ne sont pas différentes:

je pars	tu pars	il part
je sers	tu sers	il sert
je dors	tu dors	il dort

Les formes « pars! » « sers! » et « dors! » sont également les mêmes. Mais aux autres formes, nous voyons que la fin de chaque forme est la même pour les trois familles de verbes, *sauf une lettre.* Cette lettre est *t* pour la famille de par*t*ir, *v* pour la famille de ser*v*ir, et *m* pour la famille de dor*m*ir. Voici les formes du pluriel du présent:

nous partons	nous servons	nous dormons
vous partez	vous servez	vous dormez
ils partent	ils servent	ils dorment

Les autres verbes que nous connaissons de ces trois familles sont: sor*t*ir, (se) sen*t*ir, et s'endor*m*ir.

UN HOMME A LA MER!

Quand Marie-Anne, Fatima et Jeanne se sont promenées
kã mari a:n, fatima e ʒa:n sə sɔ̃ prɔmne

pendant une demi-heure, Fatima dit: « Madame Marie-
pãdã -tyn dəmiœ:r, fatima di: «madam mari

Anne, vous ne croyez pas qu'Arthur a été assez puni et
a:n, vu n krwaje pa kartyːr a ete ase pyni e

que nous pouvons le faire sortir de sa cabine? » « Tu
k nu puvɔ̃ l fɛ:r sɔrti:r də sa kabin?» «ty

trouves? Eh bien, descendons! Nous verrons s'il
tru:v? e bjɛ̃, desãdɔ̃! nu verɔ̃ sil

regrette la manière dont il s'est conduit. »
rəgrɛt la manjɛ:r dɔ̃ -til sɛ kɔ̃dɥi.»

Dans sa cabine, Arthur a d'abord passé un quart
dã sa kabin, arty:r a dabɔ:r pase œ̃ ka:r

d'heure à se répéter combien il était malheureux et
dœ:r a s repete kɔ̃bjɛ̃ il etɛ malœrø e

combien sa mère était injuste: car vraiment, il
kɔ̃bjɛ̃ sa mɛ:r etɛ -tɛ̃ʒyst: kar vrɛmã, il

n'avait rien fait! En tout cas, pas assez pour être
navɛ rjɛ̃ fɛ! ã tu ka, pa ase pur ɛ:trə

puni de cette manière. (Il faut remarquer qu'Arthur
pyni d sɛt manjɛ:r. [il fo rmarke karty:r

trouve toujours que sa mère est injuste quand c'est
tru:v tuʒu:r kə sa mɛ:r ɛ -tɛ̃ʒyst kã sɛ

---

croire
je crois
tu crois
il croit
nous croyons
vous croyez
ils croient

Quand un enfant n'est pas sage, on le punit.

punir (comme finir)
a puni
punit
punissait
punira

la manière dont ɔ: comment

Quand on punit quelqu'un qui n'a rien fait, on est injuste.

de cette manière = comme cela

il faut ɔ: on doit

remarquer ɔ: dire

juste ⟷ injuste

lui qui est puni. Mais il trouve presque toujours
lɥi ki ɛ pyni. mɛ il tru:v prɛsk tuʒu:r

qu'elle est très juste quand elle punit sa sœur.)
kɛl ɛ trɛ ʒyst kɑ̃ -tɛl pyni sa sœ:r.]

Mais après avoir pensé à son malheur pendant un
mɛ aprɛ -zavwa:r pɑ̃se a sɔ̃ malœ:r pɑ̃dɑ̃ -tœ̃

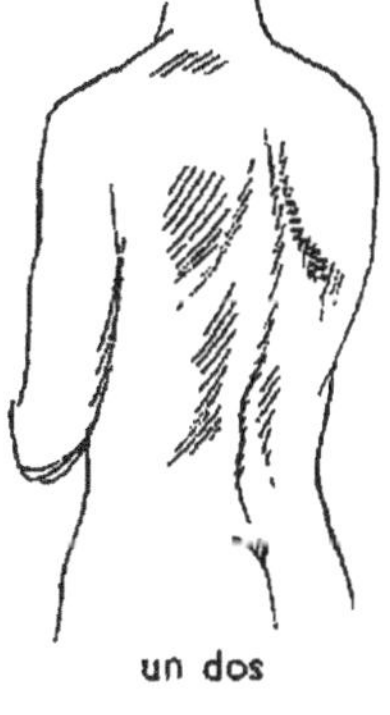
un dos

quart d'heure, Arthur s'est senti fatigué, s'est couché
ka:r dœ:r, arty:r sɛ sɑ̃ti fatige, sɛ kuʃe

sur le dos et s'est mis à regarder autour de lui.
syr lə do e sɛ mi a rgarde otu:r də lɥi.

Il faisait chaud dans la cabine. On n'entendait que
il fəzɛ ʃo dɑ̃ la kabin. ɔ̃ nɑ̃tɑ̃dɛ kə

le bruit des machines. Les yeux d'Arthur se sont
l brɥi de maʃin. le -zjø darty:r sə sɔ̃

fermés, et peu à peu, le petit garçon s'est endormi.
fɛrme, e pø a pø, lə pti garsɔ̃ sɛ -tɑ̃dɔrmi.

peu à peu ←→ tout à coup

Ainsi couché sur le dos, il ressemble à un petit
ɛ̃si kuʃe syr lə do, il rəsɑ̃:bl a œ̃ pti

ange plutôt qu'à un petit garçon qui s'est très mal con-
-tɑ̃:ʒ plyto ka œ̃ pti garsɔ̃ ki sɛ trɛ mal kɔ̃-

duit.
dɥi.

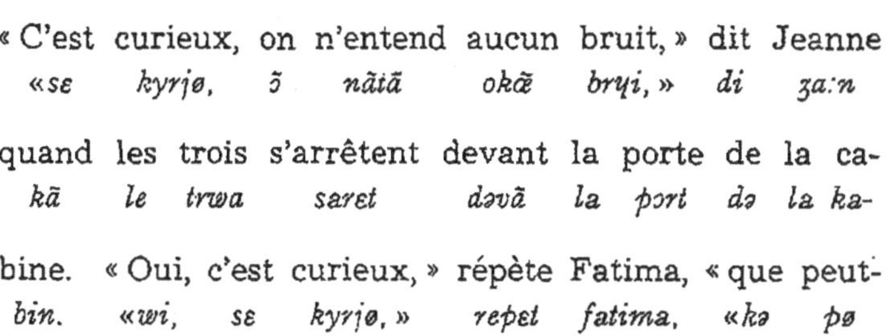

« C'est curieux, on n'entend aucun bruit, » dit Jeanne
«sɛ kyrjø, ɔ̃ nɑ̃tɑ̃ okœ̃ brɥi,» di ʒa:n

curieux = étrange

quand les trois s'arrêtent devant la porte de la ca-
kɑ̃ le trwa sarɛt dəvɑ̃ la pɔrt də la ka-

bine. « Oui, c'est curieux, » répète Fatima, « que peut-
bin. «wi, sɛ kyrjø,» repɛt fatima, «kə pø

il faire? Vous ne croyez pas qu'il lui est arrivé
-til fɛ:r? vu n krwaje pa kil lɥi ɛ -tarive

quelque chose, Madame Marie-Anne?» «Oh, non!»
kɛlkə ʃo:z, madam mari a:n?» «o, nɔ̃!»

répond Marie-Anne, puis elle ajoute: «Entrons, nous
repɔ̃ mari a:n, pɥi ɛl aʒut: «ɑ̃trɔ̃, nu

verrons ce qu'il fait.» Elle ouvre la porte sans faire
vɛrɔ̃ s kil fɛ.» ɛl u:vrə la pɔrt sɑ̃ fɛ:r

de bruit, et entre dans la cabine. Fatima et Jeanne
də brɥi, e ɑ̃:trə dɑ̃ la kabin. fatima e ʒa:n

à sa suite = après elle

entrent à sa suite. Quand elles voient Arthur qui dort,
ɑ̃:tr a sa sɥit. kɑ̃ -tɛl vwa arty:r ki dɔ:r,

la bouche un peu ouverte, elles se mettent à rire sans
la buʃ œ̃ pø uvɛrt, ɛl sə mɛt a ri:r sɑ̃

pouvoir s'arrêter.
puvwa:r sarɛte.

brusquement = tout à coup

A ce rire, le petit garçon se réveille brusquement et
a s ri:r, lə pti garsɔ̃ s revɛ:j bryskəmɑ̃ e

hein? ɔ: quoi?

saute de la couchette. «Hein? Qu'est-ce qu'il y a?»
so:t də la kuʃɛt. «ɛ̃? kɛs kil ja?»

tout d'abord = avant toute chose

demande-t-il tout d'abord, ce qui fait rire encore
dəmɑ̃:d -til tu dabɔ:r, s ki fɛ ri:r ɑ̃kɔ:r

plus sa sœur et Fatima. Puis, peu à peu, il se ré-
ply sa sœ:r e fatima. pɥi, pø a pø, il sə re-

veille entièrement et se met alors à rire lui aussi.
vɛ:j ɑ̃tjɛrmɑ̃ e s mɛ alɔ:r a ri:r lɥi osi.

«Eh bien, Arthur,» lui demande sa mère, «as-tu dé-
«e bjɛ̃, arty:r,» lɥi dmɑ̃:d sa mɛ:r, «a ty de-

cidé d'être sage pendant le reste du voyage?» Tout
side dɛ:trə sa:ʒ pɑ̃dɑ̃ l rɛst dy vwaja:ʒ?» tu

d'abord, Arthur ne veut pas répondre, puis il dit en
dabɔ:r, arty:r nə vø pa repɔ̃:dr, pɥi il di ɑ̃

regardant le tapis de la cabine: « Oui ... » « Oui quoi? »
rgardɑ̃ l tapi d la kabin: «wi...» «wi kwa?»

« Je le promets. » « C'est bien. Ne l'oublie pas. Tu
«ʒə l prɔmɛ.» «sɛ bjɛ̃. nə lubli pa. ty

sais bien qu'une promesse, c'est quelque chose de
sɛ bjɛ̃ kyn prɔmɛs, sɛ kɛlkə ʃo:z də

très sérieux. Ton père tenait toujours ses promesses,
trɛ serjø. tɔ̃ pɛ:r tənɛ tuʒu:r se prɔmɛs,

tu le sais bien. » « Oh, oui, maman! » « Alors, quittons
ty l se bjɛ̃.» «o, wi, mɑ̃mɑ̃!» «alɔ:r, kitɔ̃

cette cabine où il fait vraiment trop chaud et remontons
sɛt kabin u il fɛ vrɛmɑ̃ trɔ ʃo e rmɔ̃tɔ̃

sur le pont. » Sur ces mots, Marie-Anne sort avec
syr lə pɔ̃.» syr se mo, mari a:n sɔ:r avɛk

Fatima, et les deux enfants sortent à sa suite.
fatima, e le dø -zɑ̃fɑ̃ sɔrt a sa sɥit.

Quand ils montent sur le pont, ils voient que le so-
kɑ̃ -til mɔ̃:t syr lə pɔ̃, il vwa kə l sɔ-

leil est maintenant derrière un gros nuage blanc.
lɛ:j ɛ mɛ̃tnɑ̃ dɛrjɛ:r œ̃ gro nɥa:ʒ blɑ̃.

« Oh, maman, regarde! » s'écrie Jeanne dès qu'elle le
«o, mɑ̃mɑ̃, rəgard!» sekri ʒa:n dɛ kɛl lə

voit. « On dirait un énorme cheval blanc! » « Oui,
vwa. «ɔ̃ dirɛ œ̃ -nenɔrm ʃəval blɑ̃!» «wi,

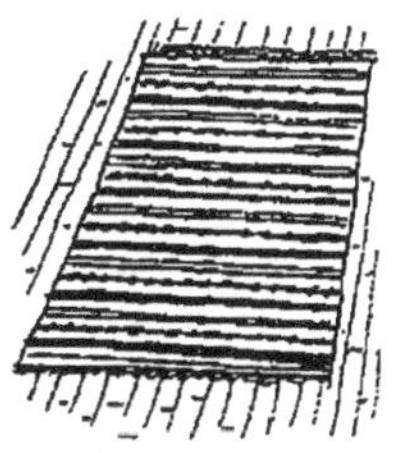
un tapis

une promesse = ce que l'on promet

quelque chose de sérieux ɔ: une chose sérieuse

tenir ses promesses = faire ce qu'on a promis

un nuage

on dirait = on croirait que c'est

énorme = très grand

c'est curieux,» dit Marie-Anne en souriant, «on di-
sɛ kyrjø,» di mari a:n ã surjã, «ɔ̃ di-

rait vraiment un énorme cheval.» «Moi, je trouve
rɛ vrɛmã œ̃ -nenɔrm ʃəval.» «mwa, ʒə tru:v

qu'il ressemble plutôt à un mouton, ce nuage,» dit
kil rəsã:blə plyto a œ̃ mutɔ̃, sə nɥa:ʒ,» di

Arthur. «Un mouton? Eh bien, mon vieux...»
arty:r. «œ̃ mutɔ̃? e bjɛ̃, mɔ̃ vjø...»

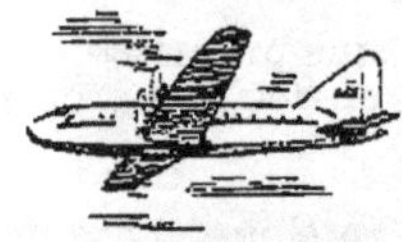
un avion

commence Jeanne, mais elle est interrompue par Fatima
kɔmã:s ʒa:n, mɛ ɛl ɛ -tɛ̃terɔ̃py par fatima

qui, à ce même moment, s'écrie: «Regardez! Un
ki, a s mɛ:m mɔmã, sekri: «rəgarde! œ̃

une cheminée

avion!» «Un avion? Où?» demande Arthur, qui a
-navjɔ̃!» «œ̃ -navjɔ̃? u?» dəmã:d arty:r, ki a

décidé depuis longtemps que quand il sera grand, il
deside dəpɥi lɔ̃tã kə kã -til səra grã, il

en effet ɔ: comme le dit Fatima

sera aviateur. «Là, un peu à droite de la première
səra avjatœ:r. «la, œ̃ pø a drwat də la prəmjɛ:r

cheminée.» En effet, à droite de la cheminée, on voit
ʃəmine.» ã -nefɛ, a drwat də la ʃəmine, ɔ̃ vwa

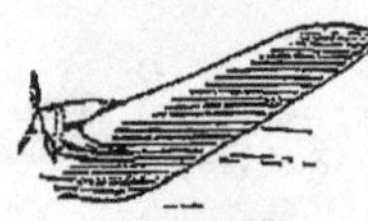

dans le ciel un grand avion qui vient rapidement vers
dã l sjɛl œ̃ grã -tavjɔ̃ ki vjɛ̃ rapidmã vɛr

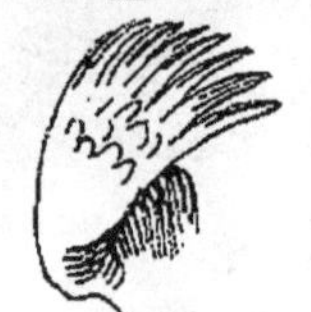
une aile

le bateau. Ses grandes ailes brillent au soleil. Comme
lə bato. se grã:d -zɛl bri:j o sɔlɛ:j. kɔm

il vole très haut, on n'entend presque pas le bruit de
il vɔl trɛ o, ɔ̃ nãtã prɛsk pa l brɥi d

très heureux
[*trɛ -zœrø*]
très haut
[*trɛ o*]

ses quatre moteurs.
se katrə mɔtœ:r.

Dès qu'Arthur aperçoit l'avion, il se met à faire de
dɛ kartyːr apɛrswa lavjɔ̃, il sə mɛ a fɛːr də

grands gestes. Il sait bien que l'aviateur ne peut
grɑ̃ ʒɛst. il se bjɛ̃ k lavjatœːr nə pø

pas le voir, mais il le salue tout de même. Le visage
pa l vwaːr, mɛ il lə saly tu d mɛːm. lə vizaːʒ

tourné vers le ciel, il marche sur le pont sans voir
turne vɛr lə sjɛl, il marʃ syr lə pɔ̃ sɑ̃ vwaːr

où il pose les pieds. « Arthur! » crie Marie-Anne,
u il poːz le pje. «artyːr!» kri mari aːn,

« arrête-toi! » Le petit garçon n'entend rien, et
«arɛt twa!» lə pti garsɔ̃ nɑ̃tɑ̃ rjɛ̃, e

les autres passagers autour de lui regardent égale-
le -zoːtrə pasaʒe otuːr də lɥi rgard egal-

ment l'avion. Marie-Anne croit déjà voir son fils
mɑ̃ lavjɔ̃. mari aːn krwa deʒa vwaːr sɔ̃ fis

tomber à la mer, elle voit son petit corps se dé-
tɔ̃be a la mɛːr, ɛl vwa sɔ̃ pti kɔːr sə de-

battre un instant contre les vagues, puis, brusque-
batr œ̃ -nɛ̃stɑ̃ kɔ̃ːtrə le vag, pɥi, bryskə-

ment, disparaître. Cette pensée lui donne des ailes.
mɑ̃, disparɛːtr. sɛt pɑ̃se lɥi dɔn de -zɛl.

On dirait qu'elle vole au lieu de marcher. En moins
ɔ̃ dirɛ kɛl vɔl o ljø d marʃe. ɑ̃ mwɛ̃

d'une seconde, elle est près de son petit, elle l'a
dyn səgɔ̃ːd, ɛl ɛ prɛ d sɔ̃ pti, ɛl la

saisi par la main et le tient aussi fort qu'un homme.
sɛzi par la mɛ̃ e l tjɛ̃ osi fɔːr kœ̃ -nɔm.

s'arrêter
arrête-toi!
arrêtons-nous!
arrêtez-vous!

à la mer = dans la mer

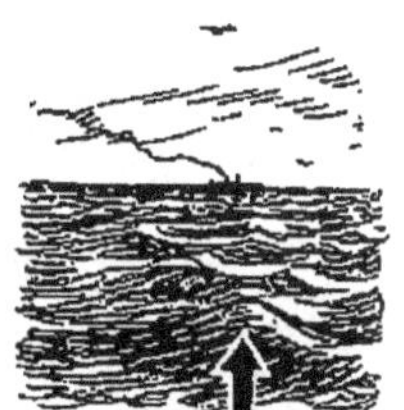

disparaître (comme conn**aître**)
a disparu
disparaît
disparaissait
disparaîtra

sais**ir** (comme fin**ir**)
a saisi
saisit
saisissait
saisira

Arthur essaye de se débattre, il veut continuer à
arty:r esɛ:j də s debatr, il vø kɔ̃tinɥe a

saluer son aviateur, mais comme, un instant, il a
salɥe sɔ̃ -navjatœ:r, mɛ kɔm, œ̃ -nɛ̃stɑ̃, il a

tourné son visage vers sa mère, il s'arrête brusque-
turne sɔ̃ viza:ʒ vɛr sa mɛ:r, il sarɛt bryskə-

ment, la regarde, et s'écrie: « Maman! Qu'est-ce qu'il
mɑ̃, la rgard, e sekri: «mɑ̃mɑ̃! kɛs kil

y a? » « Rien, mon petit, rien, » dit Marie-Anne pour
ja?» «rjɛ̃, mɔ̃ pti, rjɛ̃,» di mari a:n pur

rassurer = faire devenir calme

tu allais tomber = tu étais près de tomber

le rassurer. « Je croyais que tu allais tomber à la
lə rasyre. «ʒə krwajɛ k ty alɛ tɔ̃be a la

mer, et j'ai eu peur. » C'est maintenant le tour d'Ar-
mɛ:r, e ʒe y pœ:r.» sɛ mɛ̃tnɑ̃ l tu:r dar-

thur de rassurer sa mère. « Tu croyais que j'allais
ty:r də rasyre sa mɛ:r. «ty krwajɛ k ʒalɛ

le bastingage

tomber à la mer? Mais maman, c'est impossible:
tɔ̃be a la mɛ:r? mɛ mɑ̃mɑ̃, sɛ -tɛ̃pɔsibl:

il y a le bastingage, et puis, tu sais bien que je
il ja l bastɛ̃ga:ʒ, e pɥi, ty se bjɛ̃ kə ʒ

un poisson

sais nager! » « Tu nages comme un poisson, mon petit,
se naʒe!» «ty na:ʒ kɔm œ̃ pwasɔ̃, mɔ̃ pti,

je le sais. Mais dans le port de Casablanca, la mer
ʒə l se. mɛ dɑ̃ l pɔ:r də kazablɑ̃ka, la mɛ:r

n'est pas profonde, tandis qu'ici elle est très pro-
nɛ pa prɔfɔ̃:d, tɑ̃di kisi ɛl ɛ trɛ prɔ-

fonde: plus de deux mille mètres. » En entendant
fɔ̃:d: ply də dø mil mɛtr.» ɑ̃ -nɑ̃tɑ̃dɑ̃

cela, Arthur demande: « Dis, maman, qu'est-ce que
sla, arty:r dəmã:d: «di, mãmã, kɛs kə

vous auriez fait si j'étais tombé à la mer? » Et
vu -zorje fɛ si ʒetɛ tɔ̃be a la mɛ:r?» e

comme pour répondre à sa question, une voix crie à
kɔm pur repɔ̃:dr a sa kɛstjɔ̃, yn vwa kri a

ce même moment: « Un homme à la mer! ».
s mɛ:m momã: «œ̃ -nɔm a la mɛ:r!»

C'est un jeune homme qui, en voulant montrer à une
sɛ -tœ̃ ʒœn ɔm ki, ã vulã mɔ̃tre a yn

vouloir
en voulant

jeune fille comment un jour il avait attrapé un énorme
ʒœn fi:j kɔmã œ̃ ʒu:r il avɛ -tatrape œ̃ -nenɔrm

poisson, a fait un geste trop brusque et, du bastingage
pwasɔ̃, a fɛ œ̃ ʒɛstə trɔ brysk e, dy bastɛ̃ga:ʒ

où il était assis, il est tombé à la mer. Celui qui a
u il etɛ -tasi, il ɛ tɔ̃be a la mɛ:r. səlɥi ki a

crié est un monsieur qui a vu le jeune homme tomber,
krie ɛ -tœ̃ məsjø ki a vy l ʒœn ɔm tɔ̃be,

sans pouvoir l'aider, parce qu'il était trop loin. Immé-
sã puvwa:r lɛde, pars kil etɛ trɔ lwɛ̃. ime-

immédiatement = tout de suite

diatement, on fait savoir au capitaine ce qui s'est passé,
djatmã, ɔ̃ fɛ savwa:r o kapitɛn s ki sɛ pase,

et ce dernier donne immédiatement l'ordre d'arrêter
e s dɛrnje dɔn imedjatmã lɔrdrə darɛte

le bateau. Mais les machines d'un grand bateau ne
l bato. mɛ le maʃin dœ̃ grã bato n

sont pas si faciles à arrêter que le moteur d'une auto,
sɔ̃ pa si fasil a arɛte kə l mɔtœ:r dyn oto,

et puis, pour arrêter un grand bateau, il ne suffit pas
e pɥi, pur arɛte œ̃ grɑ̃ bato, il nə syfi pa

d'arrêter les machines. Il faut les faire tourner dans
darɛte le maʃin. il fo le fɛ:r turne dɑ̃

l'autre sens. C'est ce que le capitaine donne l'ordre
lo:trə sɑ̃:s. sɛ s kə l kapitɛn dɔn lɔrdrə

de faire. Et quelques minutes plus tard, le bateau
də fɛ:r. e kɛlk minyt ply ta:r, lə bato

s'est arrêté, cinq matelots montent dans une chaloupe,
sɛ -tarɛte, sɛ̃ matlo mɔ̃:t dɑ̃ -zyn ʃalup,

descendre ɔ: faire descendre

que d'autres matelots descendent à la mer.
kə do:trə matlo desɑ̃:d a la mɛ:r.

Le jeune homme qui est tombé à la mer est à quelques
lə ʒœn ɔm ki ɛ tɔ̃be a la mɛ:r ɛ -ta kɛlk

une centaine = environ cent

centaines de mètres du bateau. Heureusement pour
sɑ̃tɛn də mɛtrə dy bato. œrøzmɑ̃ pur

lui, il semble savoir nager presque aussi bien que
lɥi, il sɑ̃:blə savwa:r naʒe prɛsk osi bjɛ̃ kə

le poisson qui l'a fait tomber dans l'eau. Quand il
l pwasɔ̃ ki la fɛ tɔ̃be dɑ̃ lo. kɑ̃ -til

voit que l'on a descendu une chaloupe, il se met à
vwa kə lɔ̃ -na desɑ̃dy yn ʃalup, il sə mɛ a

direction ɔ: sens

nager dans la direction du bateau. La chaloupe va
naʒe dɑ̃ la dirɛksjɔ̃ dy bato. la ʃalup va

vite, on dirait que les cinq matelots lui donnent
vit, ɔ̃ dirɛ k le sɛ̃ matlo lɥi dɔn

une trentaine = environ trente

des ailes. Il n'y a plus qu'une trentaine de mètres
de -zɛl. il nja ply kyn trɑ̃tɛn də mɛtr

entre elle et le jeune homme. Sur le bateau, tous
ɑ̃:tr ɛl e l ʒœn ɔm. syr lə bato, tu

les yeux regardent dans le même sens. Tout à coup,
le -zjø rgard dɑ̃ l mɛ:m sɑ̃:s. tu -ta ku,

quand la chaloupe n'est plus qu'à une vingtaine de
kɑ̃ la ʃalup nɛ ply ka yn vɛ̃tɛn də

mètres du jeune homme, la jeune fille aperçoit quel-
mɛtrə dy ʒœn ɔm, la ʒœn fi:j apɛrswa kɛl-

que chose de noir qui nage rapidement dans la direc-
kə ʃo:z də nwa:r ki na:ʒ rapidmɑ̃ dɑ̃ la dirɛk-

tion de son camarade. « Là! Là! Regardez! » s'écrie-
sjɔ̃ d sɔ̃ kamarad. «la! la! rəgarde!» sekri

t-elle, les yeux pleins d'horreur, et l'instant sui-
-tɛl, le -zjø plɛ̃ dɔrœ:r, e lɛ̃stɑ̃ sɥi-

vant, des centaines d'yeux se sont tournés dans la
vɑ̃, de sɑ̃tɛn djø sə sɔ̃ turne dɑ̃ la

même direction. « Un requin! » s'écrie quelqu'un.
mɛ:m dirɛksjɔ̃. «œ̃ rəkɛ̃!» sekri kɛlkœ̃.

Les matelots de la chaloupe ont également vu le requin
le matlo d la ʃalup ɔ̃ -tegalmɑ̃ vy l rəkɛ̃

(car c'en est un), et en trois secondes, ils sont auprès
[ka:r sɑ̃ -nɛ -tœ̃], e ɑ̃ trwa zgɔ̃:d, il sɔ̃ -toprɛ

du nageur. Un des marins l'a déjà saisi par les mains,
dy naʒœ:r. œ̃ de marɛ̃ la deʒa sɛzi par le mɛ̃,

et quand le requin arrive à l'endroit où était le nageur
e kɑ̃ l rəkɛ̃ ari:v a lɑ̃drwa u etɛ l naʒœ:r

quelques instants plus tôt, le jeune homme est déjà
kɛlk -zɛ̃stɑ̃ ply to, lə ʒœn ɔm ɛ deʒa

une vingtaine = environ vingt

horreur (f) ɔ: très grande peur

un requin

c'en est un ɔ: c'est vraiment un requin

un nageur = un homme qui nage

un marin = un matelot

dans la chaloupe. Et comme l'un des marins fait
dɑ̃ la ʃalup. e kɔm lœ̃ de marɛ̃ fɛ

tomber quelque chose dans la mer au même moment,
tɔ̃be kɛlkə ʃo:z dɑ̃ la mɛ:r o mɛ:m mɔmɑ̃.

le requin a peur et disparaît brusquement. Une
lə rkɛ̃ a pœ:r e disparɛ bryskəmɑ̃. yn

une dizaine = environ dix

dizaine de minutes plus tard, on a remonté la chaloupe,
dizɛn də minyt ply ta:r, ɔ̃ -na rmɔ̃te la ʃalup,

et le jeune homme, qui est trop fatigué pour marcher,
e l ʒœn ɔm, ki ɛ trɔ fatige pur marʃe,

est porté par deux hommes dans sa cabine, où il est
ɛ pɔrte par dø -zɔm dɑ̃ sa kabin, u il ɛ

le tout ɔ: tout cela

couché sur sa couchette. Le tout n'a duré qu'un quart
kuʃe syr sa kuʃɛt. lə tu na dyre kœ̃ ka:r

durer

Un jour et une nuit **durent** vingt-quatre heures.

d'heure environ.
dœ:r ɑ̃virɔ̃.

Sur le pont du bateau, une vingtaine de personnes
syr lə pɔ̃ dy bato, yn vɛ̃tɛn də pɛrsɔn

on se montre ɔ: on montre, l'un à l'autre, . . .

discutent ce qui s'est passé. On se montre l'endroit
diskyt sə ki sɛ pase. ɔ̃ s mɔ̃:trə lɑ̃drwa

où le jeune homme se trouvait au moment où il est
u l ʒœn ɔm sə truvɛ o mɔmɑ̃ u il ɛ

on se dit ɔ: on dit, l'un à l'autre, . . .

tombé du bateau, on se dit que la mer est très pro-
tɔ̃be dy bato, ɔ̃ s di k la mɛ:r ɛ trɛ prɔ-

une soixantaine = environ soixante

fonde à cet endroit, et un monsieur d'une soixan-
fɔ̃:d a sɛt ɑ̃drwa, e œ̃ məsjø dyn swasɑ̃-

taine d'années dit à sa femme: «Ma chère, c'est de
tɛn dane di a sa fam: «ma ʃɛ:r, sɛ d

cette manière que l'on se tue. Si ce jeune homme
set manjɛ:r kə lɔ̃ s ty. si sə ʒœn ɔm

n'avait pas été un si bon nageur, et si les marins
navɛ pa ete œ̃ si bɔ̃ naʒœ:r, e si le marɛ̃

n'avaient pas été si rapides...» Il ne finit pas
navɛ pa ete si rapid...» il nə fini pa

sa pensée, mais ajoute après un instant: «Ah, cette
sa pɑ̃se, mɛ aʒut aprɛ -zœ̃ -nɛ̃stɑ̃: «a, set

jeunesse! Elle ne pense à rien!» «Tu n'es pas juste,
ʒœnɛs! ɛl nə pɑ̃:s a rjɛ̃!» «ty nɛ pa ʒyst,

Albert,» lui dit sa femme avec un sourire, «tu ne te
albɛ:r,» lɥi di sa fam avɛk œ̃ suri:r, «ty n tə

rappelles donc plus cette fois où tu es tombé dans
rapɛl dɔ̃ ply set fwa u ty ɛ tɔ̃be dɑ̃

le lac en voulant me donner une fleur d'eau?» «On
l lak ɑ̃ vulɑ̃ m dɔne yn flœ:r do?» «ɔ̃

ne dit pas «une fleur d'eau»!» «Tu as sûrement
n di pa «yn flœ:r do»!» «ty a syrmɑ̃

raison, Albert, mais, ce n'est pas cela qui importe. Ce
rɛzɔ̃, albɛ:r, mɛ, s nɛ pa sla ki ɛ̃pɔrt. sə

qui importe, c'est que tu es injuste.» «Bien, bien,»
ki ɛ̃pɔrt, sɛ k ty ɛ -zɛ̃ʒyst.» «bjɛ̃, bjɛ̃,»

dit son mari, et sur ces mots, lui et sa femme s'en
di sɔ̃ mari, e syr se mo, lɥi e sa fam sɑ̃

vont prendre une tasse de café au restaurant.
vɔ̃ prɑ̃:dr yn tɑ:s də kafe o rɛstɔrɑ̃.

Pendant toute cette affaire, Marie-Anne, Fatima et
pɑ̃dɑ̃ tut set afɛ:r, mari a:n, fatima e

se rappeler = se souvenir de

se **rappeler** (comme **appeler**)
s'est **rappelé**
se **rappelle**

importer ɔ: compter

les enfants sont restés presque immobiles, au même
le -zãfã sɔ̃ reste prɛsk imɔbil, o mɛ:m

avoir très peur = avoir une très grande peur

endroit. La petite Jeanne a eu très peur au commence-
ãdrwa. la ptit ʒa:n a y trɛ pœ:r o kɔmãs-

ment, mais Arthur l'a rassurée d'un air de grande
mã, mɛ arty:r la rasyre dœ̃ -nɛ:r də grã:d

personne: « Je te promets qu'il ne lui arrivera
pɛrsɔn: «ʒə tə prɔmɛ kil nə lɥi arivra

rien! Tu verras, ça ira très bien! Ecoute: les ma-
rjɛ̃! ty vɛra, sa ira trɛ bjɛ̃! ekut: le ma-

chines tournent dans l'autre sens! Et le bateau est
ʃin turn dã lo:trə sã:s! e l bato ɛ

déjà presque arrêté, tu vois? » « Je vois, » répond Jeanne,
deʒa prɛsk arɛte, ty vwa?» «ʒə vwa,» repɔ̃ ʒa:n,

mais elle a tout de même eu très peur en voyant le
mɛ ɛl a tu d mɛ:m y trɛ pœ:r ã vwajã l

requin. Mais Arthur l'a de nouveau rassurée: « Ça
rəkɛ̃. mɛ arty:r la d nuvo rasyre: «sa

un requin, il faut que ça ... ɔ: il faut qu'un requin ...

ne fait rien, tu sais? Un requin, il faut que ça se
n fɛ rjɛ̃, ty se? œ̃ rəkɛ̃, il fo k sa s

tourne sur le dos pour pouvoir saisir un nageur. »
turn syr lə do pur puvwa:r sezi:r œ̃ naʒœ:r.»

(C'est à l'école qu'Arthur a appris cela.) Mais
[sɛ -ta lekɔl karty:r a apri sla.] mɛ

Jeanne n'a été tout à fait rassurée que lorsqu'elle a
ʒa:n na ete tu -ta fɛ rasyre kə lɔrskɛl a

et que = et lorsque

vu le marin saisir le jeune homme par les mains, et
vy l marɛ̃ sɛzi:r lə ʒœn ɔm par le mɛ̃, e

qu'elle a vu les deux hommes le porter dans sa cabine.
kɛl a vy le dø -zɔm lə pɔrte dɑ̃ sa kabin.

Pendant tout cela, aucun des quatre n'avait
pɑ̃dɑ̃ tu sla, okœ̃ de katrə navɛ

remarqué que le nuage qui, tout d'abord, n'était qu'un
rmarke kə l nɥa:ʒ ki, tu dabɔ:r, netɛ kœ̃

grand cheval à droite de la cheminée du bateau, avait
grɑ̃ ʃval a drwat də la ʃmine dy bato, avɛ

peu à peu couvert tout le ciel, comme un immense ta-
pø a pø kuvɛ:r tu l sjɛl, kɔm œ̃ -nimɑ̃:s ta-

pis blanc. C'est Marie-Anne qui, la première, dit:
pi blɑ̃. sɛ mari a:n ki, la prəmjɛ:r, di:

« Il fait un peu froid, vous ne trouvez pas? » « Froid? »
«il fɛ œ̃ pø frwa, vu n truve pa?» «frwa?»

disent les deux enfants en même temps: « Non, il ne
di:z le dø -zɑ̃fɑ̃ ɑ̃ mɛ:m tɑ̃: «nɔ̃, il nə

fait pas froid. » Mais quand ils remarquent, eux aus-
fɛ pa frwa.» mɛ kɑ̃ -til rəmark, ø o-

si, que les nuages couvrent maintenant tout le ciel,
si, kə le nɥa:ʒ ku:vrə mɛ̃tnɑ̃ tu l sjɛl,

il leur semble tout à coup que leur mère a tout de
il lœr sɑ̃:blə tu -ta ku k lœr mɛ:r a tu d

même raison.
mɛ:m rɛzɔ̃.

Le nuage n'est déjà plus blanc, mais gris, et l'on
lə nɥa:ʒ nɛ deʒa ply blɑ̃, mɛ gri, e lɔ̃

ne voit pas le soleil. Il fait aussi sombre qu'à
n vwa pa l sɔlɛ:j. il fɛ osi sɔ̃:brə ka

immense = énorme

froid ←→ chaud

couvrir (comme **ouvrir**)
je couvre
tu couvres
il couvre
nous couvrons
vous couvrez
ils couvrent

Le gris est une couleur entre le blanc et le noir.

il fait sombre ɔ: on ne voit pas bien

sept ou huit heures du soir. Et voilà que le vent
set u ɥi -tœ:r dy swa:r. e vwala kə l vã

se met à souffler. C'est un vent froid. Ce n'est
s mɛ a sufle. sɛ -tœ̃ vã frwa. s nɛ

pas du tout = absolument pas

pas du tout un vent d'été, mais un vrai vent d'hi-
pa dy tu œ̃ vã dete, mɛ œ̃ vrɛ vã di-

ver. Les oiseaux volent plus vite, leurs ailes aussi
vɛ:r. le -zwazo vɔl ply vit, lœr -zɛl osi

semblent grises plutôt que blanches comme avant.
sã:blə gri:z plyto k blã:ʃ kɔm avã.

Une grosse goutte d'eau tombe sur la main de Jeanne.
yn gro:s gut do tɔ̃:b syr la mɛ̃ d ʒa:n.

Une autre goutte tombe immédiatement après sur le nez
yn o:trə gut tɔ̃:b imedjatmã aprɛ syr lə ne

d'Arthur. « Il pleut! » s'écrie-t-il, et un instant
darty:r. «il plø!» sekri -til, e œ̃ -nɛ̃stã

plus tard, ce n'est plus une goutte, mais des di-
ply ta:r, s nɛ ply -zyn gut, mɛ de di-

zaines, des centaines de gouttes qui tombent autour
zɛn, de sãtɛn də gut ki tɔ̃:b otu:r

de Marie-Anne et des enfants. Et pendant que Marie-
də mari a:n e de -zãfã. e pãdã k mari

prenant ɔ: en prenant

Anne, prenant les enfants par la main, court dans la
a:n, prənã le -zãfã par la mɛ̃, ku:r dã la

direction des cabines, les centaines de gouttes deviennent
dirɛksjɔ̃ de kabin, le sãtɛn də gut dəvjɛn

un millier = environ mille

des milliers. Un grand cri va d'un bout du bateau à
de milje. œ̃ grã kri va dœ̃ bu dy bato a

l'autre: « Il pleut! Il pleut! » Tous les passagers courent
lo:tr: «il plø! il plø!» tu le pasaʒe ku:r

vers leurs cabines ou vers les salons, et moins d'une
vɛr lœr kabin u vɛr le salɔ̃, e mwɛ̃ dyn

demi-minute plus tard, le pont est abandonné par le
dəmiminyt ply ta:r, lə pɔ̃ ɛ -tabɑ̃dɔne par lə

dernier passager.
dɛrnje pasaʒe.

le pont est abandonné par les passagers = les passagers ont quitté le pont

La pluie qui tombe des nuages toujours plus sombres
la plɥi ki tɔ̃:b de nɥa:ʒ tuʒu:r ply sɔ̃:br

est froide comme une pluie de décembre. De minute
ɛ frwad kɔm yn plɥi də desɑ̃:br. də minyt

en minute elle devient plus forte, et le vent, de
ɑ̃ minyt ɛl dəvjɛ̃ ply fɔrt, e l vɑ̃, də

minute en minute, souffle avec plus de force. La
minyt ɑ̃ minyt, sufl avɛk ply d fɔrs. la

fort
la force
Une personne qui est très forte a beaucoup de force.

mer qui, une demi-heure plus tôt, était si calme et
mɛ:r ki, yn dəmiœ:r ply to, etɛ si kalm e

bleue, a changé entièrement. Elle est sombre, d'un
blø, a ʃɑ̃ʒe ɑ̃tjɛrmɑ̃. ɛl ɛ sɔ̃:br, dœ̃

vert presque noir, et de grandes vagues frappent le
vɛ:r prɛsk nwa:r, e d grɑ̃:d vag frap lə

bateau avec force.
bato avɛk fɔrs.

Marie-Anne et les enfants sont montés dans le salon
mari a:n e le -zɑ̃fɑ̃ sɔ̃ mɔ̃te dɑ̃ l salɔ̃

de première et regardent par une des fenêtres. « Quelle
d prəmjɛ:r e rgard par yn de fnɛ:tr. «kɛl

tempête = vent très fort, pluie, vagues très hautes, etc.

tempête!» s'écrie Arthur. «Oui, c'est comme cette
tãpɛ:t!» sekri arty:r. «wi, sɛ kɔm sɛt

fois, tu te rappelles, où nous étions allés à Azemmour
fwa, ty t rapɛl, u nu -zetjɔ̃ -zale a azɛmu:r

avec grand-père,» dit Jeanne. «Oh, oui,» dit Arthur,
avɛk grãpɛ:r,» di ʒa:n. «o, wi,» di arty:r,

«il y avait des vagues plus hautes que des maisons
«il javɛ de vag ply o:t kə de mɛzɔ̃

de trois étages!» «Disons deux étages,» remarque
də trwa -zeta:ʒ!» «dizɔ̃ dø -zeta:ʒ,» rəmark

Marie-Anne en souriant. «Oui, mais tout de même,»
mari a:n ã surjã. «wi, mɛ tu d mɛ:m,»

dit Arthur sans se retourner, le nez contre la fenêtre
di arty:r sã s rəturne, lə ne kɔ̃:trə la fnɛ:trə

du salon. Le jour dont parle Arthur, il y a eu, entre
dy salɔ̃. lə ʒu:r dɔ̃ parl art:yr, il ja y, ã:trə

Casablanca et Azemmour, une tempête d'une telle force
kazablãka e azɛmu:r, yn tãpɛ:t dyn tɛl fɔrs

qu'aucun bateau n'a pu quitter le port de Casablanca
kokœ̃ bato na py kite l pɔ:r də kazablãka

et que deux petits bateaux, en voulant entrer dans le
e k dø pti bato, ã vulã ãtre dã l

port, ont été saisis par une vague immense et ont
pɔ:r, ɔ̃ -tete sɛzi par yn vag imã:s e ɔ̃

disparu en moins d'une minute! Beaucoup de personnes
dispary ã mwɛ̃ dyn minyt! boku d pɛrsɔn

dans le port les ont vus disparaître. Durant un court
dã l pɔ:r le -zɔ̃ vy disparɛ:tr. dyrã -tœ̃ ku:r

instant, on a vu avec horreur les passagers et les
ɛ̃stɑ̃, ɔ̃ -na vy avɛk ɔrœ:r le pasaʒe e le

matelots se débattre contre les vagues, sans pouvoir
matlo s debatrə kɔ̃:trə le vag, sɑ̃ puvwa:r

les aider. « C'est ainsi que la mer punit ceux qui n'ont
le -zɛde. «sɛ -tɛ̃si k la mɛ:r pyni sø ki nɔ̃

pas peur d'elle, » a-t-on dit. Arthur se rappelle qu'alors,
pa pœ:r dɛl, » a -tɔ̃ di. arty:r sə rapɛl kalɔ:r,

au commencement de la tempête, des milliers d'oiseaux
o kɔmɑ̃smɑ̃ d la tɑ̃pɛ:t, de milje dwazo

ont passé au-dessus de leurs têtes. En quelques minutes,
ɔ̃ pase odsy d lœr tɛ:t. ɑ̃ kɛlk minyt,

tous les cafés d'Azemmour (une petite ville à une cin-
tu le kafe dazɛmu:r [yn pətit vil a yn sɛ̃-

quantaine de kilomètres de Casablanca) ont été aban-
kɑ̃tɛn də kilɔmɛtrə də kazablɑ̃ka] ɔ̃ -tete abɑ̃-

donnés, comme le pont du bateau aujourd'hui. Seule-
dɔne, kɔm lə pɔ̃ dy bato oʒurdɥi. sœl-

ment, cette fois-là, la pluie n'était pas froide comme
mɑ̃, sɛt fwa la, la plɥi netɛ pa frwad kɔm

aujourd'hui, mais presque chaude.
oʒurdɥi, mɛ prɛsk ʃo:d.

Pendant une heure, les deux enfants ne quittent pas
pɑ̃dɑ̃ -tyn œ:r, le dø -zɑ̃fɑ̃ n kit pa

la fenêtre du salon. Puis tout à coup, aussi vite qu'elle
la fnɛ:trə dy salɔ̃. pɥi tu -ta ku, osi vit kɛl

est venue, la tempête passe. Le vent se calme, les
ɛ vny, la tɑ̃pɛ:t pa:s. lə vɑ̃ s kalm, le

une dizaine
une vingtaine
une trentaine
une quarantaine
une cinquantaine
une soixantaine
une centaine
un millier

se calmer = devenir calme

nuages laissent passer les premiers rayons du soleil,
nɥa:ʒ lɛs pase le prəmje rɛjɔ̃ dy sɔlɛ:j,

le pont du MAROC, abandonné pendant la tempête,
lə pɔ̃ dy marɔk, abɑ̃dɔne pɑ̃dɑ̃ la tɑ̃pɛ:t,

est de nouveau plein de monde. Le soleil disparaît
ɛ d nuvo plɛ̃ d mɔ̃:d. lə sɔlɛ:j disparɛ

encore de temps en temps derrière un nuage, mais de
ɑ̃kɔ:r də tɑ̃ -zɑ̃ tɑ̃ dɛrjɛ:r œ̃ nɥa:ʒ, mɛ d

minute en minute, ses rayons deviennent plus chauds. Il
minyt ɑ̃ minyt, se rɛjɔ̃ dəvjɛn ply ʃo. il

ne fait pas du tout sombre, tous semblent contents et
nə fɛ pa dy tu sɔ̃:br, tus sɑ̃:blə kɔ̃tɑ̃ e

heureux. Tous sauf ceux qui n'aiment pas les grosses
œrø. tus sof sø ki nɛ:m pa le gro:s

vagues et sont encore malades dans leurs cabines. Mais
vag e sɔ̃ -tɑ̃kɔ:r malad dɑ̃ lœr kabin. mɛ

les enfants n'y pensent pas, et pour eux, le voyage
le -zɑ̃fɑ̃ ni pɑ̃:s pa, e pur ø, lə vwaja:ʒ

continue, toujours aussi beau.
kɔ̃tiny, tuʒu:r osi bo.

EXERCICE A.

MOTS:

une aile
un aviateur
un avion
un bastingage

Fatima dit à Marie-Anne: «Vous ne — pas qu'Arthur est resté assez longtemps dans sa cabine?» «Nous verrons s'il regrette la — dont il s'est conduit,» dit Marie-Anne. Arthur, dans sa cabine, trouve que sa mère est très —, car il n'a vraiment rien fait. Quand il dort, il ressemble à un petit ange — qu'à un garçon qui s'est mal conduit.

Marie-Anne entre dans la cabine la première, Jeanne et Fatima y entrent à sa —. Arthur rougit et regarde le — de la cabine quand sa mère lui demande: « Me promets-tu d'être sage? » Puis il lui donne la — qu'elle lui demande.

Le soleil est derrière un gros —. Ce nuage ressemble à un — cheval. Tout à coup, les enfants voient un —. Arthur le regarde, le visage — vers le ciel, sans voir où il marche. Quand Marie-Anne l'a —, il s'—: « Qu'est-ce qu'il y a? » Sa mère le —: « Il n'y a rien, mon petit. »

Marie-Anne croyait que son fils — tomber à la mer. Mais Arthur lui dit qu'il sait —. « C'est vrai, tu nages comme un —, » lui dit sa mère, « mais la mer ici est très —. »

EXERCICE B.

Que dit-on d'une personne qui nage très bien? ... Qu'est-ce qu'un oiseau a au lieu de bras? ... Comment le jeune homme est-il tombé à la mer? ... Que fait le capitaine du bateau quand on a crié: Un homme à la mer? ... Que font les matelots, quand le bateau

une chaloupe
une cheminée
un commencement
une direction
un dos
un endroit
une force
une goutte
une horreur
une manière
un marin
un matelot
une mer
un nageur
un nuage
un ordre
la pluie
un poisson
une promesse
un requin
un sens
un tapis
une tempête
une vague
un vent
brusque
curieux
énorme
froid
gris
immense
injuste
juste
profond
sombre
abandonner
arrête-toi!
se calmer
ils couvrent
vous croyez
se débattre
descendre
disparaître

il disparaît
durer
il faut
nager
il pleut
porter
prenant
il a puni
il punit
remarquer
se répéter
se rappeler
rassurer
remonter
saisir
il a saisi
tu allais tomber
tourner
voulant
brusquement
hein?
immédiatement
plutôt
une dizaine
une vingtaine
une trentaine
une cinquantaine
une soixantaine
une centaine
un millier
à sa suite
ce qui importe
de cette manière
en effet
il fait chaud
il fait froid
il fait sombre
pas du tout
peu à peu
tout d'abord
tout de même

s'est arrêté? ... Que fait le jeune homme, quand il voit que l'on descend la chaloupe à la mer? ... Que voit la jeune fille dans l'eau, quand la chaloupe est déjà tout près du jeune homme? ...

EXERCICE C.

je crois	**nous croyons**
tu crois	**vous croyez**
il croit	**ils croient**

« —-tu que le jeune homme sait nager? » demande un monsieur à sa femme. « Oui, je — qu'il sait nager, » lui répond-elle. Arthur — aussi que le jeune homme sait nager, car lui-même nage très bien. Mais d'autres passagers ne — pas que le jeune homme sait nager. « —-vous que la chaloupe arrivera à temps? » demandent-ils aux matelots. « Oui, nous — qu'elle arrivera à temps, » répondent les matelots, très calmes.

finir	
a fini	**finissait**
finit	**finira**

Quand on a — de déjeuner, les enfants quittent la salle du restaurant. Ils se dépêchent toujours de — leur déjeuner, pour aller vite jouer. C'est presque toujours Arthur qui — de manger le premier. Son père aussi — toujours de manger avant les autres. « Quand, un jour, tu — après nous, on sera très content! » dit souvent Marie-Anne à son fils.

vouloir

a voulu **voulait**

veut **voudra**

Henri ne — pas mourir, mais qui — mourir avant d'avoir vraiment vécu? Le jeune homme a — que ses enfants deviennent de bons petits Français. Les parents de Marie-Anne lui ont dit: « Quand tu — nous quitter, dis-le, nous ne t'arrêterons pas. » Et maintenant, Marie-Anne, sans le —, a fait du mal à ses parents en décidant de partir.

RÉSUMÉ (1)

Les deux formes du futur.

Dans la phrase: « Nous allons fumer nos cigares dans le salon, » les mots « allons fumer » disent la même chose que le mot « fumerons ». Nous avons donc en français deux différentes formes de futur: le futur en un seul mot (il *fumera*), et le futur en deux mots, avec le verbe *aller* (il *va fumer*). Mais quand disons-nous: « il fumera », et quand disons-nous: « il va fumer »?

Nous disons: « il va fumer », « il va manger », « il va demander », etc. quand ce que dit le verbe va arriver dans peu de temps. Dans les autres cas, nous disons: « il fumera », « il mangera », « il demandera », etc.

Nous dirons donc: « Il *va venir* dans cinq minutes, » mais: «Il *viendra* dans une semaine. » Nous dirons: « Quand il viendra (dans peu de temps), nous *allons savoir* ce qu'il veut,» mais: «Quand il viendra (demain, par exemple), nous *saurons* ce qu'il veut.»

Jusqu'ici, cela n'est pas très difficile. Ce qui est un peu plus difficile, c'est que, parfois, on emploie également le verbe *aller* en parlant de choses qui arriveront dans quelques semaines, dans un mois, etc.

On dira par exemple: «Dans quelques semaines, je *vais commencer* mon grand voyage autour du monde,» mais on ne peut pas dire: «Je vais lire ce livre dans quelques semaines.» Pourquoi? Parce que, quand on parle d'un grand voyage, quelques semaines, ce n'est pas long, tandis que si l'on parle de lire un livre, quelques semaines, c'est long.

Un autre exemple. On dira: «Nous *allons finir* votre robe dans trois jours, Madame.» Mais on dira: «Nous *finirons* cette lettre dans trois jours.» Pourquoi? Parce que, quand on parle de finir une robe, trois jours c'est peu, tandis que si l'on parle de finir une lettre, c'est long.

RÉSUMÉ (2)

Voici une assez grande famille de verbes, la famille de *venir,* dont nous connaissons jusqu'ici les cinq verbes *venir,* de*venir, se* sou*venir, tenir,* et appar*tenir.*

On pourrait dire, il est vrai, que ce sont deux familles de verbes, la famille de *v*enir et celle de tenir.

Mais comme ces deux familles se ressemblent beaucoup, on en a fait une seule, grande famille.

EXERCICE

Comme premier exercice, essayez d'écrire le présent des verbes de cette famille. Nous vous donnons ici le présent de *venir:*

je viens	**nous venons**
tu viens	**vous venez**
il vient	**ils viennent**

Et voici un exercice sur les autres temps des verbes de cette famille. Comme exemple, nous vous donnons cinq formes du verbe *venir:*

venir	
est venu	**venait**
vient	**viendra**

Arthur (tenir) ___ sa cuiller à la main quand il mange sa soupe. Quand il était très petit, c'était sa mère qui (tenir) ___ sa cuiller. La cafetière de M. Doumier a (appartenir) ___ à Napoléon III. Quand M. Doumier mourra, elle (appartenir) ___ peut-être à Marie-Anne. Les enfants de Marie-Anne (devenir) ___ de bons Français, quand ils seront grands. Arthur est (devenir) ___ plus sage, depuis la mort de son père. Marie-Anne se (souvenir) ___ encore des dernières phrases de son mari. Elle s'en (souvenir) ___ toujours.

« Qui (venir) ___ à la gare, quand nous arriverons à Villebourg? » demande Fatima. « Je serais très contente si mon beau-père (venir) ___ à la gare, » lui répond Marie-Anne. M. Doumier était impatient de (tenir) ___ dans ses bras la femme d'Henri et ses enfants. « La femme d'Henri arrive; elle (venir) ___ à Villebourg! » disait-il à tout le monde. Et il a demandé encore une fois à sa fille Josette de (venir) ___, elle aussi, à Villebourg.

L'ARRIVÉE A MARSEILLE

Quand le MAROC arrive à Marseille, dans la matinée
kã l marɔk ari:v a marsɛ:j, dã la matine

du samedi, il fait très beau, le soleil brille dans un
dy samdi, il fɛ trɛ bo, lə sɔlɛ:j bri:j dã -zœ̃

ciel bleu. Une grande foule est rassemblée sur le
sjɛl blø yn grã:d ful ɛ rasãble syr lə

quai. On attend le MAROC depuis une heure. Le
ke. ɔ̃ -natã l marɔk dəpɥi -zyn œ:r. lə

navire aurait dû être à Marseille vers dix heures.
navi:r ɔrɛ dy ɛ:tr a marsɛ:j vɛr di -zœ:r.

Mais à cause de la tempête et du jeune homme qui
mɛ a ko:z də la tãpɛ:t e dy ʒœn ɔm ki

était tombé à la mer, il a une heure de retard, et n'ar-
etɛ tɔ̃be a la mɛ:r, il a yn œ:r də rta:r, e na-

rive à Marseille que vers onze heures.
ri:v a marsɛ:j kə vɛr ɔ̃:z œ:r.

Presque tous les passagers sont sur le pont, et beau-
prɛsk tu le pasaʒe sɔ̃ syr lə pɔ̃, e bo-

coup font de grands gestes aux personnes rassemblées
ku fɔ̃ də grã ʒɛst o pɛrsɔn rasãble

sur le quai. Beaucoup ont des amis ou des parents
syr lə ke. boku ɔ̃ de -zami u de parã

parmi la foule qui attend. Marie-Anne, Fatima et
parmi la ful ki atã. mari a:n, fatima e

une foule = beaucoup de personnes

une foule est rassemblée ɔ: beaucoup de personnes sont ensemble

un navire = un bateau

il a une heure de retard = il arrive une heure trop tard

beaucoup ɔ: beaucoup de passagers

parent = oncle, tante, cousin, etc.

les enfants sont naturellement au bastingage, et les
le -zɑ̃fɑ̃ sɔ̃ natyrɛlmɑ̃ o bastɛ̃ga:ʒ, e le

enfants saluent eux aussi la foule. A côté d'eux,
-zɑ̃fɑ̃ saly ø osi la ful. a kote dø,

une dame d'une soixantaine d'années semble avoir des
yn dam dyn swasɑ̃tɛn dane sɑ̃:bl avwa:r de

amis parmi ceux qui attendent, car elle appelle:
-zami parmi sø ki atɑ̃:d, kar ɛl apɛl:

« Hélène! Hélène! » et fait des gestes de la main à
«elɛn! elɛn!» e fɛ de ʒɛst də la mɛ̃ a

quelqu'un, sur le quai. « C'est ma fille, » explique-
kɛlkœ̃, syr lə ke. «sɛ ma fi:j,» ɛksplik

t-elle à Marie-Anne, « j'ai été voir une de mes filles
-tɛl a mari a:n, «ʒe ete vwa:r yn də me fi:j

qui est mariée à Casablanca, et Hélène, c'est mon
ki ɛ marje a kazablɑ̃ka, e elɛn, sɛ mɔ̃

autre fille. » Marie-Anne sourit, et la dame con-
-no:trə fi:j.» mari a:n suri, e la dam kɔ̃-

tinue à faire des gestes de la main à sa fille.
tiny a fɛ:r de ʒɛst də la mɛ̃ a sa fi:j.

« Elle m'a vue! » dit-elle tout à coup et, en quittant
«ɛl ma vy!» di -tɛl tu -ta ku e, ɑ̃ kitɑ̃

le bastingage: « Je vais me dépêcher de descendre!
l bastɛ̃ga:ʒ: «ʒə vɛ m depɛʃe də desɑ̃:dr!

Au revoir, Madame. » « Au revoir, Madame, » répond
o rvwa:r, madam.» «o rvwa:r, madam,» repɔ̃

Marie-Anne, et la dame s'en va.
mari a:n, e la dam sɑ̃ va.

A ce moment, Fatima dit: « Ce monsieur qui semble
a s mɔmɑ̃, fatima di: «sə məsjø ki sɑ̃:blə

nous appeler, n'est-ce pas Monsieur André? » « Oui,
nu -zaple, nɛs pa məsjø ɑ̃dre?» «wi,

c'est l'oncle André, » s'écrient les deux enfants en même
sɛ lɔ̃:kl ɑ̃dre,» sekri le dø -zɑ̃fɑ̃ ɑ̃ mɛ:m

temps, et ils se mettent à crier: « Oncle André! Oncle
tɑ̃, e il sə mɛt a krie: «ɔ̃:kl ɑ̃dre! ɔ̃:kl

André! » « André à Marseille? Quelle surprise! »
ɑ̃dre!» «ɑ̃dre a marsɛ:j? kɛl syrpri:z!»

s'écrie Marie-Anne, « et moi qui le croyais à mille
sekri mari a:n, «e mwa ki l krwajɛ a mil

kilomètres d'ici, chez mon beau-père à Villebourg,
kilɔmɛtrə disi, ʃe mɔ̃ bopɛ:r a vilbu:r,

ou à Paris! » « C'est très gentil d'être venu jus-
u a pari!» «sɛ trɛ ʒɑ̃ti dɛ:trə vəny ʒys-

qu'à Marseille, » dit Fatima. « C'est plus que gentil! »
ka marsɛ:j,» di fatima. «sɛ ply k ʒɑ̃ti!»

dit Marie-Anne, et ajoute: « Mais il a toujours été un
di mari a:n, e aʒut: «mɛ il a tuʒu:r ete œ̃

bon camarade. Maintenant, venez vite, nous allons
bɔ̃ kamarad. mɛ̃tnɑ̃, vəne vit, nu -zalɔ̃

nous dépêcher de descendre, nous aussi! »
nu depɛʃe də desɑ̃:dr, nu osi!»

Des matelots ont justement fini de mettre en place
de matlo ɔ̃ ʒystəmɑ̃ fini d mɛtr ɑ̃ plas

les passerelles, les premiers passagers commencent à
le pasrɛl, le prəmje pasaʒe kɔmɑ̃:s a

Une surprise est quelque chose que l'on n'attendait pas.

. . . qui le croyais ɔ: . . . qui croyais qu'il était

il est gentil ɔ: il se conduit d'une manière agréable

une passerelle

descendre du navire. En arrivant devant la passe-
desɑ̃:drə dy navi:r. ɑ̃ -narivɑ̃ dvɑ̃ la pas-

relle du pont de première, Marie-Anne, Fatima et les
rɛl dy pɔ̃ d prəmjɛ:r, mari a:n, fatima e le

deux enfants rattrappent la vieille dame que sa fille
dø -zɑ̃fɑ̃ ratrap la vjɛ:j dam kə sa fi:j

Hélène attend sur le quai. La dame leur sourit et
elɛn atɑ̃ syr lə ke. la dam lœr suri e

demande: « On vous attend aussi? » « Oui, » répond Ma-
dmɑ̃:d: «ɔ̃ vu -zatɑ̃ osi?» «wi,» repɔ̃ ma-

rie-Anne, « un cousin que je croyais à mille kilomètres
ri a:n, «œ̃ kuzɛ̃ k ʒə krwajɛ a mil kilɔmɛtrə

d'ici. » « Quelle jolie surprise! » dit la dame. Et sur
disi.» «kɛl ʒɔli syrpri:z!» di la dam. e syr

ces mots, elle commence à descendre. Nos quatre amis
se mo, ɛl kɔmɑ̃:s a desɑ̃:dr. no katr ami

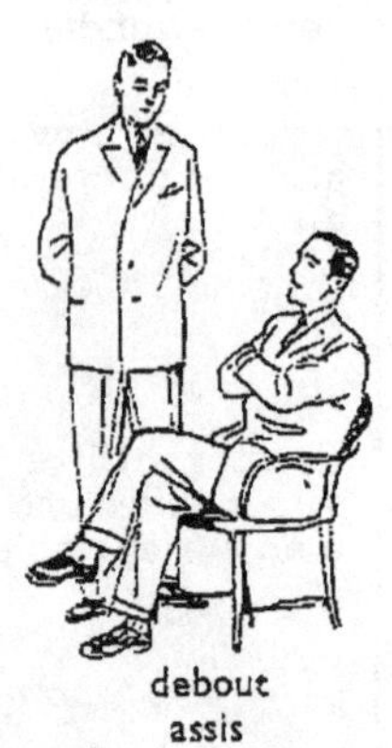

debout
assis

la suivent. André est debout, à côté de la passerelle
la sɥi:v. ɑ̃dre ɛ dəbu, a kote d la pasrɛl

suivre
je suis
tu suis
il suit
nous suivons
vous suivez
ils suivent

par où ils descendent. Il les suit du regard en souriant
par u il desɑ̃:d. il le sɥi dy rga:r ɑ̃ surjɑ̃

à sa cousine.
a sa kuzin.

pousser un cri = crier soudain

Tout à coup, la vieille dame pousse un cri et tombe.
tu -ta ku, la vjɛ:j dam pus ‿œ̃ kri e tɔ̃:b.

une dizaine au moins = pas moins d'une dizaine

Immédiatement, une dizaine de personnes au moins
imedjatmɑ̃, yn dizɛn də pɛrsɔn o mwɛ̃

courent l'aider. La pauvre dame paraît s'être fait
ku:r lɛde. la po:vrə dam parɛ sɛ:trə fɛ

mal, car elle reste couchée sur le côté, sans remuer.
mal, kar ɛl rɛst kuʃe syr lə kote, sɑ̃ rəmɥe.

« Oh! » dit-elle, puis elle appelle: « Hélène! » « Me
«o!» di -tɛl, pɥi ɛl apɛl: «elɛn!» «mə

voilà, maman, » dit sa fille, qui est arrivée elle aussi
vwala, mɑ̃mɑ̃,» di sa fi:j, ki ɛ -tarive ɛl osi

en courant. Puis elle se met à genoux à côté de sa
ɑ̃ kurɑ̃. pɥi ɛl sə mɛ a ʒənu a kote d sa

mère et lui demande: « As-tu mal, maman? » « Non, »
mɛ:r e lɥi dmɑ̃:d: «a ty mal, mɑ̃mɑ̃?» «nɔ̃,»

répond la vieille dame, « mais je ne peux pas remuer le
repɔ̃ la vjɛ:j dam, «mɛ ʒə n pø pa rəmɥe l

bras droit. Je crois que je me le suis cassé en tombant. »
bra drwa. ʒə krwa kə ʒə m lə sɥi kase ɑ̃ tɔ̃bɑ̃.»

« Ne dis pas cela, maman, ce serait vraiment trop de
«nə di pa sla, mɑ̃mɑ̃, sə srɛ vrɛmɑ̃ tro d

malchance! » dit sa fille. Et André, qui est monté lui
malʃɑ̃:s!» di sa fi:j. e ɑ̃dre, ki ɛ mɔ̃te lɥi

aussi pour aider Marie-Anne à descendre (cela n'est
osi pur ɛde mari a:n a desɑ̃:dr [sla nɛ

pas facile, à cause de la foule qui s'est formée autour
pa fasil, a ko:z də la ful ki sɛ fɔrme otu:r

de la pauvre dame), dit lui aussi: « Quelle malchance!
də la po:vrə dam], di lɥi osi: «kɛl malʃɑ̃:s!

Juste au moment où cette pauvre dame rentrait en
ʒyst o mɔmɑ̃ u sɛt po:vrə dam rɑ̃trɛ ɑ̃

France d'un si long voyage! Mais il faudrait un doc-
frɑ̃:s dœ̃ si lɔ̃ vwaja:ʒ! mɛ il fodrɛ œ̃ dɔk-

sans remuer ɔ: immobile

un genou

un bras cassé

malchance ⟷ chance

se former ɔ: se rassembler

il faut
il faudra

teur! N'y a-t-il pas un docteur?» «Ici,» répond une
tœ:r! nja -til pa œ̃ dɔktœ:r?» «isi,» repɔ̃ yn

s'approcher ɔ: venir plus près

à travers ɔ: en traversant

voix, et un jeune homme s'approche, à travers la foule.
vwa, e œ̃ ʒœn ɔm saprɔʃ, a travɛ:r la ful.

Il se met lui aussi à genoux auprès de la dame et lui
il sə mɛ lɥi osi a ʒnu oprɛ d la dam e lɥi

avez-vous des douleurs = avez-vous mal

demande: «Avez-vous des douleurs, Madame?» «Non,»
dmɑ̃:d: «ave vu de dulœ:r, madam?» «nɔ̃,»

répond la dame, «je n'ai aucune douleur, mais je ne
repɔ̃ la dam, «ʒə ne okyn dulœ:r, mɛ ʒə n

peux pas remuer le bras droit. Croyez-vous qu'il est
pø pa rəmɥe l bra drwa. krwaje vu kil ɛ

cassé, docteur?» «Je ne peux pas le dire avant de
kase, dɔktœ:r?» «ʒə n pø pa l di:r avɑ̃ d

l'avoir vu, Madame,» lui répond le jeune docteur, puis
lavwa:r vy, madam,» lɥi repɔ̃ l ʒœn dɔktœ:r, pɥi

aux gens rassemblés autour d'eux: «Il faut porter
o ʒɑ̃ rasɑ̃ble otu:r dø: «il fo pɔrte

Madame dans sa cabine! Faites un peu de place, s'il
madam dɑ̃ sa kabin! fɛt -zœ̃ pø d plas, sil

vous plaît!» «Oui, naturellement,» dit alors André à
vu plɛ!» «wi, natyrɛlmɑ̃,» di alɔ:r ɑ̃dre a

sa cousine, «que faisons-nous ici? Descendons vite, le
sa kuzin, «kə fzɔ̃ nu isi? desɑ̃dɔ̃ vit, lə

train n'attendra pas longtemps. Il est déjà onze heures
trɛ̃ natɑ̃dra pa lɔ̃tɑ̃. il ɛ deʒa ɔ̃:z œ:r

vingt, il part dans une vingtaine de minutes.» Et
vɛ̃, il pa:r dɑ̃ -zyn vɛ̃tɛn də minyt.» e

il descend avec Marie-Anne sur le quai, suivi de
il desã avek mari a:n syr lə ke, sɥivi d

Fatima et des enfants, pendant que la pauvre dame
fatima e de -zãfã, pãdã k la po:vrə dam

est portée dans sa cabine.
ɛ pɔrte dã sa kabin.

Marie-Anne se retourne un instant, pour voir si le
mari a:n sə riturn œ̃ -nɛ̃stã, pur vwa:r si l

porteur qui a pris leurs valises les suit. Il est juste
pɔrtœ:r ki a pri lœr vali:z le sɥi. il ɛ ʒyst

derrière eux et demande, pour être sûr: « Le train de
dɛrjɛ:r ø e dmã:d, pur ɛ:trə sy:r: «lə trɛ̃ d

Paris, n'est-ce pas, Madame? » « Oui, oui, » lui répond
pari, nɛs pa, madam?» «wi, wi,» lɥi repɔ̃

Marie-Anne, « allez-y, nous vous suivons! » Puis elle
mari a:n, «ale -zi, nu vu sɥivɔ̃!» pɥi ɛl

se retourne vers André, qui lui a pris le bras. « André,
sə riturn vɛr ãdre, ki lɥi a pri l bra. «ãdre,

quelle belle surprise tu nous as faite! Mais comment
kɛl bɛl syrpri:z ty nu -za fɛt! mɛ kɔmã

as-tu eu l'idée de venir jusqu'à Marseille? » « C'est
a ty y lide də vni:r ʒyska marsɛ:j?» «sɛ

très simple, j'ai eu grande envie de te revoir, une si
trɛ sɛ̃:pl, ʒe y grã:d ãvi də tə rvwa:r, yn si

grande envie que j'ai tout à coup décidé de prendre
grã:d ãvi k ʒe tu -ta ku deside də prã:drə

le train de Marseille, et me voilà! » « Quelle bonne
lə trɛ̃ d marsɛ:j, e m vwala!» «kɛl bɔn

suivre
a suivi
suit

un porteur

simple ɔ: facile à comprendre

idée! » disent les deux enfants derrière lui, et en riant,
ide!» di:z le dø -zɑ̃fɑ̃ dɛrjɛ:r lɥi, e ɑ̃ rijɑ̃,

tout le monde s'en va vers le train.
tu l mɔ̃:d sɑ̃ va vɛr lə trɛ̃.

A quelques centaines de mètres de l'endroit où est
a kɛlk sɑ̃tɛn də mɛtrə də lɑ̃drwa u ɛ

un passager = une personne qui voyage en bateau

le MAROC, il y a une gare pour les voyageurs qui
l marɔk, il ja yn ga:r pur le vwajaʒœ:r ki

un voyageur = une personne qui voyage par le train, en auto, etc.

viennent en bateau. Le porteur avec les valises de
vjɛn -tɑ̃ bato. lə pɔrtœ:r avɛk le vali:z də

Marie-Anne est déjà devant un wagon de 1ère classe
mari a:n ɛ deʒa dvɑ̃ -tœ̃ vagɔ̃ d prəmjɛ:r kla:s

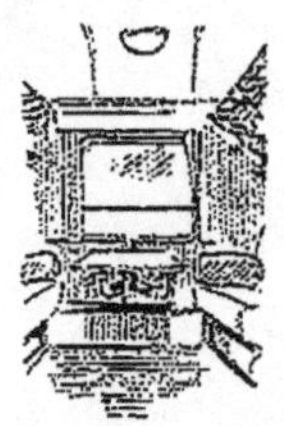
un compartiment

où il a vu un compartiment libre. Il monte dans le
u il a vy œ̃ kɔ̃partimɑ̃ libr. il mɔ̃:t dɑ̃ l

wagon, suivi de nos voyageurs. Le porteur met les
vagɔ̃, sɥivi d no vwajaʒœ:r. lə pɔrtœ:r mɛ le

valises en place dans le compartiment, et Marie-Anne
vali:z ɑ̃ plas dɑ̃ l kɔ̃partimɑ̃, e mari a:n

combien est-ce que je vous dois? ɔ: combien d'argent dois-je vous donner?

lui demande: « Combien est-ce que je vous dois? »
lɥi dmɑ̃:d: «kɔ̃bjɛ̃ ɛs kə ʒ vu dwa?»

« Cela fait deux cents francs, Madame, » lui répond
«sla fɛ dø sɑ̃ frɑ̃, madam,» lɥi repɔ̃

le payer ɔ: payer le porteur

le porteur. Marie-Anne veut le payer, mais son cou-
l pɔrtœ:r. mari a:n vø l pɛje, mɛ sɔ̃ ku-

sin l'arrête, et paye à sa place. Marie-Anne proteste:
zɛ̃ larɛt, e pɛ:j a sa plas. mari a:n prɔtɛst:

« André, vraiment, je ne veux pas que tu payes pour
«ɑ̃dre, vrɛmɑ̃, ʒə n vø pa k ty pɛ:j pur

André embrasse Jeanne.

moi! » Mais son cousin lui sourit et ne la laisse pas
mwa!» mɛ sɔ̃ kuzɛ̃ lɥi suri e n la lɛs pa

continuer. Elle est si jolie, en ce moment, qu'il se
kɔ̃tinɥe. ɛl ɛ si ʒɔli, ɑ̃ s mɔmɑ̃, kil sə

demande un instant s'il ne peut pas se permettre de
dmɑ̃:d œ̃ -nɛ̃stɑ̃ sil nə pø pa s pɛrmɛtrə də

l'embrasser. Après tout, Marie-Anne est sa cousine.
lɑ̃brase. aprɛ tu, mari a:n ɛ sa kuzin.

Mais devant Fatima, il préfère ne pas le faire. Il dit
mɛ dvɑ̃ fatima, il prefɛ:r nə pa l fɛ:r. il di

seulement: « Ma chère cousine, c'est très simple: à
sœlmɑ̃: «ma ʃɛ:r kuzin, sɛ trɛ sɛ̃:pl: a

partir de ce moment et jusqu'à notre arrivée à Ville-
parti:r də s mɔmɑ̃ e ʒyska nɔtr arive a vil-

bourg, c'est moi qui paye. Sommes-nous d'accord? »
bu:r, sɛ mwa ki pɛ:j. sɔm nu dakɔ:r?»

à partir de ɔ: depuis

nous sommes d'accord ɔ: nous voulons la même chose

Cette fois-ci, la jeune femme ne proteste pas. Elle
sɛt fwa si, la ʒœn fam nə prɔtɛst pa. ɛl

lève les épaules avec un petit geste des bras, et dit
lɛ:v le -zepo:l avɛk œ̃ pti ʒɛst de bra, e di

en souriant: « Tu es le plus fort. Cela a toujours été
ɑ̃ surjɑ̃: «ty ɛ l ply fɔ:r. sla a tuʒu:r ete

une épaule

comme ça. Quand tu veux vraiment quelque chose,
kɔm sa. kɑ̃ ty vø vrɛmɑ̃ kɛlkə ʃo:z,

il est impossible de te résister! » Et elle dit cela avec
il ɛ -tɛ̃pɔsiblə də tə reziste!» e ɛl di sla avɛk

un sourire si gentil que le jeune homme ne peut plus,
œ̃ suri:r si ʒɑ̃ti kə l ʒœn ɔm nə pø ply,

gentil ɔ: joli, agréable

naturel
naturelle
naturellement

gentil
gentille
gentiment

lui, résister à l'envie qu'il a d'embrasser sa cousine.
lɥi, reziste a lãvi kil a dãbrase sa kuzin.

Mais il fait cela si gentiment que Marie-Anne trouve
mɛ il fɛ sla si ʒãtimã kə mari a:n tru:v

son geste tout à fait naturel. Ils rient tous les deux,
sɔ̃ ʒɛst tu -ta fɛ natyrɛl. il ri tu le dø,

et le jeune homme s'écrie: « Que tu es gentille, Marie-
e l ʒœn ɔm sekri: «kə ty ɛ ʒãti:j, mari

Anne! Si un jour tu étais fatiguée d'être seule, je ... »
a:n! si œ̃ ʒu:r ty etɛ fatige dɛ:trə sœl, ʒə...»

Mais il se souvient soudain qu'ils ne sont pas seuls,
mɛ il sə suvjɛ̃ sudɛ̃ kil nə sɔ̃ pa sœl,

et s'arrête.
e sarɛt.

Quelques instants plus tard, quand Fatima et les deux
kɛlk -zɛ̃stã ply ta:r, kã fatima e le dø

enfants sont sortis du compartiment, Marie-Anne ne
-zãfã sɔ̃ sɔrti dy kɔ̃partimã, mari a:n nə

peut s'empêcher de demander à son cousin: « Que
pø sãpɛʃe də dmãde a sɔ̃ kuzɛ̃: «kə

tout à l'heure ɔ: un peu avant

voulais-tu dire par ta phrase de tout à l'heure? » Le
vulɛ ty di:r par ta fra:z də tu -ta lœ:r?» lə

jeune homme devient tout à coup très sérieux, puis
ʒœn ɔm dəvjɛ̃ tu -ta ku trɛ serjø, pɥi

ailleurs ɔ: dans une autre direction

murmure en regardant ailleurs: « Je te raconterai cela
myrmy:r ã rgardã ajœ:r: «ʒə tə rakɔ̃tre sla

une autre fois ... » La jeune femme comprend alors
yn o:trə fwa...» la ʒœn fam kɔ̃prã alɔ:r

qu'elle n'aurait pas dû poser sa question. Elle pense:
kɛl nɔrɛ pa dy poze sa kɛstjɔ̃. ɛl pɑ̃:s:

«Et moi qui me croyais toujours si sûre, avec André!
«e mwa ki m krwajɛ tuʒu:r si sy:r, avɛk ɑ̃dre!

Va-t-il vraiment tomber amoureux de moi? J'espère
va -til vrɛmɑ̃ tɔ̃be amurø d mwa? ʒɛspɛ:r

tomber amoureux = devenir amoureux

bien que non!» Mais à y bien penser, cela n'est pas
bjɛ̃ k nɔ̃!» mɛ a i bjɛ̃ pɑ̃se, sla nɛ pa

à y bien penser ɔ: quand elle pense bien à cela

une si grande surprise pour la jeune femme. Elle a
yn si grɑ̃:d syrpri:z pur la ʒœn fam. ɛl a

depuis quelque temps le sentiment qu'André ne la
dəpɥi kɛlk tɑ̃ l sɑ̃timɑ̃ kɑ̃dre n la

sentir
un sentiment

regarde plus tout à fait comme une... parente, mais
rgardə ply tu -ta fɛ kɔm yn... parɑ̃:t, mɛ

un parent
une parent**e**

comme une jeune femme dont on peut très bien tomber
kɔm yn ʒœn fam dɔ̃ -tɔ̃ pø trɛ bjɛ̃ tɔ̃be

surprendre (comme **prendre**)
surprendre
a **surpris**
surprend
surprenait
surprendra

amoureux. Non, Marie-Anne n'est pas surprise, cela
amurø. nɔ̃, mari a:n nɛ pa syrpri:z, sla

devait bien arriver un jour, mais quand même! Comme
dvɛ bjɛ̃ -narive œ̃ ʒu:r, mɛ kɑ̃ mɛ:m! kɔm

quand même = tout de même

elle ne dit rien, André lui demande: «Dis, Marie-
ɛl nə di rjɛ̃, ɑ̃dre lɥi dmɑ̃:d: «di, mari

Anne, tu n'es pas fâchée, j'espère?» «Oh, non, An-
a:n, ty nɛ pa fɑʃe, ʒɛspɛ:r?» «o, nɔ̃, ɑ̃-

fâché = en colère

dré, pourquoi serais-je donc fâchée? Mais où sont les
dre, purkwa srɛ:ʒ dɔ̃ fɑʃe? mɛ u sɔ̃ le

enfants? Et Fatima? Il y a dix minutes qu'ils ont
-zɑ̃fɑ̃? e fatima? il ja di minyt kil -zɔ̃

quitté le compartiment. » « C'est vrai, » dit André,
kite l kɔ̃partimɑ̃.» «sɛ vrɛ,» di ɑ̃dre,

« où sont-ils? » Fatima, qui entre en ce moment même
«u sɔ̃ -til?» fatima, ki ɑ̃:tr ɑ̃ s mɔmɑ̃ mɛ:m

dans le compartiment, dit qu'elle croyait que les enfants
dɑ̃ l kɔ̃partimɑ̃, di kɛl krwajɛ k le -zɑ̃fɑ̃

étaient avec Marie-Anne et André. Ils étaient allés avec
etɛ -tavɛk mari a:n e ɑ̃dre. il -zetɛ -tale avɛk

elle jusqu'à l'autre wagon, puis ils l'avaient quittée en
ɛl ʒyska lo:trə vagɔ̃, pɥi il lavɛ kite ɑ̃

courant dans la direction de leur compartiment. « Je
kurɑ̃ dɑ̃ la dirɛksjɔ̃ d lœr kɔ̃partimɑ̃. «ʒə

suis nerveuse, » dit Marie-Anne, « le train peut partir
sɥi nɛrvø:z,» di mari a:n, «lə trɛ̃ pø parti:r

d'un moment à l'autre, et ils ne sont pas avec moi! »
dœ̃ mɔmɑ̃ a lo:tr, e il nə sɔ̃ pa avɛk mwa!»

Et comme, à ce moment, le train se met en marche,
e kɔm, a s mɔmɑ̃, lə trɛ̃ s mɛ ɑ̃ marʃ,

elle pousse un cri d'angoisse: « Mes enfants! André,
ɛl pus œ̃ kri dɑ̃gwas: «me -zɑ̃fɑ̃! ɑ̃dre,

l'angoisse = la peur

fais arrêter le train, vite! Ils sont restés sur le quai
fɛ arɛte l trɛ̃, vit! il sɔ̃ rɛste syr lə ke

de la gare! » Et André s'est déjà levé et se prépare
d la ga:r!» e ɑ̃dre sɛ deʒa lve e s prepa:r

le quai d'une gare

à faire arrêter le train, quand les deux disparus appa-
a fɛ:r arɛte l trɛ̃, kɑ̃ le dø dispary apa-

raissent, accompagnés de deux autres enfants de leur
rɛs, akɔ̃paɲe d dø -zo:trə -zɑ̃fɑ̃ d lœr

accompagnés de = avec

âge. Ce sont Georges et Liliane, leurs nouveaux camarades du MAROC.
a:ʒ. sə sɔ̃ ʒɔrʒ e liljan, lœr nuvo kamarad dy marɔk.

Chez une autre femme, l'angoisse aurait maintenant fait place à une grande colère, mais Marie-Anne est si heureuse de voir apparaître ses enfants qu'au lieu de se mettre en colère, elle les embrasse comme si elle ne les avait pas vus depuis des mois. C'est ainsi que chez elle, l'angoisse fait souvent place à une grande tendresse. Il est vrai qu'après avoir embrassé les enfants elle leur demande pourquoi ils se sont si mal conduits et leur dit qu'elle est très fâchée. Mais Jeanne et Arthur savent bien qu'elle n'est pas sérieusement fâchée. Et pour lui faire entièrement oublier sa peur, ils se dépêchent de lui raconter qu'ils ont retrouvé
ʃe -zyn o:trə fam, lɑ̃gwas ɔrɛ mɛ̃tnɑ̃ fɛ plas a yn grɑ̃:d kɔlɛ:r, mɛ mari a:n ɛ si œrø:z də vwa:r aparɛ:trə se -zɑ̃fɑ̃ ko ljø d sə metr ɑ̃ kɔlɛ:r, ɛl le -zɑ̃bras kɔm si ɛl nə le -zavɛ pa vy dəpɥi de mwa. sɛ -tɛ̃si k ʃe -zɛl, lɑ̃gwas fɛ suvɑ̃ plas a yn grɑ̃:d tɑ̃drɛs. il ɛ vrɛ kaprɛ -zavwa:r ɑ̃brase le -zɑ̃fɑ̃ ɛl lœr dəmɑ̃:d purkwa il sə sɔ̃ si mal kɔ̃dɥi e lœr di kɛl ɛ trɛ faʃe. me ʒa:n e arty:r sa:v bjɛ̃ kɛl nɛ pa serjøzmɑ̃ faʃe. e pur lɥi fɛ:r ɑ̃tjɛrmɑ̃ ublie sa pœ:r, il sə depɛ:ʃ də lɥi rakɔ̃te kil -zɔ̃ rətruve

se mettre en colère = devenir fâché

la tendresse ɔ: le sentiment d'une mère pour ses enfants

Georges et Liliane sur le quai de la gare, juste avant
ʒɔrʒ e liljan syr lə ke d la ga:r, ʒyst avɑ̃

de monter dans le wagon, et qu'en quittant Fatima,
d mɔ̃te dɑ̃ l vagɔ̃, e kɑ̃ kitɑ̃ fatima,

ils avaient couru dans le wagon où se trouvait le
il -zavɛ kury dɑ̃ l vagɔ̃ u s truvɛ l

compartiment occupé par leurs camarades et leurs
kɔ̃partimɑ̃ ɔkype par lœr kamarad e lœr

le compartiment est occupé par (la famille) = (la famille) a pris toutes les places du compartiment

parents. « C'est bien, » leur dit Marie-Anne, « mais
parɑ̃. «sɛ bjɛ̃,» lœr di mari a:n, «mɛ

maintenant, promettez-moi de ne pas descendre du
mɛ̃tnɑ̃, prɔmete mwa də n pa desɑ̃:drə dy

train, quand le train s'arrêtera à la prochaine gare!
trɛ̃, kɑ̃ l trɛ̃ saretra a la prɔʃɛn ga:r!

Je serais même très contente si vous me promettiez
ʒə srɛ mɛ:m trɛ kɔ̃tɑ̃:t si vu m prɔmetje

un couloir

de rester près du compartiment. » « Bien, maman, »
d reste prɛ dy kɔ̃partimɑ̃.» «bjɛ̃, mɑ̃mɑ̃,»

lui promettent Arthur et sa sœur, « nous resterons
lɥi prɔmɛt arty:r e sa sœ:r, «nu restərɔ̃

debout dans le couloir. » « Merci! » Et les quatre enfants
dbu dɑ̃ l kulwa:r.» «mɛrsi!» e le katr ɑ̃fɑ̃

sortent en riant dans le couloir, où ils restent debout
sɔrt ɑ̃ rijɑ̃ dɑ̃ l kulwa:r, u il rɛst dəbu

à regarder ɔ: en regardant

à regarder la campagne que le train traverse, les
a rgarde la kɑ̃paɲ kə l trɛ̃ travɛrs, le

maisons, les gens, les animaux et toutes les autres
mɛzɔ̃, le ʒɑ̃, le -zanimo e tut le -zo:trə

choses que l'on voit d'un train en marche. Peu après,
ʃo:z kə lɔ̃ vwa dœ̃ trɛ̃ ɑ̃ marʃ. pø aprɛ,

Fatima sort elle aussi dans le couloir et se met à une
fatima sɔ:r ɛl osi dɑ̃ l kulwa:r e s mɛ a yn

autre fenêtre. Elle pense à tout ce qui l'attend en
o:trə fənɛ:tr. ɛl pɑ̃:s a tu s ki latɑ̃ ɑ̃

France, elle est contente, mais elle a aussi un peu
frɑ̃:s, ɛl ɛ kɔ̃tɑ̃:t, mɛ ɛl a osi œ̃ pø

peur.
pœ:r.

Pendant que Marie-Anne parlait aux enfants, et main-
pɑ̃dɑ̃ k mari a:n parlɛ o -zɑ̃fɑ̃, e mɛ̃-

tenant, pendant que lui et elle se parlent calmement,
tnɑ̃, pɑ̃dɑ̃ kə lɥi e ɛl sə parl kalməmɑ̃,

André regarde en lui-même et comprend que l'amitié
ɑ̃dre rgard ɑ̃ lɥimɛ:m e kɔ̃prɑ̃ k lamitje

en lui-même ɔ: en son cœur

qu'il avait toujours eue pour sa cousine a vraiment
kil avɛ tuʒu:r y pur sa kuzin a vrɛmɑ̃

un ami
une amitié

eue ɔ: sentie

fait place à un grand amour. Et à y bien penser, il
fɛ plas a œ̃ grɑ̃ -tamu:r. e a i bjɛ̃ pɑ̃se, il

n'est pas surpris. N'a-t-il pas quelques jours plus tôt
nɛ pa syrpri. na -til pa kɛlk ʒu:r ply to

raconté à M. Doumier qu'il était tombé amoureux
rakɔ̃te a məsjø dumje kil etɛ tɔ̃be amurø

de sa cousine le soir même où elle a connu Henri?
d sa kuzin lə swa:r mɛ:m u ɛl a kɔny ɑ̃ri?

N'est-ce pas à partir de ce soir-là que son cœur a
nɛs pa a parti:r də sə swa:r la kə sɔ̃ kœ:r a

commencé à battre un peu plus fort chaque fois qu'il
kɔmãse a batr œ̃ pø ply fɔːr ʃak fwa kil

s'approchait de sa cousine? Il a toujours essayé de ne
saprɔʃɛ d sa kuzin? il a tuʒuːr ɛsɛje də n

pas y penser, mais il comprend maintenant que cela
pa i pãse, mɛ il kɔ̃prã mɛ̃tnã kə sla

(cela) ne sert à rien ɔ: (cela) n'aide à rien

ne sert à rien de résister. Et André sent une grande
n sɛːr a rjɛ̃ d reziste. e ãdre sã yn grãːd

tendresse monter en lui.
tãdrɛs mɔ̃te ã lɥi.

« André, je te parle et tu ne réponds pas! Tu rêves? »
«ãdre, ʒə tə parl e ty n repɔ̃ pa! ty rɛːv?»

La voix de Marie-Anne lui semble venir de loin, comme
la vwa d mari aːn lɥi sãːblə vənir də lwɛ̃, kɔm

si elle n'était pas là, tout près de lui. « Pardon, Marie-
si ɛl netɛ pa la, tu prɛ də lɥi. «pardɔ̃, mari

Anne, je rêvais, c'est vrai... » « Mais, à quoi rêvais-
aːn, ʒə rɛvɛ, sɛ vrɛ...» «mɛ, a kwa rɛvɛ

tu donc, pendant que je te parlais? » « Oh, je ne sais
ty dɔ̃, pãdã k ʒə tə parlɛ?» «o, ʒə n se

pas, je crois que je rêvais à Casablanca, aux fleurs de
pa, ʒə krwa kə ʒ rɛvɛ a kazablãka, o flœːr də

ton jardin, à toi aussi. » « Quelle idée de rêver à
tɔ̃ ʒardɛ̃, a twa osi.» «kɛl ide də rɛve a

moi quand nous sommes assis l'un devant l'autre! »
mwa kã nu sɔm -zasi lœ̃ dvã loːtr!»

dit Marie-Anne en riant. Et André rit lui aussi. Il
di mari aːn ã rijã. e ãdre ri lɥi osi. il

décide de ne plus penser à tout cela, au moins de ne
desid də n ply pãse a tu sla, o mwɛ̃ də n

pas y penser avant d'être arrivé à Villebourg.
pa i pãse avã dɛːtr arive a vilbuːr.

EXERCICE A.

Quand le MAROC arrive à Marseille, une grande — est rassemblée sur le quai. On attend le — depuis dix heures. Mais à — de la tempête, le MAROC a une heure de retard. Beaucoup de passagers ont des amis ou des — parmi la foule qui attend. Et les personnes — sur le quai font de grands gestes pour saluer le navire.

Quand Marie-Anne voit André, elle s'écrie: « Quelle —! » Et Fatima dit: « C'est très — d'être venu jusqu'à Marseille. » Tout le monde va vers les — par lesquelles il faut descendre. André est — sur le quai. Il les — du regard pendant qu'ils descendent.

La vieille dame — un cri et tombe. Une dizaine de personnes au — courent l'aider. La dame est restée couchée sur le —. Elle ne — pas. Sa fille arrive en courant et se met à — près de sa mère. La dame croit qu'elle s'est — le bras droit en tombant. « Quelle —! » dit-on dans la foule. Un docteur s'—. Il vient à — la foule et demande à la dame: « Avez-vous des —, Madame? » Peu après, le — prend les

MOTS:
une amitié
l'angoisse
un comparti-
ment
un côté
un couloir
une douleur
une épaule
une foule
un genou
les genoux
une malchance
un navire
un(e) parent(e)
une passerelle
un porteur
un quai
un sentiment
une surprise
une tendresse
un voyageur
fâché
gentil
gentille
occupé
simple
accompagner
ils apparaissent

apparaître
s'approcher
casser
je dois
embrasser
il faudrait
former
payer
protester
rassembler
remuer
résister
rêver
il suit
nous suivons
ils suivent
il a suivi
il a surpris
ailleurs
d'accord
debout
calmement
gentiment
à cause de
à partir de
à travers
au moins
à y bien penser
cela fait
cela ne sert à rien
de retard
être surpris
faire place à
j'espère que non
moi qui le croyais
par où
pousser un cri
quand même
se mettre en colère
se mettre en marche

valises de Marie-Anne et de Fatima, et tout le monde va vers le train.

EXERCICE B.

Pourquoi Marie-Anne n'est-elle pas surprise, quand elle voit que le jeune homme est un peu amoureux d'elle? ... Pourquoi Marie-Anne est-elle nerveuse quand Fatima lui dit qu'elle ne sait pas où sont les enfants? ... Que fait Marie-Anne quand ses enfants apparaissent soudain? ... Qu'est-ce que Marie-Anne demande aux enfants de lui promettre? ... Où les enfants vont-ils en sortant du compartiment? ... Et qu'est-ce qu'ils font? ... A quoi pense Fatima, dans le couloir? ... Que comprend André en regardant en lui-même? ... Pourquoi André ne répond-il pas quand Marie-Anne lui parle? ... Que décide-t-il ensuite? ...

EXERCICE C.

je suis	**nous suivons**
tu suis	**vous suivez**
il suit	**ils suivent**

Quand Marie-Anne va vers la passerelle, elle dit aux enfants: « —-moi! » Les enfants ne répondent pas, et Fatima leur dit alors: « Si nous ne — pas votre maman, nous ne la retrouverons pas si facilement, sur le quai. » Alors les enfants — leur mère. Quand André Comaux voit sa cousine, il lui dit: « — -moi, Marie-Anne! » « Bien, André, je te —! » répond la jeune femme. Elle lui donne le bras, et elle le —.

tomber amoureux de
le train de

RÉSUMÉ (1)

Nous avons déjà parlé des négations dans le résumé du chapitre 26. Mais il nous reste encore plusieurs choses à dire. Voici:

D'abord, avez-vous remarqué qu'il peut y avoir deux négations dans la même phrase? (Il peut même y en avoir trois, quatre ou cinq dans la même phrase, mais nous ne connaissons que des exemples avec deux négations.) Voici quelques exemples:

« Elle *ne* prend *jamais rien* dans la maison. »
« Je *ne* dirai *plus rien.* »
« *Personne ne* disait *rien.* »
« *Personne ne* t'aimera *jamais* comme moi. »
« Ils ont promis de *ne plus jamais* se quitter. »
« *Aucun* de ses amis *ne* sait *rien.* »

Dans ces phrases, vous avez donc les groupes de négations suivants: « ne jamais + ne rien », « ne plus + ne rien », « personne ne + ne rien », « personne ne + ne jamais », « ne plus + ne jamais » et « aucun ne + ne rien ». Vous voyez que, dans ces phrases, on écrit seulement le « ne » de la première négation. Celui de la deuxième négation ne s'écrit pas.

Essayez vous-même, comme exercice, de faire des exemples avec les groupes de négations suivants: « ne jamais + ne personne », « aucun ne + ne jamais », « ne plus + ne personne » et « personne ne + ne plus ».

Une autre chose que vous avez sûrement remarquée, c'est que parfois, entre les deux parties de la négation, il n'y a pas de verbe: le verbe est alors placé après la négation. Un exemple: « Promettez-moi de *ne pas* descendre du train. »

Mais quand donc ne place-t-on pas le verbe de la phrase entre les deux parties d'une négation, mais après? La réponse est: Quand la phrase a deux verbes et que le deuxième verbe est à la forme en -er, -re ou -ir (à l'infinitif, comme: aller, descendre, finir), on place ce deuxième verbe tout de suite après les deux parties de la négation. Voici d'autres exemples: « Nous pouvons *ne pas montrer* ce que nous sentons, » « Il a décidé de *ne plus penser* à elle, » « Ils ont promis de *ne plus jamais se quitter*. »

Une troisième chose que vous avez peut-être remarquée, c'est que la négation n'est pas toujours formée de deux mots. Parfois, on n'écrit que l'un des deux mots d'une négation. Il y a alors des cas où l'on n'écrit que la première partie (le mot « ne »), d'autres cas où l'on n'écrit que la deuxième partie de la négation. Voici des exemples de chacun des deux cas:

1) « Il est sorti sans *rien* dire. »
   « Il regardait sans *rien* entendre. »

Dans ces phrases, c'est le mot « sans » qui empêche d'écrire le mot « ne ». Nous dirons donc également: « Il est parti sans voir *personne,* » « Il a quitté la ville sans voir *aucun* de ses amis, » etc.

2) « Elle *ne* cessait de pleurer. »
« Il *ne* peut s'empêcher de rire. »

Donc, quand le premier verbe de la phrase est « cesser » ou « pouvoir », on peut écrire seulement « ne » au lieu de « ne ... pas ». (Mais on peut aussi écrire « ne ... pas », comme nous l'avons vu dans notre histoire.)

RÉSUMÉ (2)

La famille de prendre

De cette famille, vous connaissez quatre verbes. Ce sont les verbes: *prendre,* ap*prendre,* com*prendre* et sur*prendre.* Comme vous voyez, les formes de ces verbes sont formées d'une forme du verbe prendre + les lettres *ap-, com-* ou *sur-* avant la forme du verbe prendre. C'est donc une famille très facile. Voici deux exercices:

prendre	
a pris	**prenait**
prend	**prendra**

Marie-Anne est très (surprendre) de voir son cousin sur le quai. « Cela te (surprendre) ? » lui demande André. « Ce serait étrange si cela ne me (surprendre) pas, » répond Marie-Anne. Ceux qui attendaient le

MAROC ne (comprendre) — pas pourquoi le bateau avait tant de retard. Mais maintenant, tout le monde le (comprendre) —, parce qu'on sait que le MAROC a passé par une tempête. Dans ce cas, cela n'est pas si difficile à (comprendre) —. Même si le MAROC avait un plus grand retard, on le (comprendre) — très bien. Marie-Anne veut (apprendre) — à son fils comment on vit en France. « Oh, il l' (apprendre) — très vite, » a dit M. Bourdier, « il est si jeune. Tu vas voir, dans quelques mois, il l'aura (apprendre) —. Cela me (surprendre) — beaucoup si je n'avais pas raison et s'il ne l' (apprendre) — pas aussi vite que je le crois. Quand on a son âge, on (apprendre) — très facilement. »

je prends	**nous prenons**
tu prends	**vous prenez**
il prend	**ils prennent**

« Je ne (comprendre) — pas pourquoi vous êtes descendus voir les machines! » dit Marie-Anne à son fils. « Qu'est-ce que vous (apprendre) — donc à l'école? » demande la vieille dame à Jeanne. « Ce que nous (apprendre) — ? Mais ... beaucoup de choses, » lui répond la fillette. « Que (prendre) —-tu après le déjeuner, Fatima? » demande Marie-Anne. « Je (prendre) — une tasse de café, » répond la jeune fille. Quand M. Bourdier a expliqué quelque chose de difficile aux enfants, il demande souvent s'ils (comprendre) —. Alors Jeanne répond souvent pour les deux: « Oh, oui, grand-papa! Nous (comprendre) — très bien tous les deux. » «Vous (comprendre) — tous les deux? C'est bien, » dit alors le grand-père.

TARTARIN DE TARASCON

A cent kilomètres de Marseille, le train qui emporte
a sɑ̃ kilɔmɛtrə də marsɛ:j, lə trɛ̃ ki ɑ̃pɔrt

vers Paris Marie-Anne, Fatima, André Comaux et les
vɛr pari mari a:n, fatima, ɑ̃dre kɔmo e le

deux enfants, passe sans s'arrêter à travers la petite
dø -zɑ̃fɑ̃, pa:s sɑ̃ sarete a travɛ:r la ptit

passer à travers ɔ: traverser

ville de Tarascon, une toute petite ville de moins de
vil də taraskɔ̃, yn tut pətit vil də mwɛ̃ də

dix mille habitants. Comme les enfants se trouvent
di mil abitɑ̃. kɔm le -zɑ̃fɑ̃ s tru:v

à ce moment dans le compartiment, André leur demande
a s mɔmɑ̃ dɑ̃ l kɔ̃partimɑ̃, ɑ̃dre lœr dəmɑ̃:d

s'ils connaissent le grand Tartarin de Tarascon. « Oh,
sil kɔnɛs lə grɑ̃ tartarɛ̃ də taraskɔ̃. «o,

oui! » répond Arthur, « nous avons lu le livre en classe,
wi!» repɔ̃ arty:r, «nu -zavɔ̃ ly lə li:vr ɑ̃ kla:s,

en classe = à l'école

l'année passée. » Mais Jeanne ne l'a pas lu. Sa maî-
lane pase.» mɛ ʒa:n nə la pa ly. sa mɛ-

tresse de français lui en a parlé, et elle sait que l'auteur
trɛs də frɑ̃sɛ lɥi ɑ̃ -na parle, e ɛl se k lotœ:r

un auteur ɔ: quelqu'un qui a écrit un livre

de « Tartarin de Tarascon » est Alphonse Daudet, mais
də «tartarɛ̃ də taraskɔ̃» ɛ alfɔ̃:s dodɛ, mɛ

elle ne l'a pas lu en classe. «Voulez-vous que je vous
ɛl nə la pa ly ɑ̃ kla:s. «vule vu kə ʒ vu

une aventure ɔ: ce qui arrive à une personne

quelqu'un
quelqu'une
quelques-uns
quelques-unes

nommé ɔ: qui s'appelait

la maison est entourée d'un jardin = il y a un jardin autour de la maison

rien que = seulement

pays lointain ɔ: pays qui est loin de la France

raconte quelques-unes des aventures de Tartarin?»
rakɔ̃:t kɛlk -zyn de -zavɑ̃ty:r də tartarɛ̃?»

demande alors André. «Oui! Oui!» répondent les
dəmɑ̃:d alɔ:r ɑ̃dre. «wi! wi!» repɔ̃:d le

enfants, car ils aiment écouter les histoires que leur
-zɑ̃fɑ̃, kar il -zɛ:m ekute le -zistwa:r kə lœr

raconte l'oncle André. Et le jeune homme commence
rakɔ̃:t lɔ̃:kl ɑ̃dre. e l ʒœn ɔm kɔmɑ̃:s

à raconter.
a rakɔ̃te.

«Il y a beaucoup d'années, un gros homme nommé
«il ja boku dane, œ̃ gro -zɔm nɔme

Tartarin demeurait à Tarascon dans une petite maison
tartarɛ̃ dəmœrɛ a taraskɔ̃ dɑ̃ -zyn pətit mɛzɔ̃

entourée d'un jardin. Vous croyez peut-être que c'était
ɑ̃ture dœ̃ ʒardɛ̃. vu krwaje pœtɛ:trə kə setɛ

une maison comme toutes les autres, avec un jardin
-tyn mɛzɔ̃ kɔm tut le -zo:tr, avɛk œ̃ ʒardɛ̃

comme il y en a partout? Eh bien, non! Le jardin
kɔm il jɑ̃ -na partu? e bjɛ̃, nɔ̃! lə ʒardɛ̃

d'abord: il n'y avait pas, dans ce jardin, une seule
dabɔ:r: il njavɛ pa, dɑ̃ sə ʒardɛ̃, yn sœl

plante de France. Rien que des plantes d'Afrique ou
plɑ̃:t də frɑ̃:s. rjɛ̃ k de plɑ̃:t dafrik u

d'autres pays lointains. Et la plante la plus intéressante
do:trə peji lwɛ̃tɛ̃. e la plɑ̃:t la ply -zɛ̃terɛ-

sante était un arbre d'Afrique, un baobab.»
sɑ̃:t etɛ -tœ̃ -narbrə dafrik, œ̃ baɔbab.»

« Un baobab? » demande Jeanne, puis elle dit avec
«œ̃ baɔbab?» dəmɑ̃:d ʒa:n, pɥi ɛl di avɛk

étonnement: « Mais c'est trop grand pour un petit jar-
etɔnmɑ̃: «mɛ sɛ tro grɑ̃ pur œ̃ pti ʒar-

din, un baobab! C'est énorme, un baobab. » « Tu es
dɛ̃, œ̃ baɔbab! sɛ -tenɔrm, œ̃ baɔbab.» «ty ɛ

bête! » lui dit son frère, « c'était un petit baobab, tu
bɛ:t!» lɥi di sɔ̃ frɛ:r, «setɛ -tœ̃ pti baɔbab, ty

bête ←→ intelligent

ne comprends pas? »
n kɔ̃prɑ̃ pa?»

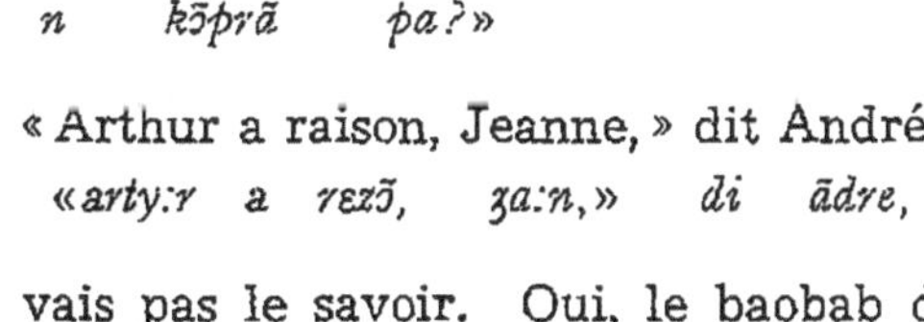

un géant

« Arthur a raison, Jeanne, » dit André, « mais tu ne pou-
«arty:r a rɛzɔ̃, ʒa:n,» di ɑ̃dre, «mɛ ty n pu-

vais pas le savoir. Oui, le baobab de Tartarin n'était
vɛ pa l savwa:r. wi, lə baɔbab də tartarɛ̃ netɛ

pas plus grand qu'une betterave. Parmi les arbres
pa ply grɑ̃ kyn bɛtra:v. parmi le -zarbrə

d'Afrique, c'est un géant, mais celui de Tartarin était
dafrik, sɛ -tœ̃ ʒeɑ̃, mɛ səlɥi d tartarɛ̃ etɛ

un très petit géant. Je dois dire que c'était un nain
-tœ̃ trɛ pti ʒeɑ̃. ʒə dwa di:r kə setɛ -tœ̃ nɛ̃

un nain ←→ un géant

plutôt qu'un géant. Mais revenons à notre histoire.
plyto kœ̃ ʒeɑ̃. mɛ rəvnɔ̃ a nɔtr istwa:r.

un objet = une chose

Dans la maison de Tartarin également, il n'y avait
dɑ̃ la mɛzɔ̃ d tartarɛ̃ egalmɑ̃, il njavɛ

rien que des objets venus de pays lointains: d'Afrique,
rjɛ̃ k de -zɔbʒɛ vny d peji lwɛ̃tɛ̃: dafrik,

de Chine, d'Australie. Et partout, des armes! Des
də ʃin, dɔstrali. e partu, de -zarm! de

des armes

des armes de toutes sortes ɔ: des armes différentes

récit ɔ: histoire

armes de toutes sortes et de tous pays. Et des livres,
-zarm də tut sɔrt e də tu peji. e de li:vr,

mais quels livres! Rien que des récits de voyages et
mɛ kɛl li:vr! rjɛ̃ k de resi d vwaja:ʒ e

des livres parlant de pays lointains. Et c'est dans
de li:vrə parlɑ̃ d peji lwɛ̃tɛ̃. e sɛ dɑ̃

cette maison, entouré de ces objets, que vivait Tartarin
sɛt mɛzɔ̃, ɑ̃ture d se -zɔbʒɛ, kə vivɛ tartarɛ̃

de Tarascon.» «Il avait beaucoup voyagé, Tartarin?»
də taraskɔ̃.» «il avɛ boku vwajaʒe, tartarɛ̃?»

demande Jeanne, qui ne se rappelle pas très bien ce
dəmɑ̃:d ʒa:n, ki n sə rapɛl pa trɛ bjɛ̃ s

que lui a raconté en classe sa maîtresse de français.
kə lɥi a rakɔ̃te ɑ̃ kla:s sa mɛtrɛs də frɑ̃sɛ.

«Non, ma vieille,» lui répond son frère, «c'est juste-
«nɔ̃, ma vjɛ:j,» lɥi repɔ̃ sɔ̃ frɛ:r, «sɛ ʒystə-

ment ce qu'il n'avait jamais fait. Mais tu vas voir
mɑ̃ s kil navɛ ʒamɛ fɛ. mɛ ty va vwa:r

qu'il fera un grand voyage en Afrique. Un jour...»
kil fəra œ̃ grɑ̃ vwaja:ʒ ɑ̃ -nafrik. œ̃ ʒu:r...»

Mais Jeanne ne le laisse pas finir. «Veux-tu te
mɛ ʒa:n nə lə lɛs pa fini:r. «vø ty tə

se taire ɔ: cesser de parler

taire!» lui dit-elle. «Ce n'est pas toi, mais l'oncle
tɛ:r!» lɥi di -tɛl. «s nɛ pa twa, mɛ lɔ̃:kl

André qui raconte. N'est-ce pas, oncle André, que tu
ɑ̃dre ki rakɔ̃:t. nɛs pa, ɔ̃:kl ɑ̃dre, kə ty

ne peux pas raconter si Arthur ne se tait pas?» «C'est
n pø pa rakɔ̃te si arty:r nə s tɛ pa?» «sɛ

un peu difficile de raconter une histoire si on est
-tœ̃ pø difisil də rakɔ̃te yn istwa:r si ɔ̃ -nɛ

deux, » lui répond le jeune homme, « mais peut-être
dø,» lɥi repɔ̃ l ʒœn ɔm, «mɛ pœtɛ:tr

Arthur veut-il raconter lui-même les aventures de
arty:r vø -til rakɔ̃te lɥimɛ:m le -zavɑ̃ty:r də

Tartarin. » « Oh, non! » dit Arthur, « je te promets
tartarɛ̃.» «o, nɔ̃!» di arty:r, «ʒə tə prɔmɛ

de me taire, oncle André. » « Bien, » dit André Co-
də m tɛ:r, ɔ̃:kl ɑ̃dre.» «bjɛ̃,» di ɑ̃dre kɔ-

maux, et quand Arthur s'est tu, il continue son récit.
mo, e kɑ̃ -tarty:r sɛ ty, il kɔ̃tiny sɔ̃ resi.

se taire
s'est tu
se tait

« Tartarin ne pensait et ne rêvait qu'à aventures et
«tartarɛ̃ n pɑ̃sɛ e n revɛ ka avɑ̃ty:r e

pourtant = cependant

voyages. Et pourtant, il n'avait jamais quitté Ta-
vwaja:ʒ. e purtɑ̃, il navɛ ʒamɛ kite ta-

rascon. Pourquoi? Eh bien, voilà: il y avait, en Tar-
raskɔ̃. purkwa? e bjɛ̃, vwala: il javɛ, ɑ̃ tar-

tarin, deux hommes, deux Tartarins très différents.
tarɛ̃, dø -zɔm, dø tartarɛ̃ trɛ diferɑ̃.

Don Quichotte et Sancho Pança

Le personnage de notre histoire était en même temps
lə pɛrsɔna:ʒ də nɔtr istwa:r etɛ -tɑ̃ mɛ:m tɑ̃

Don Quichotte et Sancho Pança. Chaque fois que
dɔ̃ kiʃɔt e sɑ̃ʃo pɑ̃sa. ʃak fwa k

personnage = personne dans une histoire

Tartarin lisait par exemple un récit de voyage, le
tartarɛ̃ lizɛ par egzɑ̃:pl œ̃ resi d vwaja:ʒ, lə

premier des deux personnages, Tartarin-Quichotte, déci-
prəmje de dø pɛrsɔna:ʒ, tartarɛ̃ kiʃɔt, desi-

lire
a lu
lit
lisait
lira

dait de partir tout de suite, immédiatement. Mais
dɛ d parti:r tutsɥit, imedjatmɑ̃. mɛ

Tartarin-Sancho, lui, pensait à toutes les fatigues d'un
tartarɛ̃ sɑ̃ʃo, lɥi, pɑ̃sɛ a tut le fatig dœ̃

une fatigue ɔ: une chose qui fatigue

long voyage, à tout ce qui pouvait arriver, aux mala-
lɔ̃ vwaja:ʒ, a tu s ki puvɛ arive, o mala-

un serpent

dies, aux insectes, et aux serpents des grandes forêts,
di, o -zɛ̃sɛkt e o sɛrpɑ̃ de grɑ̃:d fɔrɛ,

une forêt = un bois

et il disait avec un grand calme: « Je reste! » Tartarin-
e il dizɛ avɛk œ̃ grɑ̃ kalm: «ʒə rɛst!» tartarɛ̃

calme
le calme
Tartarin était calme. Il parlait avec un grand calme.

Quichotte demandait ses armes, Tartarin-Sancho
kiʃɔt dəmɑ̃dɛ se -zarm, tartarɛ̃ sɑ̃ʃo

appelait sa bonne et lui demandait son chocolat. Tar-
aplɛ sa bɔn e lɥi dmɑ̃dɛ sɔ̃ ʃɔkɔla. tar-

il est prêt à partir ɔ: il peut partir à n'importe quel moment

tarin-Quichotte était toujours prêt à partir pour les
tarɛ̃ kiʃɔt etɛ tuʒu:r prɛ -ta parti:r pur le

pays les plus lointains, il n'avait jamais peur de rien:
peji le ply lwɛ̃tɛ̃, il navɛ ʒamɛ pœ:r də rjɛ̃:

Un héros est un homme qui n'a peur de rien.

c'était un vrai héros. Tartarin-Sancho ne pensait qu'à
setɛ -tœ̃ vrɛ ero. tartarɛ̃ sɑ̃ʃo n pɑ̃sɛ ka

coucher ɔ: passer la nuit, dormir

bien vivre et bien manger, avait toujours couché dans
bjɛ̃ vi:vr e bjɛ̃ mɑ̃ʒe, avɛ tuʒu:r kuʃe dɑ̃

sa maison, dans son bon lit bien chaud, et n'avait
sa mɛzɔ̃, dɑ̃ sɔ̃ bɔ̃ li bjɛ̃ ʃo, e navɛ

même pas fait le voyage de Tarascon à Marseille. Vous
mɛ:m pa fɛ l vwaja:ʒ də taraskɔ̃ a marsɛ:j. vu

comprenez bien qu'avec ces deux personnages dans un
kɔ̃prəne bjɛ̃ kavɛk se dø pɛrsɔna:ʒ dɑ̃ -zœ̃

seul corps, Tartarin continuait à demeurer à Taras-
sœl kɔ:r, tartarɛ̃ kɔ̃tinɥɛ a dmœre a taras-

con. Mais un jour, il s'est passé quelque chose qui a
kɔ̃. mɛ œ̃ ʒu:r, il sɛ pase kɛlkə ʃo:z ki a

changé entièrement la vie paisible de Tartarin. Voilà
ʃɑ̃ʒe ɑ̃tjɛrmɑ̃ la vi pɛziblə də tartarɛ̃. vwala

ce qui s'est passé.
s ki sɛ pase.

« Une ménagerie est venue un jour à Tarascon, avec
«yn menaʒri ɛ vny œ̃ ʒu:r a taraskɔ̃ avɛk

des serpents, un lion africain et beaucoup d'autres ani-
de sɛrpɑ̃, œ̃ ljɔ̃ afrikɛ̃ e boku do:trə -zani-

maux. Pour Tarascon, le plus intéressant de ces ani-
mo. pur taraskɔ̃, lə ply -zɛ̃terɛsɑ̃ d se -zani-

maux était naturellement le lion. C'était une bête
mo etɛ natyrɛlmɑ̃ lə ljɔ̃. setɛ -tyn bɛ:t

énorme, un vrai géant. Toute la ville, bien entendu,
enɔrm, œ̃ vrɛ ʒeɑ̃. tut la vil, bjɛ̃ -nɑ̃tɑ̃dy,

est allée le voir. Tartarin aussi, quand on lui a apporté
ɛ -tale l vwa:r. tartarɛ̃ osi, kɑ̃ -tɔ̃ lɥi a apɔrte

la grande nouvelle, est parti immédiatement vers la
la grɑ̃:d nuvɛl, ɛ parti imedjatmɑ̃ vɛr la

ménagerie, qui était installée sur la grande place de
menaʒri, ki etɛ -tɛ̃stale syr la grɑ̃:d plas də

Tarascon. Quand notre héros est entré dans la ménage-
taraskɔ̃. kɑ̃ nɔtrə ero ɛ -tɑ̃tre dɑ̃ la menaʒ-

rie, les Tarasconnais qui s'y trouvaient ont eu une
ri, le taraskɔnɛ ki si truvɛ ɔ̃ -ty yn

se passer = arriver

paisible = calme

Une ménagerie montre des animaux dans différentes villes.

africain = d'Afrique

un lion

une bête = un animal

il est installé ɔ: il se trouve

un Tarasconnais = un habitant de Tarascon

une peur terrible = une très grande peur

peur terrible, car Tartarin n'était pas venu sans armes.
pœ:r teribl, kar tartarɛ̃ netɛ pa vny sɑ̃ -zarm.

Il avait sur l'épaule un fusil! » « Pourquoi un fusil? »
il avɛ syr lepo:l œ̃ fyzi!» «purkwa œ̃ fyzi?»

un fusil

demande Jeanne, « est-ce qu'il avait peur d'un pauvre
dəmɑ̃:d ʒa:n, «ɛs kil avɛ pœ:r dœ̃ po:vrə

lion de ménagerie? » « Ah, que tu es bête! » lui dit
ljɔ̃ d menaʒri?» «a, kə ty ɛ bɛ:t!» lɥi di

Arthur, en levant les épaules, « c'est justement parce
arty:r, ɑ̃ lvɑ̃ le -zepo:l, «sɛ ʒystəmɑ̃ pars

qu'il n'avait pas peur que Tartarin avait un fusil. Un
kil navɛ pa pœ:r kə tartarɛ̃ avɛ -tœ̃ fyzi. œ̃

un héros, cela ɔ: un héros

héros, cela a toujours une arme, non? » « Oui ... » lui
ero, sla a tuʒu:r yn arm, nɔ̃?» «wi...» lɥi

répond Jeanne, et André rit et continue.
repɔ̃ ʒa:n, e ɑ̃dre ri e kɔ̃tiny.

en face de = devant

« Tartarin est allé se placer en face du lion, un nain
«tartarɛ̃ ɛ -tale s plase ɑ̃ fas dy ljɔ̃, œ̃ nɛ̃

en face d'un géant, et s'est mis à le regarder avec
ɑ̃ fas dœ̃ ʒeɑ̃, e sɛ mi a l rəgarde avɛk

un roi

un très grand calme. La grosse bête, qui rêvait peut-
œ̃ trɛ grɑ̃ kalm. la gro:s bɛ:t, ki rɛvɛ pœ-

être à sa forêt d'Afrique, était couchée paisiblement.
tɛ:tr a sa fɔrɛ dafrik, etɛ kuʃe pɛzibləmɑ̃.

Mais en voyant Tartarin, le roi des animaux se lève,
mɛ ɑ̃ vwajɑ̃ tartarɛ̃, lə rwa de -zanimo s lɛ:v,

une gueule = la bouche de beaucoup d'animaux

fait quelques pas vers Tartarin, ouvre une gueule
fɛ kɛlk pa vɛr tartarɛ̃, u:vr yn gœl

énorme, et pousse un terrible rugissement. En enten-
enɔrm, e pus œ̃ tɛriblə ryʒismɑ̃. ɑ̃ -nɑ̃tɑ̃-

dant ce rugissement, tous les Tarasconnais s'enfuient
dɑ̃ s ryʒismɑ̃, tu le taraskɔnɛ sɑ̃fɥi

vers la porte de la ménagerie. C'est-à-dire non, pas
vɛr la pɔrt də la menaʒri. sɛ -ta di:r nɔ̃, pa

tous. Tartarin, lui, ne s'enfuit pas. Il reste immo-
tus. tartarɛ̃, lɥi, nə sɑ̃fɥi pa. il rɛst imɔ-

bile devant la cage du lion, le regardant dans les
bil dəvɑ̃ la ka:ʒ dy ljɔ̃, lə rgardɑ̃ dɑ̃ le

yeux.»
-zjø.»

«Ha!» dit Jeanne, et elle rit, «il ne faut pas beaucoup
«a!» di ʒa:n, e ɛl ri, «il nə fo pa boku

de courage pour rester immobile devant un lion en
d kura:ʒ pur rɛste imɔbil dəvɑ̃ -tœ̃ ljɔ̃ ɑ̃

cage!» Quand elle dit cela, c'est le tour de son frère
ka:ʒ!» kɑ̃ -tɛl di sla, sɛ l tu:r də sɔ̃ frɛ:r

de rire: «Oh, je me demande si tu aurais beaucoup
də ri:r: «o, ʒə m dəmɑ̃:d si ty ɔrɛ boku

de courage, même en face d'un lion en cage, si ce
d kura:ʒ, mɛ:m ɑ̃ fas dœ̃ ljɔ̃ ɑ̃ ka:ʒ, si sə

lion poussait un aussi terrible rugissement que le lion
ljɔ̃ pusɛ œ̃ -nosi tɛriblə ryʒismɑ̃ k lə ljɔ̃

de Tartarin!» «Oh, qu'est-ce que tu en sais?» lui
d tartarɛ̃!» «o, kɛs kə ty ɑ̃ sɛ?» lɥi

répond Jeanne en levant les épaules. «Je crois
repɔ̃ ʒa:n ɑ̃ lvɑ̃ le -zepo:l. «ʒə krwa

s'enfuir = courir devant quelque chose dont on a peur

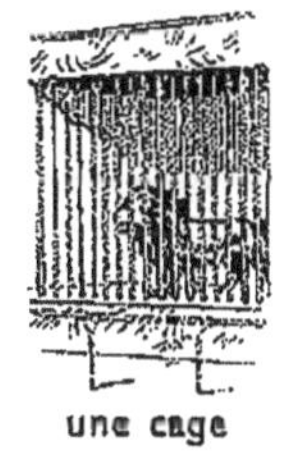
une cage

le courage ←→ la peur

rugir = pousser un rugissement

rugir (comme finir)
a rugi
rugit
rugissait
rugira

s'enfuir
je m'enfuis
tu t'enfuis
il s'enfuit
nous nous enfuyons
vous vous enfuyez
ils s'enfuient

s'enfuir
il s'est enfui
il s'enfuit

un chasseur

qu'Arthur a raison, » dit alors Fatima, « j'ai vu une
karty:r a rezɔ̃,» di alɔ:r fatima, «ʒe vy yn

fois un lion ouvrir une gueule énorme et rugir, et
fwa œ̃ ljɔ̃ uvri:r yn gœl enɔrm e ryʒi:r, e

j'ai eu terriblement peur! Je me suis enfuie jus-
ʒe y teribləmɑ̃ pœ:r! ʒə m sɥi -zɑ̃fɥi ʒys-

qu'à la maison. » « C'est vrai que vous autres filles,
ka la mezɔ̃.» «se vre k vu -zo:trə fi:j,

vous vous enfuyez pour rien, » lui dit Arthur, puis il
vu vu -zɑ̃fɥije pur rjɛ̃,» lɥi di arty:r, pɥi il

dit à sa sœur: « Mais tu vois bien, Jeanne, que Tar-
di a sa sœ:r: «me ty vwa bjɛ̃, ʒa:n, kə tar-

tarin montrait qu'il avait du courage, en restant en
tarɛ̃ mɔ̃tre kil ave dy kura:ʒ, ɑ̃ restɑ̃ ɑ̃

face du lion au lieu de s'enfuir. » « Tu parles très
fas dy ljɔ̃ o ljø d sɑ̃fɥi:r.» «ty parlə tre

bien, Arthur, » lui dit André, « mais si tu permets,
bjɛ̃, arty:r,» lɥi di ɑ̃dre, «me si ty perme,

je vais continuer mon histoire. » « Oh, oui, oncle An-
ʒə ve kɔ̃tinɥe mɔ̃ -nistwa:r.» «o, wi, ɔ̃:kl ɑ̃-

dré! » disent les deux enfants, et le jeune homme con-
dre!» di:z le dø -zɑ̃fɑ̃, e l ʒœn ɔm kɔ̃-

tinue.
tiny.

« Je ne vous ai pas dit que Tartarin était un grand
«ʒə n vu -ze pa di k tartarɛ̃ ete -tœ̃ grɑ̃

chasseur. Dans sa maison, il y avait des dizaines
ʃasœ:r. dɑ̃ sa mezɔ̃, il jave de dizen

de livres sur toutes sortes de chasses, depuis la chasse
də li:vrə syr tut sɔrt də ʃas, dəpɥi la ʃas

au canard jusqu'à la chasse au lion. Tartarin, mal-
o kana:r ʒyska la ʃas o ljɔ̃. tartarɛ̃, mal-

heureusement, n'avait jamais chassé le lion. Et la vue
œrøzmɑ̃, navɛ ʒamɛ ʃase lə ljɔ̃. e la vy

du roi de l'Afrique lui a fait voir comme en un rêve
dy rwa d lafrik lɥi a fɛ vwa:r kɔm ɑ̃ -nœ̃ rɛ:v

beaucoup de lions morts aux pieds d'un très grand
boku də ljɔ̃ mɔ:r o pje dœ̃ trɛ grɑ̃

Tartarin.
tartarɛ̃.

«Et quand ses amis, après quelques minutes, ont osé
«e kɑ̃ se -zami, aprɛ kɛlk minyt, ɔ̃ -toze

se rapprocher de la cage où se trouvait la terrible
s rapro ʃe d la ka:ʒ u s truvɛ la tɛriblə

bête, ils ont entendu Tartarin murmurer: «Ça, oui,
bɛ:t, il -zɔ̃ -tɑ̃tɑ̃dy tartarɛ̃ myrmyre: «sa, wi,

c'est une chasse.» C'est tout. Il n'a dit rien d'autre,
sɛ -tyn ʃas.» sɛ tu. il na di rjɛ̃ do:tr,

mais c'était déjà trop. Le lendemain, tout Tarascon
mɛ setɛ deʒa tro. lə lɑ̃dmɛ̃, tu taraskɔ̃

ne parlait plus que du départ de Tartarin pour l'A-
n parlɛ ply k dy depa:r də tartarɛ̃ pur la-

frique et la chasse au lion! Le plus étonné, quand
frik e la ʃas o ljɔ̃! lə ply -zetɔne, kɑ̃

il a entendu cela, a été notre héros. Mais déjà la
-til a ɑ̃tɑ̃dy sla, a ete nɔtrə ero. mɛ deʒa la

un livre sur ... = un livre qui parle de...

un chasseur
chasser
la chasse

Un **chasseur** aime **chasser**. Il aime **la chasse.**

un rêve
rêver

Tartarin **rêve.** Il fait un beau **rêve.**

oser = avoir le courage de... .

se rapprocher = s'approcher de nouveau

ça, c'est une chasse ɔ: la chasse au lion est une vraie chasse

deuxième fois qu'on lui en a parlé, il a répondu qu'il
dəzjɛm fwa kɔ̃ lɥi ɑ̃ -na parle, il a repɔ̃dy kil

y irait peut-être, en Afrique. La troisième fois, il a
i irɛ pœtɛ:tr, ɑ̃ -nafrik. la trwazjɛm fwa, il a

il partira probablement ɔ: il pense qu'il partira

répondu qu'il partirait probablement, puis il a dit que
repɔ̃dy kil partirɛ prɔbabləmɑ̃, pɥi il a di k

certain ɔ: sûr

c'était tout à fait certain. Et le soir, au café et chez
setɛ tu -ta fɛ sɛrtɛ̃. e l swa:r, o kafe e ʃe

las = fatigué

ses amis, il a annoncé qu'il était las de vivre paisi-
se -zami, il a anɔ̃se kil etɛ la d vi:vrə pɛzi-

blement à Tarascon et qu'il allait bientôt partir pour
bləmɑ̃ a taraskɔ̃ e kil alɛ bjɛ̃to parti:r pur

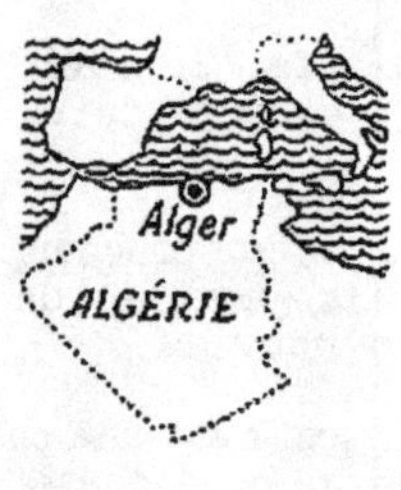

l'Algérie. C'était dit, il n'y avait plus rien d'autre
lalʒeri. setɛ di, il njavɛ ply rjɛ̃ do:tr

à faire que de se préparer pour le grand jour du
a fɛ:r kə d sə prepare pur lə grɑ̃ ʒu:r dy

départ.
depa:r.

« Et notre Tartarin a commencé à se préparer. La nuit,
«e nɔtrə tartarɛ̃ a kɔmɑ̃se a s prepare. la nɥi,

quand la ville dormait, il se plaçait derrière la cage
kɑ̃ la vil dɔrmɛ, il sə plase dɛrjɛ:r la ka:ʒ

place
plaçait (la lettre c devient ç devant un a)

du lion pour s'habituer à entendre le roi des animaux
dy ljɔ̃ pur sabitɥe a ɑ̃tɑ̃:drə lə rwa de -zanimo

en ouvrant ɔ: en même temps qu'il ouvre

rugir en ouvrant sa gueule énorme. Pour s'habituer
ryʒi:r ɑ̃ -nuvrɑ̃ sa gœl enɔrm. pur sabitɥe

à passer des journées presque sans manger, il ne vivait
a pase de ʒurne prɛsk sɑ̃ mɑ̃ʒe, il nə vivɛ

plus que de soupe. Le pauvre Tartarin-Sancho était
ply kə d sup. lə po:vrə tartarɛ̃ sɑ̃ʃo etɛ

désespéré! Pour s'habituer au froid des nuits afri-
dezɛspere! pur sabitɥe o frwa de nɥi afri-

caines, Tartarin restait dans son jardin jusqu'à onze
kɛn, tartarɛ̃ rɛstɛ dɑ̃ sɔ̃ ʒardɛ̃ ʒyska ɔ̃:z

heures du soir, immobile. Pour s'habituer aux fatigues
œ:r dy swa:r, imɔbil. pur sabitɥe o fatig

des longues chasses, il faisait chaque matin sept ou
de lɔ̃:g ʃas, il fəzɛ ʃak matɛ̃ sɛt u

huit tours de la ville. Car Tartarin-Quichotte avait
ɥi tu:r də la vil. kar tartarɛ̃ kiʃɔt avɛ

promis à Tartarin-Sancho qu'il ne partirait pas avant
prɔmi a tartarɛ̃ sɑ̃ʃo kil nə partirɛ pa avɑ̃

d'être prêt à tout.
dɛ:trə prɛ -ta tu.

« Trois mois se sont passés de cette sorte. Au bout
«trwa mwa sə sɔ̃ pase d sɛt sɔrt. o bu

de ces trois mois, comme Tartarin n'était pas encore
d se trwa mwa, kɔm tartarɛ̃ netɛ pa -zɑ̃kɔ:r

parti, on murmurait de plus en plus ouvertement à
parti, ɔ̃ myrmyrɛ də ply -zɑ̃ ply -zuvɛrtəmɑ̃ a

Tarascon qu'il ne partirait probablement jamais, qu'il
taraskɔ̃ kil nə partirɛ prɔbabləmɑ̃ ʒamɛ, kil

n'oserait pas. Ses amis l'abandonnaient, ses ennemis —
nozrɛ pa. se -zami labɑ̃dɔnɛ, se -zɛnmi –

car comme tous les héros, Tartarin aussi avait des enne-
kar kɔm tu le ero, tartarɛ̃ osi avɛ de -zɛn-

il est désespéré = il a perdu courage et ne sait que faire

sorte ɔ: manière

au bout de ɔ: après

se moquer de quelqu'un = rire de quelqu'un d'une manière méchante

mis — se moquaient de lui. Et cela faisait souffrir le
mi - sə mɔkɛ də lɥi. e sla fzɛ sufri:r lə

souffrir = avoir mal

pauvre Tartarin-Sancho. Il ne le montrait pas, bien en-
po:vrə tartarɛ̃ sɑ̃ʃo. il nə l mɔ̃trɛ pa, bjɛ̃ -nɑ̃-

souffrir (comme ouvrir)
a **souffert**
souffre
souffrait
souffrira

tendu, mais il souffrait. Et un soir, un de ses derniers
tɑ̃dy, mɛ il sufrɛ. e œ̃ swa:r, œ̃ d se dɛrnje

amis, Bravida, est arrivé chez lui et lui a dit: « Tartarin,
-zami, bravida, ɛ -tarive ʃe lɥi e lɥi a di: «tartarɛ̃,

pâle ←→ rouge

il faut partir! » Tartarin est devenu tout pâle d'an-
il fo parti:r!» tartarɛ̃ ɛ dəvny tu pa:l dɑ̃-

goisse, s'est levé en regardant tous les chers objets qu'il
gwas, sɛ lve ɑ̃ rgardɑ̃ tu le ʃɛ:r -zɔbʒɛ kil

aimait: livres, armes, plantes, et a dit à son ami: « Je
ɛmɛ: li:vr, arm, plɑ̃:t, e a di a sɔ̃ -nami: «ʒə

partirai! » C'est ainsi qu'un jour, tout Tarascon
partire!» sɛ -tɛ̃si kœ̃ ʒu:r, tu taraskɔ̃

s'est rassemblé devant la maison au baobab, pour dire
sɛ rasɑ̃ble dvɑ̃ la mɛzɔ̃ o baɔbab, pur di:r

un [œ̃] **héros**
le **héros**
du **héros**
au **héros**
des [*de*] héros

adieu au héros.
adjø o ero.

« Le héros était pâle, mais très calme. Il était ha-
«lə ero etɛ pa:l, mɛ trɛ kalm. il etɛ -ta-

billé en chasseur, mais pas en chasseur de canards
bije ɑ̃ ʃasœ:r, mɛ pa ɑ̃ ʃasœ:r də kana:r

ordinaire ɔ: que l'on trouve partout

ou d'autres animaux ordinaires, comme il y en a par-
u do:trə -zanimo ɔrdinɛ:r, kɔm il jɑ̃ -na par-

habillé en chasseur = habillé comme un chasseur

tout en France, ah non! Tartarin était habillé en
tu ɑ̃ frɑ̃:s, a nɔ̃! tartarɛ̃ etɛ -tabije ɑ̃

chasseur de lions. Sur les épaules, il avait deux
ʃasœ:r də ljɔ̃. syr le -zepo:l, il avɛ dø

gros fusils, et comme autres armes, il avait un grand
gro fyzi, e kɔm o:trə -zarm, il avɛ -tœ̃ grɑ̃

couteau de chasse et un revolver. C'est ainsi que,
kuto d ʃas e œ̃ revɔlvɛ:r. sɛ -tɛ̃si kə,

dans ses rêves, il s'était toujours imaginé un vrai
dɑ̃ se rɛ:v, il setɛ tuʒu:r imaʒine œ̃ vrɛ

chasseur d'Afrique. Et il ne partait pas les mains vides!
ʃasœ:r dafrik. e il nə partɛ pa le mɛ̃ vid!

Deux porteurs le suivaient, avec des dizaines d'objets
dø pɔrtœ:r lə sɥivɛ, avɛk de dizɛn dɔbʒɛ

extraordinaires, mais tous absolument nécessaires à la
ɛkstrɔrdinɛ:r, mɛ tus absɔlymɑ̃ nesɛsɛ:r a la

chasse aux lions et à la vie en Afrique, disait Tartarin.
ʃas o ljɔ̃ e a la vi ɑ̃ -nafrik, dizɛ tartarɛ̃.

C'était un très grand jour, pour les Tarasconnais.
setɛ -tœ̃ trɛ grɑ̃ ʒu:r, pur le taraskɔnɛ.

Pour les Marseillais qui, quelques heures plus tard,
pur le marsɛjɛ ki, kɛlk -zœ:r ply ta:r,

ont vu notre héros aller de la gare jusqu'au port,
ɔ̃ vy nɔtrə ero ale d la ga:r ʒysko pɔ:r,

cela a sûrement été quelque chose d'extraordinaire.
sla a syrmɑ̃ ete kɛlkə ʃo:z dɛkstrɔrdinɛ:r.

Jamais ils n'avaient vu un tel personnage! Ils avaient
ʒamɛ il navɛ vy œ̃ tɛl pɛrsɔna:ʒ! il -zavɛ

pourtant vu plus d'un chasseur de lions partant pour
purtɑ̃ vy ply dœ̃ ʃasœ:r də ljɔ̃ partɑ̃ pur

Tartarin habillé en chasseur de lions

un revolver

s'imaginer = voir dans ses pensées

extraordinaire ←→ ordinaire

suivre
a suivi
suit
suivait
suivra

Marseillais = habitant de Marseille

-ais
Français
Tarasconnais
Marseillais

partant ɔ: qui partait

l'Afrique, les Marseillais, mais pas un comme Tartarin.
lafrik, le marsɛjɛ, mɛ pa -zœ̃ kɔm tartarɛ̃.

Je ne vous dirai pas comment Tartarin est arrivé en
ʒə n vu dire pa kɔmɑ̃ tartarɛ̃ ɛ -tarive ɑ̃

Afrique, à Alger, ni comment il a dormi presque vingt
-nafrik, a alʒe, ni kɔmɑ̃ il a dɔrmi prɛsk vɛ̃

heures, en arrivant à l'hôtel. Il ne s'est réveillé qu'à
-tœ:r, ɑ̃ -narivɑ̃ a lɔtɛl. il nə sɛ revɛje ka

trois heures de l'après-midi, le lendemain de son
trwa -zœ:r də laprɛmidi, lə lɑ̃dmɛ̃ d sɔ̃

arrivée. »
-narive.»

interrompre
a interrompu
interrompt

j'interromps
tu interromps
il interrompt
nous interrompons
vous interrompez
ils interrompent

Ici, les deux enfants interrompent leur oncle, et même
isi, le dø -zɑ̃fɑ̃ ɛ̃terɔ̃:p lœr ɔ̃:kl, e mɛ:m

Fatima interrompt André: «Vingt heures? Il a dormi
fatima ɛ̃terɔ̃ ɑ̃dre: «vɛ̃ -tœ:r? il a dɔrmi

presque vingt heures?»
prɛsk vɛ̃ -tœ:r?»

c'est que ... ɔ: c'est parce que ...

«Eh oui,» leur répond André, «c'est qu'il était ter-
«e wi,» lœr repɔ̃ ɑ̃dre, «sɛ kil etɛ tɛ-

riblement las, après le voyage de Marseille à Alger.
ribləmɑ̃ la, aprɛ l vwaja:ʒ də marsɛ:j a alʒe.

mauvais ↔ bon

La mer avait été mauvaise, et notre pauvre héros
la mɛ:r avɛ -tete movɛ:z, e nɔtrə po:vrə ero

avait été très malade. Mais comme je vous l'ai dit,
avɛ -tete trɛ malad. mɛ kɔm ʒə vu le di,

le lendemain à trois heures, il s'est réveillé et s'est
lə lɑ̃dmɛ̃ a trwa -zœ:r, il sɛ revɛje e sɛ

rappelé tout d'un coup qu'il était venu à Alger pour
raple tu dœ̃ ku kil etɛ vny a alʒe pur

chasser le lion. Un instant, il s'est imaginé qu'il était
ʃase lə ljɔ̃. œ̃ -nɛ̃stɑ̃, il sɛ -timaʒine kil etɛ

déjà devant la gueule ouverte d'un lion, il l'entendait
deʒa dvɑ̃ la gœl uvɛrt dœ̃ ljɔ̃, il lɑ̃tɑ̃dɛ

rugir, il se voyait déjà mort. Mais cela n'a duré qu'un
ryʒiːr, il sə vwajɛ deʒa mɔːr. mɛ sla na dyre kœ̃

instant. Tartarin s'est bien vite levé et habillé et,
-nɛ̃stɑ̃. tartarɛ̃ sɛ bjɛ̃ vit ləve e abije e,

sortant de l'hôtel, il est parti avec toutes ses armes
sɔrtɑ̃ d lotɛl, il ɛ parti avɛk tut se -zarm

à la chasse au lion.» «Mais,» demande à ce moment
a la ʃas o ljɔ̃.» «mɛ,» dəmɑ̃ːd a s mɔmɑ̃

Jeanne, «est-ce qu'il y a des lions en Algérie? A Casa-
ʒaːn, «ɛs kil ja de ljɔ̃ ɑ̃ -nalʒeri? a kaza-

blanca et au Maroc, il n'y en a pas.» «Non,» lui
blɑ̃ka e o marɔk, il njɑ̃ -na pa.» «nɔ̃,» lɥi

répond son frère, «mais il ne le savait pas, Tartarin.»
repɔ̃ sɔ̃ frɛːr, «mɛ il nə l savɛ pa, tartarɛ̃.»

«Justement,» dit André, «il ne le savait pas. C'est
«ʒystəmɑ̃,» di ɑ̃dre, «il nə l savɛ pa. sɛ

que, dans les livres qu'il avait lus, on parlait encore
kə, dɑ̃ le liːvrə kil avɛ ly, ɔ̃ parlɛ ɑ̃kɔːr

des lions d'Algérie. Mais c'était de vieux livres, et
de ljɔ̃ dalʒeri. mɛ setɛ də vjø liːvr, e

c'est leurs auteurs qui avaient probablement tué les
sɛ lœr -zotœːr ki avɛ prɔbabləmɑ̃ tɥe le

tout d'un coup = soudain

sortant ɔ: en même temps qu'il sortait

derniers lions d'Algérie. Tartarin est donc sorti de
dɛrnje ljɔ̃ dalʒeri. tartarɛ̃ ɛ dɔ̃ sɔrti d

une route

la ville et a marché jusqu'au soir sur la route. Puis,
la vil e a marʃe ʒysko swa:r syr la rut. pɥi,

il fait noir = il fait sombre

quand il faisait déjà noir, las de suivre la route, il
kɑ̃ -til fəzɛ deʒa nwa:r, la d sɥi:vrə la rut, il

l'a quittée et a marché pendant longtemps sans savoir
la kite e a marʃe pɑ̃dɑ̃ lɔ̃tɑ̃ sɑ̃ savwa:r

croyant ɔ: comme il croyait

où il allait. Il s'est arrêté tout d'un coup, croyant se
u il alɛ. il sɛ -tarɛte tu dœ̃ ku, krwajɑ̃ s

toute ɔ: chaque

trouver loin de toute ville, parmi des plantes qu'il
truve lwɛ̃ də tut vil, parmi de plɑ̃:t kil

n'avait jamais vues, sur la route des lions, parmi les
navɛ ʒamɛ vy, syr la rut de ljɔ̃, parmi le

serpents et les insectes qui tuent. Et là, il a attendu
sɛrpɑ̃ e le -zɛ̃sɛkt ki ty. e la, il a atɑ̃dy

deux ou trois heures, ses fusils, son revolver et ses
dø -zu trwa -zœ:r, se fyzi, sɔ̃ revɔlvɛ:r e se

il fait mauvais temps ɔ: il pleut, le vent souffle, etc.

autres armes prêts. Il ne faisait pas mauvais temps,
-zo:trə -zarm prɛ. il nə fzɛ pa mɔvɛ tɑ̃,

mais il faisait froid, et au bout de trois heures, notre
mɛ il fəzɛ frwa, e o bu də trwa -zœ:r, nɔtrə

héros était déjà un peu las d'attendre. Tartarin-San-
ero etɛ deʒa œ̃ pø la datɑ̃:dr. tartarɛ̃ sɑ̃-

cho avait froid et faim, et Tartarin-Quichotte était
ʃo avɛ frwa e fɛ̃, e tartarɛ̃ kiʃɔt etɛ

désespéré de ne pas voir de lions.
dezɛspere də n pa vwa:r də ljɔ̃.

« Mais voilà tout à coup que quelque chose de noir et
«mɛ vwala tu -ta ku kə kɛlkə ʃo:z də nwa:r e

d'énorme passe devant lui. Un lion! Tartarin est
denɔrm pa:s dəvã lɥi. œ̃ ljɔ̃! tartarɛ̃ ɛ

prêt. Il lève son fusil, tire, et avec un grand cri, la
prɛ. il lɛ:v sɔ̃ fyzi, ti:r, e avɛk œ̃ grã kri, la

bête s'enfuit. Tartarin reste sur place, prêt à tirer
bɛ:t sãfɥi. tartarɛ̃ rɛst syr plas, prɛ -ta tire

de nouveau, si la femelle arrive. Car il a lu dans
d nuvo, si la fəmɛl ari:v. kar il a ly dã

ses livres qu'il faut toujours attendre la femelle. Mais
se li:vrə kil fo tuʒu:r atã:drə la fəmɛl. mɛ

la femelle n'arrive pas. Tartarin attend encore deux
la fəmɛl nari:v pa. tartarɛ̃ atã ãkɔ:r dø

ou trois heures, puis il décide de dormir jusqu'au
-zu trwa -zœ:r, pɥi il desid də dɔrmi:r ʒysko

matin. Quand il se réveille, il regarde autour de lui
matɛ̃. kã -til sə revɛ:j, il rəgard otu:r də lɥi

et ouvre de grands yeux. Devinez de quoi il était
e u:vrə də grã -zjø. dəvine d kwa il etɛ

entouré! »
-tãture!»

« De lions! » dit Fatima en riant. « De petits garçons
«də ljɔ̃!» di fatima ã rijã. «də pti garsɔ̃

qui se moquaient de lui! » dit Jeanne. « De légumes! »
ki s mɔkɛ də lɥi!» di ʒa:n. «də legym!»

dit en riant, lui aussi, André Comaux. « De légumes
di ã rijã, lɥi osi, ãdre kɔmo. «də legym

La femelle d'un animal est la « femme » de cet animal.

tout à fait ordinaires, comme il y en avait à Taras-
tu -ta fɛ ɔrdinɛ:r, kɔm il jɑ̃ -navɛ -ta taras-

con! Et pas un lion! Mais quand Tartarin s'est rap-
kɔ̃! e pa -zœ̃ ljɔ̃! mɛ kɑ̃ tartarɛ̃ sɛ ra-

du sang

proché de l'endroit où se trouvait le lion qu'il avait
prɔʃe d lɑ̃drwa u s truvɛ lə ljɔ̃ kil avɛ

tué, il a vu du sang, beaucoup de sang sur les plantes.
tɥe, il a vy dy sɑ̃, boku d sɑ̃ syr le plɑ̃:t.

Son lion n'était donc pas un rêve! Tartarin s'imagine
sɔ̃ ljɔ̃ netɛ dɔ̃ pa œ̃ rɛ:v! tartarɛ̃ simaʒin

déjà l'étonnement des gens de l'hôtel quand ils le verront
deʒa letɔnmɑ̃ de ʒɑ̃ d lɔtɛl kɑ̃ -til lə verɔ̃

rentrer avec son lion. Et deux minutes plus tard, dans
rɑ̃tre avɛk sɔ̃ ljɔ̃. e dø minyt ply ta:r, dɑ̃

un âne

un lac de sang, il trouve... » « Un lion! » dit de nou-
-zœ̃ lak də sɑ̃, il tru:v...» «œ̃ ljɔ̃!» di d nu-

veau Fatima. « Non, » dit André, « un petit âne. Un
vo fatima. «nɔ̃,» di ɑ̃dre, «œ̃ pti -tɑ:n. œ̃

joli petit âne gris. »
ʒɔli pti -tɑ:n gri.»

« Oh! » disent les deux enfants en même temps, et
«o!» di:z le dø -zɑ̃fɑ̃ ɑ̃ mɛ:m tɑ̃, e

Jeanne ajoute: « Pauvre petit âne! Tartarin est un
ʒa:n aʒut: «po:vrə pəti -tɑ:n! tartarɛ̃ ɛ -tœ̃

mauvais homme! » « Non, » dit Arthur, « parce qu'il
mɔvɛ -zɔm!» «nɔ̃,» di arty:r, «pars kil

ne savait pas que c'était un âne. Il croyait que c'était
nə savɛ pa kə setɛ -tœ̃ -nɑ:n. il krwajɛ k setɛ

un lion. » « C'est la même chose, » dit sa sœur, « ce
-lœ̃ ljɔ̃.» «sɛ la mɛ:m ʃo:z,» di sa sœ:r, «s

n'est pas bien ce qu'il a fait, et je ne l'aime pas du
nɛ pa bjɛ̃ s kil a fɛ, e ʒə n lɛ:m pa dy

tout, ce Tartarin! » « Moi non plus, » dit Fatima, qui
tu, sə tartarɛ̃!» «mwa nɔ̃ ply,» di fatima, ki

avait eu elle-même un petit âne gris quand elle était
avɛ -ty ɛlmɛ:m œ̃ pti -ta:n gri kɑ̃ -tɛl etɛ

petite. « Alors, vous ne voulez pas que je continue? »
ptit. «alɔ:r, vu n vule pa kə ʒ kɔ̃tiny?»

demande André aux enfants. « Non! » lui répond
dəmɑ̃:d ɑ̃dre o -zɑ̃fɑ̃. «nɔ̃!» lɥi repɔ̃

Jeanne. Arthur se moque d'elle, mais lui non plus,
ʒa:n. arty:r sə mɔk dɛl, mɛ lɥi nɔ̃ ply,

dans son cœur, n'aime pas voir souffrir les animaux,
dɑ̃ sɔ̃ kœ:r, nɛ:m pa vwa:r sufri:r le -zanimo,

et André ne continue pas l'histoire de Tartarin. Et
e ɑ̃dre n kɔ̃tiny pa listwa:r də tartarɛ̃. e

comme tout le monde a faim, on va au wagon-restaurant
kɔm tu l mɔ̃:d a fɛ̃, ɔ̃ va o vagɔ̃ rɛstɔrɑ̃

et là, installés à une table près de la fenêtre, on fait
e la, ɛ̃stale a yn tablə prɛ d la fnɛ:tr, ɔ̃ fɛ

un bon déjeuner.
œ̃ bɔ̃ deʒœne.

Et une heure plus tard, la bouteille de vin rouge est
e yn œ:r ply ta:r, la butɛ:j də vɛ̃ ru:ʒ ɛ

vide, les derniers fruits sont mangés, on se sent bien.
vid, le dɛrnje frɥi sɔ̃ mɑ̃ʒe, ɔ̃ sə sɑ̃ bjɛ̃.

MOTS:

un âne
une arme
un auteur
une aventure
un baobab
une bête
une cage
un calme
une chasse
un chasseur
une classe
un courage
les fatigues
une femelle
une forêt
le froid
un fusil
un géant
une gueule
un héros
un lion
une maîtresse
un Marseillais
une ménagerie
un nain
un objet
un personnage
un récit
un rêve
un revolver
un roi
une route
un rugissement
le sang
un serpent
une sorte
un Tarasconnais
un wagon-restaurant
africain
bête
certain

On retourne au compartiment, chacun s'installe à sa
ɔ̃ rturn o kɔ̃partimɑ̃, ʃakœ̃ sɛ̃stal a sa

place, et le reste du voyage aussi se passe très cal-
plas, e l rɛst dy vwaja:ʒ osi sə pa:s trɛ kal·

mement.
məmɑ̃.

EXERCICE A.

La — de français de Jeanne lui a parlé de « Tartarin de Tarascon ». Elle sait que l'— de ce livre est Alphonse Daudet. Maintenant, André Comaux va raconter quelques-unes des — de Tartarin.

Tartarin demeurait dans une petite maison — d'un jardin. Dans ce jardin, il n'y avait que des plantes de pays —. Dans la maison de Tartarin, il n'y avait également que des — de pays lointains. Et partout, il y avait des armes de toutes —. Tartarin ne rêvait qu'à aventures et voyages, et —, il n'avait jamais quitté Tarascon. Voilà pourquoi: Tartarin-Sancho pensait aux — d'un long voyage; Tartarin-Quichotte était toujours — à partir. C'était un vrai —.

Un jour, une — est venue à Tarascon avec beaucoup d'animaux. Le plus intéressant était un — africain. C'était une — énorme. La ménagerie était — sur la grande place de la ville. Quand Tartarin est entré dans la ménagerie, les Tarasconnais ont eu une peur —. Car Tartarin avait sur l'épaule un —!

EXERCICE B.

Qu'a fait Tartarin quand il est entré dans la ménagerie? ... Et qu'a fait le lion quand il a vu Tartarin? ... Que fait Tartarin quand le lion rugit? ... Que pense Jeanne du courage de Tartarin? ... Que faisait Tartarin pour s'habituer à entendre le roi des animaux rugir? ... Que faisait-il pour s'habituer à peu manger? ... Et pour s'habituer au froid des nuits africaines? ... Que pensait de tout cela Tartarin-Sancho? ...

EXERCICE C.

suivre	
a suivi	**suivait**
suit	**suivra**

Quand Tartarin a quitté l'hôtel, il — la route pour sortir plus vite de la ville. Quand il l'a — assez longtemps, il la quitte. Cette nuit, il tire et croit avoir tué un lion, et le matin, quand il voit du sang, il croit — un lion. Mais cinq minutes plus tard, il voit que c'était un tout autre animal qu'il —. Tartarin se dit ce jour-là qu'il ne — plus de lions près d'une grande ville.

lire	
a lu	**lisait**
lit	**lira**

Tous les enfants apprennent à — en France. Arthur — très bien. Il — déjà à l'âge de six ans, c'est sa

désespéré
extraordinaire
las
lointain
mauvais
ordinaire
paisible
pâle
prêt
terrible
chasser
s'enfuir
vous vous enfuyez
entourer
habiller en
s'habituer
s'imaginer
installer
il interrompt
ils interrompent
il lisait
se moquer de
nommer
oser
ouvrant
se passer
il plaçait
se rapprocher
rugir
sortant
souffrir
il souffrait
il suivait
se taire
il se tait
tirer
quelques-unes
ouvertement
paisiblement
pourtant
probablement
terriblement
rien que

c'est que
chasse au lion
chasser le lion
coucher à la maison
de cette sorte
en classe
en face de
il fait mauvais temps
il fait noir
passer en travers
tout d'un coup
Alger
l'Algérie

mère qui le lui avait appris. Maintenant, il a — beaucoup de livres pour enfants. Quand il sera plus grand, il — aussi d'autres livres.

RÉSUMÉ (1)

tout	**toute**
tous	**toutes**

Voilà quatre mots que nous avons rencontrés des dizaines, peut-être même une centaine de fois ou plus encore, dans notre histoire. Mais quand écrit-on « tout » et quand écrit-on les trois autres formes? Et si on écrit « tous », quand prononce-t-on [*tu*] et quand prononce-t-on [*tus*] ? Le savez-vous tout à fait bien? Si vous n'êtes pas absolument sûr, voici un résumé qui va vous aider.

Regardons d'abord les cas où le mot « tout » est un adjectif. Dans ce cas, le mot « tout » devient «toute» au féminin, et au pluriel nous avons les deux formes « tous », qui se prononce [*tu*], et « toutes ». C'est très simple. Ce qui est un peu plus difficile, c'est qu'on peut avoir plusieurs mots différents après « tout » adjectif.

1) On peut avoir l'un des mots: le, la (l') ou les: Il est resté en ville tout *l'*été. Tout *le* monde était à table. Il a dit bonjour à toute *la* famille. Tous *les* enfants étaient au jardin. Toutes *les* personnes ont bu du vin.

2) On peut avoir un mot comme mon, ton, son, ma, ta, sa, etc.: Je lui ai donné tout *mon* argent. Tartarin

a pris toutes *ses* armes avec lui. Ils ont appelé tous *leurs* amis.

3) On peut aussi avoir l'un des mots un ou une: As-tu bu tout *un* litre de vin? Elle avait besoin de toute *une* grande ville.

4) Et on peut enfin écrire le substantif tout de suite après le mot « tout », sans aucun autre mot entre les deux: En *tout cas,* cela n'est pas facile. Tartarin se trouvait loin de *toute ville.* Il avait des armes de *tous pays* et de *toutes sortes.*

Il y a ensuite le cas où le mot « tout » et le mot « tous » sont des substantifs. Dans ce cas, « tout » n'a pas de féminin au singulier. Au pluriel, nous avons le féminin « toutes ». Le mot « tous » se prononce [*tus*] quand il est substantif. Voici quelques exemples pour vous aider à mieux vous rappeler: *Tout* va bien. Papa ne sait pas *tout.* Ils étaient *tous* là. Elles étaient *toutes* venues.

Il y a enfin le troisième cas, où le mot que l'on écrit après « tout » est un adjectif ou un autre mot, différent des petits mots dont nous venons de parler. Voyons d'abord le cas où c'est un adjectif que l'on écrit après « tout »: Il est triste de vivre *tout* seul. Matou saute après de *tout* petits insectes. Elle est devenue *toute* rouge. Elles dorment dans de *toutes* petites chambres.

tout seul
tout seuls
toute rouge
toutes rouges

Nous remarquons que « tout » n'a pas de pluriel au masculin quand le mot qui vient après est un adjectif. Le mot « tout » reste toujours au singulier dans ce cas. Pourquoi? Nous ne pouvons pas vous l'expliquer. C'est comme ça, voilà tout. Le français est une vieille langue, et il y a souvent des choses en français qui doivent être acceptées sans qu'on les explique. Voyons enfin le cas où le mot qui vient après « tout » n'est ni un substantif, ni un adjectif, ni aucun des petits mots dont nous avons parlé. Des exemples: Elle était *tout* près de lui. Il était *tout* aussi amoureux d'elle qu'Henri. C'était une joie *tout* aussi grande que celle de sa cousine. Il parlait *tout* bas. (« Bas » ici n'est pas un adjectif!)

Nous voyons donc que dans ce cas, le mot « tout » ne change jamais, il reste toujours au masculin singulier.

RÉSUMÉ (2)

La famille de finir

La famille de fin*ir* est la plus grande famille de verbes après celle des verbes en -er. Beaucoup de verbes en -ir (mais pas tous!) appartiennent à cette famille. Vous en connaissez six: *choisir, finir, guérir, punir, rougir* et *saisir.* Voici deux exercices:

finir

a fini	**finissait**
finit	**finira**

Quand il y a beaucoup de bonnes choses sur la table, il est souvent difficile de (choisir) ___ . Quand Marie-Anne voit son fils s'approcher trop près du bastingage, elle le (saisir) — avec un cri. Arthur (rougir) — quand il est remonté sur le pont après avoir été voir les machines du bateau. Arthur sait que sa mère le (punir) —, mais il n'y pense que lorsqu'il est déjà trop tard. Un bon docteur peut (guérir) — beaucoup de maladies, mais malheureusement pas toutes. S'il (guérir) — toutes les maladies, il serait connu dans tous les pays. Tous les malades le (choisir) — pour docteur. Quand Tartarin a (finir) — de se préparer pour son grand voyage, il part. On commence déjà à se demander s'il ne (finir) — jamais. Tartarin a été (punir) — parce qu'il a parlé trop souvent de choses qu'il n'avait jamais faites. Quand la nuit venait, Tartarin (saisir) — son fusil et sortait dans la ville endormie.

je finis	**nous finissons**
tu finis	**vous finissez**
il finit	**ils finissent**

Quand les enfants se sont mal conduits, ils (rougir) —. « (saisir) —-le par les bras! » disent les matelots, quand ils s'approchent du jeune homme tombé à la mer. « Si tu ne me (punir) — pas, maman, » dit Arthur, « je ne le ferai jamais plus! » « Que (choisir) —-vous, des poires ou des pommes? » demande Marie-Anne à ses enfants. « Moi, je (choisir) — une poire! » dit Arthur. Sa sœur, elle, (choisir) — une pomme. « Le docteur Onésime Pirot (guérir) — un malade en quelques jours, » dit-on à Villebourg. Mais le docteur Pirot, lui, dit: « Je ne (guérir) — que les malades qu'il est possible de guérir. » « Si vous ne (finir) — pas vite votre déjeuner, » dit Marie-Anne aux enfants, « vous ne viendrez pas en ville avec moi. »

Puis elle ajoute: « Si tu (finir) ___ le premier, Arthur, tu auras une glace, et si c'est toi qui (finir) ___ la première, Jeanne, je te donnerai une petite tablette de chocolat. » « Et si nous (finir) ___ en même temps, maman? » demandent les enfants. « Si vous (finir) ___ en même temps, vous aurez quelque chose tous les deux, » répond Marie-Anne.

ARTHUR TOMBE MALADE

Quand André a fini son histoire, nous avons vu que
kã -tãdre a fini sɔ̃ -nistwa:r, nu -zavɔ̃ vy kə

tout le monde était allé au wagon-restaurant, pour y
tu l mɔ̃:d etɛ -tale o vagɔ̃ rɛstɔrã, pur i

déjeuner. Et nous avons vu qu'après le déjeuner, on
dezœne. e nu -zavɔ̃ vy kaprɛ l dezœne, ɔ̃

était retourné au compartiment, où on était resté
-netɛ rturne o kɔ̃partimã, u ɔ̃ -netɛ rɛste

pendant le reste du voyage de Marseille à Paris.
pãdã l rɛst dy vwaja:ʒ də marsɛ:j a pari.

A Paris, on a changé de train. Et maintenant, Marie-
a pari, ɔ̃ -na ʃãʒe d trɛ̃. e mɛ̃tnã, mari

changer de train = prendre un autre train

Anne, André, Fatima et les deux enfants sont installés
a:n, ãdre, fatima e le dø -zãfã sɔ̃ -tɛ̃stale

dans le train qui va les conduire à Villebourg. Il
dã l trɛ̃ ki va le kɔ̃dɥi:r a vilbu:r. il

est déjà onze heures du soir, on n'arrivera à Villebourg
ɛ deʒa ɔ̃:z œ:r dy swa:r, ɔ̃ narivra a vilbu:r

qu'à une heure du matin. Les enfants sont très fatigués,
ka yn œ:r dy matɛ̃. le -zãfã sɔ̃ trɛ fatige,

leurs yeux se ferment tout seuls, ils dorment presque.
lœr -zjø s fɛrm tu sœl, il dɔrmə prɛsk.

tout seuls ɔ: euxmêmes

Marie-Anne aussi est fatiguée. André lui dit: « Si
mari a:n osi ɛ fatige. ãdre lɥi di: «si

si tu essayais...?
ɔ: essaye...!

promettre
(que) je promette
(que) tu promettes
(qu') il promette
(que) nous promettions
(que) vous promettiez
(qu') ils promettent

c'est promis ɔ: je te le promets

un coin

profond
profonde
profondément

à l'exception de... = excepté...

divers ɔ: différent

divers [divɛ:r]
diverse [divɛrs]

le centre

tu essayais de dormir un peu, Marie-Anne? Tu ne crois
ty esejɛ də dɔrmi:r œ̃ pø, mari a:n? ty n krwa

pas que ce serait une bonne idée? Nous avons encore
pa k sə srɛ -tyn bɔn ide? nu -zavɔ̃ ɑ̃kɔ:r

deux heures de voyage devant nous, tu sais?» «Tu as
dø -zœ:r də vwaja:ʒ dəvɑ̃ nu, ty se?» «ty a

peut-être raison. Mais il faut que tu me promettes
pœtɛ:trə rɛzɔ̃. mɛ il fo k ty m prɔmɛt

de me réveiller à une heure moins le quart!» «C'est
də m revɛje a yn œ:r mwɛ̃ l ka:r!» «sɛ

promis!» lui dit André, en l'aidant à s'installer. Fatima, elle, dans un coin, dort déjà. Et cinq minutes
prɔmi!» lɥi di ɑ̃dre, ɑ̃ lɛdɑ̃ a sɛ̃stale. fatima, ɛl, dɑ̃ -zœ̃ kwɛ̃, dɔ:r deʒa. e sɛ̃ minyt

plus tard, tout le compartiment dort profondément, à
ply ta:r, tu l kɔ̃partimɑ̃ dɔ:r prɔfɔ̃demɑ̃, a

l'exception d'André. Le jeune homme n'a pas le temps
lɛksɛpsjɔ̃ dɑ̃dre. lə ʒœn ɔm na pa l tɑ̃

de dormir. Mille pensées diverses tournent dans sa
də dɔrmi:r. mil pɑ̃se divɛrs turn dɑ̃ sa

tête. C'est de nouveau Marie-Anne qui est au centre
tɛ:t. sɛ d nuvo mari a:n ki ɛ -to sɑ̃:trə

de ses pensées.
də se pɑ̃se.

Le jeune homme a éteint la grosse lampe du compartiment et a allumé une petite lampe bleue dont la
lə ʒœn ɔm a etɛ̃ la gro:s lɑ̃:p dy kɔ̃partimɑ̃ e a alyme yn pətit lɑ̃:p blø dɔ̃ la

lumière faible ne dérange pas les dormeurs, et il
lymjɛ:r fɛblə nə derɑ̃:ʒ pa le dɔrmœ:r, e il

regarde sa cousine. Il faut qu'il se décide à lui parler
rəgard sa kuzin. il fo kil sə desid a lɥi parle

sérieusement le lendemain. S'il ne le fait pas, il
serjøzmɑ̃ lə lɑ̃dmɛ̃. sil nə l fɛ pa, il

faudra qu'il attende plusieurs semaines, et peut-être
fodra kil atɑ̃:d plyzjœ:r səmɛn, e pœtɛ:trə

plusieurs mois, avant de pouvoir lui parler de nouveau,
plyzjœ:r mwa, avɑ̃ d puvwa:r lɥi parle d nuvo,

car il faudra qu'il parte au début de la semaine pro-
kar il fodra kil part o deby d la smɛn prɔ-

chaine. Ses affaires l'appellent. « Il me reste donc
ʃɛn. se -zafɛ:r lapɛl. «il mə rɛst dɔ̃

trois jours pour décider de ma vie, » se dit-il, « car à
trwa ʒu:r pur deside d ma vi,» sə di -til, «kar a

mon âge, l'amour commence à devenir une chose très
mɔ̃ -na:ʒ, lamu:r kɔmɑ̃:s a dəvni:r yn ʃo:z trɛ

sérieuse. » Il n'a que trente-trois ans, le même âge
serjø:z.» il na k trɑ̃ttrwa -zɑ̃, lə mɛ:m a:ʒ

que Marie-Anne, mais à ce moment, il se sent un
kə mari a:n, mɛ a s mɔmɑ̃, il sə sɑ̃ œ̃

homme mûr, et Marie-Anne est pour lui une faible
-nɔm my:r, e mari a:n ɛ pur lɥi yn fɛblə

jeune femme que lui, l'homme, doit protéger contre
ʒœn fam kə lɥi, lɔm, dwa prɔteʒe kɔ̃:trə

tout le mal qui pourra lui arriver dans la vie. Peut-
tu l mal ki pura lɥi arive dɑ̃ la vi. pœ-

un dormeur = une personne qui dort

attendre
(que) j'attende
(que) tu attendes
(qu') il attende
(que) nous attendions
(que) vous attendiez
(qu') ils attendent

un début = un commencement

il me reste ɔ: j'ai encore

mûr ɔ: qui n'est plus un enfant ni un jeune homme

protéger (comme espérer)

ce ɔ: les sentiments qu'il a

être est-ce à cause de cette lumière bleue qui trans-
-tɛ:tr ɛs a ko:z də sɛt lymjɛ:r blø ki trɑ̃s-

personnage de rêve ɔ: personnage que l'on voit dans un rêve

forme les voyageurs du compartiment en personnages
fɔrm le vwajaʒœ:r dy kɔ̃partimɑ̃ ɑ̃ pɛrsɔna:ʒ

de rêve, peut-être est-ce à cause de cette demi-bouteille
də rɛ:v, pœtɛ:tr ɛs a ko:z də sɛt dəmibutɛ:j

ne saurait ɔ: ne pourrait pas

de vin rouge qu'il a bue au dîner: lui-même ne saurait
də vɛ̃ ru:ʒ kil a by o dine: lɥimɛ:m nə sɔrɛ

le dire. Mais en tout cas, il lui semble à ce moment
l di:r. mɛ ɑ̃ tu ka, il lɥi sɑ̃:bl a s mɔmɑ̃

qu'il est né uniquement pour être l'ami de Marie-Anne,
kil ɛ ne ynikmɑ̃ pur ɛ:trə lami d mari a:n,

protéger
un protecteur
André veut **protéger** Marie-Anne. Il veut être son **protecteur.**

et pour devenir, un jour, son mari, son protecteur.
e pur dəvni:r, œ̃ ʒu:r, sɔ̃ mari, sɔ̃ prɔtɛktœ:r.

Et le jeune homme prépare déjà, dans sa tête, ce qu'il
e l ʒœn ɔm prepa:r deʒa, dɑ̃ sa tɛ:t, s kil

faudra qu'il dise à sa cousine, le lendemain.
fodra kil di:z a sa kuzin, lə lɑ̃dmɛ̃.

A une heure du matin, le train entre en gare de Ville-
a yn œ:r dy matɛ̃, lə trɛ̃ ɑ̃:tr ɑ̃ ga:r də vil-

bourg. La première personne qu'André voit sur le
bu:r. la prəmjɛ:r pɛrsɔn kɑ̃dre vwa syr lə

quai est le vieux Doumier. «Voilà ton beau-père!»
ke ɛ l vjø dumje. «vwala tɔ̃ bopɛ:r!»

dit-il à Marie-Anne, «vite, descendons, le train ne
di -til a mari a:n, «vit, desɑ̃dɔ̃, lə trɛ̃ n

s'arrête que deux minutes!» Marie-Anne fait vite
sarɛt kə dø minyt!» mari a:n fɛ vit

descendre les enfants, Fatima prend sa valise et celle
desɑ̃:drə le -zɑ̃fɑ̃, fatima prɑ̃ sa vali:z e sɛl

d'Arthur, André prend le reste, regarde autour de lui
darty:r, ɑ̃dre prɑ̃ l rɛst, rəgard otu:r də lɥi

pour voir si l'on n'oublie rien, et descend lui aussi.
pur vwa:r si lɔ̃ nubli rjɛ̃, e desɑ̃ lɥi osi.

M. Doumier a déjà embrassé sa belle-fille et ses
məsjø dumje a deʒa ɑ̃brase sa bɛlfi:j e se

petits-enfants, il serre maintenant avec force la main
ptizɑ̃fɑ̃, il sɛ:r mɛ̃tnɑ̃ avɛk fɔrs la mɛ̃

de Fatima entre ses deux mains, puis il salue André.
d fatima ɑ̃:trə se dø mɛ̃, pɥi il saly ɑ̃dre.

Un porteur prend les valises, et tout le monde sort de
œ̃ pɔrtœ:r prɑ̃ le vali:z, e tu l mɔ̃:d sɔ:r də

la gare en parlant gaiement.
la ga:r ɑ̃ parlɑ̃ gemɑ̃.

Devant la gare, le vieux Passavant attend dans sa
dəvɑ̃ la ga:r, lə vjø pasavɑ̃ atɑ̃ dɑ̃ sa

vieille auto, pour conduire tout le monde à la maison
vjɛ:j oto, pur kɔ̃dɥi:r tu l mɔ̃:d a la mɛzɔ̃

de la rue des Roses. Quand il voit nos amis sortir
d la ry de ro:z. kɑ̃ -til vwa no -zami sɔrti:r

de la gare, il sort de sa voiture et se présente, serre
də la ga:r, il sɔ:r də sa vwaty:r e s prezɑ̃:t, sɛ:r

la main de Marie-Anne et de Fatima, puis en souriant,
la mɛ̃ də mari a:n e də fatima, pɥi ɑ̃ surjɑ̃,

dit aux enfants: « Mademoiselle Jeanne et Monsieur
di o -zɑ̃fɑ̃: «madmwazɛl ʒa:n e məsjø

belle-fille = femme du fils

Jeanne et Arthur sont les petits-enfants (la petite-fille et le petit-fils) de M. Doumier.

une voiture ɔ: une auto

supposer = penser, croire

un portrait

naître = venir au monde

naître (comme **connaître**, excepté le passé composé)
naître
est **né**
naît
naissait
naîtra

ouvrir tout grand
ɔ: ouvrir entièrement

un souper = un repas que l'on mange très tard

il ne faut pas que nous la fassions ... = nous ne devons pas la faire ...

faire
(que) je fasse
(que) tu fasses
(qu') il fasse
(que) nous fassions
(que) vous fassiez
(qu') ils fassent

Arthur, je suppose? Je suis très heureux de vous con-
arty:r, ʒə sypo:z? ʒə sɥi trɛ -zœrø d vu kɔ-

naître! Votre fille vous ressemble, Madame Doumier,»
nɛ:tr! vɔtrə fi:j vu rəsã:bl, madam dumje,»

dit-il à Marie-Anne, «mais votre fils, lui, ressemble
di -til a mari a:n, «mɛ vɔtrə fis, lɥi, rəsã:bl

à son père et à son grand-père.» «Vous trouvez?»
a sɔ̃ pɛ:r e a sɔ̃ grãpɛ:r.» «vu truve?»

lui dit la jeune femme avec un sourire heureux. «Il
lɥi di la ʒœn fam avɛk œ̃ suri:r œrø. «il

est le portrait de son père!» «Vous avez connu Henri
ɛ l pɔrtrɛ d sɔ̃ pɛ:r!» «vu -zave kɔny ãri

quand il était petit?» «Je l'ai vu naître, Madame!»
kã -til etɛ pti?» «ʒə le vy nɛ:tr, madam!»

lui répond Passavant, et ces mots lui ouvrent tout grand
lɥi repɔ̃ pasavã, e se mo lɥi u:vrə tu grã

le cœur de la jeune femme.
lə kœ:r də la ʒœn fam.

«Dépêchons-nous, mes amis, dépêchons-nous!» dit
«depɛʃɔ̃ nu, me -zami, depɛʃɔ̃ nu!» di

Doumier, pendant que Comaux place les valises sur le
dumje, pãdã kə kɔmo plas le vali:z syr lə

toit de la vieille voiture. «Amélie nous a préparé un
twa d la vjɛ:j vwaty:r. «ameli nu -za prepare œ̃

délicieux petit souper, il ne faut pas que nous la fassions
delisjø pti supe, il nə fo pa k nu la fasjɔ̃

attendre! Elle serait très fâchée, car elle n'aime pas
atã:dr! ɛl sərɛ trɛ faʃe, kar ɛl nɛ:m pa

qu'on la fasse attendre! » « Qui est Amélie, beau-
kɔ̃ la fas atɑ̃:dr!» «ki ɛ ameli, bo-

père? » demande Marie-Anne. « C'est ma vieille bonne. »
pɛ:r?» dəmɑ̃:d mari a:n. «sɛ ma vjɛ:j bɔn.»

« C'est la maîtresse de la maison! » dit Passavant en
«sɛ la mɛtrɛs də la mɛzɔ̃!» di pasavɑ̃ ɑ̃

riant, puis, sans écouter ce que lui dit son vieil ami,
rijɑ̃, pɥi, sɑ̃ -zekute s kə lɥi di sɔ̃ vjɛ:j ami,

il met en marche le moteur et on part. Cinq minutes
il mɛ ɑ̃ marʃ lə mɔtœ:r e ɔ̃ pa:r. sɛ̃ minyt

plus tard, la voiture s'arrête devant le 13 de la rue
ply ta:r, la vwaty:r sarɛt dəvɑ̃ l trɛ:z də la ry

des Roses.
de ro:z.

Ainsi que l'a dit Doumier à sa belle-fille, Amélie a
ɛ̃si k la di dumje a sa bɛlfi:j, ameli a

préparé un excellent petit souper; dans la salle à
prepare œ̃ -nɛksɛlɑ̃ pti supe; dɑ̃ la sal a

manger, la table est pleine de bonnes choses.
mɑ̃ʒe, la tabl ɛ plɛn də bɔn ʃo:z.

Quand la vieille bonne entend arriver la voiture du
kɑ̃ la vjɛ:j bɔn ɑ̃tɑ̃ arive la vwaty:r dy

docteur, elle va dans la salle à manger, donner un
dɔktœ:r, ɛl va dɑ̃ la sal a mɑ̃ʒe, done œ̃

dernier coup d'œil à sa table: « Je ne veux pas qu'elle
dɛrnje ku dœ:j a sa tabl: «ʒə n vø pa kɛl

puisse dire que je ne sais pas dresser une table aussi
pɥis di:r kə ʒə n se pa drɛse yn tabl osi

le maître
la maîtresse

vieux — vieil
vieille
un vieux monsieur
un vieil ami
une vieille femme

un œil
deux yeux

donner un coup d'œil à = regarder un instant

pouvoir
(que) je puisse
(que) tu puisses
(qu') il puisse
(que) nous puissions
(que) vous puissiez
(qu') ils puissent

dresser une table ɔ: mettre sur une table ce qu'il faut pour le repas

Chapitre trente-cinq (35).

satisfaire ɔ: faire content

il manque = il n'y a pas
il ne manque rien = il y a tout

satisfaire (comme **faire**)
satisfaire
a satisfait
satisfait
satisfaisait
satisfera

bien que n'importe quelle dame! Villebourg n'est pas
bjɛ̃ k nɛ̃pɔrt kɛl dam! vilbu:r nɛ pa

une grande ville, mais nous avons du savoir vivre! »
yn grɑ̃:d vil, mɛ nu -zavɔ̃ dy savwa:r vi:vr!»

Son coup d'œil la satisfait: rien ne manque, il y a tout
sɔ̃ ku dœ:j la satisfɛ: rjɛ̃ n mɑ̃:k, il ja tu

ce qu'il faut pour faire un vrai souper de roi. Et
s kil fo pur fɛ:r œ̃ vrɛ supe də rwa. e

Amélie ouvre toute grande la porte de la salle à manger
ameli u:vrə tut grɑ̃:d la pɔrt də la sal a mɑ̃ʒe

en disant: « Le souper est servi! » « Merci, Amélie! »
ɑ̃ dizɑ̃: «lə supe ɛ sɛrvi!» «mɛrsi, ameli!»

lui répond son maître, et il ajoute: «Venez donc, je
lɥi repɔ̃ sɔ̃ mɛ:tr, e il aʒut: «vəne dɔ̃, ʒə

vais vous présenter à ma belle-fille et à mes petits-
vɛ vu prezɑ̃te a ma bɛlfi:j e a me pti-

enfants! » Il est tout heureux, le vieil homme, et il
zɑ̃fɑ̃!» il ɛ tu -tœrø, lə vjɛ:j ɔm, e il

veut absolument qu'Amélie serre la main de Marie-
vø absɔlymɑ̃ kameli sɛ:r la mɛ̃ d mari

Anne. Mais Amélie n'est pas contente: « Je connais
a:n. mɛ ameli nɛ pa kɔ̃tɑ̃:t: «ʒə kɔnɛ

ma place! » se dit-elle, « il ne faut pas qu'elle oublie
ma plas!» sə di -tɛl, «il nə fo pa kɛl ubli

la sienne! Je ne peux pas empêcher qu'elle fasse ce
la sjɛn! ʒə n pø pa ɑ̃pɛʃe kɛl fas sə

qu'elle veut dans ses chambres, mais dans ma cuisine,
kɛl vø dɑ̃ se ʃɑ̃:br, mɛ dɑ̃ ma kɥizin,

c'est moi qui décide! Il ne faudrait pas qu'elle croie
sɛ mwa ki desid! il nə fodrɛ pa kɛl krwa

que nous sommes amies, et elle n'est pas devenue ma
k nu sɔm -zami, e ɛl nɛ pa dəvny ma

maîtresse, uniquement parce qu'elle est la veuve du
mɛtrɛs, ynikmɑ̃ pars kɛl ɛ la vœ:v dy

jeune Henri! » Mais tout cela, elle ne le dit pas à
ʒœn ɑ̃ri!» mɛ tu sla, ɛl nə l di pa a

haute voix, elle ne fait que le penser.
o:t vwa, ɛl nə fɛ kə l pɑ̃se.

« Si nous allions à table tout de suite? » demande le
«si nu -zaljɔ̃ -za tablə tutsɥit?» dəmɑ̃:d lə

vieux M. Doumier. « C'est une bonne idée, n'est-ce
vjø məsjø dumje. «sɛ -tyn bɔn ide, nɛs

pas? Vous devez avoir une faim de loup. » « Vous avez
pa? vu dve -zavwa:r yn fɛ̃ d lu.» «vu -zave

raison, beau-père, » lui dit Marie-Anne, puis elle dit à
rɛzɔ̃, bopɛ:r,» lɥi di mari a:n, pɥi ɛl di a

Amélie: « Si vous permettez que nous nous lavions les
ameli: «si vu pɛrmɛte k nu nu lavjɔ̃ le

mains, nous serons à table dans une minute, Amélie! »
mɛ̃, nu srɔ̃ -za tablə dɑ̃ -zyn minyt, ameli!»

Mais Amélie ne répond rien. Elle retourne à sa cui-
mɛ ameli n repɔ̃ rjɛ̃. ɛl rəturn a sa kɥi-

sine en se disant: « Si vous permettez que nous nous
zin ɑ̃ s dizɑ̃: «si vu pɛrmɛte k nu nu

lavions les mains, a-t-elle dit! Je n'ai rien à lui
lavjɔ̃ le mɛ̃, a -tɛl di! ʒə ne rjɛ̃ a lɥi

croire
(que) je croie
(que) tu croies
(qu') il croie
(qu') ils croient

une veuve = une femme dont le mari est mort

elle ne fait que le penser ɔ: elle le pense seulement

un loup

permettre, moi! Si elle continue comme ça, je vais
pɛrmɛtr, mwa! si ɛl kɔ̃tiny kɔm sa, ʒə vɛ

se fâcher = devenir fâché

me fâcher! » Jamais, Amélie n'est satisfaite. Mais si
m faʃe!» ʒamɛ, ameli nɛ satisfɛt. mɛ si

vivre
je vis
tu vis
il vit
nous vivons
vous vivez
ils vivent

ce n'est pas très agréable pour ceux pui vivent auprès
s nɛ pa trɛ -zagreablə pur sø ki vi:v oprɛ

d'elle, c'est encore moins agréable pour elle.
dɛl, sɛ -tɑ̃kɔ:r mwɛ̃ -zagreablə pur ɛl.

Quand Marie-Anne entre dans la salle à manger avec
kɑ̃ mari a:n ɑ̃:trə dɑ̃ la sal a mɑ̃ʒe avɛk

un poulet

Fatima et les enfants, elle s'arrête à la porte avec
fatima e le -zɑ̃fɑ̃, ɛl sarɛt a la pɔrt avɛk

un « oh! » d'admiration, car la vue de la table dres-
œ̃ «o!» dadmirasjɔ̃, kar la vy d la tablə drɛ-

sée est très belle, avec les deux poulets froids, les
se ɛ trɛ bɛl, avɛk le dø pulɛ frwa, le

une salade

salades de diverses sortes, les viandes froides: veau,
salad də divɛrs sɔrt, le vjɑ̃:d frwad: vo,

un porc = un cochon

porc et mouton, avec les beaux verres, les assiettes
pɔ:r e mutɔ̃, avɛk le bo vɛ:r, le -zasjɛt

en porcelaine de Sèvres. Et quand Amélie entre pour
ɑ̃ pɔrsəlɛn də sɛ:vr. e kɑ̃ -tameli ɑ̃:trə pur

Sèvres est une ville de France.

servir, Marie-Anne lui dit: « Amélie, je n'ai pas fini
sɛrvi:r, mari a:n lɥi di: «ameli, ʒə ne pa fini

admirer ɔ: trouver belle
admirer
une admiration

d'admirer votre table! Je n'ai jamais vu une si belle
dadmire vɔtrə tabl! ʒə ne ʒamɛ vy yn si bɛl

table. Il n'y manque absolument rien, c'est un vrai
tabl. il ni mɑ̃:k absɔlymɑ̃ rjɛ̃, sɛ -tœ̃ vrɛ

souper de roi! » Cette fois, la vieille ne peut s'empêcher
supe də rwa!» set fwa, la vjɛ:j nə pø sɑ̃pɛʃe

de rougir de plaisir et de faire quelque chose qui
d ruʒi:r də plɛzi:r e d fɛ:r kɛlkə ʃo:z ki

ressemble à un sourire. Mais, naturellement, elle ne
rəsɑ̃:bl a œ̃ suri:r. mɛ, natyrɛlmɑ̃, ɛl nə

dit rien. Seulement, la vieille bonne ne trouve plus
di rjɛ̃. sœlmɑ̃, la vjɛ:j bɔn nə tru:v ply

que la jeune femme, « la veuve », comme elle l'appelle,
kə la ʒœn fam, «la vœ:v», kɔm ɛl lapɛl,

est aussi désagréable qu'elle la trouvait cinq minutes
ɛ -tosi dezagreablə kɛl la truvɛ sɛ̃ minyt

plus tôt. Même Amélie, si difficile à satisfaire, aime
ply to. mɛ:m ameli, si difisil a satisfɛ:r, ɛ:m

qu'on admire ce qu'elle fait, quand elle est contente
kɔ̃ -nadmi:r sə kɛl fɛ, kɑ̃ -tɛl ɛ kɔ̃tɑ̃:t

elle-même de ce qu'elle a fait.
ɛlmɛ:m də s kɛl a fɛ.

Après trois jours de voyage, Marie-Anne, Fatima et
aprɛ trwa ʒu:r də vwaja:ʒ, mari a:n, fatima e

les enfants, qui sont très fatigués, trouvent le souper
le -zɑ̃fɑ̃, ki sɔ̃ trɛ fatige, tru:v lə supe

délicieux. Ils prennent deux fois du poulet, la salade
delisjø. il prɛn dø fwa dy pulɛ, la salad

est mangée en cinq minutes, et Amélie se dépêche
ɛ mɑ̃ʒe ɑ̃ sɛ̃ minyt, e ameli s depɛ:ʃ

d'en apporter encore. Les viandes froides aussi dispa-
dɑ̃ -napɔrte ɑ̃kɔ:r. le vjɑ̃:d frwad osi dispa-

en apporter encore ɔ: apporter encore de la salade

raissent rapidement: veau, porc, mouton. Il n'y a
rɛs rapidmɑ̃: vo, pɔ:r, mutɔ̃. il nja

bientôt plus que des restes sur la table. Marie-Anne
bjɛ̃to ply k de rɛst syr la tabl. mari a:n

a beaucoup admiré les belles assiettes en porcelaine
a boku admire le bɛl -zasjɛt ɑ̃ pɔrsəlɛn

de Sèvres de M. Doumier, qui lui a raconté qu'il
də sɛ:vrə də məsjø dumje, ki lɥi a rakɔ̃te kil

les avait trouvées lui-même à Paris dans les premières
le -zavɛ truve lɥimɛ:m a pari dɑ̃ le prəmjɛ:r

beau-père
belle-mère
beau-frère
belle-sœur
belle-fille

années de son mariage. «Votre mariage avec belle-mère
-zane d sɔ̃ marja:ʒ. «vɔtrə marja:ʒ avɛk bɛlmɛ:r

a été très heureux, n'est-ce pas, beau-père?» demande
a ete trɛ -zœrø, nɛs pa, bopɛ:r?» dəmɑ̃:d

Marie-Anne. «Oh, oui,» lui répond le vieux monsieur
mari a:n. «o, wi,» lɥi repɔ̃ l vjø məsjø

soupirer
un soupir

avec un profond soupir, «oh, oui, un mariage très
avɛk œ̃ prɔfɔ̃ supi:r, «o, wi, œ̃ marja:ʒ trɛ

heureux...». Il soupire encore une fois en se souvenant
-zœrø...» il supi:r ɑ̃kɔ:r yn fwa ɑ̃ sə suvnɑ̃

en se souvenant ɔ: au moment où il se souvient

de sa jeunesse heureuse, puis il dit: «Ne parlons pas
d sa ʒœnɛs œrø:z, pɥi il di: «nə parlɔ̃ pa

du passé, aujourd'hui. Je te parlerai un autre jour de
dy pase, oʒurdɥi. ʒə tə parləre œ̃ -no:trə ʒu:r də

ta belle-mère. Maintenant, pensons au beau souper
ta bɛlmɛ:r. mɛ̃tnɑ̃, pɑ̃sɔ̃ o bo supe

qu'Amélie nous a préparé. M. Comaux, prenez encore
kameli nu -za prepare. məsjø kɔmo, prəne ɑ̃kɔ:r

un peu de porc! Mlle Fatima, encore un peu de
œ̃ pø d pɔ:r! madmwazɛl fatima, ɑ̃kɔ:r œ̃ pø d

salade?» «Merci, M. Doumier. J'ai déjà trop mangé.»
salad?» «mɛrsi, məsjø dumje. ʒe deʒa tro mɑ̃ʒe.»

«Mais non, mais non! Cela donne une faim de loup,
«mɛ nɔ̃, mɛ nɔ̃! sla dɔn yn fɛ̃ d lu,

de voyager! Mangez donc! Je veux que vous soyez
də vwajaʒe! mɑ̃ʒe dɔ̃! ʒə vø k vu swaje

comme chez vous! Et toi, Arthur, tu ne veux pas finir
kɔm ʃe vu! e twa, arty:r, ty n vø pa fini:r

ce petit reste de mouton? Vous savez, mes amis, il
sə pti rɛst də mutɔ̃? vu save, me -zami, il

faut que tout soit mangé! Amélie ne permet pas que
fo k tu swa mɑ̃ʒe! ameli n pɛrmɛ pa kə

l'on sorte de table avant d'avoir mangé tout ce qu'elle
lɔ̃ sɔrt də tabl avɑ̃ davwa:r mɑ̃ʒe tu s kɛl

a servi. Et quand Amélie se fâche, on ne mange pas
a sɛrvi. e kɑ̃ -tameli s fa:ʃ, ɔ̃ n mɑ̃:ʒ pa

bien. Finissez donc tout cela, vous me ferez grand
bjɛ̃. finise dɔ̃ tu sla, vu m fre grɑ̃

plaisir!»
plɛzi:r!»

Tout le monde rit, et cinq minutes plus tard, quand
tu l mɔ̃:d ri, e sɛ̃ minyt ply ta:r, kɑ̃

Amélie vient demander s'il ne manque rien, son maître
-tameli vjɛ̃ dmɑ̃de sil nə mɑ̃:k rjɛ̃, sɔ̃ mɛ:trə

lui dit: «Non, Amélie, il ne nous manque rien, et
lɥi di: «nɔ̃, ameli, il nə nu mɑ̃:k rjɛ̃, e

être
(que) je sois
(que) tu sois
(qu') il soit
(que) nous soyons
(que) vous soyez
(qu') ils soient

sortir de table = quitter la table

sortir (comme **partir**)
(que) je sorte
(que) tu sortes
(qu') il sorte
(que) nous sortions
(que) vous sortiez
(qu') ils sortent

comme vous voyez, nous avons tout mangé! » « Oui,
kɔm vu vwaje, nu -zavɔ̃ tu mɑ̃ʒe!» «wi,

Amélie, » dit Marie-Anne, « et je n'ai jamais mangé un
ameli,» di mari a:n, «e ʒ ne ʒamɛ mɑ̃ʒe œ̃

si bon poulet! Il faudra absolument que vous me ra-
si bɔ̃ pulɛ! il fodra absɔlymɑ̃ k vu m ra-

contiez un jour comment vous le préparez! » Cette
kɔ̃tje œ̃ ʒu:r kɔmɑ̃ vu l prepare!» sɛt

fois, Amélie va même jusqu'à sourire et à dire: « Comme
fwa, ameli va mɛ:m ʒyska suri:r e a di:r: «kɔm

voudra ɔ: veut

Madame voudra. » Et au lieu de sortir de nouveau,
madam vudra.» e o ljø d sɔrti:r də nuvo,

Amélie reste dans un coin de la salle à manger, près
ameli rɛst dɑ̃ -zœ̃ kwɛ̃ d la sal a mɑ̃ʒe, prɛ

de là ɔ: de cet endroit

de la porte. Il faut dire que c'est de là qu'elle voit le
d la pɔrt. il fo di:r kə sɛ d la kɛl vwa l

mieux le jeune Comaux. A la lumière de la lampe
mjø lə ʒœn kɔmo. a la lymjɛ:r də la lɑ̃:p

de la salle à manger, qui se trouve juste au-dessus du
də la sal a mɑ̃ʒe, ki s tru:v ʒyst odsy dy

centre de la table, il lui semble qu'il est le portrait de
sɑ̃:trə də la tabl, il lɥi sɑ̃:blə kil ɛ l pɔrtrɛ d

son pauvre fiancé Gaston, qui est mort à la guerre.
sɔ̃ po:vrə fjɑ̃se gastɔ̃, ki ɛ mɔ:r a la gɛ:r.

« Si nous avions eu un fils, il lui ressemblerait comme
«si nu -zavjɔ̃ -zy œ̃ fis, il lɥi rəsɑ̃blərɛ kɔm

un frère, » se répète-t-elle pour la centième fois.
œ̃ frɛ:r,» sə repɛt -tɛl pur la sɑ̃tjɛm fwa.

Pendant ce temps, tout le monde s'est levé et sort de
pãdã s tã, tu l mɔ̃:d sɛ lve e sɔ:r də

table. Marie-Anne donne un dernier coup d'œil à la
tabl. mari a:n dɔn œ̃ dɛrnje ku dœ:j a la

table et dit son admiration à Amélie. Puis, le vieux
tabl e di sɔ̃ -nadmirasjɔ̃ a ameli. pɥi, lə vjø

M. Doumier monte au premier avec elle et Fatima
məsjø dumje mɔ̃:t o prəmje avɛk ɛl e fatima

pour leur montrer leurs chambres. Passavant reste au
pur lœr mɔ̃tre lœr ʃã:br. pasavã rɛst o

le premier ɔ: le premier étage

rez-de-chaussée. Comme il se couche rarement avant
redʃose. kɔm il sə kuʃ rarmã avã

deux heures du matin, il va fumer un cigare dans le
dø -zœ:r dy matɛ̃, il va fyme œ̃ siga:r dã l

salon. André monte avec sa cousine, en portant deux
salɔ̃. ãdre mɔ̃:t avɛk sa kuzin, ã pɔrtã dø

des valises. Arthur et Jeanne sont maintenant si fati-
de vali:z. arty:r e ʒa:n sɔ̃ mɛ̃tnã si fati-

gués qu'ils ne peuvent presque pas se tenir debout, et
ge kil nə pœ:v prɛsk pa s təni:r dəbu, e

leurs yeux se ferment tout seuls. Cinq minutes après
lœr -zjø s fɛrm tu sœl. sɛ̃ minyt aprɛ

se tenir debout ɔ: rester debout

que leur mère les a couchés, ils dorment profondément.
k lœr mɛ:r le -za kuʃe, il dɔrm prɔfɔ̃demã.

Et comme il est déjà deux heures passées, Marie-Anne
e kɔm il ɛ deʒa dø -zœ:r pase, mari a:n

et Fatima décident de laisser tout dans les valises
e fatima desid də lɛse tu dã le vali:z

jusqu'au lendemain, à l'exception de quelques robes.
ʒysko lɑ̃dmɛ̃, a lɛksɛpsjɔ̃ d kɛlk rɔb.

A deux heures et demie donc, tout le monde dort au
a dø -zœ:r e dmi dɔ̃, tu l mɔ̃:d dɔ:r o

premier. Au salon, Doumier et Passavant parlent
prəmje. o salɔ̃, dumje e pasavɑ̃ parl

encore à voix basse, mais eux aussi se disent bientôt
ɑ̃kɔ:r a vwa ba:s, mɛ ø osi s di:z bjɛ̃to

bonne nuit, Passavant rentre chez lui, le vieux M.
bɔn nɥi, pasavɑ̃ rɑ̃:trə ʃe lɥi, lə vjø məsjø

Doumier va se coucher, et quand Amélie monte à son
dumje va s kuʃe, e kɑ̃ -tameli mɔ̃:t a sɔ̃

tour dans sa chambre, toute la maison dort.
tu:r dɑ̃ sa ʃɑ̃:br, tut la mɛzɔ̃ dɔ:r.

seule une mère = une mère seulement

A cinq heures du matin, Marie-Anne est réveillée
a sɛ̃ -kœ:r dy matɛ̃, mari a:n ɛ revɛje

brusquement par un sentiment que seule une mère con-
bryskəmɑ̃ par œ̃ sɑ̃timɑ̃ k sœl yn mɛ:r kɔ-

naît: ses enfants ont besoin d'elle, il leur arrive un
nɛ: se -zɑ̃fɑ̃ ɔ̃ bəzwɛ̃ dɛl, il lœr ari:v œ̃

une robe de chambre

malheur! Elle saute de son lit, met vite sa robe de
malœ:r! ɛl so:t də sɔ̃ li, mɛ vit sa rɔb də

chambre, et court dans la chambre des enfants. Quand
ʃɑ̃:br, e ku:r dɑ̃ la ʃɑ̃:brə de -zɑ̃fɑ̃. kɑ̃

elle allume la lampe, elle voit qu'Arthur ne dort pas:
-tɛl alym la lɑ̃:p, ɛl vwa karty:r nə dɔ:r pa:

souffrant ɔ: qui montre qu'il souffre

il la regarde d'un air souffrant et lui dit: « J'ai froid,
il la rgard dœ̃ -nɛ:r sufrɑ̃ e lɥi di: «ʒe frwa,

maman. » « Tu as froid, mon petit ange? Attends, je
mãmã.» «ty a frwa, mɔ̃ pti -tã:ʒ? atã, ʒə

vais te couvrir un peu plus. Voyons, où y a-t-il des
vɛ t kuvri:r œ̃ pø ply. vwajɔ̃, u ja -til de

couvertures? Ah, en voilà une! » Et Marie-Anne prend
kuvɛrty:r? a, ã vwala yn!» e mari a:n prã

la couverture qu'elle a trouvée et couvre son enfant.
la kuvɛrty:r kɛl a truve e ku:vrə sɔ̃ -nãfã.

« Cela va mieux? As-tu chaud, maintenant, mon petit? »
«sla va mjø? a ty ʃo, mɛ̃tnã, mɔ̃ pti?»

demande-t-elle. « Non, maman, j'ai toujours aussi froid, »
dəmã:d -tɛl. «nɔ̃, mãmã, ʒe tuʒu:r osi frwa,»

répond Arthur, et en disant cela, il claque des dents.
repɔ̃ arty:r, e ã dizã sla, il klak de dã.

« Mais tu frissonnes, Arthur! Tu es malade! As-tu mal
«mɛ ty frisɔn, arty:r! ty ɛ malad! a ty mal

quelque part? » dit la jeune femme, effrayée. « Oui,
kɛlk pa:r?» di la ʒœn fam, ɛfrɛje. «wi,

maman, j'ai mal à la tête. » « As-tu mal autre part? »
mãmã, ʒe mal a la tɛ:t.» «a ty mal o:trə pa:r?»

« Non, pas autre part, seulement à la tête, » dit le petit
«nɔ̃, pa o:trə pa:r, sœlmã a la tɛ:t,» di l pəti

garçon de la même petite voix souffrante.
garsɔ̃ də la mɛ:m pətit vwa sufrã:t.

Marie-Anne pose sa main sur le front du petit. Il est
mari a:n po:z sa mɛ̃ syr lə frɔ̃ dy pti. il ɛ

chaud, le garçon a sûrement la fièvre. Et comme Arthur
ʃo, lə garsɔ̃ a syrmã la fjɛ:vr. e kɔm arty:r

une couverture

en voilà une ɔ: voilà une couverture

avoir chaud ←→ avoir froid

une dent

frissonner ɔ: claquer des dents parce qu'on a froid

quelque part ɔ: dans quelque partie du corps

effrayé = qui soudain a peur

autre part ɔ: dans une autre partie du corps

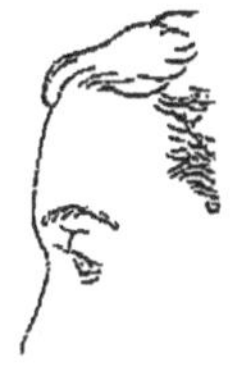
le front

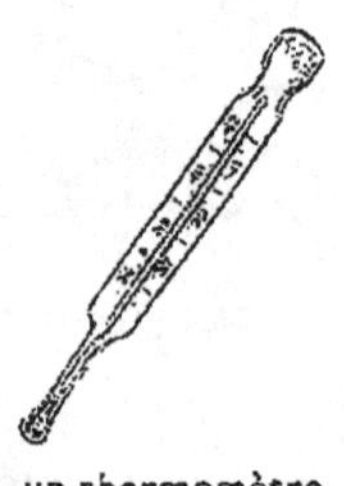
un thermomètre

frissonne de nouveau, Marie-Anne lui dit: « Attends
frisɔn də nuvo, mari a:n lɥi di: «atã

un instant, mon ange! Je vais prendre un thermomètre,
œ̃ -nɛ̃stã, mɔ̃ -nã:ʒ! ʒə vɛ prã:dr œ̃ tɛrmɔmɛtr,

et je reviens tout de suite. » Elle emporte toujours
e ʒə rəvjɛ̃ tutsɥit.» ɛl ãpɔrt tuʒu:r

un thermomètre, quand elle voyage avec les enfants,
œ̃ tɛrmɔmɛtr, kã -tɛl vwaja:ʒ avɛk le -zãfã,

et trois secondes plus tard, elle revient dans la chambre
e trwa zgɔ̃:d ply ta:r, ɛl rəvjɛ̃ dã la ʃã:brə

d'Arthur. En attendant de savoir si son fils a la
darty:r. ã -natãdã d savwa:r si sɔ̃ fis a la

fièvre, elle le regarde avec un sourire plein de ten-
fjɛ:vr, ɛl lə rgard avɛk œ̃ suri:r plɛ̃ d tã-

dresse. Elle voudrait pouvoir empêcher que son enfant
drɛs. ɛl vudrɛ puvwa:r ãpɛʃe kə sɔ̃ -nãfã

soit malade! Ah, qu'elle est longue, la minute qu'elle
swa malad! a, kɛl ɛ lɔ̃:g, la minyt kɛl

doit attendre avant de savoir si son fils a la fièvre ou
dwa atã:dr avã d savwa:r si sɔ̃ fis a la fjɛ:vr u

si elle s'est trompée. Elle a le cœur glacé, elle a peur,
si ɛl sɛ trɔ̃pe. ɛl a lə kœ:r glase, ɛl a pœ:r,

mais elle continue à sourire à Arthur, pour ne pas
mɛ ɛl kɔ̃tiny a suri:r a arty:r, pur nə pa

l'effrayer. Au bout d'une minute, elle retire le ther-
lɛfrɛje. o bu dyn minyt, ɛl rəti:r lə tɛr-

momètre. « Est-ce que j'ai beaucoup de fièvre, maman? »
mɔmɛtr. «ɛs kə ʒe boku d fjɛ:vr, mãmã?»

glacé = aussi froid que la glace

effrayer = faire peur à

retirer ⟷ mettre

demande Arthur. « Non, mon ange, ce n'est rien, » lui
dəmɑ:d arty:r. «nɔ̃, mɔ̃ -nɑ̃:ʒ, s nɛ rjɛ̃,» lɥi

répond sa mère. Mais elle est de plus en plus effrayée,
repɔ̃ sa mɛ:r. mɛ ɛl ɛ də ply -zɑ̃ ply -zɛfrɛje,

car Arthur a 39° (degrés) de fièvre.
kar arty:r a trɑ̃tnœf dəgre d fjɛ:vr.

Bien qu'il ait beaucoup de fièvre, le petit malade
bjɛ̃ kil ɛ boku d fjɛ:vr, lə pti malad

regarde calmement sa mère en lui disant: « Je ne veux
rəgard kalməmɑ̃ sa mɛ:r ɑ̃ lɥi dizɑ̃: «ʒə n vø

pas que tu sois triste, ma petite maman. » Elle lui
pa kə ty swa trist, ma ptit mɑ̃mɑ̃.» ɛl lɥi

sourit et va sous la lampe pour regarder de nouveau
suri e va su la lɑ̃:p pur rəgarde d nuvo

le thermomètre. Peut-être s'est-elle trompée? Non,
l tɛrmɔmɛtr. pøtɛ:trə sɛ -tɛl trɔ̃pe? nɔ̃,

elle ne s'est pas trompée: Arthur a bien 39° de
ɛl nə sɛ pa trɔ̃pe: arty:r a bjɛ̃ trɑ̃tnœf dəgre d

fièvre. Alors, brusquement, la jeune femme serre son
fjɛ:vr. alɔ:r, bryskəmɑ̃, la ʒœn fam sɛ:r sɔ̃

fils contre son cœur, embrasse son petit front pâle, et
fis kɔ̃:trə sɔ̃ kœ:r, ɑ̃bras sɔ̃ pti frɔ̃ pa:l, e

sort de la chambre en disant à l'enfant: « Je reviens
sɔ:r də la ʃɑ̃:br ɑ̃ dizɑ̃ a lɑ̃fɑ̃: «ʒə rəvjɛ̃

tout de suite, mon ange! N'enlève pas ta couverture,
tutsɥit, mɔ̃ -nɑ̃:ʒ! nɑ̃lɛ:v pa ta kuvɛrty:r,

tu auras froid! » Elle n'a que sa robe de chambre, mais
ty ɔra frwa!» ɛl na k sa rɔb də ʃɑ̃:br, mɛ

qu'est-ce que cela peut faire, à un tel moment? Marie-
kɛs kə sla pø fɛːr, a œ̃ tɛl mɔmɑ̃? mari

Anne n'a qu'une seule pensée: faire venir un docteur.
aːn na kyn sœl pɑ̃se: fɛːr vəniːr œ̃ dɔktœːr.

Elle ne sait pas où est la chambre de son beau-père,
ɛl nə se pa u ɛ la ʃɑ̃ːbrə də sɔ̃ bopɛːr,

mais elle va frapper à une porte du premier, et la
mɛ ɛl va frape a yn pɔrt dy prəmje, e la

qu'y a-t-il? = qu'est-ce qu'il y a?

voix de M. Doumier lui répond: « Qu'y a-t-il? Qui
vwa d məsjø dumje lɥi repɔ̃: «kja -til? ki

est-ce? » « C'est moi, Marie-Anne! Beau-père, j'ai
ɛs?» «sɛ mwa, mari aːn! bopɛːr, ʒe

besoin de vous! Arthur est malade! » « Je viens! »
bəzwɛ̃ d vu! artyːr ɛ malad!» «ʒə vjɛ̃!»

dit le vieux monsieur, et, en mettant vite sa robe de
di l vjø məsjø, e, ɑ̃ mɛtɑ̃ vit sa rɔb də

chambre, il ouvre la porte. « Arthur est malade, dis-
ʃɑ̃ːbr, il uːvrə la pɔrt. «artyːr ɛ malad, di

tu? » « Oui, il a la fièvre, il frissonne et il claque des
ty?» «wi, il a la fjɛːvr, il frisɔn e il klak de

dents. Beau-père, je suis effrayée, je crois que c'est grave.
dɑ̃. bopɛːr, ʒə sɥi -zɛfrɛje, ʒə krwa k sɛ graːv.

Il faut faire venir un docteur! » « Oui, naturellement,
il fo fɛːr vəniːr œ̃ dɔktœːr!» «wi, natyrɛlmɑ̃,

naturellement! Je vais téléphoner à Passavant, il sera
natyrɛlmɑ̃! ʒə vɛ telefɔne a pasavɑ̃, il səra

ici dans quelques minutes, il demeure tout près. Mais
isi dɑ̃ kɛlk minyt, il dəmœːr tu prɛ. mɛ

j'espère bien que tu te trompes et que ce n'est pas
ʒɛspɛ:r bjɛ̃ kə ty tə trɔ̃:p e kə s nɛ pa

aussi grave que tu le crois. » « Ah, je voudrais bien
osi gra:v kə ty l krwa.» «a, ʒə vudrɛ bjɛ̃

me tromper, beau-père! » dit Marie-Anne, et elle rentre
mə trɔ̃pe, bopɛ:r!» di mari a:n, e ɛl rɑ̃:trə

chez Arthur pendant que Doumier va téléphoner.
ʃe arty:r pɑ̃dɑ̃ k dumje va telefɔne.

Heureusement, Jeanne n'a pas été réveillée, elle dort
œrøzmɑ̃, ʒa:n na pa ete revɛje, ɛl dɔ:r

tranquillement. Mais un seul coup d'œil suffit à Ma-
trɑ̃kilmɑ̃. mɛ œ̃ sœl ku dœ:j syfi a ma-

rie-Anne pour voir que son fils est très malade. Elle
ri a:n pur vwa:r kə sɔ̃ fis ɛ trɛ malad. ɛl

fait tout ce qu'elle peut pour ne pas pleurer et tombe
fɛ tu s kɛl pø pur nə pa plœre e tɔ̃:b

à genoux auprès du lit d'Arthur. Dix minutes plus tard,
a ʒnu oprɛ dy li darty:r. di minyt ply ta:r,

le docteur Passavant entre dans la chambre.
lə dɔktœ:r pasavɑ̃ ɑ̃:trə dɑ̃ la ʃɑ̃:br.

EXERCICE A.

Les enfants sont si fatigués que leurs yeux se ferment — seuls. Fatima, aussi, dort dans un — du compartiment. Et bientôt, tout le monde dort —. Tous à l'— d'André. Mille pensées — tournent dans sa tête.

Au — de toutes ces pensées, il y a toujours Marie-Anne. Le jeune homme a allumé une petite lampe bleue dont la — est très faible. De cette manière, il ne dérange pas les —. Et André se dit qu'au — de la semaine prochaine, il faudra qu'il parte. Ses — l'appellent. Il ne lui — donc que deux jours pour décider de sa vie. Il rêve de devenir un jour le — de Marie-Anne. Il veut la — contre tout le mal qui peut lui arriver.

Quand on arrive à Villebourg, tout le monde descend, et voilà M. Doumier qui embrasse sa — - — et ses petits-enfants. Puis il — la main de Fatima, et on sort de la gare. Le docteur Passavant est là, devant sa —. Il dit aux enfants: « Mademoiselle Jeanne et Monsieur Arthur, je —? » Puis il dit à Marie-Anne qu'Arthur est le — de son père. Il a vu — Henri Doumier.

Amélie a préparé un délicieux —. « Il ne faut pas que nous la — attendre! » dit M. Doumier. Quand la vieille bonne entend arriver la voiture, elle donne un dernier — d'— à sa table. Elle ne veut pas que Marie-Anne puisse dire qu'Amélie ne sait pas — une table. Son coup d'œil la —. Il ne — rien.

EXERCICE B.

Comment Amélie appelle-t-elle la belle-fille de Doumier? ... Comment appelle-t-on une très grande faim? ... Quelles sont les bonnes choses qu'Amélie a mises sur la table? ... Que dit Marie-Anne à Amélie quand celle-ci entre pour servir? ... Comment appelle-t-on un très bon souper? ... Pourquoi Marie-Anne admire-t-elle les assiettes de M. Doumier? ... Quand M. Doumier a-t-il trouvé ces assiettes? ... Comment Marie-Anne appelle-t-elle la femme de M. Doumier? ...

EXERCICE C.

je vis	**nous vivons**
tu vis	**vous vivez**
il vit	**ils vivent**

Le vieux Doumier et sa bonne — seuls dans la grande maison. « Je — seul, » écrit le vieux souvent à sa fille Josette, « et tu — seule également. Alors, puisque nous — seuls tous les deux, pourquoi ne viens-tu pas demeurer chez nous? » C'est vrai, Josette — seule à Paris avec sa petite fille, mais elle répond: « Je sais que vous — seuls, Amélie et toi, mais je ne peux pas venir encore. »

naître	
est né	**naissait**
naît	**naîtra**

Arthur est — au Maroc. Au moment où il —, la France était encore en guerre. Ses parents espéraient que la guerre serait finie quand il —, mais alors, il aurait dû — plus tard. « Et on ne — pas toujours quand on veut! » disait Henri en riant.

satisfaire

a satisfait	**satisfaisait**
satisfait	**satisfera**

Il est difficile de — tout le monde. On doit être content si l'on — ses amis. Amélie n'a jamais — Josette. Mais son père lui dit qu'aucune bonne ne la — jamais. Et même si un jour une bonne la —, qui dit qu'elle satisferait également son père?

protéger

a protégé	**protégeait**
protège	**protégera**

« Qui te —, quand je serai mort? » disait Henri à sa jeune femme. Et maintenant, c'est André Comaux qui pense: « Tu serais bien seule et faible, si je ne te — pas. » Un homme qui aime une femme la — toujours. C'est pour cela qu'André veut — Marie-Anne, comme Henri l'a —.

je protège	**nous protégeons**
tu protèges	**vous protégez**
il protège	**ils protègent**

Marie-Anne — ses enfants contre le mal qui peut leur arriver. Les mères — toujours leurs enfants. « Pourquoi ne — -vous pas vos vêtements contre la pluie? » demande Marie-Anne à ses enfants. « Mais maman, nous les — contre la pluie! » répondent-ils. « Et toi, Jeanne, — -tu ta poupée contre la pluie? » « Oh, oui, maman, je la — contre la pluie! Je l'ai mise sous ma robe. »

que j'attende **que nous attendions**
que tu attendes **que vous attendiez**
qu'il attende **qu'ils attendent**

«Veux-tu que je t'—, Fatima?» demande Marie-Anne. «Non, Madame Marie-Anne, je ne veux pas que vous m'—,» répond la jeune fille. «Et nous,» demandent Jeanne et Arthur, «veux-tu que nous t'—, Fatima?» Fatima répond qu'elle ne veut pas qu'ils l'— non plus. Cependant, elle dit: «Si, Jeanne, j'aimerais que tu m'— quelques minutes.» Mais elle ne veut pas qu'Arthur l'—.

que je fasse **que nous fassions**
que tu fasses **que vous fassiez**
qu'il fasse **qu'ils fassent**

«Voulez-vous que je vous — un bon potage?» demande Amélie à son maître. «Oui, Amélie,» répond M. Doumier, «j'aimerais que vous nous — un de vos délicieux potages!» «Viens ici, Fatima, je vais te dire ce qu'il faut que tu —!» Marie-Anne dit à la jeune fille ce qu'il faut qu'elle —. «Et maintenant,» disent Jeanne et Arthur, «tu dois nous dire ce qu'il faut que nous —.» Alors Maria-Anne leur dit ce qu'elle aimerait qu'ils —.

que je sois **que nous soyons**
que tu sois **que vous soyez**
qu'il soit **qu'ils soient**

«Je veux que tu — très sage!» dit Marie-Anne à Jeanne. «Et moi, maman, faut-il aussi que je — sage?»

MOTS:
une admiration
les affaires
une belle-fille
une belle-mère
un centre
un coin
un coup d'œil
une couverture
un début
une dent
un degré
un dormeur
une exception
la fièvre
un front
un loup
la lumière
un mariage
un œil
un porc
la porcelaine
un portrait
un poulet
le premier
un protecteur
une robe de chambre

une salade
un souper
un soupir
un thermomètre
une veuve
une voiture
divers
effrayé
satisfait
souffrant
vieil
admirer
(qu') il attende
couvrir
(qu') il croie
se décider
dresser
effrayer
se fâcher
(qu') il fasse
(que) nous fassions
il faudra
frissonner
manquer
naître
(que) tu promettes
protéger
(qu') il puisse
retirer
satisfaire
serrer
(qu') il soit
(que) vous soyez
(qu') il sorte
soupirer
en se souvenant
supposer
tenir
se tromper
ils vivent
profondément

demande Arthur en riant. Marie-Anne dit qu'il faut naturellement qu'il — sage, lui aussi. Il faut que les deux enfants — sages. « A quelle heure faut-il que nous — rentrés? » demande M. Doumier à Amélie. « Il faut que vous — rentrés à midi et demi, » répond la vieille bonne.

que je puisse	**que nous puissions**
que tu puisses	**que vous puissiez**
qu'il puisse	**qu'ils puissent**

Amélie ne veut pas que Marie-Anne — dire qu'elle ne sait pas dresser une table. « Je ne veux pas que les gens — dire que vous n'êtes pas très bien élevés, » dit Marie-Anne à ses enfants. « Je ne veux pas que tu — me dire un jour que je t'ai empêchée de partir, » dit Sabine à Fatima. « Je n'aimerais pas que vous — me dire que je ne vous ai pas montré votre pays, » dit Marie-Anne à ses enfants. « Nous allons en France parce que maman veut empêcher que nous — lui dire qu'elle ne nous a pas montré notre pays, » disent Arthur et Jeanne. « Maman ne veut pas que je — lui dire qu'elle m'a empêchée de partir, » dit Fatima.

que je sorte	**que nous sortions**
que tu sortes	**que vous sortiez**
qu'il sorte	**qu'ils sortent**

« Je ne veux pas que tu — maintenant, Arthur, et toi non plus, Jeanne! » « Pourquoi ne veux-tu pas que nous —, maman? » « Je ne veux pas que vous — parce qu'il pleut. » Marie-Anne ne permet pas que les enfants — quand il pleut. « Tu ne permets pas que nous — un tout petit instant, maman? » demande Arthur. Mais Marie-Anne répète qu'il ne faut pas qu'ils —.

que je promette	**que nous promettions**
que tu promettes	**que vous promettiez**
qu'il promette	**qu'ils promettent**

« Je veux que tu me — de rester où tu es, » dit Marie-Anne à Jeanne. « Pourquoi veux-tu que je te — cela? » demande la fillette. Marie-Anne veut qu'elle le lui — parce qu'elle est nerveuse. « J'aimerais que vous me — de rentrer dans une heure! » dit la mère aux enfants. « Pourquoi veux-tu que nous te — de rentrer si tôt? » demandent les enfants. Marie-Anne veut qu'ils le lui — parce qu'on doit partir dans deux heures.

un vieux monsieur	un vieil homme
un vieil ami	une vieille dame

Arthur a presque renversé une — dame. Un — monsieur qui voit cela trouve que cet enfant est très mal élevé. C'est un — ami du capitaine, ils se connaissent depuis trente ans. Le monsieur est maintenant un — homme de soixante-dix ans.

RÉSUMÉ (1)

Voici trois phrases: *Il faut* tout mang*er*. *Empêchez*-le de part*ir*. Ne lui *permettez* pas de sort*ir*! Dans ces trois phrases, le deuxième verbe, c'est-à-dire celui qui vient après les verbes « falloir » [*falwa:r*], « em-

à l'exception de
autre part
avoir chaud
avoir froid
avoir la fièvre
c'est promis!
changer de train
claquer des dents
dresser une table
entrer en gare
il lui semble
il me reste
il ne faut pas
il ne manque rien
ne saurait le dire
mal à la tête
mettre (une robe)
ouvrir tout grand
quelque part
qu'y a-t-il?
se tenir debout
si tu ...?
sortir de table
Sèvres

falloir
il faut

pêcher » et « permettre », est à l'infinitif. Mais voici trois autres phrases: *Il faut que* tout *soit* mangé. *Empêchez qu'*il parte! Ne *permettez* pas *qu'*il sorte!

Ces trois phrases disent la même chose que les trois premières, mais ici, le deuxième verbe n'est pas à l'infinitif. Il est au subjonctif.

Nous voyons donc qu'après les verbes « falloir », « empêcher » et « permettre », on a l'infinitif ou le subjonctif, et que l'on écrit le subjonctif quand il y a le mot « que » après les verbes « falloir », « empêcher » et « permettre ».

(Et puisque nous parlons du subjonctif, relisez s'il vous plaît le résumé du chapitre 24. Ce résumé parle également du subjonctif.)

EXERCICE

Voici quelques phrases avec l'infinitif après les verbes « falloir », « empêcher » et « permettre ». Changez-les, s'il vous plaît, en phrases où le deuxième verbe est au subjonctif. Un exemple d'abord: Il lui faudra attendre plusieurs semaines. — *Il faudra qu'il attende plusieurs semaines.*

Et maintenant, à vous:
Je ne peux l'empêcher de faire ce qu'elle veut.
Permettez-nous de nous laver les mains!

Il faudrait lui dire que nous sommes venus.
Il ne faut pas la faire attendre.
Ne lui permettez pas d'être méchant!
Il faut me permettre de te réveiller.
Amélie ne nous permet pas de sortir de table.
Voulez-vous nous empêcher de faire ce voyage?
Il vous faut promettre de me réveiller!

RÉSUMÉ (2)

La famille de connaître

Nous connaissons quatre verbes de cette famille: con-*naître*, par*aître*, appar*aître* et dispar*aître*. Voici deux exercices pour vous aider à mieux vous rappeler les différentes formes des verbes de cette famille.

connaître	
a connu	**connaissait**
connaît	**connaîtra**

De temps en temps, le jeune homme qui était tombé à la mer (disparaître) — derrière une vague et on ne le voyait plus pendant une dizaine de secondes. Puis, il (apparaître) — de nouveau. « Qui (connaître) — ce jeune homme? » demandait-on. Il y avait une jeune fille qui l'avait (connaître) — un mois plus tôt, à Casablanca. « Il (paraître) — qu'il ne sait pas nager! » dit quelqu'un. « S'il ne savait pas nager, il aurait (disparaître) — depuis longtemps! » répond quelqu'un d'autre. « Je suis si nerveuse, de le voir (apparaître) ___ et (disparaître) ___ tout le temps! » dit Marie-Anne. « Mais maman, est-ce que cela ne te (paraître) ___ pas étrange, s'il ne (disparaître) ___ jamais derrière les vagues? » demande Arthur. « Peut-être, » répond Marie-Anne, « j'espère seulement qu'il ne (disparaître) ___ pas tout à fait avant l'arrivée de la chaloupe. »

je connais	**nous connaissons**
tu connais	**vous connaissez**
il connaît	**ils connaissent**

« Qui (connaître) ___ l'histoire de Tartarin? » demande André. « Moi, je la (connaître) ___ ! » dit Arthur. « Mais nous, nous ne la (connaître) ___ pas, » disent Fatima et Jeanne. Les lions (disparaître) ___ tout à fait, en Afrique du Nord. « Vous (paraître) ___ connaître très bien l'Afrique, » dit-on à Tartarin. « (connaître) ___-vous aussi d'autres pays? » Tartarin (paraître) ___ connaître tous les pays du monde. Quand les requins (apparaître) ___ derrière un bateau, beaucoup de personnes ont peur. Elles (connaître) ___ ces terribles animaux. « Nous vous (paraître) ___ avoir bien peu de courage, » disent-elles à ceux qui n'ont pas peur. Et l'un d'eux ajoute: « Moi qui (connaître) ___ ces animaux, je sais combien ils sont terribles. » « Tu (paraître) ___ rêver, André, » dit Marie-Anne à son cousin. Ils se (connaître) ___ très bien, mais elle ne le comprend pas toujours.

L'OPÉRATION

Dès que le docteur Passavant entre dans la chambre
dɛ k lə dɔktœ:r pasavɑ̃ ɑ̃:trə dɑ̃ la ʃɑ̃:brə

du petit malade, il voit qu'il n'est pas venu un moment
dy pti malad, il vwa kil nɛ pa vny œ̃ mɔmɑ̃

trop tôt. Il va vite vers le petit lit et s'assied auprès
tro to. il va vit vɛr lə pti li e sasje opre

d'Arthur. Il lui prend le bras tout près de la main,
darty:r. il lɥi prɑ̃ l bra tu prɛ d la mɛ̃,

et pendant qu'il compte les battements du cœur, il
e pɑ̃dɑ̃ kil kɔ̃:t le batmɑ̃ dy kœ:r, il

battre
un battement

demande à Marie-Anne: « Vous avez pris sa tempé-
dəmɑ̃:d a mari a:n: «vu -zave pri sa tɑ̃pe-

rature? » « Oui, docteur. Il avait 39° (degrés) il y a un
raty:r?» «wi, dɔktœ:r. il avɛ trɑ̃tnœf dəgre il ja œ̃

quart d'heure. » « Hm ... Comment se sent-il? A-t-il mal
ka:r dœ:r.» «hm... kɔmɑ̃ sə sɑ̃ -til? a -til mal

quelque part? » «Oui, il m'a dit qu'il avait mal à la
kɛlk pa:r?» «wi, il ma di kil avɛ mal a la

tête. Et il a froid malgré toutes les couvertures. Il
tɛ:t. e il a frwa malgre tut le kuvɛrty:r. il

frissonnait. » Le docteur Passavant ne dit rien pendant
frisɔnɛ.» lə dɔktœ:r pasavɑ̃ n di rjɛ̃ pɑ̃dɑ̃

quelques instants. Le cœur bat trop vite et les batte-
kɛlk -zɛ̃stɑ̃ lə kœ:r ba tro vit e le bat-

battre
il bat

ments sont trop faibles. Passavant n'aime pas non
mɑ̃ sɔ̃ trɔ fɛbl. pasavɑ̃ nɛ:m pa nɔ̃

plus la couleur trop pâle du visage d'Arthur. Il sort
ply la kulœ:r trɔ pa:l dy viza:ʒ darty:r. il sɔ:r

son thermomètre de sa poche, et pendant qu'il prend
sɔ̃ tɛrmɔmɛtrə də sa pɔʃ, e pɑ̃dɑ̃ kil prɑ̃

la température du malade, il pose encore quelques
la tɑ̃peraty:r dy malad, il po:z ɑ̃kɔ:r kɛlkə

questions à la mère. « Comment cela a-t-il commencé,
kɛstjɔ̃ a la mɛ:r. «kɔmɑ̃ sla a -til kɔmɑ̃se,

Madame? » «Je ne sais pas, docteur. Hier, il se sentait
madam?» «ʒə n se pa, dɔktœ:r. ijɛ:r, il sə sɑ̃tɛ

il se sent bien = il va bien

bien, il a mangé comme tout le monde et il s'est en-
bjɛ̃, il a mɑ̃ʒe kɔm tu l mɔ̃:d e il sɛ -tɑ̃-

dormi dès que sa sœur et lui ont été couchés. » « Sa
dɔrmi dɛ k sa sœ:r e lɥi ɔ̃ -tete kuʃe.» «sa

sœur dort ici? Ah, je la vois. Il faudra lui faire
sœ:r dɔ:r isi? a, ʒə la vwa. il fodra lɥi fɛ:r

changer de chambre. Tout de suite, si vous pouvez. »
ʃɑ̃ʒe d ʃɑ̃:br. tutsɥit, si vu puve.»

« Naturellement, docteur, elle peut dormir avec Fatima. »
«natyrɛlmɑ̃, dɔktœ:r, ɛl pø dɔrmi:r avɛk fatima.»

« C'est bien. Dites-moi seulement quand vous avez
«sɛ bjɛ̃. dit mwa sœlmɑ̃ kɑ̃ vu -zave

découvert ɔ: remarqué

découvrir (comme ouvrir)
découvrir
a découvert
découvre

découvert qu'il était malade. » « Il y a une demi-heure.
dekuvɛ:r kil etɛ malad.» «il ja yn dəmiœ:r.

Je me suis réveillée tout à coup, avec le sentiment que
ʒə m sɥi revɛje tu -ta ku, avɛk lə sɑ̃timɑ̃ kə

quelque chose n'allait pas dans la chambre des enfants.
kɛlkə ʃo:z nalɛ pa dɑ̃ la ʃɑ̃:brə de -zɑ̃fɑ̃.

Quand je suis entrée, Arthur ne dormait pas et j'ai vu
kɑ̃ ʒə sɥi -zɑ̃tre, arty:r nə dɔrmɛ pa e ʒe vy

tout de suite qu'il se sentait mal. Le reste, vous le
tutsɥit kil sə sɑ̃tɛ mal. lə rɛst, vu l

savez, docteur. » « Merci, Madame, » dit Passavant, qui
save, dɔktœ:r.» «mɛrsi, madam,» di pasavɑ̃, ki

retire le thermomètre et se dit à voix basse: « Tou-
rəti:r lə tɛrmɔmɛtr e s di a vwa ba:s: «tu-

retirer ←→ placer

jours 39° ... J'aurais presque préféré une température
ʒu:r trɑ̃tnœf... ʒɔrɛ prɛskə prefere yn tɑ̃peraty:r

plus élevée. » Mais à Marie-Anne, qui reste debout à
ply -zelve.» mɛ a mari a:n, ki rɛst dəbu a

élevé ɔ: haut

côté de lui et n'ose pas lui poser de questions, il dit:
kote də lɥi e no:z pa lɥi poze d kɛstjɔ̃, il di:

« La température n'est pas très élevée, il faut espérer
«la tɑ̃peraty:r nɛ pa trɛ -zelve, il fo -tɛspere

que ce n'est pas grave. » Mais malgré cela, il demande
kə s nɛ pa gra:v.» mɛ malgre sla, il dəmɑ̃:d

à la mère de faire changer de chambre à la petite. « Oui,
a la mɛ:r də fɛ:r ʃɑ̃ʒe d ʃɑ̃:br a la ptit. «wi,

docteur, » répète Marie-Anne, qui réveille doucement
dɔktœ:r,» repɛt mari a:n, ki revɛ:j dusmɑ̃

doucement ←→ brusquement

un dormeur
une dormeuse

la petite dormeuse et lui dit à voix basse: « Arthur ne
la ptit dɔrmø:z e lɥi di a vwa ba:s: «arty:r nə

Jeannette = petite Jeanne

va pas très bien, Jeannette, il faut que tu ailles dormir
va pa trɛ bjɛ̃, ʒanɛt, il fo k ty a:j dɔrmi:r

aller
(que) j'aille
(que) tu ailles
(qu') il aille

chez Fatima.» «Pourquoi, maman?» demande la fil-
ʃe fatima.» «purkwa, mãmã?» dəmã:d la fi-

lette d'une voix endormie. «Je te l'ai dit, mon amour:
jɛt dyn vwa ãdɔrmi. «ʒə tə le di, mɔ̃ -namu:r:

mon amour ɔ: mon cher petit enfant

notre petit Arthur ne va pas bien.» «C'est le docteur,
nɔtrə pəti -tarty:r nə va pa bjɛ̃.» «sɛ l dɔktœ:r,

ce monsieur?» «Oui, Jeannette, il va guérir ton petit
sə məsjø?» «wi, ʒanɛt, il va geri:r tɔ̃ pti

frère. Viens, maintenant.» Heureusement, Jeanne ne
frɛ:r. vjɛ̃, mɛ̃tnã.» œrøzmã, ʒa:n nə

sait pas encore quel sens peuvent avoir les mots: «Ton
se pa -zãkɔ:r kɛl sã:s pœ:v -tavwa:r le mo: «tɔ̃

Quel sens a ce mot? = Que veut dire ce mot?

frère ne va pas bien.» Elle se lève donc tranquille-
frɛ:r nə va pa bjɛ̃.» ɛl sə lɛ:v dɔ̃ trãkil-

ment et quitte la chambre avec sa mère.
mã e kit la ʃã:br avɛk sa mɛ:r.

Un médecin doit faire un examen du malade pour savoir quelle maladie il a.

Pendant ce temps, le docteur Passavant continue son
pãdã s tã, lə dɔktœ:r pasavã kɔ̃tiny sɔ̃

examen du petit malade. «Montre-moi ta langue, s'il te
-negzamɛ̃ dy pti malad. «mɔ̃:trə mwa ta lã:g, sil tə

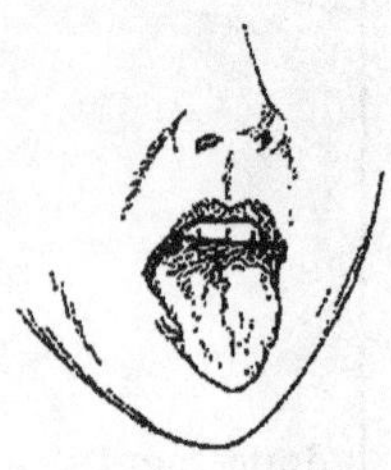
une langue

plaît,» dit-il à Arthur. Le petit obéit et montre au
plɛ,» di -til a arty:r. lə pti ɔbei e mɔ̃tr o

vieux docteur une langue toute blanche. «Elle n'est
vjø dɔktœ:r yn lã:g tut blã:ʃ. «ɛl nɛ

obéir = faire ce que l'on vous demande

pas belle,» dit Passavant, puis il demande une cuiller
pa bɛl,» di pasavã, pɥi il dəmã:d yn kɥijɛ:r.

obéir (comme finir)
obéir
a obéi
obéit
obéissait
obéira

Quand on la lui a apportée, il demande à Arthur
kã -tɔ̃ la lɥi a apɔrte, il dəmã:d a arty:r

d'ouvrir la bouche toute grande et de dire: « Aaaaaa ... »
duvri:r la buʃ tut grɑ̃:d e də di:r: «a:...»

Le petit n'aime pas cela, il sait que le docteur va lui
lə pti nɛ:m pa sla, il se kə l dɔktœ:r va lɥi

mettre la cuiller dans la bouche, et cela fait un peu
mɛtrə la kɥijɛ:r dɑ̃ la buʃ, e sla fɛ œ̃ pø

mal. Mais il est si faible qu'il obéit de nouveau et fait:
mal. mɛ il ɛ si fɛblə kil ɔbei d nuvo e fɛ:

« Aaaaaa ... » comme le lui a demandé Passavant.
«a:...» kɔm lə lɥi a dmɑ̃de pasavɑ̃.

Doumier, qui est entré avec Passavant, tient une lampe
dumje, ki ɛ -tɑ̃tre avɛk pasavɑ̃, tjɛ̃ yn lɑ̃:p

au-dessus du lit, et Passavant examine la gorge du
odsy dy li, e pasavɑ̃ egzamin la gɔrʒ dy

malade en tenant la langue en place avec la cuiller.
malad ɑ̃ tnɑ̃ la lɑ̃:g ɑ̃ plas avɛk la kɥijɛ:r.

La gorge non plus n'est pas belle: elle est très rouge
la gɔrʒ nɔ̃ ply nɛ pa bɛl: ɛl ɛ trɛ ru:ʒ

et enflée. « Tu peux refermer la bouche, j'ai fini, »
e ɑ̃fle. «ty pø rəfɛrme la buʃ, ʒe fini,»

dit-il à Arthur, et il continue son examen. Le cou du
di -til a arty:r, e il kɔ̃tiny sɔ̃ -negzamɛ̃. lə ku dy

petit garçon est enflé également. Puis, Passavant
pti garsɔ̃ ɛ -tɑ̃fle egalmɑ̃. pɥi, pasavɑ̃

découvre que la poitrine est enflée, elle aussi, et qu'il
deku:vrə kə la pwatrin ɛ -tɑ̃fle, ɛl osi, e kil

y a des taches rouges sur la poitrine et le cou. C'est
ja de taʃ ru:ʒ syr la pwatrin e l ku. sɛ

fait ɔ: dit

examiner
un examen

une gorge

enflée ɔ: plus grosse que les autres jours

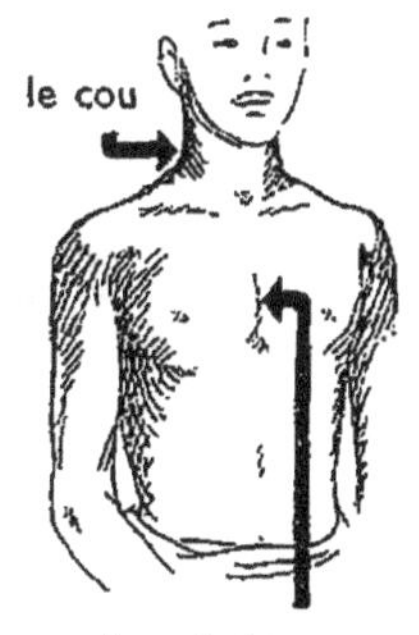

Le corps est couvert de peau.	du sang qui est sorti sous la peau. En découvrant ces *dy sã ki ɛ sɔrti su la po. ã dekuvrã se*
	taches, Passavant devient encore plus grave. Il relève *taʃ, pasavã dəvjɛ̃ ãkɔːr ply graːv. il rəlɛːv*
	la tête et regarde Doumier, qui est debout auprès de *la tɛːt e rgard dumje, ki ɛ dbu oprɛ də*
	lui et qui tient toujours la lampe pour aider le vieux *lɥi e ki tjɛ̃ tuʒuːr la lãːp pur ɛde l vjø*
	docteur à examiner le malade. « Je n'aime pas ces *dɔktœːr a egzamine l malad. «ʒə nɛːm pa se*
	taches de sang sous la peau, » se dit-il. « Est-ce grave? » *taʃ də sã su la po,» sə di -til. «ɛs graːvʔ»*
que oui ɔ: que c'est grave	lui demande Doumier à voix basse. « J'ai bien peur *lɥi dmãːd dumje a vwa baːs. «ʒe bjɛ̃ pœːr*
	que oui, » lui répond Passavant à voix basse également. *kə wi,» lɥi repɔ̃ pasavã a vwa baːs egalmã.*
	« Que crois-tu que c'est? » « Hmm ... je ne vois pas *«kə krwa ty k sɛʔ» «hm... ʒə n vwa pa*
	encore très bien ce qu'il a, mais ... » Marie-Anne *-zãkɔːr trɛ bjɛ̃ s kil a, mɛ...» mari aːn*
rentrer = entrer de nouveau	rentre dans la chambre a ce moment et demande d'une *rãːtrə dã la ʃãːbr a s mɔmã e dmãːd dyn*
angoissé = plein d'angoisse	voix angoissée: « Alors, docteur, ce n'est pas très grave, *vwa ãgwase: «alɔːr, dɔktœːr, s nɛ pa trɛ graːv,*
	n'est-ce pas? » Passavant n'ose pas lui dire ce qu'il *nɛs paʔ» pasavã noːz pa lɥi diːr sə kil*
j'espère que non ɔ: j'espère que ce n'est pas grave	pense. Il lui sourit et dit: « J'espère que non, Madame. *pãːs. il lɥi suri e di: «ʒɛspɛːr kə nɔ̃, madam.*

Mais en tout cas, je resterai chez moi toute la journée,
mɛ ã tu ka, ʒə rɛstəre ʃe mwa tut la ʒurne,

téléphonez-moi si vous apercevez le plus petit change-
telefɔne mwa si vu -zapɛrsəve l ply pti ʃãʒ-

ment. » Sur ces mots, il se relève, sourit au petit
mã.» syr se mo, il sə rəlɛ:v, suri o pti

malade et quitte la chambre avec Doumier, après avoir
malad e kit la ʃã:br avɛk dumje, aprɛ -zavwa:r

serré la main de la jeune femme. Marie-Anne reste
sɛre la mɛ̃ d la ʒœn fam. mari a:n rɛst

auprès de son petit.
oprɛ d sɔ̃ pti.

Elle se met à genoux à côté du lit et demande: « Com-
ɛl sə mɛ a ʒnu a kote dy li e dmã:d: «kɔ-

ment te sens-tu, mon amour? » « J'ai peur, maman. »
mã t sã ty, mɔ̃ -namu:r?» «ʒe pœ:r, mãmã.»

« Il ne faut pas avoir peur, mon petit pigeon, le docteur
«il nə fo pa avwa:r pœ:r, mɔ̃ pti piʒɔ̃, lə dɔktœ:r

a dit qu'il fallait que tu restes tranquille. » « Oui,
a di kil falɛ k ty rɛst trãkil.» «wi,

maman. » Marie-Anne ne reconnaît presque pas la voix
mãmã.» mari a:n nə rəkɔnɛ prɛsk pa la vwa

d'Arthur qui est tout à fait changée. C'est comme si
darty:r ki ɛ tu -ta fɛ ʃãʒe. sɛ kɔm si

elle avait de la difficulté à passer par la gorge. « Mon
ɛl avɛ d la difikylte a pase par la gɔrʒ. «mɔ̃

pauvre petit pigeon, » dit la mère en cachant son an-
po:vrə pəti piʒɔ̃,» di la mɛ:r ã kaʃã sɔ̃ -nã-

apercevoir (comme **recevoir**)
j'aperçois
tu aperçois
il aperçoit
nous apercevons
vous apercevez
ils aperçoivent
changer
un changement

un pigeon

falloir
il fallait

reconnaître (comme **connaître**)
reconnaître
a reconnu
reconnaît
reconnaissait
reconnaîtra

elle a de la difficulté à passer ɔ: elle passe difficilement

cacher ←→ montrer

goisse, « tu as de la difficulté à parler? Ça te fait mal
gwas, «ty a d la difikylte a parle? sa t fɛ mal

quand tu parles? » « Oui, maman. » Marie-Anne pose
kɑ̃ ty parl?» «wi, mɑ̃mɑ̃.» mari a:n po:z

mouillé = couvert d'eau

la main sur le front du petit: il est tout mouillé. Marie-
la mɛ̃ syr lə frɔ̃ dy pti: il ɛ tu muje. mari

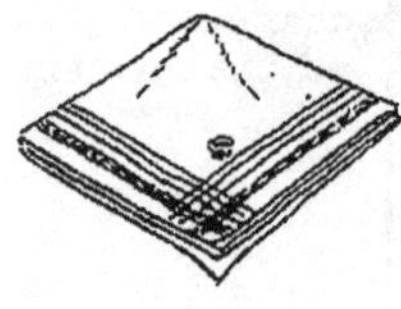
un mouchoir

Anne sort un mouchoir de sa poche et essuie le visage,
a:n sɔ:r œ̃ muʃwa:r də sa pɔʃ e ɛsɥi l viza:ʒ,

le cou et la poitrine de son fils, qui sont également
lə ku e la pwatrin də sɔ̃ fis, ki sɔ̃ -tegalmɑ̃

mouillés, puis elle le recouvre doucement en lui disant:
muje, pɥi ɛl lə rku:vrə dusmɑ̃ ɑ̃ lɥi dizɑ̃:

« Tu vas voir, mon amour, ça ira mieux. » Mais son
«ty va vwa:r, mɔ̃ -namu:r, sa ira mjø.» mɛ sɔ̃

essuyer
a essuyé
essuie

pauvre cœur de mère est terriblement angoissé. Elle
po:vrə kœ:r də mɛ:r ɛ tɛribləmɑ̃ ɑ̃gwase. ɛl

un garçon qui tousse

reste à genoux, tenant à la main le mouchoir avec lequel
rɛst a ʒnu, tənɑ̃ -ta la mɛ̃ l muʃwa:r avɛk ləkɛl

elle a essuyé le petit malade. Vers six heures, Arthur
ɛl a ɛsɥije l pəti malad. vɛr si -zœ:r, arty:r

commence à tousser. Cela lui fait mal de tousser, sa
kɔmɑ̃:s a tuse. sla lɥi fɛ mal də tuse, sa

se soulever ɔ: se lever

s'abaisser ⟷ se lever

poitrine se soulève et s'abaisse rapidement, avec dif-
pwatrin sə sulɛ:v e sabɛ:s rapidmɑ̃, avɛk di-

ficulté. Cela fait mal à Marie-Anne de l'entendre.
fikylte. sla fɛ mal a mari a:n də lɑ̃tɑ̃:dr.

Arthur essaye de parler, mais sa voix est entièrement
arty:r ɛsɛ:j də parle, mɛ sa vwa ɛ -tɑ̃tjɛrmɑ̃

disparue, et il ne sort qu'un souffle de sa gorge.
dispary, e il nə sɔ:r kœ̃ suflə də sa gɔrʒ.

« Qu'est-ce que c'est donc? » se dit la pauvre mère.
«kɛs kə sɛ dɔ̃?» sə di la po:vrə mɛ:r.

Puis elle dit au petit: « N'essaye pas de parler, mon
pɥi ɛl di o pti: «nesɛ:j pa d parle, mɔ̃

amour, si cela te fait mal, » et elle essuie de nouveau
-namu:r, si sla t fɛ mal,» e ɛl ɛsɥi d nuvo

le front mouillé de son fils. Elle ne sait que faire: elle
l frɔ̃ muje d sɔ̃ fis. ɛl nə se kə fɛ:r: ɛl

voudrait sortir, aller téléphoner, appeler son beau-père
vudrɛ sɔrti:r, ale telefɔne, aple sɔ̃ bopɛ:r

qu'elle a fait sortir de la chambre un peu plus tôt.
kɛl a fɛ sɔrti:r də la ʃɑ̃:br œ̃ pø ply to.

Mais elle n'ose pas quitter le malade. Heureusement
mɛ ɛl no:z pa kite l malad. œrøzmɑ̃

qu'un instant plus tard la porte s'ouvre lentement et
kœ̃ -nɛ̃stɑ̃ ply ta:r la pɔrt su:vrə lɑ̃tmɑ̃ e

sans bruit, et Fatima entre dans la chambre. Elle
sɑ̃ brɥi, e fatima ɑ̃:trə dɑ̃ la ʃɑ̃:br. ɛl

s'approche du lit d'Arthur, mais s'arrête tout d'un coup
saprɔʃ dy li darty:r, mɛ sarɛt tu dœ̃ ku

quand elle voit le petit malade. Elle ne le reconnaît
kɑ̃ -tɛl vwa l pəti malad. ɛl nə l rəkɔnɛ

presque pas, et quand elle l'entend tousser, elle a peur
prɛsk pa, e kɑ̃ -tɛl lɑ̃tɑ̃ tuse, ɛl a pœ:r

et demande à Marie-Anne: « Ne faut-il pas faire venir
e dmɑ̃:d a mari a:n: «nə fo -til pa fɛ:r vəni:r

souffler
un souffle

il sort un souffle
ɔ: un souffle sort

le docteur, Madame Marie-Anne? » « Si, si, Fatima, va
lə dɔktœːr, madam mari aːn?» «si, si, fatima, va

vite chez mon beau-père et dis-lui de téléphoner. Ar-
vit ʃe mɔ̃ bopɛːr e di lɥi d telefɔne. ar-

thur va très mal, je le sens, il faut que le docteur vienne
tyːr va trɛ mal, ʒə l sɑ̃, il fo k lə dɔktœːr vjɛn

tout de suite! Et quand Jeanne se sera levée, je veux
tutsɥit! e kɑ̃ ʒaːn sə sra lve, ʒə vø

que vous alliez dans le jardin toutes les deux. Jeanne
k vu -zalje dɑ̃ l ʒardɛ̃ tut le dø. ʒaːn

ne doit pas entrer ici! » « Oui, Madame Marie-Anne! »
nə dwa pa ɑ̃tre isi!» «wi, madam mari aːn!»

dit Fatima et sort vite, mais sans bruit. Dix minutes
di fatima e sɔːr vit, mɛ sɑ̃ brɥi. di minyt

plus tard, Passavant entre de nouveau dans la chambre,
ply taːr, pasavɑ̃ ɑ̃ːtrə də nuvo dɑ̃ la ʃɑ̃ːbr

avec Doumier.
avɛk dumje.

Dès qu'il voit le petit malade, il reconnaît la terrible
dɛ kil vwa l pəti malad, il rəkɔnɛ la teriblə

maladie: Arthur a la diphtérie! Et cette fois-ci, il n'a
maladi: artyːr a la difteri! e sɛt fwa si, il na

pas besoin d'examen, un seul coup d'œil lui suffit, car
pa bəzwɛ̃ degzamɛ̃, œ̃ sœl ku dœːj lɥi syfi, kar

il y a un grand changement depuis la dernière fois: le
il ja œ̃ grɑ̃ ʃɑ̃ʒmɑ̃ dəpɥi la dɛrnjɛːr fwa: lə

petit garçon a de la difficulté à respirer, il a une toux
pti garsɔ̃ a d la difikylte a rɛspire, il a yn tu

aller
(que) j'aille
(que) tu ailles
(qu') il aille
(que) nous allions
(que) vous alliez
(qu') ils aillent

Quand on respire, la poitrine se soulève et s'abaisse.

tousser
la toux

que l'on reconnaît immédiatement quand on l'a enten-
k lɔ̃ rkɔnɛ imedjatmɑ̃ kɑ̃ -tɔ̃ la ɑ̃tɑ̃-

due une fois, son visage est presque bleu. Tout cela a
dy yn fwa, sɔ̃ viza:ʒ ɛ prɛskə blø. tu sla a

un sens très clair pour un médecin. Passavant regarde
œ̃ sɑ̃:s trɛ klɛ:r pur œ̃ medsɛ̃. pasavɑ̃ rgard

Marie-Anne, puis il dit à voix basse: « Je ne vais pas
mari a:n, pɥi il di a vwa ba:s: «ʒə n vɛ pa

vous cacher que c'est très grave, Madame. Il va falloir
vu kaʃe k sɛ trɛ gra:v, madam. il va falwa:r

que vous ayez beaucoup de courage. Mais nous allons
kə vu -zɛje boku d kura:ʒ. mɛ nu -zalɔ̃

faire tout ce qu'il est possible de faire pour aider votre
fɛ:r tu s kil ɛ pɔsiblə də fɛ:r pur ɛde vɔtr

enfant. » «Merci, docteur,» dit Marie-Anne, puis elle
ɑ̃fɑ̃.» «mɛrsi, dɔktœ:r,» di mari a:n, pɥi ɛl

veut essayer d'ajouter autre chose, mais ses forces
vø ɛsɛje daʒute o:trə ʃo:z, mɛ se fɔrs

l'abandonnent et elle se met à pleurer. Son beau-père
labɑ̃dɔn e ɛl sə mɛ a plœre. sɔ̃ bopɛ:r

la prend dans ses bras et lui serre la tête contre sa
la prɑ̃ dɑ̃ se bra e lɥi sɛ:r la tɛ:t kɔ̃:trə sa

poitrine: « Allons, allons, Marie-Anne, il faut que nous
pwatrin: «alɔ̃, alɔ̃, mari a:n, il fo k nu

ayons du courage tous les deux. Ce n'est pas en
-zɛjɔ̃ dy kura:ʒ tu le dø. s nɛ pa ɑ̃

pleurant que nous aiderons Arthur, n'est-ce pas? »
plœrɑ̃ k nu -zɛdrɔ̃ arty:r, nɛs pa?»

cacher ɔ: ne pas dire

falloir
il faut

il va falloir ɔ: il faudra

avoir

(que) j'aie
(que) tu aies
(qu') il ait
(que) nous ayons
(que) vous ayez
(qu') ils aient

« Allons, allons! » ɔ: « Tu dois être calme. »

« Vous avez raison, beau-père. Je ne peux pas me per-
«vu -zave rɛzɔ̃, bopɛ:r. ʒə n pø pa m pɛr-

mettre de pleurer. » Et Marie-Anne essuie ses larmes
mɛtrə də plœre.» e mari a:n ɛsɥi se larm

et essaye de sourire malgré sa douleur, puis elle va
e esɛ:j də suri:r malgre sa dulœ:r, pɥi ɛl va

auprès de Passavant et du petit malade. La toux
oprɛ d pasavɑ̃ e dy pti malad. la tu

douloureux = qui donne de la douleur

d'Arthur devient de plus en plus douloureuse, il respire
darty:r dəvjɛ̃ d ply -zɑ̃ ply duluрø:z, il rɛspi:r

avec une grande difficulté, il a mal chaque fois que
avɛk yn grɑ̃:d difikylte, il a mal ʃak fwa k

sa poitrine se soulève et s'abaisse, il regarde sa mère
sa pwatrin sə sulɛ:v e sabɛ:s, il rəgard sa mɛ:r

avec un regard plein d'angoisse. Il a peur. Marie-
avɛk œ̃ rga:r plɛ̃ dɑ̃gwas. il a pœ:r. mari

avoir
aie!
ayons!
ayez!

Anne rassemble toutes ses forces et sourit faiblement
a:n rasɑ̃:blə tut se fɔrs e suri fɛbləmɑ̃

falloir
a fallu
faut
fallait
faudra

à l'enfant: « N'aie pas peur, mon amour! Le docteur
a lɑ̃fɑ̃: «nɛ pa pœ:r, mɔ̃ -namu:r! lə dɔktœ:r

est là, il va t'aider. » Puis, de nouveau, elle se met
ɛ la, il va tɛde.» pɥi, də nuvo, ɛl sə mɛ

à genoux auprès du lit. « Il aurait fallu téléphoner à
a ʒnu oprɛ dy li. «il ɔrɛ faly telefɔne a

un hôpital

l'hôpital quand je suis venu la première fois, » se dit
lɔpital kɑ̃ ʒə sɥi vny la prəmjɛ:r fwa,» sə di

Passavant, « maintenant, il est trop tard. S'il arrive
pasavɑ̃, «mɛ̃tnɑ̃, il ɛ trɔ ta:r. sil ari:v

quelque chose à ce petit, ce sera ma faute! Je suis trop
kɛlkə ʃo:z a s pəti, sə sra ma fo:t! ʒə sɥi tro

vieux! » Puis, à haute voix: « Il n'y a pas de temps
vjø!» pɥi, a o:t vwa: «il nja pa d tã

à perdre. Il est trop tard pour transporter le petit à
a pɛrdr. il ɛ tro ta:r pur trãsporte l pəti a

l'hôpital. Il faut l'opérer. » Le vieux Doumier regarde
lopital. il fo lopere.» lə vjø dumje rgard

son ami et demande: « Tu vas l'opérer toi-même? »
sɔ̃ -nami e dmã:d: «ty va lopere twamɛ:m?»

« Non. Je devrais le faire, peut-être, mais je n'ose pas.
«nɔ̃. ʒə dəvrɛ l fɛ:r, pœtɛ:tr, mɛ ʒə no:z pa.

Je suis trop vieux, ma main n'est plus assez sûre. Je
ʒə sɥi tro vjø, ma mɛ̃ nɛ ply ase sy:r. ʒə

vais téléphoner à Pirot. Il sera ici dans cinq minutes,
vɛ telefɔne a piro. il səra isi dã sɛ̃ minyt,

il a une auto. » Et Passavant sort rapidement de la
il a yn oto.» e pasavã sɔ:r rapidmã d la

chambre. Doumier prend sa belle-fille par les épaules
ʃã:br. dumje prã sa bɛlfi:j par le -zepo:l

et lui dit: « N'aie pas peur, ma petite Marie-Anne. Le
e lɥi di: «nɛ pa pœ:r, ma ptit mari a:n. lə

docteur Onésime Pirot est un très, très bon médecin.
dɔktœ:r ɔnezim piro ɛ -tœ̃ trɛ, trɛ bɔ̃ medsɛ̃.

Même à Paris, il serait un grand médecin. Son père
mɛ:m a pari, il sərɛ -tœ̃ grã medsɛ̃. sɔ̃ pɛ:r

était un ami de Passavant, il fera tout ce qu'il pourra
etɛ -tœ̃ -nami d pasavã, il fəra tu s kil pura

c'est ma faute = c'est à cause de moi que cela est arrivé

transporter ɔ: porter en auto

Un médecin opère un malade.

opérer (comme espérer)
j'opère
tu opères
il opère
nous opérons
vous opérez
ils opèrent

pour notre enfant. La diphtérie est une maladie grave,
pur nɔtr ãfã. la difteri ɛ -tyn maladi gra:v,

mais elle n'est plus aussi terrible qu'au temps de ma
mɛ ɛl nɛ ply osi tɛriblə ko tã d ma

jeunesse. » Il parle trop, le vieil homme, mais il le
ʒœnɛs.» il parlə tro, lə vjɛ:j ɔm, mɛ il lə

faut pour empêcher Marie-Anne de trop penser. Marie-
fo pur ãpɛʃe mari a:n də tro pãse. mari

Anne le remercie du regard, elle sait qu'elle aura encore
a:n lə rmɛrsi dy rga:r, ɛl se kɛl ɔra ãkɔ:r

besoin de toutes ses forces pendant plusieurs heures.
bəzwɛ̃ də tut se fɔrs pãdã . plyzjœ:r -zœ:r.

Mais quel instant douloureux pour une mère!
mɛ kɛl ɛ̃stã dulurø pur yn mɛ:r!

Sept minutes après que Passavant a quitté la chambre
set minyt aprɛ k pasavã a kite la ʃã:brə

pour aller téléphoner au docteur Pirot, celui-ci entre
pur ale telefɔne o dɔktœ:r piro, səlɥisi ã:trə

dans la chambre du malade. Un coup d'œil au visage
dã la ʃã:brə dy malad. œ̃ ku dœ:j o viza:ʒ

presque bleu de l'enfant, quelques mots à la mère:
prɛskə blø d lãfã, kɛlk mo a la mɛ:r:

« N'ayez pas peur, Madame, tout ira bien, je vous le
«nɛje pa pœ:r, madam, tu -tira bjɛ̃, ʒə vu l

promets! » Onésime Pirot se prépare rapidement à opé-
prɔmɛ!» ɔnezim piro s prepa:r rapidmã a ɔpe-

rer. Trois minutes après être entré dans la chambre,
re. trwa minyt aprɛ -zɛ:tr ãtre dã la ʃã:br,

il est prêt. Et trois minutes plus tard, le petit est
il ɛ prɛ. e trwa minyt ply ta:r, lə pti ɛ

opéré, le docteur Pirot se relève en disant: « Voilà!
-tɔpere, lə dɔktœ:r piro sə rlɛ:v ã dizã: «vwala!

Maintenant, je vais téléphoner à l'hôpital. Je crois
mɛ̃tnã, ʒə vɛ telefɔne a lɔpital. ʒə krwa

qu'il n'est pas nécessaire d'y transporter le petit malade,
kil nɛ pa nesesɛ:r di trãspɔrte l pəti malad,

mais je vais leur demander de vous envoyer une in-
mɛ ʒ vɛ lœr dəmãde d vu -zãvwaje yn ɛ̃-

firmière. Docteur Passavant, vous resterez auprès du
firmjɛ:r. dɔktœ:r pasavã, vu rɛstəre oprɛ dy

malade en attendant que l'infirmière soit arrivée, je
malad ã -natãdã k lɛ̃firmjɛ:r swa -tarive, ʒə

suppose? » « Naturellement! Je resterai dans la mai-
sypo:z?» «natyrɛlmã! ʒə rɛstəre dã la mɛ-

son toute la journée, » répond Passavant qui ne peut
zɔ̃ tut la ʒurne,» repɔ̃ pasavã ki n pø

pas oublier que c'est par sa faute qu'il a été nécessaire
pa ublie k sɛ par sa fo:t kil a ete nesesɛ:r

d'opérer Arthur Il reste donc auprès du petit malade
dɔpere arty:r. il rɛst dɔ̃ -koprɛ dy pti malad

tandis qu'Onésime Pirot quitte la chambre avec le vieux
tãdi kɔnezim piro kit la ʃã:br avɛk lə vjø

Doumier et Marie-Anne. L'angoisse n'a pas encore
dumje e mari a:n. lãgwas na pa -zãkɔ:r

quitté entièrement le cœur de la mère, mais elle sait
kite ãtjɛrmã l kœ:r də la mɛ:r, mɛ ɛl sɛ

une infirmière

C'est sa faute.
C'est par sa faute **que...**

que maintenant elle ne doit plus avoir peur, et que
k mɛ̃tnɑ̃ ɛl nə dwa ply-zavwa:r pœ:r, e k

bientôt, Arthur ira mieux.
bjɛ̃to, arty:r ira mjø.

EXERCICE A.

Le docteur Passavant prend le bras du petit malade et compte les — de son cœur. Puis il prend la — d'Arthur. Le petit malade a froid — les couvertures. Marie-Anne ne sait pas comment cela a commencé: hier encore, le petit garçon se — bien. « Quand avez-vous — qu'il était malade? » demande le vieux docteur. « Il y a une demi-heure, » répond la mère, « je suis entrée dans sa chambre et j'ai vu tout de suite qu'il se sentait —. » Le petit malade a toujours 39° de fièvre, le docteur aurait presque préféré une température plus —.

Pendant ce temps, le docteur Passavant continue son — du petit malade. Il lui demande de montrer sa —. Arthur — et montre sa langue au docteur. Puis, le docteur — la gorge d'Arthur. Elle n'est pas belle non plus: elle est très rouge et —. Le — du petit garçon est enflé également. Et la — est enflée, elle aussi. Sur la poitrine et le cou, il y a des — rouges: c'est du sang qui est sorti sous la —.

EXERCICE B.

Quand Marie-Anne a-t-elle découvert qu'Arthur était malade? ... Pourquoi Arthur a-t-il froid? ... Pourquoi le docteur Passavant met-il une cuiller dans la bouche d'Arthur? ... Que fait M. Doumier pour aider le vieux docteur à examiner le malade? ... Avec quoi Marie-Anne essuie-t-elle le front mouillé de son fils? ... Qu'est-ce que le docteur découvre sous la peau d'Arthur? ... Pourquoi a-t-il fallu opérer Arthur? ...

EXERCICE C.

que j'aille	**que nous allions**
que tu ailles	**que vous alliez**
qu'il aille	**qu'ils aillent**

« Où veux-tu que nous —? » demande Marie-Anne à son cousin. André répond qu'il faut qu'ils — au wagon-restaurant. « J'aimerais que vous — au wagon-restaurant, » dit-il, « je viendrai moi-même dans un instant. » « Veux-tu que j'— avec Fatima? » demande Arthur à sa mère. Marie-Anne, qui veut qu'il — avec sa sœur, lui répond: « Non, Arthur, pas cette fois-ci. Je veux que tu — avec Jeanne. »

que j'aie	**que nous ayons**
que tu aies	**que vous ayez**
qu'il ait	**qu'ils aient**

« Il faut que nous — fini de dîner à huit heures et demie, » dit Marie-Anne. « Comment veux-tu que j'— fini à huit heures et demie, puisqu'il est déjà huit heures vingt? » demande Arthur. Mais Marie-Anne répète qu'il

MOTS:

un battement
un cou
un changement
un degré
une difficulté
la diphtérie
une dormeuse
un examen
une faute
une gorge
un hôpital
une infirmière
une langue
un mouchoir
la peau
un pigeon
une poitrine
un sens
un souffle
la température
la toux
angoissé
douloureux
élevé
enflé
mouillé
s'abaisser
(que) tu ailles
(que) vous alliez
(que) nous ayons

(que) vous ayez
aie!
ayez!
il bat
cacher
découvrir
essuyer
il essuie
examiner
il fallait
falloir
il a fallu
indiquer
obéir
il obéit
opérer
perdre
reconnaître
refermer
respirer
se sentir
sortir
se soulever
tousser
transporter
doucement
malgré
en attendant que
se sentir bien

faut qu'ils — fini de dîner dans dix minutes. « Et il faut que tu — fini de te déshabiller et de te laver à neuf heures, car nous sommes tous fatigués, ce soir. En attendant que vous — fini de vous laver, toi et Jeanne, nous ferons le tour du bateau, Fatima et moi. » Arthur se dépêche de manger ses fruits, parce que sa mère vient de lui dire qu'il faut qu'il — fini dans dix minutes.

aie! **ayons!** **ayez!**

« — un peu moins d'impatience! » dit Marie-Anne à ses enfants. « — du courage, Marie-Anne, et montrons que nous sommes forts! » dit le vieux Doumier à sa belle-fille. « — du courage, Arthur! » dit également le docteur Passavant à son vieil ami.

EXERCICE D.

Voilà un petit exercice d'une nouvelle sorte. Nous vous donnons 15 mots. Vous devez essayer d'expliquer ces mots en une courte phrase et en employant des mots que vous connaissez. Un exemple, le mot « pantalon »: Le pantalon est un vêtement. Un autre exemple, le mot « oreille »: C'est avec les oreilles que l'on entend. Et maintenant, à vous! Voici les 15 mots:

Haricots, fraise, rose, novembre, samedi, vache, oncle, cousin, veau, soir, jambe, petit déjeuner, chambre à coucher, salle de bains, école.

RÉSUMÉ

Le mot à

Dans les chapitres que vous avez lus, vous avez rencontré des centaines de fois le mot **à**. Mais il n'avait pas toujours le même sens, et il vous a peut-être été parfois difficile d'en comprendre le sens. Pour vous aider, nous allons, dans ce résumé, parler des différents cas où l'on emploie le mot **à**.

1) On emploie le mot à pour *indiquer* [*ɛ̃dike*] l'endroit où une chose ou une personne se trouvent, ou l'endroit où quelque chose se fait. Exemples: Il est à Paris. Il est à la maison. Cette chambre est au premier étage. Amélie mange à la cuisine. Il demeure au numéro 13. Il se trouve au centre de la pelouse. Il est seul au monde. Il a une cigarette à la bouche. Il a une valise à la main. Il a mal à la tête. Si j'étais à sa place, je ne le ferais pas.

indiquer = montrer, dire

Le drapeau d'un bateau **indique** le pays auquel appartient le bateau.

Il est à Paris.

Et voici d'autres exemples où le mot **à** a presque le même sens: Il se promène au soleil. Il frappe à la porte. Au cours du voyage, André a raconté une histoire.

2) On emploie le mot **à** pour indiquer la direction: Il va à Paris. Il rentre à la maison. Il va à l'école. Il monte au premier étage. Conduisez-nous à l'hôtel! Il vient jusqu'au café. Il est tombé à terre. Il est tombé à la mer.

Il va à Paris.

De même manière, pour indiquer le moment où finit une action: Il a déjeuné de midi à une heure.

Assis à ses pieds

3) On emploie le mot à pour indiquer l'idée de « près de »: Il parle à son oreille. Il est assis à ses pieds. Il se trouve nez à nez avec une autre personne. Il s'est assis à une table. Il s'arrête à la porte. Il est assis à côté de moi.

A une heure d'ici

4) On emploie le mot à pour indiquer à combien de mètres, kilomètres, etc., d'un endroit une action se fait, ou quelqu'un ou quelque chose se trouve: Villebourg est à trois cents kilomètres de Paris. Il s'est arrêté à quelques mètres de nous. Il demeure à dix minutes d'ici.

A huit heures

5) On emploie le mot à pour indiquer quand une action se fait: Il se lève à sept heures. Il a quitté Villebourg à douze ans. Le jardin est très joli au printemps. Cela se passait au temps de ma grand-mère. Au premier instant, il n'a rien dit. A la fin de l'histoire, tout le monde a ri. Fatima est sortie à son tour.

A haute voix

6) On emploie le mot à pour indiquer de quelle manière une action est faite: Il parle à haute voix. Il est venu à pas rapides. Son cœur bat à petits coups. Il jouait à la balle.

Une salle à manger

7) On emploie le mot à pour indiquer à quoi sert une chose ou une action: Voilà notre salle à manger. Et

voilà notre chambre à coucher. Cela ne sert à rien. Il est prêt à tout.

8) On emploie le mot à pour indiquer la cause d'une action: A ces mots, il est sorti. A la vue de la jeune femme, il a souri. A ce rire, il est devenu tout rouge. A l'idée de partir, elle a souri de plaisir.

A ces mots

9) On emploie le mot à pour indiquer la manière d'être d'une personne ou d'une chose: L'homme au couteau voulait le tuer. Quel est ce petit garçon aux mains noires? Cette fillette aux vêtements si jolis est ma fille. La maison au baobab appartient à Tartarin. Le restaurant s'appelle: « Au Chat Blanc ».

L'homme au couteau

10) On emploie enfin le mot à après le verbe **donner** et après un grand nombre d'autres verbes. Il donne une fleur à la jeune fille. Il demande à Jean s'il veut venir. Il dit bonjour à son ami. Il parle à sa cousine. Il sourit à sa fille. Il pense à elle. Il a répondu à sa mère. Il a écrit à son père. Il le promet à sa mère. Il téléphone à son cousin. Il ne croit pas à ce qu'on lui dit. Il ressemble à son père. Ils font des gestes à leurs amis. Il fait place à sa cousine.

Il le donne à Pierre.

On dit également: Cela est arrivé à André. Cette cafetière a appartenu à Napoléon III. C'est à moi de décider de cela.

ARTHUR VA MIEUX

opérer
une opération

Cinq jours après l'opération, Arthur commence à aller
sɛ̃ ʒu:r aprɛ lɔperasjɔ̃, arty:r kɔmɑ̃:s a ale

mieux. Il n'a plus besoin d'infirmière, et Marie-Anne
mjø. il na ply bəzwɛ̃ dɛ̃firmjɛ:r, e mari a:n

Quand on est fatigué, on doit se reposer.

peut enfin se reposer un peu. Elle est très fatiguée,
pø ɑ̃fɛ̃ sə rpoze œ̃ pø. ɛl ɛ trɛ fatige,

tenir à ɔ: vouloir absolument

car elle a tenu à passer toutes les nuits auprès de son
kar ɛl a tny a pase tut le nɥi oprɛ d sɔ̃

ainsi que ɔ: et

fils. Son beau-père et le docteur Passavant ainsi que
fis. sɔ̃ bopɛ:r e l dɔktœ:r pasavɑ̃ ɛ̃si k

le docteur Pirot ont, il est vrai, essayé de lui faire
lə dɔktœ:r piro ɔ̃, il ɛ vrɛ, esɛje də lɥi fɛ:r

comprendre que cela n'était pas nécessaire, puisque
kɔ̃prɑ̃:drə kə sla netɛ pa nesesɛ:r, pɥisk

être capable ɔ: faire bien ce que l'on fait

l'infirmière était là et qu'elle était très capable, mais Ma-
lɛ̃firmjɛ:r etɛ la e kɛl etɛ trɛ kapabl, mɛ ma-

rie-Anne n'a rien voulu entendre de ce qu'on lui disait.
ri a:n na rjɛ̃ vuly ɑ̃tɑ̃:drə də s kɔ̃ lɥi dizɛ.

« Ma place est auprès de mon enfant, » disait-elle à tous
«ma plas ɛ -toprɛ d mɔ̃ -nɑ̃fɑ̃,» dizɛ -tɛl a tu

ceux qui lui demandaient de se reposer.
sø ki lɥi dmɑ̃dɛ d sə rpoze.

Mais maintenant, elle accepte enfin de laisser Fatima
mɛ mɛ̃tnɑ̃, ɛl aksɛpt ɑ̃fɛ̃ d lese fatima

soigner le petit malade et d'aller se coucher. Pour la
swaɲe l pəti malad e dale s kuʃe. pur la

première fois depuis son arrivée à Villebourg, elle dort
prəmjɛ:r fwa dəpɥi sɔ̃ -narive a vilbu:r, ɛl dɔ:r

toute la nuit d'un sommeil calme et profond, sans rêves.
tut la nɥi dœ̃ sɔmɛ:j kalm e prɔfɔ̃, sɑ̃ rɛ:v.

Dans la maison, pendant ces cinq jours et ces cinq nuits,
dɑ̃ la mɛzɔ̃, pɑ̃dɑ̃ se sɛ̃ ʒu:r e se sɛ̃ nɥi,

tout le monde n'a vécu que pour l'enfant malade. Au
tu l mɔ̃:d na veky k pur lɑ̃fɑ̃ malad. o

début, le vieux Doumier ne faisait que monter et des-
deby, lə vjø dumje n fəzɛ k mɔ̃te e de-

cendre l'escalier, offrait son aide, dérangeait tout le
sɑ̃:drə lɛskalje, ɔfrɛ sɔ̃ -nɛ:d, derɑ̃ʒɛ tu l

monde. Tous les quarts d'heure, il entr'ouvrait la porte
mɔ̃:d. tu le ka:r dœ:r, il ɑ̃truvrɛ la pɔrt

de la chambre d'Arthur, passait sa tête par l'ouverture,
də la ʃɑ̃:brə darty:r, pasɛ sa tɛ:t par luvɛrty:r,

et demandait à voix basse: « Alors, cela va un peu
e dmɑ̃dɛ a vwa ba:s: «alɔ:r, sla va œ̃ pø

mieux? Vous êtes bien sûre que vous n'avez besoin de
mjø? vu -zɛt bjɛ̃ sy:r kə vu nave bəzwɛ̃ də

rien, Mademoiselle? » L'infirmière l'avait au début re-
rjɛ̃, madmwazɛl?» lɛ̃firmjɛ:r lavɛ o deby rə-

mercié en souriant aimablement et avait chaque fois
mɛrsje ɑ̃ surjɑ̃ ɛmabləmɑ̃ e avɛ ʃak fwa

assuré le vieux monsieur qu'elle n'avait besoin de rien.
asyre l vjø məsjø kɛl navɛ bəzwɛ̃ də rjɛ̃.

soigner un malade = faire ce qui est nécessaire pour le malade

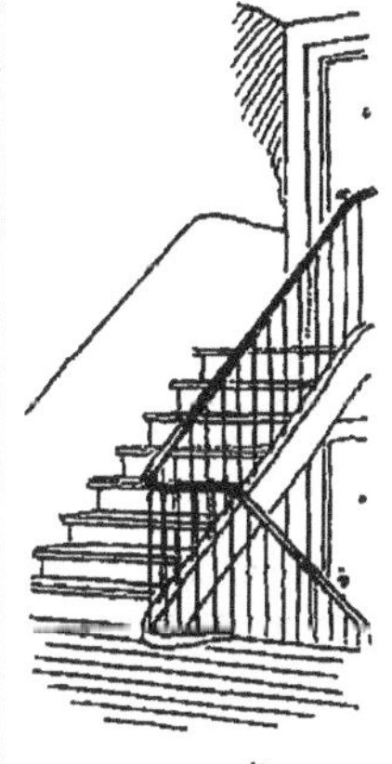

un escalier

une aide
aider

entr'ouvrir = ouvrir un peu

ouvrir
une ouverture

aimablement = d'une manière gentille et agréable

Mais quand, pour la dixième fois, elle avait vu M. Dou-
mɛ kɑ̃, pur la dizjɛm fwa, ɛl avɛ vy məsjø du-

mier passer la tête par l'ouverture de la porte, elle avait
mje pase la tɛːt par luvɛrtyːr də la pɔrt, ɛl avɛ

patience ←→ impatience

perdu patience et avait dit, pas très aimablement cette
pɛrdy pasjɑ̃ːs e avɛ di, pa trɛ -zɛmabləmɑ̃ sɛt

fois-ci: « M. Doumier, vous nous dérangez terriblement,
fwa si: «məsjø dumje, vu nu derɑ̃ʒe tɛribləmɑ̃,

laisser en paix ←→ déranger

et je vais vous prier de nous laisser en paix! Quand
e ʒ vɛ vu prie d nu lɛse ɑ̃ pɛ! kɑ̃

nous aurons besoin de votre aide, nous vous appellerons.
nu -zɔrɔ̃ bəzwɛ̃ d vɔtr ɛːd, nu vu -zapɛlrɔ̃.

Mais je vous prie de ne plus entr'ouvrir cette porte
mɛ ʒ vu pri də n ply -zɑ̃truvriːr sɛt pɔrt

à tout moment = chaque moment

à tout moment! Vous allez tuer notre petit malade! »
a tu mɔmɑ̃! vu -zale tɥe nɔtrə pəti malad! »

Le pauvre grand-père avait rougi comme un petit gar-
lə poːvrə grɑ̃pɛːr avɛ ruʒi kɔm œ̃ pti gar-

çon et avait demandé mille fois pardon, puis avait
sɔ̃ e avɛ dmɑ̃de mil fwa pardɔ̃, pɥi avɛ

doucement ɔ: sans faire de bruit

refermé la porte très doucement et avait descendu
rfɛrme la pɔrt trɛ dusmɑ̃ e avɛ desɑ̃dy

l'escalier, tout aussi doucement. Comme il ne pouvait
lɛskalje, tu -tosi dusmɑ̃. kɔm il nə puvɛ

rester assis plus de cinq minutes au même endroit et
rɛste asi ply d sɛ̃ minyt o mɛːm ɑ̃drwa e

chasser ɔ: faire sortir

qu'Amélie également l'avait chassé, dès qu'il avait es-
kameli egalmɑ̃ lavɛ ʃase, dɛ kil avɛ -tɛ-

sayé d'entrer à la cuisine, il avait fini par sortir dans le
sɛje dɑ̃tre a la kɥizin, il avɛ fini par sɔrti:r dɑ̃ l

jardin, où il avait passé plusieurs heures par jour en
ʒardɛ̃, u il avɛ pase plyzjœ:r -zœ:r par ʒu:r ɑ̃

compagnie de la petite Jeanne.
kɔ̃paɲi d la ptit ʒa:n.

en compagnie de = avec

Au cours de ces heures passées à se promener douce-
o ku:r də se -zœ:r pase a s prɔmne dus-

ment dans les jolies allées du jardin, la fillette et son
mɑ̃ dɑ̃ le ʒɔli -zale dy ʒardɛ̃, la fijɛt e sɔ̃

une allée

grand-père étaient devenus les meilleurs amis du monde.
grɑ̃pɛ:r etɛ dəvny le mɛjœ:r -zami dy mɔ̃:d.

Le vieux grand-père parlait à sa petite-fille de son père,
lə vjø grɑ̃pɛ:r parlɛ a sa ptitfi:j də sɔ̃ pɛ:r,

Henri, et de sa grand-mère. Il lui racontait l'enfance
ɑ̃ri, e d sa grɑ̃mɛ:r. il lɥi rakɔ̃tɛ lɑ̃fɑ̃:s

l'enfance = la partie de la vie où l'on est enfant

heureuse d'Henri, de sa sœur Josette et de son frère
œrø:z dɑ̃ri, də sa sœ:r ʒozɛt e də sɔ̃ frɛ:r

qui, maintenant, était mort. Souvent, il lui parlait de
ki, mɛ̃tnɑ̃, etɛ mɔ:r. suvɑ̃, il lɥi parlɛ d

choses qu'elle ne comprenait pas: de la guerre, de cette
ʃo:z kɛl nə kɔ̃prənɛ pa: də la gɛ:r, də sɛt

paix qui n'était pas une vraie paix, de la France qu'il
pɛ ki netɛ pa yn vrɛ pɛ, də la frɑ̃:s kil

paix ←→ guerre

aimait tant. La petite Jeannette était trop jeune pour
ɛmɛ tɑ̃. la ptit ʒanɛt etɛ trɔ ʒœn pur

comprendre tout ce que son grand-père lui disait, mais
kɔ̃prɑ̃:drə tu s kə sɔ̃ grɑ̃pɛ:r lɥi dizɛ, mɛ

interrompre
a interrompu
interrompt
interrompait
interrompra

ouvrir
a ouvert
ouvre
ouvrait
ouvrira

mauvais ⟷ bon

elle ne l'interrompait jamais. Cette petite femme de
ɛl nə lɛ̃tɛrɔ̃pɛ ʒamɛ. sɛt pətit fam də

onze ans sentait que si son grand-père lui ouvrait son
ɔ̃:z ɑ̃ sɑ̃tɛ kə si sɔ̃ grɑ̃pɛ:r lɥi uvrɛ sɔ̃

cœur, c'est qu'il en avait besoin. Et puis, elle aussi
kœ:r, sɛ kil ɑ̃ -navɛ bəzwɛ̃. e pɥi, ɛl osi

était devenue plus âgée, après cette terrible nuit, plus
etɛ dəvny ply -zaʒe, aprɛ sɛt tɛriblə nɥi, ply

sérieuse. Depuis l'opération, elle ne dormait plus d'un
serjø:z. dəpɥi lɔperasjɔ̃, ɛl nə dɔrmɛ ply dœ̃

sommeil aussi calme qu'avant, elle avait de mauvais
sɔmɛ:j osi kalm kavɑ̃, ɛl avɛ d mɔvɛ

rêves et elle avait plusieurs fois demandé à son grand-
rɛ:v e ɛl avɛ plyzjœ:r fwa dmɑ̃de a sɔ̃ grɑ̃-

père: « Dis, grand-père, la mort, qu'est-ce que c'est? »
pɛ:r: «di, grɑ̃pɛ:r, la mɔ:r, kɛs kə sɛ?»

Quand la fillette lui demandait cela, son grand-père lui
kɑ̃ la fijɛt lɥi dmɑ̃dɛ sla, sɔ̃ grɑ̃pɛ:r lɥi

souriait et lui répondait: « Tu es encore trop jeune pour
surjɛ e lɥi repɔ̃dɛ: «ty ɛ -zɑ̃kɔ:r trɔ ʒœn pur

parler de la mort, Jeannette. Tu le sauras assez tôt,
parle d la mɔ:r, ʒanɛt. ty l sɔra ase to,

ce que c'est. » La fillette ne disait rien pendant quel-
s kə sɛ.» la fijɛt nə dizɛ rjɛ̃ pɑ̃dɑ̃ kɛl-

ques moments, puis elle disait: « Je sais pourquoi tu
kə mɔmɑ̃, pɥi ɛl dizɛ: «ʒə se purkwa ty

dis cela, grand-papa. C'est parce que je mourrai aussi,
di sla, grɑ̃papa. sɛ parskə ʒə murre osi,

un jour. » « Mais Jeannette, de quoi parles-tu donc?
œ̃ ʒu:r.» «mɛ ʒanɛt, də kwa parl ty dɔ̃?

A ton âge, tu ne dois penser qu'à vivre! C'est à nous
a tɔ̃ -na:ʒ, ty n dwa pɑ̃se ka vi:vr! sɛ -ta nu

autres vieux de parler de la mort, pas à vous! » De
-zo:trə vjø də parle d la mɔ:r, pa a vu!» də

nouveau, la fillette se taisait pendant quelques minutes,
nuvo, la fijɛt sə tɛzɛ pɑ̃dɑ̃ kɛlk minyt,

et les deux amis se promenaient en silence dans les
e le dø -zami s prɔmnɛ ɑ̃ silɑ̃:s dɑ̃ le

allées paisibles. Puis, elle demandait: « Grand-père,
-zale pɛzibl. pɥi, ɛl dəmɑ̃dɛ: «grɑ̃pɛ:r,

est-ce que les grandes personnes meurent toujours
ɛs kə le grɑ̃:d pɛrsɔn mœ:r tuʒu:r

avant les enfants? » « Non, Jeannette, pas toujours. »
avɑ̃ le -zɑ̃fɑ̃?» «nɔ̃, ʒanɛt, pa tuʒu:r.»

« Qu'est-ce que tu ferais, si je mourais avant toi, grand-
«kɛs kə ty frɛ, si ʒ murɛ avɑ̃ twa, grɑ̃-

père? » « Jeannette, je te défends de parler de ces
pɛ:r?» «ʒanɛt, ʒə tə defɑ̃ d parle d se

choses! » lui disait-il alors, et comme, après tout, Jeanne
ʃo:z!» lɥi dizɛ -til alɔ:r, e kɔm, aprɛ tu, ʒa:n

n'avait que onze ans, elle ne pouvait parler longtemps
navɛ kə ɔ̃:z ɑ̃, ɛl nə puvɛ parle lɔ̃tɑ̃

de choses si graves et passait bientôt à d'autres sujets
d ʃo:z si gra:v e pasɛ bjɛ̃to a do:trə syʒɛ

de conversation. Et M. Doumier s'étonnait de l'intel-
d kɔ̃vɛrsasjɔ̃. e məsjø dumje setɔnɛ d lɛ̃tɛ-

se taire
s'est tu
se tait
se taisait
se taira

il meurt
ils meurent

Le sujet d'une conversation est ce dont on parle.

intelligent
l'intelligence

ligence de sa petite-fille et se promettait de passer
lizã:s də sa ptitfi:j e s prɔmɛtɛ d pase

encore bien des heures en compagnie de Jeanne, quand
ãkɔ:r bjɛ̃ de -zœ:r ã kɔ̃paɲi d ʒa:n, kã

Arthur serait guéri. Car si le petit garçon ressemblait
-tartyːr sərɛ geri. kar si l pəti garsɔ̃ rsãblɛ

à son père de visage, la fillette lui ressemblait par sa
a sɔ̃ pɛ:r də viza:ʒ, la fijɛt lɥi rsãblɛ par sa

manière d'être, par l'intelligence de sa conversation, par
manjɛ:r dɛ:tr, par lɛ̃tɛliʒã:s də sa kɔ̃vɛrsasjɔ̃, par

bon
la bonté

la bonté grave qu'on lisait parfois dans son regard, par
la bɔ̃te gra:v kɔ̃ lizɛ parfwa dã sɔ̃ rga:r, par

son rire clair. Et il semblait à M. Doumier qu'il
sɔ̃ ri:r klɛ:r. e il sãblɛ a məsjø dumje kil

voyait son Henri revivre dans cette filette. Ainsi donc,
vwajɛ sɔ̃ -nãri rəvi:vrə dã sɛt fijɛt. ɛ̃si dɔ̃:k,

ces journées pleines d'angoisse pour Marie-Anne ont
se ʒurne plɛn dãgwas pur mari a:n ɔ̃

aussi apporté autre chose: elles ont fait naître une
-tosi apɔrte o:trə ʃo:z: ɛl -zɔ̃ fɛ nɛ:tr yn

importer
l'importance

amitié qui sera probablement d'une grande importance
amitje ki sra prɔbabləmã dyn grã:d ɛ̃pɔrtã:s

dans la vie de Jeanne.
dã la vi d ʒa:n.

Et Fatima, qu'a-t-elle fait pendant ces mêmes journées?
e fatima, ka -tɛl fɛ pãdã se mɛ:m ʒurne?

Elle aussi s'est fait une amie. Et cette amie, c'est ...
ɛl osi sɛ fɛ yn ami. e sɛt ami, sɛ

la vieille Amélie! La bonne de M. Doumier est même
la vjɛ:j ameli! la bɔn də məsjø dumje ɛ mɛ:m

devenue l'amie non seulement de Fatima, mais aussi
dəvny lami nɔ̃ sœlmɑ̃ d fatima, mɛ osi

de Marie-Anne, de celle qu'avant son arrivée elle
d mari a:n, də sɛl kavɑ̃ sɔ̃ -narive ɛl

appelait « l'autre » et « la veuve », et qui, dans ses
aplɛ «lo:tr» e «la vœ:v», e ki, dɑ̃ se

pensées, était déjà presque une ennemie. Voilà comment
pɑ̃se, etɛ deʒa prɛsk yn ɛnmi. vwala kɔmɑ̃

un ennemi
une ennemie

cela s'était passé.
sla setɛ pase.

Quand Marie-Anne était descendue au rez-de-chaussée
kɑ̃ mari a:n etɛ desɑ̃dy o redʃose

avec son beau-père et le docteur Pirot, la nuit de
avɛk sɔ̃ bopɛ:r e l dɔktœ:r piro, la nɥi d

l'opération, elle avait trouvé Amélie en bas, debout au
lɔperasjɔ̃, ɛl avɛ truve ameli ɑ̃ ba, dəbu o

en bas ɔ: au rez-de-chaussée

pied de l'escalier. La vieille avait été réveillée par
pje d lɛskalje. la vjɛ:j avɛ -tete revɛje par

au pied de l'escalier = là où l'escalier commence, au rez-de-chaussée

l'arrivée de Passavant d'abord, puis du docteur Pirot,
larive d pasavɑ̃ dabɔ:r, pɥi dy dɔktœ:r piro,

et elle s'était dépêchée de s'habiller et de descendre,
e ɛl setɛ depɛʃe də sabije e də desɑ̃:dr,

pour être prête si l'on avait besoin de son aide. Car
pur ɛ:trə prɛ:t si lɔ̃ -navɛ bəzwɛ̃ d sɔ̃ -nɛ:d. kar

elle avait le sentiment qu'il se passait quelque chose
ɛl avɛ l sɑ̃timɑ̃ kil sə pasɛ kɛlkə ʃo:z

de grave. « Oh, Amélie, » lui avait dit Marie-Anne

də gra:v. «o, ameli,» lɥi avɛ di mari a:n

quand elle l'avait aperçue au pied de l'escalier, « je suis

kɑ̃ -tɛl lavɛ -tapɛrsy o pje d lɛskalje, «ʒə sɥi

très heureuse que vous soyez là! Arthur est très ma-

trɛ -zœrø:z kə vu swaje la! arty:r ɛ trɛ ma-

indispensable = nécessaire

lade et votre aide nous sera indispensable pendant les

lad e vɔtr ɛ:d nu sra ɛ̃dispɑ̃sablə pɑ̃dɑ̃ le

jours qui viendront. Vous n'êtes pas fâchée, j'espère? »

ʒu:r ki vjɛ̃drɔ̃. vu nɛt pa faʃe, ʒɛspɛ:r?»

La vieille avait répondu par une question: « Qu'est-ce

la vjɛ:j avɛ repɔ̃dy par yn kɛstjɔ̃: «kɛs

qu'il a, le petit? » Marie-Anne avait frissonné en lui

kil a, lə pti?» mari a:n avɛ frisɔne ɑ̃ lɥi

Le croup est une forme très grave de diphtérie.

répondant: « Il a le croup, Amélie. » « Le croup? C'est

repɔ̃dɑ̃: «il a l krup, ameli.» «lə krup? sɛ

une mauvaise maladie, ça! J'avais un cousin qui . . . »

-tyn movɛ:z maladi, sa! ʒavɛ œ̃ kuzɛ̃ ki...»

Mais en voyant que la pauvre Marie-Anne était devenue

mɛ ɑ̃ vwajɑ̃ k la po:vrə mari a:n etɛ dəvny

toute pâle, Amélie s'était interrompue et avait ajouté:

tut pa:l, ameli setɛ -tɛ̃tɛrɔ̃py e avɛ -taʒute:

« Mais vous savez, je suis sûre que le petit, il est en

«mɛ vu save, ʒə sɥi sy:r kə l pəti, il ɛ -tɑ̃

bonnes mains. Pas le vieux Passavant, il ne sait pas

bɔn mɛ̃. pa l vjø pasavɑ̃, il nə se pa

pas grand-chose = pas beaucoup

grand-chose, mais l'autre, le docteur Pirot, c'est un

grɑ̃ʃo:z, mɛ lo:tr, lə dɔktœ:r piro, sɛ -tœ̃

homme capable, j'en sais quelque chose! » Et Amélie,
-nɔm kapabl, ʒɑ̃ se kɛlkə ʃo:z! » e ameli,

peut-être étonnée elle-même d'avoir tant parlé, s'était
pœtɛ:tr etɔne ɛlmɛ:m davwa:r tɑ̃ parle, setɛ

tue sur ces mots. Marie-Anne lui avait dit: « Merci,
ty syr se mo. mari a:n lɥi avɛ di: «mɛrsi,

Amélie. Je suis sûre, moi aussi, que le docteur Pirot
ameli. ʒə sɥi sy:r, mwa osi, kə l dɔktœ:r piro

est un médecin très capable. » Et après avoir encore
e -tœ̃ medsɛ̃ trɛ kapabl.» e aprɛ -zavwa:r ɑ̃kɔ:r

une fois dit à la vieille bonne combien son aide était
yn fwa di a la vjɛ:j bɔn kɔ̃bjɛ̃ sɔ̃ -nɛ:d etɛ

indispensable, Marie-Anne était remontée chez le petit
-tɛ̃dispɑ̃sabl, mari a:n etɛ rmɔ̃te ʃe l pəti

malade.
malad.

Pourquoi la vieille femme était-elle soudain devenue
purkwa la vjɛ:j fam etɛ -tɛl sudɛ̃ dəvny

gentille pour Marie-Anne? Amélie n'aurait probable-
ʒɑ̃ti:j pur mari a:n? ameli nɔrɛ prɔbablə-

ment pas su le dire elle-même. Peut-être la vue de la
mɑ̃ pa sy l di:r ɛlmɛ:m. pœtɛ:trə la vy d la

jeune femme désespérée avait-elle réveillé en elle la
ʒœn fam dezɛspere avɛ -tɛl revɛje ɑ̃ -nɛl la

mère que toute femme porte en soi. Et peut-être avait-
mɛ:r kə tut fam pɔrt ɑ̃ swa. e pœtɛ:tr avɛ

toute femme = chaque femme

elle compris à ce moment que Marie-Anne n'essayerait
-tɛl kɔ̃pri a s mɔmɑ̃ kə mari a:n nesɛjrɛ

sa place à elle ɔ: sa propre place	jamais de prendre sa place à elle, Amélie, dans la maison *ʒamɛ d prɑ̃:drə sa plas a ɛl, ameli, dɑ̃ la mɛzɔ̃*
	du vieux Doumier. En tout cas, à partir de cette nuit- *dy vjø dumje. ɑ̃ tu ka, a parti:r də sɛt nɥi*
le fond = la partie la plus profonde	là, Amélie avait montré qu'au fond de son cœur elle *la, ameli avɛ mɔ̃tre ko fɔ̃ d sɔ̃ kœ:r ɛl*
seules quelques personnes ɔ: seulement quelques personnes	cachait une grande bonté que seules quelques personnes *kaʃɛ yn grɑ̃:d bɔ̃te kə sœl kɛlk pɛrsɔn*
	avaient découverte. Et tout comme Amélie avait accepté *avɛ dekuvɛrt. e tu kɔm ameli avɛ -taksɛpte*
Les membres d'une famille sont les personnes dont cette famille est formée.	Marie-Anne comme membre de la famille Doumier, elle *mari a:n kɔm mɑ̃:brə də la fami:j dumje, ɛl*
	avait aussi accepté Fatima. Car la jeune fille, avec une *avɛ -tosi aksɛpte fatima. kar la ʒœn fi:j, avɛk yn*
	grande intelligence de cœur, avait su trouver, en par- *grɑ̃:d ɛ̃tɛliʒɑ̃:s də kœ:r, avɛ sy truve, ɑ̃ par-*
	lant à la vieille bonne, les seuls mots justes. Ces mots, *lɑ̃ a la vjɛ:j bɔn, le sœl mo ʒyst. se mo,*
douce ɔ: gentille, aimable	ainsi que ses manières si aimables et si douces et sa grande *ɛ̃si k se manjɛ:r si ɛmabl e si dus e sa grɑ̃:d*
gagner ←→ perdre	patience, lui avaient gagné le cœur d'Amélie. Jamais la *pasjɑ̃:s, lɥi avɛ gaɲe l kœ:r dameli. ʒamɛ la*
il a autant de bonté que ... = il est aussi bon que ...	vieille n'avait montré autant de bonté et de gentillesse *vjɛ:j navɛ mɔ̃tre otɑ̃ d bɔ̃te e d ʒɑ̃tijɛs*
gentil la gentillesse les gens qui l'entouraient ɔ: les gens avec qui elle était	envers les gens qui l'entouraient que pendant ces jour- *ɑ̃vɛ:r le ʒɑ̃ ki lɑ̃turɛ kə pɑ̃dɑ̃ se ʒur-*
brusque ←→ douce	nées. C'était une gentillesse assez brusque, il est vrai, *ne. setɛ -tyn ʒɑ̃tijɛs ase brysk. il ɛ vrɛ,*

mais elle venait du fond du cœur, c'était ce qui comptait,
mɛ ɛl vəne dy fɔ̃ dy kœ:r, setɛ s ki kɔ̃tɛ,

et Marie-Anne ainsi que Fatima le sentaient bien toutes
e mari a:n ɛ̃si k fatima l sɑ̃tɛ bjɛ̃ tut

les deux. Et Comaux? Qu'a-t-il fait pendant ces
le dø. e kɔmo? ka -til fɛ pɑ̃dɑ̃ se

jours-là? A-t-il quitté Villebourg, comme il l'avait
ʒu:r la? a -til kite vilbu:r, kɔm il lavɛ

décidé a son arrivée? Non, mais comme il voulait
deside a sɔ̃ -narive? nɔ̃, mɛ kɔm il vulɛ

déranger les Doumier aussi peu que possible, il est
derɑ̃ʒe le dumje osi pø k pɔsibl, il ɛ

resté une grande partie du temps au salon, parmi les
rɛste yn grɑ̃:d parti dy tɑ̃ o salɔ̃, parmi le

livres de M. Doumier. Ce n'est pas qu'il pouvait lire,
livrə də məsjø dumje. s nɛ pa kil puvɛ li:r,

non. Il prenait un livre, lisait quelques pages, le refer-
nɔ̃. il prənɛ œ̃ li:vr, lizɛ kɛlk pa:ʒ, lə rfɛr-

mait et le remettait à sa place, puis en prenait un autre
mɛ e .. rmɛtɛ a sa plas, pɥi ɑ̃ prənɛ œ̃ -no:trə

mettre
a mis
met
mettait
mettra

qu'il ne lisait pas non plus. De temps en temps, Fatima
kil nə lizɛ pa nɔ̃ ply. də tɑ̃ -zɑ̃ tɑ̃, fatima

venait en bas et André sortait du salon, pour lui deman-
vnɛ ɑ̃ ba e ɑ̃dre sɔrtɛ dy salɔ̃, pur lɥi dmɑ̃-

der des nouvelles. Il aurait dû partir au bout de trois
de de nuvɛl. il ɔrɛ dy parti:r o bu də trwa

jours, mais il tenait à rester aussi longtemps que le
ʒu:r, mɛ il tənɛ a rɛste osi lɔ̃tɑ̃ kə l

petit malade n'irait pas mieux. Le vieux Doumier et
pəti malad nirɛ pa mjø. lə vjø dumje e

sa petite amie l'avaient laissé en paix avec ses pensées,
sa ptit ami lavɛ lese ã pɛ avɛk se pãse,

sentant qu'il n'avait pas besoin de leur compagnie. Et
sãtã kil navɛ pa bəzwɛ̃ d lœr kɔ̃paɲi. e

André, en effet, avait besoin de calme et de paix plus
ãdre, ã -nefɛ, avɛ bəzwɛ̃ d kalm e d pɛ plys

que de toute autre chose. Pour lui aussi, la nuit de
kə də tut o:trə ʃo:z. pur lɥi osi, la nɥi d

l'opération avait eu une très grande importance. Elle
lɔperasjɔ̃ avɛ -ty yn trɛ grã:d ɛ̃pɔrtã:s. ɛl

avait ouvert ses yeux à bien des choses qu'il s'était
avɛ -tuvɛ:r se -zjø a bjɛ̃ de ʃo:z kil setɛ

jusque-là ɔ: jusqu'à ce moment

cachées jusque-là. Il avait soudain compris que Marie-
kaʃe ʒyskə la. il avɛ sudɛ̃ kɔ̃pri kə mari

Anne n'était pas seulement sa jolie cousine qu'il croyait
a:n netɛ pa sœlmã sa ʒɔli kuzin kil krwajɛ

aimer, mais qu'elle était avant tout la mère de deux
ɛme, mɛ kɛl etɛ -tavã tu la mɛ:r də dø

ses enfants à lui = ses propres enfants

enfants qui ne seraient jamais ses enfants à lui, et avec
-zãfã ki n sərɛ ʒamɛ se -zãfã a lɥi, e avɛk

lequel
laquelle
lesquels
lesquelles

lesquels elle avait tout un passé dont lui, André, ne
lekɛl ɛl avɛ tu -tœ̃ pase dɔ̃ lɥi, ãdre, nə

savait pas grand-chose. A tout moment, de nouvelles
savɛ pa grãʃo:z. a tu mɔmã, də nuvɛl

des pensées lui venaient = il avait des pensées

pensées lui venaient à ce sujet. Il se demandait s'il
pãse lɥi vnɛ a sə syʒɛ. il sə dmãdɛ sil

serait jamais capable de faire le père de famille, s'il
sərɛ ʒamɛ kapablə də fɛ:r lə pɛ:r də fami:j, sil

pourrait jamais devenir un vrai membre de cette petite
purɛ ʒamɛ dəvni:r œ̃ vrɛ mɑ̃:brə də sɛt pətit

famille. Il avait toujours été très satisfait de son in-
fami:j. il avɛ tuʒu:r ete trɛ satisfɛ d sɔ̃ -nɛ̃-

telligence, qui jusque-là lui avait toujours suffi, mais
teliʒɑ̃:s, ki ʒyskə la lɥi avɛ tuʒu:r syfi, mɛ

il se sentait soudain tout petit et bête devant la vie.
il sə sɑ̃tɛ sudɛ̃ tu pti e bɛ:t dəvɑ̃ la vi.

Et puis, Marie-Anne était très gentille envers lui, mais
e pɥi, mari a:n etɛ trɛ ʒɑ̃ti:j ɑ̃vɛ:r lɥi, mɛ

sa gentillesse se transformerait-elle jamais en un amour
sa ʒɑ̃tijɛs sə trɑ̃sfɔrmərɛ -tɛl ʒamɛ ɑ̃ -nœ̃ -namu:r

si fort et profond qu'il suffirait à lui faire oublier le
si fɔ:r e prɔfɔ̃ kil syfirɛ a lɥi fɛ:r ublie l

passé? Le jeune homme serait-il vraiment capable de
pase? lə ʒœn ɔm sərɛ -til vrɛmɑ̃ kapablə də

gagner entièrement le cœur de sa cousine? Autant
gaɲe ɑ̃tjɛrmɑ̃ l kœ:r də sa kuzin? otɑ̃

de fois qu'André se posait une de ces questions, il se
d fwa kɑ̃dre s pozɛ yn də se kɛstjɔ̃, il sə

voyait obligé à répondre par une autre question: « Qui
vwajɛ ɔbliʒe a repɔ̃:drə par yn o:trə kɛstjɔ̃: «ki

sait? » Et cela, naturellement, ne suffisait pas à fonder
sɛ?» e sla, natyrɛlmɑ̃, nə syfizɛ pa a fɔ̃de

une vie nouvelle. Voilà à quoi André a passé ces cinq
yn vi nuvɛl. vwala a kwa ɑ̃dre a pase se sɛ̃

être capable de ɔ: pouvoir

suffit
a suffi

suffit
suffira

suffire
suffit
a suffi
suffisait
suffira

jours. Et maintenant, au matin du sixième jour, il dit
ʒu:r. e mɛ̃tnɑ̃, o matɛ̃ dy sizjɛm ʒu:r, il di

au sujet de = sur

adieu à sa douce cousine sans dire un mot au sujet de
adjø a sa dus kuzin sɑ̃ di:r œ̃ mo o syʒɛ də

tout ce dont son cœur est plein, et une demi-heure plus
tu sə dɔ̃ sɔ̃ kœ:r ɛ plɛ̃, e yn dəmiœ:r ply

tard, le train l'emporte vers Paris.
ta:r, lə trɛ̃ lɑ̃pɔrt vɛr pari.

Et Marie-Anne? Elle non plus n'a pas essayé de reparler
e mari a:n? ɛl nɔ̃ ply na pa esɛje d rəparle

à André de la conversation qu'ils ont eue huit jours
a ɑ̃dre d la kɔ̃vɛrsasjɔ̃ kil -zɔ̃ -ty ɥi ʒu:r

plus tôt. L'a-t-elle oubliée? Oh, non! La maladie
ply to. la -tɛl ublie? o, nɔ̃! la maladi

d'Arthur l'a empêchée d'y penser pendant ces huit jours,
darty:r la ɑ̃pɛʃe di pɑ̃se pɑ̃dɑ̃ se ɥi ʒu:r,

mais elle en garde le souvenir au fond de son cœur.
mɛ ɛl ɑ̃ gard lə suvni:r o fɔ̃ d sɔ̃ kœ:r.

Un jour, elle sera probablement obligée d'y revenir.
œ̃ ʒu:r, ɛl səra prɔbabləmɑ̃ ɔbliʒe di rvəni:r.

Mais pour le moment, dans la maison de la rue des
mɛ pur lə mɔmɑ̃, dɑ̃ la mɛzɔ̃ d la ry de

Roses, les trois femmes continuent à soigner leur petit
ro:z, le trwa fam kɔ̃tiny a swaɲe lœr pəti

malade qui va mieux de jour en jour et qui va bientôt
malad ki va mjø də ʒu:r ɑ̃ ʒu:r e ki va bjɛ̃to

commencer à se lever, tandis que le grand-père
kɔmɑ̃se a s ləve, tɑ̃di k lə grɑ̃pɛ:r

continue à se promener dans les allées du jardin en
kɔ̃tiny a s prɔmne dɑ̃ le -zale dy ʒardɛ̃ ɑ̃

compagnie de sa petite-fille au regard doux et souriant.
kɔ̃paɲi d sa ptitfi:j o rga:r du e surjɑ̃.

doux
douce
doucement

EXERCICE A.

Quelques jours après l'—, Arthur va mieux, et il n'a plus besoin d'infirmière. Sa mère peut enfin se — un peu. Elle a — à passer toutes les nuits auprès d'Arthur. L'infirmière était très —, mais Marie-Anne ne voulait rien entendre. Elle voulait elle-même — le petit malade. Maintenant, pour la première fois depuis son arrivée, elle dort d'un — calme et profond.

Le vieux Doumier, au début de la maladie d'Arthur, ne faisait que monter et descendre l'—. Il offrait son — à chaque instant. Il n'entrait pas dans la chambre du malade, mais —'— la porte et passait sa tête par l'—. Enfin, l'infirmière avait perdu —.

M. Doumier passait plusieurs heures par jour en — de la petite Jeanne. Ils se promenaient dans les jolies — du jardin. Le grand-père racontait à la fillette l'— de son père, Henri. La fillette écoutait et n'— jamais son grand-père. Pendant qu'il parlait, Jeannette se —. Quand elle parlait à son tour, le vieux grand-père s'étonnait de l'— de sa petite-fille. Elle ressemblait à son père par la — grave que l'on lisait parfois dans son regard.

EXERCICE B.

Tous les mots dont vous avez besoin pour faire cet exercice sont des mots que vous connaissez.

	A	B	C	D	E	F	G	H	I	J
1	M	A	N	G	E	R	■	T	E	L
2	■	M	■	A		■	B	U	■	I
3	C	O	U	R	T	E	■	E	N	T
4	■	U	N	E	■			■	A	■
5	■	R	■	■	B	■	R	O	I	
6	L	E	N	D	E	M	A	I	N	■
7	A	U	■	E	T		■	S	■	■
8	■	S	■	N	E			S		
9	V	E	N	T	■		■	O	N	■
10		■	■	S	I	■		N		

1) On ne peut pas — la soupe avec une fourchette. « Je ne connaîtrai jamais un — amour! » dit André.
2) Deuxième personne du singulier du présent du verbe avoir.
Quand on a — trop de vin, on est malade.
3) Une rue de six maisons n'est pas longue, elle est très —.
La terminaison de la troisième personne du pluriel du présent de la plupart des verbes.
4) Veux-tu deux poires? Non, je n'en veux qu'—. Il

n'est — dans le jardin, — dans la maison: où est-il donc?

5) Les lions sont appelés les — des animaux.
6) (Le) jour après.
7) A + le.
   Entre le printemps et l'automne.
8) Comment peux-tu être si calme? Moi, je suis si —!
9) En automne, le — fait tomber toutes les feuilles des arbres.
   Quel âge a votre fillette? Elle n'a qu'un — et trois mois.
10) Ne veux-tu pas jouer avec moi? —, je veux bien.
   On ne doit pas — ses ennemis!

A) Où est Pierre? Il est —!
   Quand Henri a — Marie-Anne, il lui a souri.
B) Marie-Anne était follement — de son Henri.
C) As-tu deux grands-pères? Non, je n'en ai qu'—.
D) Si l'on veut prendre le train, il faut aller à la —.
   Quand on a très froid, on claque des —.
E) Troisième personne du singulier du présent du verbe être.
   Il ne comprend rien, il est vraiment trop —!
F) J'ai acheté des poires délicieuses, qui — veut une?
   Le père de Jeanne est mort, mais Jeanne a encore sa —.
G) Troisième personne du singulier du futur d'aller.
H) Tartarin lève le fusil, tire et — le lion! Quel est l'— qui chante tous les matins à ma fenêtre?
I) Pas un géant, mais un —. Des histoires je n'en connais pas —, mais plusieurs.
J) Quand on reçoit une lettre, on l'ouvre et la —.

MOTS:

une aide
une allée
une bonté
une compagnie
le croup
l'enfance
une ennemie
un escalier
un fond
une gentillesse
une grandeur
une importance
une intelligence
un membre
une opération
une ouverture
la paix
le passé
la patience
le sommeil
un sujet
aimable
brusque
capable
doux
douce
indispensable
défendre
entourer
entr'ouvrir
s'étonner
gagner
il interrompait
ils meurent
il offrait
il ouvrait

EXERCICE C.

j'aperçois	**nous apercevons**
tu aperçois	**vous apercevez**
il aperçoit	**ils aperçoivent**

Arthur — quelque chose qui s'approche du jeune homme. « Jeanne, tu n'— pas quelque chose de noir, là? » demande-t-il à sa sœur. « Non, je n'— rien. » Mais un instant plus tard, tous les deux — quelque chose qui s'approche du nageur. « Maintenant, nous — aussi quelque chose, » disent Marie-Anne et Fatima un peu plus tard. « Si vous — la même chose que nous, c'est un requin que vous avez vu! »

mettre

a mis	**mettait**
met	**mettra**

« Arthur, où as-tu — mon livre? Je t'avais dit de le — sur la table du salon. » Arthur ne — jamais les choses à leur place. Mais son père non plus ne les — pas toujours à leur place. « La prochaine fois, j'espère que tu — le livre là où je te demanderai de le —! »

ouvrir

a ouvert	**ouvrait**
ouvre	**ouvrira**

Amélie va — la porte. Quand elle l'a —, elle retourne à sa cuisine. Ce n'est pas toujours Amélie qui — la porte. Parfois, elle dit à Jeanne: « Tu serais une bonne petite fille si tu — la porte.» Alors, Jeanne répond: «Restez où vous êtes, Amélie, j'— avec plaisir.»

interrompre

a interrompu	**interrompais**
interrompt	**interrompra**

Arthur — encore une fois son oncle. Il l'a déjà — trois fois. «Je serais très content si tu ne m'— pas tout le temps,» dit André. «Tu ne dois pas — l'oncle André,» dit Jeanne. Et Arthur promet alors qu'il n'— plus l'histoire de son oncle.

suffire

a suffi	**suffisait**
suffit	**suffira**

«Encore un peu de sucre?» «Non, merci, cela —.» Josette ne veut pas encore rentrer; six années n'ont pas — à lui faire oublier son mari. «Cela serait triste, s'il — de mourir pour être oublié,» dit-elle. Toute sa vie ne — pas à lui faire oublier son mari. Son père dit que cela devrait — à lui faire accepter de retourner à Villebourg.

se taire

s'est tu	**se taisait**
se tait	**se taira**

«Veux-tu te —, Jeanne!» dit Arthur à sa sœur qui chante dans l'autre chambre. Mais Jeanne ne se — pas. «Te —-tu?» répète Arthur. Si Jeanne se —, son frère croirait qu'il est le maître, c'est pour cela qu'elle ne se — pas. Mais cinq minutes plus tard, elle s'est —.

il remettait
se reposer
revivre
soigner
il suffisait
il suffira
il a suffi
il se taisait
auxquelles
lesquels
aimablement
ainsi que
envers
grand-chose
jusque-là
à tout moment
au pied de
au sujet de
autant de
en bas
en compagnie de
être capable de
une intelligence de cœur
laisser en paix
passer ... par ses manières
si ... c'est que
tenir à

EXERCICE D.

Voilà encore un nouvel exercice. Cette fois-ci, au lieu de vous poser des questions, nous allons vous donner des réponses, et ce sera à vous de poser les questions *auxquelles* [*okɛl*] répond l'exercice. Voici deux exemples:

auxquelles = à + lesquelles

Réponse: Jean rentrera à six heures.
Question: (A quelle heure Jean rentrera-t-il?)
Réponse: J'ai mille francs.
Question: (Combien d'argent avez-vous?)

Et maintenant, à vous !

Réponse: Pierre est dans le jardin.
Question: ....?
Réponse: Jean fait un petit bateau.
Question: ....?
Rép.: Arthur ne répond pas parce qu'il n'a pas entendu.
Qu.: ....?
Rép.: Il y a deux litres de vin dans cette bouteille.
Qu.: ....?
Rép.: Nous serons rentrés à huit heures.
Qu.: ....?
Rép.: Notre voyage durera trois jours.
Qu.: ....?
Rép.: André pense à son dernier voyage.
Qu.: ....?
Rép.: Marie-Anne est sortie avec son beau-père.
Qu.: ....?
Rép.: M. Doumier parle du livre qu'il a lu la semaine dernière.
Qu.: ....?

RÉSUMÉ (1)

Le mot de

Au résumé du chapitre 36, nous avons parlé des différents sens du mot **à**. Voyons maintenant comment on emploie le mot **de**.

1) On emploie le mot **de** pour indiquer qui a, ou à qui « appartient » une chose ou une personne. Exemples: C'est le livre de Jean. Henri était le père de Jeanne. Le lion est le roi des animaux.

Le livre de Jean

On dit également, avec un sens parfois un peu différent: Villebourg est une ville de France. Voilà la gare de Villebourg. Il s'est arrêté devant la porte de sa maison. Le nom du café est écrit là. Amélie est la bonne de la famille. La statue de Georges Laferre se trouve sur la place de la gare. André a raconté l'histoire de Tartarin. C'est le meilleur docteur de Villebourg. C'est une affaire de famille. Le souvenir de sa fille ne le quitte pas. La mort de son fils lui a fait beaucoup de mal. C'est l'heure du dîner! J'aime le chant des oiseaux. Un rayon de soleil frappe son visage.

2) On emploie le mot **de** pour indiquer l'endroit d'où part une action: Il vient de Paris. Il vient de chez son père. Elle a sauté de son lit. Il descend du train. Il est sorti de la maison. Le chant des oiseaux montait du jardin. Le docteur a sorti le thermomètre de sa poche. Il a pris le train de Paris à Villebourg. D'ici, on voit tout le jardin.

Il vient de Paris.

On dit aussi: Villebourg est à trois heures de Paris. Villebourg est à trois cents kilomètres de Paris. Villebourg est assez loin de Paris.

On emploie également le mot de pour indiquer le moment où commence une action: Elle devenait plus nerveuse de minute en minute. La première guerre a duré de 1914 à 1918.

Porcelaine de Sèvres

3) On emploie le mot **de** pour indiquer l'endroit d'où vient une chose ou une personne: Ces assiettes sont en porcelaine de Sèvres. Voilà une lettre de Paris. J'ai des nouvelles de mon fils. C'est un cadeau de notre ville. Il n'y avait pas une seule plante de France. Monsieur Doumier est de Villebourg. Tartarin de Tarascon était un grand héros. C'est un fauteuil du XVe siècle.

Un geste de la main

4) On emploie le mot **de** pour indiquer avec quoi une action est faite: Il a fait un petit geste de la main. Elle le mangeait des yeux. Elle claquait des dents. Fatima battait des mains. Il l'aimait de tout son cœur. Il la suit du regard. Il l'a arrêté d'un geste. Elle l'appelle d'une voix angoissée.

On dit également, avec un sens un peu différent: Son pantalon était couvert de terre. Il a vu une grande tache de sang sur le plancher. On ne peut pas vivre d'eau.

5) On emploie le mot **de** pour indiquer comment une

chose ou une personne est: Villebourg est une ville de 30.000 habitants. C'était un homme de quatre-vingts ans. C'est un gros livre de mille pages. C'est un voyage de trois jours. Il y avait là plusieurs maisons de six étages. Je ne connais aucune ville de ce nom. C'était une fleur d'une jolie couleur bleue.

Un voyage d'une heure

6) On emploie le mot **de** pour indiquer à quoi sert un objet: Où est la salle de bains? Nous avons deux chambres d'amis. Il a mis sa robe de chambre. Tartarin avait un long couteau de chasse.

Une robe de chambre

7) Le mot **de** est employé pour indiquer la cause: Il est devenu rouge de colère. Elle a souri de joie. Elle a poussé un cri de joie. Son cœur battait de bonheur. Elle était pâle d'angoisse.

Il sourit de joie.

8) On emploie le mot **de** pour indiquer combien il y a de quelque chose: Il y a beaucoup de villes en France. Prenez un peu plus de vin. Il y avait peu de monde dans le café. Vous fumez trop de cigarettes. Avez-vous assez de soupe? Tu as tant de robes! Il y avait une centaine de personnes dans le restaurant. Voulez-vous une tasse de café? Une goutte d'eau tombe sur son nez. Il y avait un lac de sang par terre. Il n'y a rien d'intéressant dans cette ville. Y a-t-il quelque chose de nouveau? Le train a une heure de retard.

Un verre de vin

Et nous vous rappelons le **de** après les négations: Je ne bois pas de vin. Je n'ai plus d'argent.

grand
la grandeur

Il est âgé de dix ans.

9) On emploie le mot **de** pour indiquer la *grandeur* [*grãdœ:r*] de quelque chose: C'est un voyage d'une heure. Il est âgé de trente ans. Il est plus jeune que moi de six ans.

Une partie du jardin.

10) Le mot **de** est employé pour indiquer que quelque chose ou quelqu'un est une partie d'autre chose: Je connais trois des habitants de Villebourg. La plupart des habitants de la ville sont Français. Le premier des enfants s'appelle Jean. La plus âgée de mes sœurs s'appelle Nicole. Chacune de mes roses a un nom. Aucun de nos médecins n'est aussi bon. Il a bu la moitié de la bouteille. C'est la plus belle partie du jardin. C'est un nouveau chapitre de ma vie.

La rue des Roses

11) On emploie le mot **de** pour indiquer duquel parmi beaucoup d'objets de même sorte on parle: Il demeure dans la rue des Roses. Voilà le Café de France. J'aime le mois de juillet. Le train traverse la ville de Tarascon.

Il parle de moi.

12) On emploie enfin le mot **de** après un grand nombre de verbes et beaucoup d'adjectifs: Ils parlaient de leur voyage. Il s'occupe des billets. Il se moquait d'elle. Il s'approche de la table. Je me souviens de tout cela. Il change de vêtements. Il s'est séparé de son ami. Il est sorti, suivi de Fatima. Il vit entouré de ses souvenirs. Il est amoureux de sa cousine. J'ai décidé de partir. Je ne veux plus de toi. Je ne sais rien de cette affaire.

RÉSUMÉ (2)

La famille de ouvrir

Voici une nouvelle famille de verbes: la famille du verbe *ouvrir*. Vous connaissez quatre verbes de cette famille: découv*rir*, couv*rir*, off*rir* et souff*rir*.

Et voici deux exercices sur les verbes de cette famille:

ouvrir	
a ouvert	**ouvrait**
ouvre	**ouvrira**

« Puis-je vous (offrir) — une cigarette? » demande M. Doumier. Et il (offrir) — une cigarette à Martial. Les enfants ont (découvrir) — quelque chose de très intéressant dans le jardin. Arthur (découvrir) — toujours quelque chose dans les endroits nouveaux où il se trouve. Marie-Anne demande à ses enfants de se (couvrir) — pour ne pas avoir froid. « Nous nous (couvrir) — dans un moment, » répondent les enfants. Quand Arthur était petit, Marie-Anne le (couvrir) — toujours quand il avait joué et qu'il faisait froid. Jeanne n'aime pas voir (souffrir) — les animaux. Elle espère que le petit âne gris que Tartarin a tué n'a pas (souffrir) — avant de mourir. Quand elle était petite, elle (souffrir) — toujours quand elle voyait un animal malade.

j'ouvre	**nous ouvrons**
tu ouvres	**vous ouvrez**
il ouvre	**ils ouvrent**

M. Doumier (offrir) — une cigarette à Fatima. « C'est

la troisième fois que vous m' (offrir) — une cigarette, » dit Fatima, et refuse, car elle ne fume pas. On a frappé à la porte: « (ouvrir) — la porte! » disent Jeanne et Arthur, et ils (ouvrir) — la porte. « Si tu ne te (couvrir) — pas, tu auras froid, » dit M. Doumier à Jeanne. « Oui, mais si je me (couvrir) — trop, j'aurai trop chaud, » lui dit la fillette. Mais elle se (couvrir) — quand même. « (couvrir) — -nous! » disent M. Doumier et Passavant, « ou nous aurons froid. » « Que (découvrir) — -vous, dans le jardin? » demande M. Doumier aux enfants. Ils répondent qu'ils (découvrir) — beaucoup de choses intéressantes. « Je (souffrir) — de voir Arthur si malade! » dit Passavant. « Tu (souffrir) — toujours quand tes amis sont malades, » lui dit M. Doumier.

EN AUTO

Environ un mois après l'opération, le docteur Pirot
ãvirɔ̃ œ̃ mwa aprɛ lɔperasjɔ̃, lə dɔktœ:r piro

vient pour la dernière fois voir son petit malade, qui
vjɛ̃ pur la dɛrnjɛ:r fwa vwa:r sɔ̃ pti malad, ki

a commencé à se lever une semaine après l'opération.
a kɔmãse a s ləve yn səmɛn aprɛ lɔperasjɔ̃.

Le docteur est très content de son examen et dit à
lə dɔktœ:r ɛ trɛ kɔ̃tã d sɔ̃ -negzamɛ̃ e di a

Marie-Anne: « Maintenant, Madame Doumier, je ne
mari a:n: «mɛ̃tnã, madam dumje, ʒə n

peux plus rien faire. Arthur est encore un peu pâle
pø ply rjɛ̃ fɛ:r. arty:r ɛ -tãkɔ:r œ̃ pø pa:l

et je le trouve encore un peu maigre également, mais
e ʒə l tru:v ãkɔ:r œ̃ pø mɛ:gr egalmã, mɛ

maigre ←→ gros

je pense qu'une quinzaine de jours suffiront à le remet-
ʒ pã:s kyn kɛ̃zɛn də ʒu:r syfirɔ̃ a l rəmɛ-

tre entièrement sur pied. En tout cas, voici quelque
tr ãtjɛrmã syr pje. ã tu ka, vwasi kɛlkə

remettre sur pied ɔ: faire qu'on aille bien de nouveau

chose que vous allez lui faire prendre trois fois par
ʃo:z kə vu -zale lɥi fɛ:r prã:drə trwa fwa par

jour, avant les repas, » dit-il, en écrivant quelques mots.
ʒu:r, avã le rpa,» di -til, ã -nekrivã kɛlk mo.

écrire
écrivant

Et il ajoute, pendant qu'il écrit: « Je pense que ça va
e il aʒut, pãdã kil ekri: «ʒə pã:s kə sa va

écrire
a écrit
écrit

plaire
a plu
plaît

lui plaire, cela a en tout cas plu à tous mes petits
lɥi plɛ:r, sla a ã tu ka ply a tu me pti

malades, jusqu'ici. » Le docteur Pirot sourit, donne à
malad, ʒyskisi.» lə dɔktœ:r piro suri, dɔn a

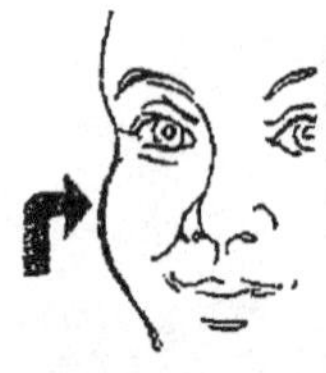

la joue

Arthur un petit coup sur la joue, puis lui dit adieu et
arty:r œ̃ pti ku syr la ʒu, pɥi lɥi di adjø e

sort de la chambre avec Marie-Anne.
sɔ:r də la ʃã:br avɛk mari a:n.

« Comment vous remercier, docteur? » lui dit la jeune
«kɔmã vu rmɛrsje, dɔktœ:r?» lɥi di la ʒœn

femme. « Si Arthur vit aujourd'hui, c'est grâce à
fam. «si arty:r vi oʒurdɥi, sɛ gra:s a

vous! » « Oh, grâce à moi, c'est trop dire, Madame.
vu!» «o, gra:s a mwa, sɛ tro di:r, madam.

un médecin
la médecine

La **médecine** est ce dont s'occupe un **médecin.**

Un peu grâce à moi, et beaucoup grâce à la médecine. »
œ̃ pø gra:s a mwa, e boku gra:s a la medsin.»

« Vous êtes trop modeste, docteur! » « Oh, non, Ma-
«vu -zɛt trɔ mɔdɛst, dɔktœ:r!» «o, nɔ̃, ma-

dame! Je ne suis pas modeste, et je crois même que
dam! ʒə n sɥi pa mɔdɛst, e ʒə krwa mɛ:m kə

Blanc est **le contraire** de noir.

bien des gens, à Villebourg, vous diraient le contraire,
bjɛ̃ de ʒã, a vilbu:r, vu dirɛ l kɔ̃trɛ:r,

si vous leur demandiez ce qu'ils pensent de moi. Ils
si vu lœr dəmãdje s kil pã:s də mwa. il

fier ←→ modeste

vous diraient que je suis très fier. » « Je suis sûre
vu dirɛ kə ʒə sɥi trɛ fjɛ:r.» «ʒə sɥi sy:r

qu'ils se trompent tous! » « Vous êtes trop aimable,
kil sə trɔ̃:p tus!» «vu -zɛt trɔ -pɛmabl,

chère Madame. C'est votre cœur de mère qui vous fait
ʃɛ:r madam. sɛ vɔtrə kœ:r də mɛ:r ki vu fɛ

dire cela. » Et sur ces mots, le docteur Pirot prend
di:r sla.» e syr se mo, lə dɔktœ:r piro prɑ̃

congé de Marie-Anne, et celle-ci retourne auprès de son
kɔ̃ʒe d mari a:n, e sɛlsi rturn oprɛ d sɔ̃

prendre congé de = dire adieu à

fils, qui a commencé à s'habiller. Il se dépêche, et ses
fis, ki a kɔmɑ̃se a sabije. il sə depɛ:ʃ, e se

joues sont toutes roses de plaisir, car sa mère lui a promis
ʒu sɔ̃ tut ro:z də plezi:r, kar sa mɛ:r lɥi a prɔmi

que s'il allait bien aujourd'hui, on ferait une belle
kə sil alɛ bjɛ̃ oʒurdɥi, ɔ̃ frɛ yn bɛl

promenade en auto avec le docteur Passavant.
prɔmnad ɑ̃ -noto avɛk lə dɔktœ:r pasavɑ̃.

Le vieux docteur et le jeune garçon se sont vus chaque
lə vjø dɔktœ:r e l ʒœn garsɔ̃ sə sɔ̃ vy ʃak

jour depuis l'opération, et il faut dire qu'ils se plaisent
ʒu:r dəpɥi lɔperasjɔ̃, e il fo di:r kil sə plɛ:z

plaire
je plais
tu plais
il plaît
nous plaisons
vous plaisez
ils plaisent

beaucoup. Le vieux Passavant est si amusant, quand
boku. lə vjø pasavɑ̃ ɛ si amyzɑ̃, kɑ̃

amusant = qui fait rire

il le veut, et Arthur écoute ses histoires avec un si grand
-til lə vø, e arty:r ekut se -zistwa:r avɛk œ̃ si grɑ̃

plaisir que les heures passent commes des minutes,
plezi:r kə le -zœ:r pa:s kɔm de minyt,

quand ils sont ensemble. Passavant a beaucoup lu, il
kɑ̃ -til sɔ̃ -tɑ̃sɑ̃:bl. pasavɑ̃ a boku ly, il

a beaucoup voyagé dans sa jeunesse et beaucoup vu, et
a boku vwajaʒe dɑ̃ sa ʒœnɛs e boku vy, e

surtout ɔ: plus que toute autre chose

amuser = faire rire

il a surtout remarqué ce qui l'a amusé. Sa tête est
il a syrtu rmarke s ki la amyze. sa tɛ:t ɛ

pleine de récits de voyage amusants. Il les a sûrement
plɛn də resi d vwaja:ʒ amyzɑ̃. il le -za syrmɑ̃

racontés plus de mille fois, mais pour Arthur, ils ont
rakɔ̃te ply d mil fwa, mɛ pur arty:r, il -zɔ̃

avoir du charme = plaire

s'amuser = rire

encore le charme des choses nouvelles, et il s'amuse
-tɑ̃kɔ:r lə ʃarm de ʃo:z nuvɛl, e il samy:z

beaucoup à les écouter, tout comme il s'amuse à regarder
boku a le -zekute, tu kɔm il samy:z a rgarde

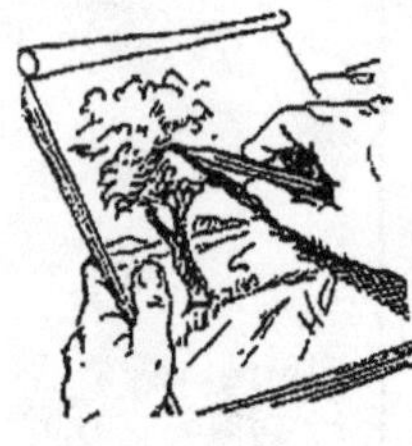
Passavant fait un dessin.

les dessins que le docteur Passavant a faits au cours de
le desɛ̃ kə l dɔktœ:r pasavɑ̃ a fɛ o ku:r də

ses voyages. Il en a des centaines, et y a-t-il un dessin
se vwaja:ʒ. il ɑ̃ -na de sɑ̃tɛn, e ja -til œ̃ desɛ̃

qu'il ne retrouve pas, il le refait tout en parlant, sous
kil nə rətru:v pa, il lə rfɛ tu -tɑ̃ parlɑ̃, su

les regards pleins d'admiration d'Arthur. Quand il a
le rga:r plɛ̃ dadmirasjɔ̃ darty:r. kɑ̃ -til a

fini de raconter, le plancher autour de lui et d'Arthur
fini d rakɔ̃te, lə plɑ̃ʃe otu:r də lɥi e darty:r

est entièrement couvert de dessins.
ɛ -tɑ̃tjɛrmɑ̃ kuvɛ:r də desɛ̃.

Ainsi, le vieux docteur et Arthur sont devenus d'aussi
ɛ̃si, lə vjø dɔktœ:r e arty:r sɔ̃ dəvny dosi

aucunement = pas du tout

aucun
aucune
aucunement

bons amis que Doumier et Jeanne. Le vieux Passavant
bɔ̃ -zami k dumje e ʒa:n. lə vjø pasavɑ̃

n'est pas fier, et il n'est aucunement fâché que ce soit
nɛ pa fjɛ:r, e il nɛ -tokynmɑ̃ faʃe kə sə swa

Pirot et pas lui qui ait pris soin d'Arthur pendant sa
piro e pa lɥi ki ɛ pri swɛ̃ darty:r pɑ̃dɑ̃ sa

maladie. « La médecine a fait de trop grands progrès
maladi. «la medsin a fɛ də trɔ grɑ̃ prɔgrɛ

depuis ma jeunesse, » dit-il, « il faut que les vieux
dəpɥi ma ʒœnɛs,» di -til, «il fo k le vjø

médecins cèdent la place aux jeunes. » De sorte que
medsɛ̃ sɛd la plas o ʒœn.» də sɔrt kə

Passavant ne sent que de la joie en voyant son petit
pasavɑ̃ n sɑ̃ k də la ʒwa ɑ̃ vwajɑ̃ sɔ̃ pti

ami se porter mieux de jour en jour. Et c'est lui qui
-tami s pɔrte mjø də ʒu:r ɑ̃ ʒu:r. e sɛ lɥi ki

a eu l'idée de faire cette promenade en auto dont Marie-
a y lide d fɛ:r sɛt prɔmnad ɑ̃ -noto dɔ̃ mari

Anne, ce matin-là, a parlé à Arthur.
a:n, sə matɛ̃ la, a parle a arty:r.

La voiture de Passavant peut prendre sept personnes:
la vwaty:r də pasavɑ̃ pø prɑ̃:drə sɛt pɛrsɔn:

cinq à l'intérieur et une à côté du chauffeur. Arthur
sɛ̃:k a lɛ̃terjœ:r e yn a kote dy ʃofœ:r. arty:r

a décidé tout de suite qu'il s'assiéra devant. Comme
a deside tutsɥit kil sasjera dvɑ̃. kɔm

cela, il aura le sentiment de conduire lui-même la
sla, il ɔra l sɑ̃timɑ̃ d kɔ̃dɥi:r lɥimɛ:m la

voiture, et il adore cela.
vwaty:r, e il adɔ:r sla.

Ce jour-là, on déjeune plus tôt que d'habitude, et à
sə ʒu:r la, ɔ̃ deʒœn ply to kə dabityd, e a

prendre soin = soigner

la médecine fait des progrès = les médecins deviennent de plus en plus capables

céder (comme espérer)
a cédé
cède
cédait
cédera

de sorte que = comme cela, de cette manière

se porter = aller

à l'intérieur ɔ: dans la voiture

Le chauffeur est celui qui conduit la voiture.

s'asseoir
s'est assis
s'assied
s'asseyait
s'assiéra

adorer = aimer beaucoup

d'habitude = comme on s'est habitué à le faire; ordinairement

précis ɔ: ni plus tôt ni plus tard

se mettre en route = partir

midi précis, on monte dans l'auto et on se met en route.
midi presi, ɔ̃ mɔ̃:t dɑ̃ loto e ɔ̃ s mɛ ɑ̃ 'rut.

Marie-Anne, Fatima, M. Doumier et Jeanne ont pris
mari a:n, fatima, məsjø dumje e ʒa:n ɔ̃ pri

prendre place ɔ: s'asseoir

de bonne humeur = content

place à l'intérieur. Tout le monde est de bonne humeur:
plas a lɛ̃terjœ:r. tu l mɔ̃:d ɛ d bɔn ymœ:r:

on rit, on se raconte des histoires amusantes, on parle
ɔ̃ ri, ɔ̃ s rakɔ̃:t de -zistwa:r amyzɑ̃:t, ɔ̃ parl

des choses intéressantes que l'on va voir. Si les enfants
de ʃo:z ɛ̃terɛsɑ̃:t kə lɔ̃ va vwa:r. si le -zɑ̃fɑ̃

adorent les promenades en auto, leurs parents ne les
adɔ:r le prɔmnad ɑ̃ -noto, lœr parɑ̃ n le

aiment pas moins, surtout quand on est tous ensemble.
-zɛ:m pa mwɛ̃, syrtu kɑ̃ -tɔ̃ -nɛ tus ɑ̃sɑ̃:bl.

Le docteur Passavant est un excellent chauffeur: il
lə dɔktœ:r pasavɑ̃ ɛ -tœ̃ -nɛksɛlɑ̃ ʃofœ:r: il

sûr
la sûreté

conduit avec beaucoup de calme et de sûreté. Même
kɔ̃dɥi avɛk boku d kalm e d syrte. mɛ:m

la crainte = la peur

les plus nerveux oublient toutes leurs craintes quand
le ply nɛrvø ubli tut lœr krɛ̃:t kɑ̃

c'est Passavant qui conduit. Et comme ni Marie-Anne,
sɛ pasavɑ̃ ki kɔ̃dɥi. e kɔm ni mari a:n,

ni Fatima ne sont aucunement nerveuses, ce sera une
ni fatima n sɔ̃ -tokynmɑ̃ nɛrvø:z, sə sra yn

merveilleux = très beau

merveilleuse promenade.
mɛrvɛjø:z prɔmnad.

Comme une grande partie des villes de France de quel-
kɔm yn grɑ̃:d parti de vil də frɑ̃:s də kɛl-

que importance, Villebourg est situé sur une rivière,
k ɛ̃pɔrtɑ̃:s, vilbu:r ɛ sitɥe syr yn rivjɛ:r,

qui se jette dans la Loire. Et c'est à la Loire, un des
ki sə ʒɛt dɑ̃ la lwa:r. e sɛ -ta la lwa:r, œ̃ de

plus beaux fleuves de France, que l'on fera aujourd'hui
ply bo flœ:v də frɑ̃:s, kə lɔ̃ fra oʒurdɥi

une promenade. Pour les enfants et pour Fatima, qui
yn prɔmnad. pur le -zɑ̃fɑ̃ e pur fatima, ki

sont en France pour la première fois, et qui pour la
sɔ̃ -tɑ̃ frɑ̃:s pur la prəmjɛ:r fwa, e ki pur la

première fois sortent de Villebourg, ce paysage a un
prəmjɛ:r fwa sɔrt də vilbu:r, sə pejiza:ʒ a œ̃

très grand charme. Tout cela est si différent des
trɛ grɑ̃ ʃarm. tu sla ɛ si diferɑ̃ de

paysages africains auxquels ils sont habitués. Même
pejiza:ʒ afrikɛ̃ okɛl il sɔ̃ -tabitɥe. mɛ:m

l'eau de la rivière n'est pas la même, car l'eau des
lo d la rivjɛ:r nɛ pa la mɛ:m, kar lo de

rivières ou des fleuves qu'ils ont vus en Afrique coulait
rivjɛ:r u de flœ:v kil -zɔ̃ vy ɑ̃ -nafrik kulɛ

vite, et en été surtout, elle coulait avec bruit, tandis
vit, e ɑ̃ -nete syrtu, ɛl kulɛ avɛk brɥi, tɑ̃di

que l'eau de cette rivière coule lentement et sans aucun
k lo d sɛt rivjɛ:r kul lɑ̃tmɑ̃ e sɑ̃ -zokœ̃

bruit, à travers un paysage très calme, d'un vert mer-
brɥi, a travɛ:r œ̃ pejiza:ʒ trɛ kalm, dœ̃ vɛ:r mɛr-

veilleux. Et pas une fleur, pas un arbre ne sont les
vɛjø. e pa -zyn flœ:r, pa -zœ̃ -narbrə nə sɔ̃ le

situé = placé

se jeter [ʒəte]
il se jette [ʒɛt]

une rivière
un fleuve

Une **rivière** se jette dans un fleuve. Un **fleuve** se jette dans la mer.

La rivière avec sa campagne et ses bois forme un paysage.

auquel = à + lequel
auxquels = à + lesquels

la Loire, et une rivière qui se jette dans la Loire

mêmes qu'en Afrique. L'auto ne va pas trop vite, et
mɛːm kã -nafrik. loto n va pa trɔ vit, e

il n'en finit pas de = il ne cesse pas de

les enfants et Fatima n'en finissent pas de demander
le -zãfã e fatima nã finis pa də dmãde

les noms de tout ce qu'ils voient. Heureusement, Pas-
le nɔ̃ də tu s kil vwa. œrøzmã, pa-

s'intéresser à = avoir de l'intérêt pour

savant et Doumier s'intéressent beaucoup aux plantes,
savã e dumje sɛ̃terɛs boku o plãːt,

être curieux ɔ: poser beaucoup de questions

et peuvent toujours répondre aux questions des curieux.
e pœːv tuʒuːr repɔ̃ːdr o kɛstjɔ̃ de kyrjø.

sortir
une sortie

Peu après leur sortie de la ville, nos amis rencontrent
pø aprɛ lœr sɔrti d la vil, no -zami rãkɔ̃ːtr

un groupe de pêcheurs. « Oh, docteur! » s'écrie Arthur,
œ̃ grup də pɛʃœːr. «o, dɔktœːr!» sekri artyːr,

« arrêtons-nous un peu, s'il vous plaît! » « Nous arrêter?
«arɛtɔ̃ nu œ̃ pø, sil vu plɛ!» «nu -zarɛte?

Pourquoi? » lui demande Passavant. « Il y a des
purkwa?» lɥi dmãːd pasavã. «il ja de

pêcheurs, et j'aime bien regarder les pêcheurs, Mon-
pɛʃœːr, e ʒɛːm bjɛ̃ rgarde le pɛʃœːr, mə-

sieur le docteur! » lui répond Arthur. « Bien, Monsieur
sjø l dɔktœːr!» lɥi repɔ̃ artyːr. «bjɛ̃, məsjø

un pêcheur

le curieux, » dit Passavant en riant, « nous allons nous
l kyrjø,» di pasavã ã rijã, «nu -zalɔ̃ nu

désirer = vouloir

arrêter, si vous le désirez. » Et il arrête l'auto au bord
-zarɛte, si vu l dezire.» e il arɛt loto o bɔːr

au bord de ɔ: sur le côté de

de la route.
də la rut.

« Qu'est-ce qu'il y a? Pourquoi est-ce qu'on s'arrête? »
«kɛs kil ja? purkwa ɛs kɔ̃ sarɛt?»

demandent ceux de l'intérieur. « Il y a que mon jeune
dəmɑ̃:d sø d lɛ̃terjœ:r. «il ja kə mɔ̃ ʒœn

ami désire voir ces pêcheurs de plus près. Et à son
ami dezi:r vwa:r se pɛʃœ:r də ply prɛ. e a sɔ̃

âge, c'est très bien d'être curieux. » Mais les pêcheurs
-na:ʒ, sɛ trɛ bjɛ̃ dɛ:trə kyrjø.» mɛ le pɛʃœ:r

ne sont aucunement contents de voir arriver nos amis.
nə sɔ̃ -tokynmɑ̃ kɔ̃tɑ̃ d vwa:r arive no -zami.

Quand on pêche, on n'aime pas, d'habitude, que les
kɑ̃ -tɔ̃ pɛ:ʃ, ɔ̃ nɛ:m pa, dabityd, kə le

gens s'intéressent trop à ce que l'on fait. On ne peut
ʒɑ̃ sɛ̃terɛs tro a s kə lɔ̃ fɛ. ɔ̃ n pø

naturellement pas empêcher que les curieux suivent de
natyrɛlmɑ̃ pa ɑ̃pɛʃe k le kyrjø sɥi:v də

loin ce que l'on fait, mais on ne permet pas qu'ils
lwɛ̃ s kə lɔ̃ fɛ, mɛ ɔ̃ n pɛrmɛ pa kil

viennent trop près. Et les pêcheurs dont s'approchent
vjɛn trɔ prɛ. e le pɛʃœ:r dɔ̃ saprɔʃ

nos amis sont, de plus, de très mauvaise humeur, car
no -zami sɔ̃, də ply, də trɛ mɔvɛ:z ymœ:r, kar

ils n'ont pas pris un seul poisson depuis le matin. Il
il nɔ̃ pa pri œ̃ sœl pwasɔ̃ dəpɥi l matɛ̃. il

fait un temps merveilleux pour une promenade, mais
fɛ œ̃ tɑ̃ mɛrvɛjø pur yn prɔmnad, mɛ

pas pour pêcher. De sorte que, lorsque Jeanne et
pa pur pɛʃe. də sɔrt kə, lɔrskə ʒa:n e

pêcher
un pêcheur

suivre
(que) je suive
(que) tu suives
(qu') il suive
(que) nous suivions
(que) vous suiviez
(qu') ils suivent

de plus ɔ: encore

Arthur s'approchent des pêcheurs, ceux-ci les arrêtent
arty:r saprɔʃ de pɛʃœ:r, søsi le -zarɛt

à une quinzaine de pas et leur disent de rester où ils
a yn kɛ̃zɛn də pa e lœr di:z də rɛste u il

sont et de ne pas faire de bruit, pour ne pas effrayer
sɔ̃ e də n pa fɛ:r də brɥi, pur nə pa ɛfrɛje

ridicule = qui fait rire les gens

les poissons. Leur crainte est bien ridicule, puisqu'il
le pwasɔ̃. lœr krɛ̃:t ɛ bjɛ̃ ridikyl, pɥiskil

Il est agréable d'être **amusant,** mais désagréable d'être **ridicule.**

n'y a pas un seul poisson dans la rivière, à ce moment.
nja pa œ̃ sœl pwasɔ̃ dɑ̃ la rivjɛ:r, a s mɔmɑ̃.

Ils le savent bien, et ils savent aussi qu'ils sont eux-
il lə sa:v bjɛ̃, e il sa:v -tosi kil sɔ̃ ø-

mêmes un peu ridicules, et cela ne fait naturellement
mɛ:m œ̃ pø ridikyl, e sla n fɛ natyrɛlmɑ̃

augmenter ɔ: faire devenir plus grand

qu'augmenter leur mauvaise humeur. De sorte que les
kɔgmɑ̃te lœr mɔvɛ:z ymœ:r. də sɔrt kə le

enfants ne restent au bord de la rivière que quelques
-zɑ̃fɑ̃ n rɛst o bɔ:r də la rivjɛ:r kə kɛlk

minutes, cela uniquement pour montrer aux pêcheurs
minyt, sla ynikmɑ̃ pur mɔ̃tre o pɛʃœ:r

par crainte d'eux ɔ: parce qu'ils ont peur d'eux

que ce n'est pas par crainte d'eux qu'ils s'en vont, puis
kə s nɛ pa par krɛ̃:t dø kil sɑ̃ vɔ̃, pɥi

ils retournent à l'auto. Tout le monde reprend sa place,
il rəturn a loto. tu l mɔ̃:d rəprɑ̃ sa plas,

et on se remet en route. Une demi-heure plus tard,
e ɔ̃ s rəmɛ ɑ̃ rut. yn dəmiœ:r ply ta:r,

on traverse sans s'arrêter Nantes, grande ville de deux
ɔ̃ travɛrs sɑ̃ sarɛte nɑ̃:t, grɑ̃:d vil də dø

cent mille habitants. Pour les enfants, tout ce qui est
sã mil abitã. pur le -zãfã, tu s ki ɛ

nouveau a du charme, mais pour les grandes personnes
nuvo a dy ʃarm, mɛ pur le grã:d pɛrsɔn

de l'auto, Nantes n'est pas intéressant aujourd'hui. Un
də loto, nã:t nɛ pa ɛ̃terɛsã oʒurdɥi. œ̃

autre jour, cette ville, située sur la Loire, les intéres-
-no:trə ʒu:r, sɛt vil, sitɥe syr la lwa:r, le -zɛ̃terɛs-

serait, avec son château, sa cathédrale, son grand port où
rɛ, avɛk sɔ̃ ʃato, sa katedral, sɔ̃ grã pɔ:r u

on construit même des navires. Un autre jour, oui,
ɔ̃ kɔ̃strɥi mɛ:m de navi:r. œ̃ -no:trə ʒu:r, wi,

ils s'arrêteraient à Nantes, mais pas aujourd'hui.
il sarɛtrɛ a nã:t, mɛ pa oʒurdɥi.

A leur sortie de la ville, il est une heure et demie. On
a lœr sɔrti d la vil, il ɛ -tyn œ:r e dmi. ɔ̃

décide de continuer pendant une heure, puis de s'arrêter
desid də kɔ̃tinɥe pãdã -tyn œ:r, pɥi d sarɛte

quelque part pour se reposer et boire une tasse de
kɛlk pa:r pur sə rpoze e bwa:r yn ta:s də

chocolat. Arthur se porte beaucoup mieux, il est vrai,
ʃɔkɔla. arty:r sə pɔrt boku mjø, il ɛ vrɛ,

mais il n'a pas encore beaucoup de forces et il ne faut
mɛ il na pa -zãkɔ:r boku d fɔrs e il nə fo

pas trop le fatiguer.
pa tro l fatige.

Un peu avant Saint-Nazaire, autre port situé à une
œ̃ pø avã sɛ̃ nazɛ:r, o:trə pɔ:r sitɥe a yn

un château

construire (comme **conduire**)
construire
a construit
construit
construisait
construira

cinquantaine de kilomètres de Nantes, Marie-Anne de-
sɛ̃kɑ̃tɛn də kilɔmɛtrə də nɑ̃:t, mari a:n də-

mourir
je meurs
tu meurs
il meurt
nous mourons
vous mourez
ils meurent

mande donc aux enfants: « Vous n'avez pas faim, Arthur
mɑ̃:d dɔ̃ -ko -zɑ̃fɑ̃: «vu nave pa fɛ̃, artyr

et Jeanne? » « Si, nous mourons de faim! » répondent-
e ʒa:n?» «si, nu murɔ̃ d fɛ̃!» repɔ̃:d

ils. « Vous mourez de faim? Alors, nous allons
-til. «vu mure d fɛ̃? alɔ:r, nu -zalɔ̃

goûter ɔ: prendre le goûter

goûter! » dit le docteur. On quitte la route, on prend
gute!» di l dɔktœ:r. ɔ̃ kit la rut, ɔ̃ prɑ̃

chemin = petite route

mener = conduire

mener (comme promener)
a mené
mène
menait
mènera

un petit chemin qui mène au fleuve et on s'arrête à
œ̃ pti ʃəmɛ̃ ki mɛn o flœ:v e ɔ̃ sarɛt a

une dizaine de mètres du bord. Là, on quitte la voiture
yn dizɛn də mɛtrə dy bɔ:r. la, ɔ̃ kit la vwaty:r

s'installer ɔ: s'asseoir

et on va s'installer au bord de la Loire qui, à cet endroit,
e ɔ̃ va sɛ̃stale o bɔ:r də la lwa:r ki, a sɛt ɑ̃drwa,

est très large: plus de quatre kilomètres d'un bord à
ɛ trɛ larʒ: ply d katrə kilɔmɛtrə dœ̃ bɔ:r a

l'autre. La rivière sur laquelle se trouve Villebourg
lo:tr. la rivjɛ:r syr lakɛl sə tru:v vilbu:r

étroit ←→ large

n'est pas étroite non plus: presque cinq cents mètres
nɛ pa etrwat nɔ̃ ply: prɛsk sɛ̃ sɑ̃ mɛtrə

d'un bord à l'autre. Mais un peu avant Saint-Nazaire,
dœ̃ bɔ:r a lo:tr. mɛ œ̃ pø avɑ̃ sɛ̃ nazɛ:r,

la Loire est aussi large qu'un grand lac. Fatima n'en
la lwa:r ɛ -tosi larʒ kœ̃ grɑ̃ lak. fatima nɑ̃

magnifique = beau et très grand

finit pas d'admirer le paysage magnifique qui s'offre
fini pa dadmire l pejiza:ʒ maɲifik ki sɔfr

à ses regards. Jamais elle n'a vu un paysage d'une
a se rga:r. ʒamɛ ɛl na vy œ̃ pejiza:ʒ dyn

beauté si calme et si douce. Les enfants, eux, re-
bote si kalm e si dus. le -zɑ̃fɑ̃, ø, rə-

marquent peut-être moins la douceur du paysage, mais
mark pœtɛ:trə mwɛ̃ la dusœ:r dy pejiza:ʒ, mɛ

ils en sentent la beauté et ils n'en finissent pas d'en
il -zɑ̃ sɑ̃:t la bote e il nɑ̃ finis pa dɑ̃

admirer la grandeur. Jeanne, qui n'a pas une idée très
-nadmire la grɑ̃dœ:r. ʒa:n, ki na pa yn ide trɛ

précise des mesures, dit que le fleuve a au moins un
presi:z de məzy:r, di k lə flœ:v a o mwɛ̃ œ̃

kilomètre de large, à quoi Arthur répond: « Un kilo-
kilɔmɛtrə də larʒ, a kwa arty:r repɔ̃: «œ̃ kilɔ-

mètre? Ma petite, elle a plus de dix kilomètres de
mɛtr? ma ptit, ɛl a ply də di kilɔmɛtrə də

large, la Loire! » Il dit cela avec une très grande
larʒ, la lwa:r!» il di sla avɛk yn trɛ grɑ̃:d

assurance, mais sa sœur sait qu'il a la mauvaise
asyrɑ̃:s, mɛ sa sœ:r se kil a la mɔvɛ:z

habitude de parler avec beaucoup d'assurance même
abityd də parle avɛk boku dasyrɑ̃:s mɛ:m

quand il n'a aucune idée de ce dont il parle. Elle
kɑ̃ -til na okyn ide də sə dɔ̃ -til parl. ɛl

demande donc à M. Doumier: « C'est vrai, grand-papa,
dəmɑ̃:d dɔ̃ -ka məsjø-dumje: «sɛ vrɛ, grɑ̃papa,

qu'elle a dix kilomètres de large, la Loire? » « Dix
kɛl a di kilɔmɛtrə də larʒ, la lwa:r?» «di

beau
la beauté

doux
douce
la douceur

grand
la grandeur

Un mètre est une mesure de grandeur, une heure est une mesure de temps.

assurance ɔ: sûreté

kilomètres, c'est peut-être un peu trop, » lui répond son
kilɔmetr, sɛ pœtɛ:tr œ̃ pø tro,» lɥi repɔ̃ sɔ̃

grand-père, « mais il est vrai qu'elle est très large ici,
grɑ̃pɛ:r, «mɛ il ɛ vrɛ kɛl ɛ trɛ larʒ isi,

en cet endroit. » « Je t'avais bien dit que ce n'était pas
ɑ̃ sɛt ɑ̃drwa.» «ʒə tavɛ bjɛ̃ di kə s netɛ pa

vrai, ce que tu racontais! » dit alors Jeanne à son frère.
vrɛ, s kə ty rakɔ̃tɛ!» di alɔ:r ʒa:n a sɔ̃ frɛ:r.

Mais celui-ci ne cède pas si facilement, et dit en levant
mɛ səlɥisi nə sɛd pa si fasilmɑ̃, e di ɑ̃ lvɑ̃

les épaules: « Bah! Un peu plus ou un peu moins, cela
le -zepo:l: «ba! œ̃ pø ply u œ̃ pø mwɛ̃, sla

ne change rien à l'affaire! Et en tout cas, ce n'est pas
n ʃɑ̃:ʒ rjɛ̃ a lafɛ:r! e ɑ̃ tu ka, s nɛ pa

toi qui as raison, avec ton kilomètre! » Jeanne veut
twa ki a rɛzɔ̃, avɛk tɔ̃ kilɔmɛ:tr!» ʒa:ɲ vø

lui répondre, mais à ce moment Marie-Anne et Fatima
lɥi repɔ̃:dr, mɛ a s mɔmɑ̃ mari a:n e fatima

appellent: « Venez goûter! » On cesse de discuter la
apɛl: «vəne gute!» ɔ̃ sɛs də diskyte la

largeur du fleuve, et tout le monde prend place sur
larʒœ:r dy flœ:v, e tu l mɔ̃:d prɑ̃ plas syr

l'herbe, au bord de l'eau. Tout à coup, Arthur s'écrie,
lɛrb, o bɔ:r də lo. tu -ta ku, arty:r sekri,

en montrant quelque chose qui nage sur l'eau, au milieu
ɑ̃ mɔ̃trɑ̃ kɛlkə ʃo:z ki na:ʒ syr lo, o miljø

du fleuve: « Regarde, Jeanne! On dirait un gros animal
dy flœ:v: «rəgard, ʒa:n! ɔ̃ dirɛ œ̃ gro -zanimal

large
la largeur

le milieu = le centre

on dirait un animal = on dirait que c'est un animal

qui nage vers nous! » Quelques minutes plus tard, tous
ki na:ʒ vɛr nu!» kɛlk minyt ply ta:r, tu

les six discutent vivement: est-ce un animal ou une
le sis diskyt vivmɑ̃: ɛs œ̃-nanimal u yn

vivement ɔ: avec beaucoup de gestes

chose? De quelle grandeur est-ce? De quelle couleur?
ʃo:z? də kɛl grɑ̃dœ:r ɛs? də kɛl kulœ:r?

De loin, il est impossible de voir si c'est vert ou brun
də lwɛ̃, il ɛ-tɛ̃pɔsiblə də vwa:r si sɛ vɛ:r u brœ̃

Le brun est la couleur du chocolat.

ou gris, de même qu'on ne peut dire avec précision de
u gri, də mɛ:m kɔ̃ n pø di:r avɛk presizjɔ̃ də

précis
la précision

quelle longueur ni de quelle largeur ou hauteur est
kɛl lɔ̃gœ:r ni də kɛl larʒœ:r u otœ:r ɛ

long
la longueur

haut
la hauteur

« la chose ». « Moi, je crois que c'est un bateau qui
«la ʃo:z». «mwa, ʒə krwa k sɛ-tœ̃ bato ki

vient tout seul vers nous! » dit Jeanne. «Et moi, je
vjɛ̃ tu sœl vɛr nu!» di ʒa:n. «e mwa, ʒə

crois que c'est un cheval mort! » dit Arthur. « Un
krwa k sɛ-tœ̃ ʃval mɔ:r!» di arty:r. «œ̃

cheval mort? Oh, non! Je crois plutôt que c'est un
ʃval mɔ:r? o, nɔ̃! ʒə krwa plyto k sɛ-tœ̃

cheval vivant, » s'écrie Fatima et elle raconte qu'elle
ʃval vivɑ̃,» sekri fatima e ɛl rakɔ̃:t kɛl

vivant ←→ mort

a vu plusieurs fois des chevaux nager, et que cela
a vy plyzjœ:r fwa de ʃvo naʒe, e k sla

ressemblait tout à fait à « la chose ». Ainsi, chacun a
rsɑ̃blɛ tu-ta fɛ a «la ʃo:z». ɛ̃si, ʃakœ̃ a

son idée sur ce qu'est cet objet qui nage au milieu
sɔ̃-nide syr sə kɛ sɛt ɔbʒɛ ki na:ʒ o miljø

du fleuve. Comme l'eau de la Loire coule très lente-
dy flœ:v. kɔm lo d la lwa:r kul trɛ lɑ̃t-

ment, il se passe encore quelque temps avant qu'ils
mɑ̃, il sə pa:s ɑ̃kɔ:r kɛlk tɑ̃ avɑ̃ kil

puissent voir l'objet de plus près.
pɥis vwa:r lɔbʒɛ də ply prɛ.

un tronc d'arbre

C'est Arthur qui, le premier, découvre ce que c'est:
sɛ -tarty:r ki, lə prəmje, deku:vrə sə kə sɛ:

« Vous savez ce que c'est? » s'écrie-t-il, « c'est un tronc
«vu save s kə sɛ?» sekri -til, «sɛ -tœ̃ trɔ̃

On dit souvent: « Tiens! » quand on est étonné.

d'arbre! » « Tiens, c'est vrai! » dit Jeanne, et bientôt,
darbr!» «tjɛ̃, sɛ vrɛ!» di ʒa:n, e bjɛ̃to,

tenir
je tiens
tu tiens
il tient
tiens!

on voit que c'est vraiment un tronc d'arbre, brun, long,
ɔ̃ vwa k sɛ vrɛmɑ̃ œ̃ trɔ̃ darbr, brœ̃, lɔ̃,

vague ←→ précis

mais assez étroit. Il ressemble vaguement à un animal,
mɛ ase etrwa. il rəsɑ̃:blə vagmɑ̃ a œ̃ -nanimal,

et on peut, si l'on veut, y trouver une tête, un long cou
e ɔ̃ pø, si lɔ̃ vø, i truve yn tɛ:t, œ̃ lɔ̃ ku

plutôt ɔ: assez

assez gros et un corps plutôt maigre. Tout cela est
ase gro e œ̃ kɔ:r plyto mɛ:gr. tu sla ɛ

tant que = aussi longtemps que

très vague, et tant que l'objet était encore au milieu
trɛ vag, e tɑ̃ k lɔbʒɛ etɛ -tɑ̃kɔ:r o miljø

du fleuve, le soleil empêchait de le voir avec précision.
dy flœ:v, lə sɔlɛ:j ɑ̃pɛʃɛ d lə vwa:r avɛk presizjɔ̃.

Et en plus de cela, tout le monde est d'humeur à
e ɑ̃ ply d sla, tu l mɔ̃:d ɛ dymœ:r a

chercher partout l'aventure, aujourd'hui. Tant qu'on
ʃɛrʃe partu lavɑ̃ty:r, oʒurdɥi. tɑ̃ kɔ̃

est de cette humeur, tout ce que l'on rencontre sur son
-nɛ d sɛt ymœ:r, tu s kə lɔ̃ rɑ̃kɔ̃:trə syr sɔ̃

chemin semble intéressant. C'est pourquoi ce tronc
ʃmɛ̃ sɑ̃:bl ɛ̃teresɑ̃. sɛ purkwa s trɔ̃

d'arbre intéresse si vivement nos amis.
darbr ɛ̃teres si vivmɑ̃ no -zami.

A deux heures, Doumier regarde sa montre et dit:
a dø -zœ:r, dumje rgard sa mɔ̃:tr e di:

« Mes amis, il est tard. Si nous voulons aller jusqu'à
«me -zami, il ɛ ta:r. si nu vulɔ̃ ale ʒyska

la mer, nous devons nous dépêcher. Nous devons
la mɛ:r, nu dvɔ̃ nu depɛʃe. nu dvɔ̃

être rentrés à la maison à six heures précises,
-zɛ:trə rɑ̃tre a la mɛzɔ̃ a si -zœ:r presi:z,

car on dîne plus tôt que d'habitude, ce soir, à cause
kar ɔ̃ din ply to k dabityd, sə swa:r, a ko:z

d'Arthur. » A ces mots, les autres regardent également
darty:r.» a se mo, le -zo:trə rəgard egalmɑ̃

leurs montres, on s'écrie: « Déjà deux heures! », on
lœr mɔ̃:tr, ɔ̃ sekri: «deʒa dø -zœ:r!», ɔ̃

retourne à la voiture, tout le monde s'installe à sa place,
rturn a la vwaty:r, tu l mɔ̃:d sɛ̃stal a sa plas,

et on se remet en route.
e ɔ̃ s rəmɛ ɑ̃ rut.

La mer est très calme, aujourd'hui, et elle n'offre pas
la mɛ:r ɛ trɛ kalm, oʒurdɥi, e ɛl nɔfrə pa

aux regards une vue aussi magnifique que les jours
o rga:r yn vy osi maɲifik kə le ʒu:r

une montre

à midi précis
à une heure précise
à deux heures précises
à trois heures précises, etc.

Marocain = habitant du Maroc

de tempête. Et nos Marocains sont trop habitués à la
də tãpɛ:t. e no marɔkɛ̃ sɔ̃ trɔ -pabitɥe a la

beauté de la mer pour rester longtemps à la regarder.
bote d la mɛ:r pur rɛste lɔ̃tã a la rgarde.

Ils préfèrent la douceur du paysage des bords de la
il prefɛ:r la dusœ:r dy pejiza:ʒ de bɔ:r də la

Loire. On ne reste donc au bord de la mer qu'un quart
lwa:r. ɔ̃ n rɛst dɔ̃ -ko bɔ:r də la mɛ:r kœ̃ ka:r

d'heure, puis on reprend le chemin qui mène à la route
dœ:r, pɥi ɔ̃ rəprã l ʃəmɛ̃ ki mɛn a la rut

de Villebourg. A cinq heures précises, une heure avant
də vilbu:r. a sɛ̃ -kœ:r presi:z, yn œ:r avã

le dîner, on est rentré, un peu fatigué, mais content.
l dine, ɔ̃ -nɛ rãtre, œ̃ pø fatige, mɛ kɔ̃tã.

A partir de ce jour-là, Arthur se remet sur pied de plus
a parti:r də sə ʒu:r la, arty:r sə rmɛ syr pje də ply

en plus vite, de sorte qu'un mois plus tard il se porte
-zã ply vit, də sɔrt kœ̃ mwa ply ta:r il sə pɔrt

assez bien pour aller avec sa mère, sa sœur et Fatima
ase bjɛ̃ pur ale avɛk sa mɛ:r, sa sœ:r e fatima

à Paris. Cela est nécessaire, parce qu'il ira à l'école
a pari. sla ɛ nesesɛ:r, pars kil ira a lekɔl

à Paris à partir d'octobre, et qu'il faut le présenter
a pari a parti:r dɔktɔbr, e kil fo l prezãte

au directeur de l'école.
o dirɛktœ:r də lekɔl.

C'est ainsi qu'un beau matin de juin, Marie-Anne et
sɛ -tɛ̃si kœ̃ bo matɛ̃ d ʒɥɛ̃, mari a:n e

ses deux enfants prennent le train de Paris, où le direc-
se dø -zɑ̃fɑ̃ pren lə trɛ̃ d pari, u l dirɛk-

teur les attend. Marie-Anne n'a jamais été à Paris, elle
tœ:r le -zatɑ̃. mari a:n na ʒamɛ -zete a pari, ɛl

est aussi pleine d'impatience que ses enfants.
ɛ -tosi plɛn dɛ̃pasjɑ̃:s kə se -zɑ̃fɑ̃.

EXERCICE A.

Un mois après l'opération, Arthur est encore un peu pâle et un peu —. Mais le docteur Pirot pense qu'une quinzaine de jours suffiront à le remettre sur —. « En tout cas, » dit-il, « je vais vous — quelque chose qui va l'aider. » Il ne pense pas qu'Arthur va trouver cela mauvais, il croit même que cela va lui —. « Cela a — à tous mes petits malades, » dit-il. Le docteur sourit, donne à Arthur un petit coup sur la —, et sort avec Marie-Anne.

« C'est — à vous, docteur, que mon petit vit aujourd'hui! » dit la mère. Mais le docteur Pirot dit que s'il a aidé un peu, la —, elle, a aidé beaucoup. « Vous êtes trop —! » lui dit Marie-Anne. « Non, Madame, je ne suis pas —, » répond le docteur Pirot. Et il ajoute que bien des gens à Villebourg pensent le —: ils trouvent qu'il est très —. Puis, le docteur Pirot prend — de la jeune femme.

Pendant que le petit garçon était malade, lui et le vieux Passavant se sont — très souvent. Les deux se — beaucoup. Le vieux docteur est si —, et Arthur écoute ses histoires avec grand plaisir. Le vieux docteur a beaucoup voyagé, beaucoup vu, et il a — remarqué ce qui l'avait amusé. Tous ces récits ont pour Arthur le — des choses nouvelles. Il s'— beaucoup à les écouter.

EXERCICE B.

Voilà encore une nouvelle sorte d'exercice. Cette fois-ci, nous allons vous demander d'écrire vous-même une petite histoire. Mais pour vous mettre en marche et pour vous donner une idée, nous vous montrerons d'abord six dessins, puis, nous vous demanderons comment vous croyez que l'histoire finira. Mais souvenez-vous bien de ce que nous vous répétons toujours: ne pensez pas en votre langue, pensez seulement en français! Faites des phrases simples et courtes! Vous pouvez raconter cette histoire aves les mots que vous connaissez, ne cherchez donc pas d'autres mots difficiles. Et maintenant, essayez! Voici d'abord les six dessins.

MOTS:

une assurance
une beauté
un charme
un château
un chauffeur
un chemin
un congé
le contraire
une crainte
un dessin
une douceur
un fleuve
une hauteur
une humeur
un intérieur

Et maintenant, comment croyez-vous que cette aventure finira pour les deux enfants? Que fera leur père d'abord? Et puis? Que feriez-vous à la place des parents?

EXERCICE C.

douce	**la douceur**
grande	**la grandeur**
large	**la largeur**
haute	**la hauteur**

Marie-Anne parle au petit malade d'une voix très d—. Quand le train avait traversé Paris, les enfants avaient été très étonnés de la g— de la ville. Maintenant, les enfants admirent la l— de la rivière sur laquelle se trouve Villebourg. « Elle a au moins un kilomètre de l—! » dit Jeanne. Fatima éprouve une g— joie à regarder ce paysage. C'est un paysage d'une grande d—. Les arbres au bord de la rivière sont d'une grande h—. Il y en a qui ont vingt mètre de h—.

plaire	
a plu	**plaisait**
plaît	**plaira**

« J'espère que cette promenade vous —, » dit le docteur Passavant aux enfants. Leur grand-père serait triste si elle ne leur — pas. Mais comment pourrait-elle ne pas leur —! Tout ce qu'ils font à Villebourg leur —. Quand on est rentré, les enfants racontent à Amélie combien cette promenade leur a —.

une joue
une largeur
une longueur
la médecine
une mesure
une montre
un paysage
un pêcheur
une précision
un progrès
une rivière
une sortie
une sûreté
un tronc
brun
curieux
étroit
fier
intéressant
large
magnifique
maigre
merveilleux
modeste
précis
ridicule
vague
vivant
adorer
il s'assiéra
augmenter
céder
il cède
conduire
il construit
couler
désirer
écrire
écrivant
il écrit
goûter
habituer
s'installer
s'intéresser

se jeter
il se jette
mener
il mène
nous mourons
vous mourez
pêcher
plaire
ils se plaisent
il a plu
se porter
se reposer
situer
(qu') il suive
tiens!
auxquels
aucunement
avant que
surtout
tant que
vivement
au bord de
au milieu
de loin
de plus près
de sorte que
d'habitude
en plus
en route
fâché que
grâce à
il ne peut rien faire
ils n'en finissent pas
le jour où
prendre congé
prendre place
prendre soin
remettre sur pied
un kilomètre de large

s'asseoir

s'est assis **s'asseyait**

s'assied **s'assiéra**

Arthur s'— près des pêcheurs. Mais peu de temps après qu'il s'est —, les pêcheurs lui demandent de ne pas les déranger et de s'en aller. Arthur ne s'— plus jamais à côté de pêcheurs. Il avait pourtant une grande envie de s'— près d'eux, pour les voir pêcher. « Peut-être me le permettraient-ils, si je m'— un peu plus loin? » demande-t-il. Sa mère dit non.

que je suive **que nous suivions**

que tu suives **que vous suiviez**

qu'il suive **qu'ils suivent**

Marie-Anne et Fatima vont à gauche, M. Doumier et Passavant vont à droite: « Qui faut-il que je —? » se demande Jeanne. Puis, elle appelle son frère, et lui demande également: « Qui faut-il que nous —? » Son frère répond qu'il faudrait qu'ils — leur mère et leur grand-père. Mais comme cela est impossible, il dit: « Je crois qu'il va falloir que toi, tu — maman, et que moi, je — grand-père. » Mais Amélie, qui arrive à ce moment, leur dit: « Il faut que vous — tous les deux votre mère, elle m'a demandé de vous le dire. »

EXERCICE D.

Pour finir, voilà un exercice tout à fait différent de ceux que vous avez faits jusqu'ici. Nous avons écrit une courte histoire, mais dans chaque phrase, il y a un ou plusieurs mots que nous avons « oubliés »; ces mots sont écrits après leurs phrases. A vous de les mettre à leur vraie place, pour transformer ces phrases en phrases justes. Comme exemple, nous allons vous montrer ce que l'on doit faire pour transformer la première phrase en phrase juste.

1) Nous sommes la grande maison des Leroux. (dans)
Phrase juste: Nous sommes **dans** la grande maison des Leroux.

2) Les enfants dorment tous, Henri. (sauf)
Phrase juste: ....

3) Quand Henri est à Saint-Gil, il se lève avant les autres. (toujours)
Phrase juste: ....

4) Alors, il fait une promenade. (petite)
Phrase juste: ....

5) Ce matin aussi, Henri lève à cinq heures et demie et les autres. (appelle, se)
Phrase juste: ....

6) Il appelle John Clark: « John! il est six heures le quart. » (moins)
Phrase juste: ....

7) « Viens, John! Nous allons une promenade! » (faire)
Phrase juste: ....

8) John se lève et se lave, et le jeune Anglais et son petit ami français de la maison. (sortent)
Phrase juste: ....

9) Mais ils vont une minute à la cuisine. (avant)
Phrase juste: ....

RÉSUMÉ

Les deux « si »

Voici deux phrases avec le mot **si: Si** Yvonne **vient** demain, je resterai à la maison. **Si** Yvonne **venait,** je serais très content.

Dans ces deux phrases, le mot **si** sert à indiquer une condition, et nous remarquons donc qu'après le **si** qui indique une condition on ne peut employer que le **présent** ou l'**imparfait** du verbe.

Voici encore quelques exemples: **Si** tu le **veux,** je le ferai avec plaisir. **Si** son frère **vient** aussi, il aura la chambre bleue. **Si** elle le **voulait,** je viendrais tout de suite. **Si** elle l'**avait** fait, je ne lui aurais plus parlé.

Mais voici maintenant quelques phrases avec un autre **si,** qui ne sert pas à indiquer une condition: Je ne sais pas **si** elle le **veut.** Je te demande **si** elle **viendra** demain. Je me demandais **si** Marie le **savait.** Je ne savais pas **si** Yvonne **viendrait.**

Nous voyons que lorsque le mot si n'indique pas une condition, on peut avoir tous les temps du verbe après **si.** Voici d'autres exemples: Dis-moi **si** tu **veux** que je le fasse! Elle ne m'a pas dit **si** elle **voulait** que je vienne. — Jean ne m'écrit pas **si** son frère **viendra** avec lui. Je me demande **si** Nicole l'**aurait** fait, elle.